Durch die
Eiswelt des
Himalaya

Harish Kohli

Durch die Eiswelt des Himalaya

Die spektakuläre Expedition über das Dach der Welt

Aus dem Englischen
von Maria Zybak

Droemer

Originaltitel: Across the Frozen Himalaya
Originalverlag: Indus Publishing Company, New Delhi

Besuchen Sie uns im Internet:
www.droemer.de

Die Folie des Schutzumschlags sowie die Einschweißfolie
sind PE-Folien und biologisch abbaubar.
Dieses Buch wurde auf chlor- und säurefreiem Papier gedruckt.

Umschlaggestaltung: ZERO Werbeagentur, München
Umschlagfotos: Harish Kohli
Satz: Ventura Publisher im Verlag
Druck und Bindung: Franz Spiegel Buch GmbH, Ulm
Printed in Germany
ISBN 3-426-27246-6

2 4 5 3 1

Der unaufhörliche Tumult in den Städten, der Albtraum des Gelderdienens machen den Menschen klein. Es sind stets die Wüsten, die abgelegenen Regionen, die Tiefen der Natur, die neue Männer hervorbringen.

Fridtjof Nansen, *Sporting Days in Wild Norway*

Inhalt

Karten

Zum Gedenken an meine verstorbenen Eltern
und an meinen Freund Jai Bahuguna,
der am Mount Everest den Tod fand.

Einleitung

»Bist du verrückt geworden?«

Meine Freundin sah mich entsetzt an, als ich ihr von meinem Plan erzählte, den Himalaya mitten im Winter auf Skiern zu durchqueren. Sie hatte nicht ganz Unrecht.

Der Himalaya war schon immer unberechenbar, so dass Abenteurer stets versuchen mussten, einen für ihr Vorhaben möglichst günstigen Zeitpunkt zu finden. Touren im Himalaya sind von der Jahreszeit abhängig. Am besten eignet sich der Sommer, aber auch hier ist zwischen Vor- und Nachmonsunzeit zu unterscheiden. Sobald der Winter einsetzt, scheint alles Leben im Himalaya in einen tiefen Schlaf zu verfallen. Die Tiere verkriechen sich in Höhlen, die Vögel ziehen fort, die Menschen in den Dörfern verriegeln ihre Häuser und machen sich auf den Weg in tiefer gelegene Regionen. Schnee fällt, die Pässe werden gesperrt. Niemandem würde es einfallen, im Winter in diese Täler zu gehen, geschweige denn sie zu durchqueren. Wir wagten es.

»Warum mache ich das?« Diese Frage ging mir tausend Mal durch den Kopf, während ich mich in den Bergen des Himalaya Richtung Osten vorwärts kämpfte. Ich hatte 22 Jahre in der Armee gedient und plante, vorzeitig meinen Abschied zu nehmen. Was trieb mich jetzt zu diesem höchst riskanten Unternehmen? Es *muss* einfach sein, lautete die Antwort. Der Drang war immer da gewesen. Es war derselbe Drang – hinausziehen, Neues sehen und entdecken –, der den Anstoß zu meiner ersten Durchquerung des Himalaya gegeben hatte, damals allerdings zu Fuß.

Auf dieser *Trans-Himalaya-Expedition* im Jahr 1981/82, bei der wir in 475 Tagen eine Strecke von rund 8000 Kilometern bewältigten, entdeckten meine Mannschaft und ich eine Route durch dieses Gebirgssystem vom Kepang La in Arunachal Pradesh bis zum Karakorum-Pass. Wir eröffneten damit einen neuen Weg, der vielen anderen zum Wunschziel wurde. Seither haben etliche Abenteurer diese Durchquerung gewagt, wenn auch nicht auf unserer Hochgebirgsroute. Dennoch hoffe ich, dass sich die Menschen, vor allem junge Leute, von unserem Beispiel anregen lassen und sich für ein solches Unternehmen begeistern, ähnlich wie sich viele von einer Alpendurchquerung oder vom *Appalachian Trail* in den USA angezogen fühlen. An ihnen ist es nun, diese Route zum klassischen *Trans-Himalaya-Trail* zu machen.

Den Himalaya im Winter auf Skiern zu durchqueren war eine ganz spontane Entscheidung – weil alle es für »unmöglich« hielten, ebenso wie die *Trans-Himalaya-Expedition* zuvor. Es bestand durchaus die Gefahr, in Lawinen oder Gletscherspalten umzukommen, an Unterkühlung oder Erfrierungen zu sterben, aber die Probe aufs Exempel hatte noch niemand gemacht. Als ich beschloss, eine Durchquerung des Himalaya im Winter zu wagen, war mir klar, dass sie für den Körper eine ungeheure Anstrengung bedeuten und mir mehr abverlangen würde als jede Unternehmung zuvor. Mir war bewusst, dass ich diese Strapazen nur mit einer besonderen geistigen Disziplin würde bewältigen können. Dass es unmöglich sein sollte, weigerte ich mich zu akzeptieren.

Skitouren im Himalaya sind nur in einem schmalen Zeitfenster zwischen Januar und April möglich, und in diesen Wochen lassen sich höchstens 2000 Kilometer zurücklegen. Die Route führt durch vier indische Bundesstaaten, und vom Karakorum-Pass in Ladakh bis zum Lipu-Lekh-Pass in Kumaon sind 20 Pässe zu überwinden. Die Temperatur kann bis auf –54 °C fallen. Schneestürme, Lawinen und Gletscherspalten bergen zusätzliche Gefahren. Ausrüstung und Proviant beförderten wir in unseren Rucksäcken, die rund 30 Kilogramm wogen. Unsere Lebensmittelvorräte wurden an vorher ausgewählten Orten von Unterstützerteams ergänzt. Zur Orientierung benutzten wir das Global Positioning System (GPS), und als Kommunikationsmittel stand uns ein INMARSAT-Telefon zur Verfügung. Trotz dieser hoch entwickelten Technik kam es mehr als einmal vor, dass wir uns verirrten.

Dennoch erwarteten uns nicht nur Strapazen auf unserem Weg, sondern auch schöne Erlebnisse. Zu den aufregendsten zählt die Entdeckung dreier bis dahin unbekannter Pässe. Der Himalaya selbst präsentierte sich uns in neuem Gewand, ganz in eine weiße Decke gehüllt wie ein Neugeborenes. Während wir uns über Bergpässe und zugefrorene Flüsse, durch im Schnee versunkene Täler und Wälder und verlassene Dörfer vorwärts kämpften, erlebte das Kind in mir Momente höchsten Entzückens und tiefster Verzweiflung.

Bis dahin war ich der Meinung gewesen, ich hätte schon alles erlebt, aber wie sich herausstellte, sollte das Beste erst noch kommen.

Harish Kohli

1
Im Geist Nansens

> Es muss eine Erneuerung kommen … wenn die geistigen Werte wieder der Zweck sein werden und die materiellen Werte nur ein Mittel … An jenem Tag wird der edle Geist die Menschheit zu neuen Höhen führen … und die Menschen werden ein besseres, einfacheres, schöneres Leben haben.
>
> Fridtjof Nansen, *Sporting Days in Wild Norway*

Im Winter 1982 kämpfte sich das Team der *Trans-Himalaya-Expedition* den 5570 Meter hohen Pass Parang La hinauf, der das Spiti-Tal mit Ladakh verbindet.

Geschwächt vom Hunger, gebeugt unter der Last unserer schweren Rucksäcke, vom eisigen Wind ausgekühlt, setzten wir vorsichtig einen Schritt vor den anderen, gefolgt von unserem treuen Tibetmastiff Druk. Er musste zwar nichts tragen, war aber ebenso erschöpft wie wir vier Männer.

Der lange Weg von Arunachal war kräftezehrend und ereignisreich gewesen. Rücken und Schultern schmerzten vom Tragen der schweren Rucksäcke, die wir mittlerweile schon zum vierten Mal ausgewechselt hatten, weil sie der Belastung von 48 Kilogramm nicht standgehalten hatten. Mit wunden Füßen hatten wir bereits acht Paar Stiefel durchgelaufen, und der Bauchumfang war um die Hälfte geschrumpft.

Die Durchquerung des Himalaya hatte manche gefahrvolle Situation mit sich gebracht. In Arunachal und Bhutan hatten wir uns durch dichten, von Blutegeln verseuchten Regenwald gekämpft und waren allen möglichen gefährlichen Tieren wie Königskobras und Tibetbären begegnet. In Sikkim und Nepal hatten wir mit minimalen Sicherheitsvorkehrungen Berge bestiegen und uns ausschließlich auf unsere Intuition und unser Können verlassen müssen. In den Regionen Kumaon, Garhwal und Himachal Pradesh hatten wir zerklüftete Gletscher und Pässe bezwungen, auf die häufig Lawinen niedergingen. Schließlich hatten wir das gewaltige Hochplateau von Ladakh erreicht, wo wir den ersten Schneeleoparden sahen. Dass wir noch lebten, hatten wir einem gütigen Schicksal zu verdanken, nicht unserem Können oder sorgfältiger Planung.

Nur eine Woche zuvor wäre unsere Erstdurchquerung des Himalaya auf Skiern fast von einem Schneebrett vereitelt worden. Wir fuhren gerade einen Hang im Tal von Spiti nach Kibbar hinunter, dem höchstgelegenen bewohnten Dorf in Asien, als unter unseren Füßen plötzlich wie ein Blitz am trüben Himmel krachend eine Spalte aufriss. Wenig später waren mein Stellvertreter H.S. Chauhan (kurz: Chow) und ich schon hineingestürzt und trieben mit den Schneemassen den Abhang hinunter. Über uns türmten sich, willkürlich in- und aufeinander geschoben, riesige Platten aus harschigem Schnee, und wir hatten nicht die geringste Chance, uns selbst zu befreien. Ich bekam kaum Luft, war aber immerhin lebendig, und schickte ein Stoßgebet zum Himmel.

Schließlich gelang es mir, mit einer Hand durch den Schnee zu stoßen, und ein Schwall eisiger Luft strömte durch das Loch herein, das kurz darauf Druks Schnauze versperrte. Der Hund versuchte, mir das Gesicht zu lecken. Schlimmer erwischt hatte es Chow, der irgendwo unter dem Schnee verschüttet lag.

Wenig später konnten mich unsere beiden nepalesischen Teammitglieder N.B. Gurung und N.D. Sherpa (wir nannten sie immer nur N.B. und N.D.), die der Lawine wundersamerweise entgangen waren, aus meinem Schneegefängnis befreien, aber Chow war nicht zu finden. Druk schnüffelte überall herum, wühlte hier und dort in Löchern und stieß, als er Chow endlich entdeckte, ein Freudengeheul aus. Dann lief er in das 800 Meter entfernte Kibbar, um Alarm zu schlagen.

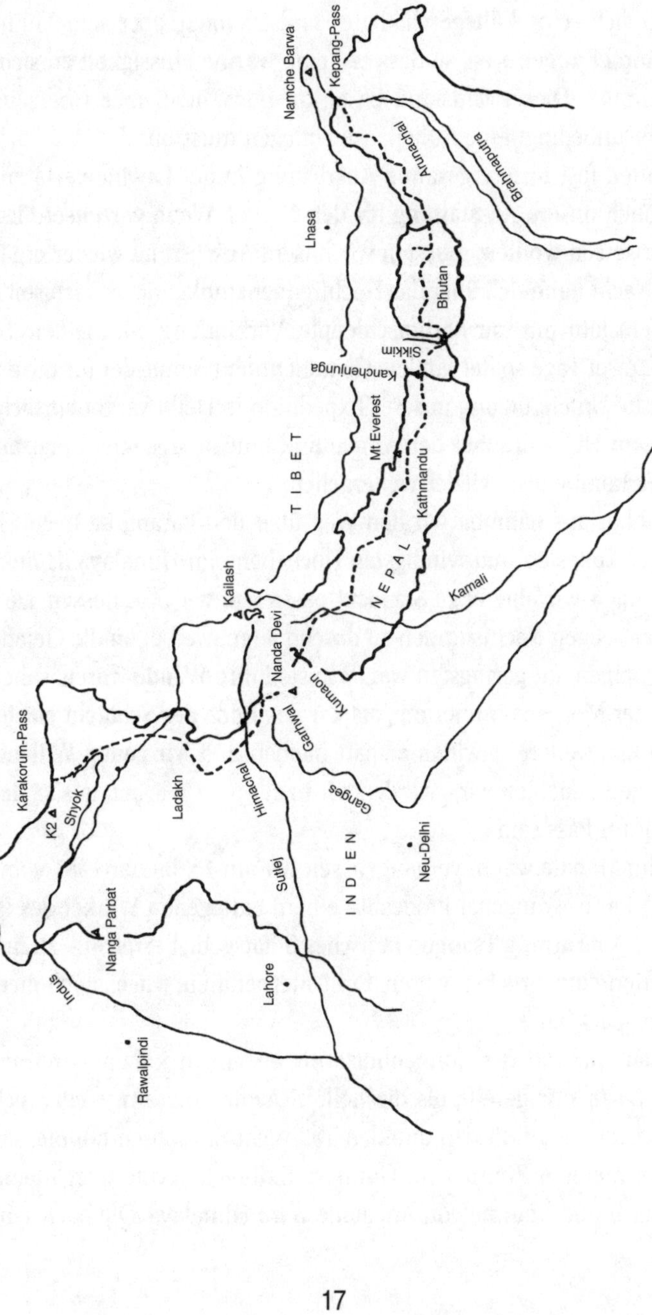

Karakorum-Pass
K2
Shyok
Nanga Parbat
Indus
Rawalpindi
Lahore
Sutlej
INDIEN
Neu-Delhi
Ladakh
Himachal
Ganges
Garhwal
Kumaon
Nanda Devi
Kailash
Kamali
NEPAL
Kathmandu
TIBET
Mt Everest
Kanchenjunga
Sikkim
Bhutan
Lhasa
Arunachal
Brahmaputra
Namche Barwa
Kepang-Pass

Die Dorfleute halfen uns, Chow auszugraben, nahmen ihn mit zu sich und sorgten dafür, dass er sich langsam wieder erwärmte. Gegen Abend begann sich seine kältegeschädigte Haut zu röten, aber sein Mund war noch immer zugefroren, so dass er keine warme Flüssigkeit zu sich nehmen konnte. Dieser Umstand bestärkte mich in meiner Überzeugung, dass wir unbedingt eine Ruhepause einlegen mussten.

Wir hatten fast unsere gesamte Ausrüstung in der Lawine verloren, darunter auch unsere Ausstattung für den Notfall. Wenn wir unsere Expedition fortsetzen wollten, mussten wir unsere Ausrüstung wieder ergänzen. In der Nacht nahm ich über das Hochfrequenzfunkgerät, das ich seit mehr als einem Jahr mit mir herumschleppte, Verbindung mit meinem Standort auf. Zwei Tage später landete Oberstleutnant Singh, der für die organisatorische Unterstützung unserer Expedition in Delhi verantwortlich war, mit einem Hubschrauber der Armee und brachte uns eine Ersatzausrüstung. Es konnte also wieder weitergehen.

Von Kibbar aus nahmen wir den Weg über den Parang La nach Changtang, der kältesten und windigsten Hochebene im Himalaya. Hinter Kibbar mussten wir eine enge Schlucht passieren; wir beschlossen, sie während der eisigen Nachtstunden zu durchqueren, weil dann die Gefahr von Steinschlägen am geringsten war. Wie steil ihre Wände waren, sahen wir erst in der Morgendämmerung, als wir das Ende der Schlucht erreichten.

»Wenn uns weitere Lawinen erspart bleiben und wir genug Willenskraft aufbringen«, dachten wir, »werden wir in ein paar Wochen tatsächlich am Karakorum-Pass sein.«

Vierzehn Monate waren vergangen, seit wir am 15. Januar 1981 vom Pass Kepang La in Arunachal Pradesh – einem entlegenen Winkel des Himalaya, wo der Yarlung Tsangpo indisches Staatsgebiet erreicht – zu unserer Expedition aufgebrochen waren. Ein Unternehmen, wie es noch niemand zuvor gewagt hatte.

Der Plan war mit der Sonnenfinsternis an einem kalten Wintertag im Jahr 1980 in mir gereift, als die helle Scheibe langsam wieder sichtbar wurde. Da man an diesem dunklen Tag nicht Ski fahren konnte, saß ich allein in meinem Zimmer im Gulmarg Skihotel, dachte über meine Zukunft nach und träumte von Abenteuern im Himalaya. Die höchsten Berge der Welt, auch der Mount Everest, waren alle schon bezwungen. Ihn in einer anderen Flanke zu besteigen und zu demonstrieren, wie schwierig das war, wäre eine Möglichkeit gewesen – aber nicht für mich. Ich wollte bislang Unbekanntes erkunden, Wegbereiter für neue Routen durch den Himalaya sein. Ich wollte der Erste sein, und nicht in jemandes Fußstapfen treten. An jenem Tag beschloss ich, die längste Höhentour der Welt zu unternehmen. Ich würde den Himalaya zu Fuß auf seiner ganzen Länge durchqueren, von Arunachal Pradesh im Nordosten bis zum Karakorum im Nordwesten und immer der höchstmöglichen Route folgen. Neun indische Bergsteiger hatten bereits auf dem Gipfel des Everest gestanden, und den Kanchenjunga hatten auch schon einige bestiegen. Ich wollte etwas anderes machen. Es war meine feste Überzeugung, dass die *Trans-Himalaya-Expedition* in unserem Land die Grundlage für eine neue Expeditionskultur schaffen würde.

An höherer Stelle, im Hauptquartier der Armee in Delhi, wurde das noch etwas unausgegorene Projekt skeptisch aufgenommen. Selbst der Ausbildungsleiter hielt mit seinen Vorbehalten nicht hinter dem Berg. Unter den vielen in Delhi stationierten Offizieren war auch Oberstleutnant Singh. Er kommandierte damals ein Gurkha-Bataillon, das speziell für Aufgaben am Rashtrapati Bhawan, dem Präsidentenpalast, ausgewählt worden war. Von ihm habe ich viel gelernt und große Unterstützung erfahren.

Wir kannten uns schon seit langer Zeit. Mit ihm hatte ich die Kanchenjunga-Expedition der Armee im Jahr 1975 vorbereitet, deren stellvertretender Leiter er gewesen war. Dieser Mann verfolgt die Ziele, die er sich gesteckt hat, mit unglaublicher Geduld und Energie. Er ist ein wunderbarer Gesprächspartner, der mehr zuhört als spricht und sich nur äußert, wenn er wirklich etwas zu sagen hat. Er hat eine angenehme Art und bemüht sich, persönliche Beweggründe und Wünsche beiseite zu lassen. Wer ihn verstehen will, muss sein Lächeln verstehen.

Am nächsten Tag hatte dieses Lächeln niemand anderem als dem Vizechef der Armeeverwaltung, Generalleutnant Sethna, seine wohlwollende Zustimmung zu unserer Expedition entlockt.

»Was hat er gesagt?«, fragte ich.

»Dass es ein bemerkenswertes Vorhaben ist«, antwortete er lächelnd.

Einige Tage später las der damalige Chef der Armeeverwaltung, General Malhotra, unser Konzept und bezeichnete die Expedition als das »nächste große Abenteuer« der Armee.

Da uns die Zustimmung des »Chefs« – den die Soldaten wie einen lebenden Gott verehrten – nun sicher war, schien das größte Problem gelöst. Die einzigen Hürden, die wir noch überwinden mussten, waren die Gebirgspässe auf unserer Route. Der Parang La war nur einer von insgesamt 43, die wir dann auf unserer Expedition durch den Hohen Himalaya hinter uns gelassen hatten. Weitere sieben mussten wir noch überqueren, ehe wir unser Ziel erreichten.

Mir als Forscher bedeutet das Ziel wenig. Was zählt, ist das Abenteuer des Weges mit all seinen Gefahren, seinen Entbehrungen und Schmerzen. Nur wenige Regionen bieten derart extreme Herausforderungen wie die längste und höchste Gebirgskette der Welt.

Der Hohe Himalaya erstreckt sich vom Namche Barwa im Osten bis zum Nanga Parbat im Nordwesten und schließt auch das Karakorum-Gebirge im Norden mit ein.

Der Nanga Parbat liegt auf 35°14' N und 74°35' O und ist 8126 Meter hoch. Fast auf derselben Breite, nur zwei Grad weiter östlich, erhebt sich der K2, mit 8611 Metern der zweithöchste Berg der Welt, der als einer der am schwersten zu bezwingenden gilt. Ganz in der Nähe, auf der alten Seidenstraße zwischen Yarkand und Kashmir, liegt der besonders tückische Karakorum-Pass. Er war unser Ziel.

Im westlichen Himachal Pradesh fächert sich der Himalaya auf und umschließt mit den einzelnen Gebirgsketten die Täler der Flüsse Jhelum, Indus, Nubra und Shyok. Wer schon einmal in dieser Gegend war, weiß, dass der Nanga Parbat von jedem Ort in Himachal oder Spiti leichter zu erreichen ist als der schwierige Karakorum-Pass.

Sich in unserem erschöpften Zustand vom Spiti-Tal aus in solch ein gefährliches Gebiet zu wagen war riskant und bedeutete eine enorme Anstrengung. Besonders Chow machte die zunehmende Belastung durch die große Höhe, Erschöpfung und psychischen Druck schwer zu schaffen. Er hatte erfahren, dass sein Vater erkrankt war, aber keine Verbindung zu ihm aufnehmen können, und wir hatten noch eine weite Strecke vor uns.

Missstimmung machte sich breit, und gelegentlich strapazierten Konflikte untereinander den Zusammenhalt in der Gruppe.
N.B. und N.D. ging es nicht besser. Der Hunger hatte uns alle körperlich geschwächt, aber mittlerweile war offenbar auch ihre psychische Verfassung beeinträchtigt. Es gab Augenblicke voller Angst und Verzweiflung. Zwar hatten schon früher gelegentlich Missklänge die Stimmung getrübt, doch nun schienen sie sich zu wahren Gewitterstürmen auszuwachsen.
Solche Spannungen hatte ich bereits damals bei der Kanchenjunga-Expedition erlebt, und ich wusste, dass sich in großer Höhe Halluzinationen einstellen können. Nerven, Sprache und Bewegungen geraten außer Kontrolle. Die Betroffenen wurden ins tiefer gelegene Basislager geschickt, um sich zu erholen. In unserem Fall kamen zu den Auswirkungen der dünnen Luft noch die ständigen Strapazen, und es schien kein Ende in Sicht.
Nachdem wir den Parang La passiert und das Changtang-Plateau in Ladakh durchquert hatten, erreichten wir den Pass Depsang La – das »Dach der Welt« –, eine Hochebene auf 5151 Metern. Vor uns lag das wilde Karakorum-Gebirge, und unten im Tal erwartete uns eine alte Karawanserei, die noch heute den Yarkandi-Namen Daulat Beg Oldi trägt. Ein schwacher Trost, denn sie befand sich auf 4848 Metern. Es gab nur eine Möglichkeit, die Quälerei abzukürzen: Wir mussten die restliche Strecke schneller überwinden.
In der Nacht schlief Druk zu meinen Füßen. Das Wetter hatte sich plötzlich verschlechtert, und obwohl Frühling war, lag die Temperatur noch immer unter dem Gefrierpunkt. Es schneite, und der Wind heulte manchmal wie ein Kind, das Schmerzen hat.
Am Morgen hatte sich der Wind jedoch gelegt, und die Sonne schien. Wir folgten dem Hauptzufluss des Shyok zum Karakorum-Pass. Als die Sonne sank, wurden die Berge erst schokoladenbraun, dann fast schwarz. Unter unseren Füßen plätscherte ein Bach – der Bach, der später zum Shyok wird, in den Indus mündet und schließlich in das Arabische Meer fließt.
Wir kletterten einen felsigen Ausläufer im Norden zu einem mit Steinhaufen markierten Sattel hinauf. Vielleicht bedeckte ein solcher Steinhaufen einmal den Leichnam von Andrew Dalgleish, einem der frühen For-

scher, der später in dieser Region Handel trieb. Zwei vollkommen gleichförmige Bergkuppen versperrten die Sicht nach Osten und nach Westen, der Sattel dazwischen bildete den Pass, und auch im Norden erstreckte sich eine Bergkette. Wir breiteten die indische Flagge aus und schüttelten uns feierlich die Hand, um unsere Leistung gebührend zu würdigen. An diesem Tag, dem 5. Mai 1982, wurde am Karakorum-Pass Geschichte geschrieben.

Wir waren die Ersten, die den Himalaya in seiner ganzen Länge erfolgreich durchquert hatten – vom Kepang La südlich des Namche Barwa im Osten bis zum Karakorum-Pass unweit des K2 im Westen. Zu Fuß und auf Skiern hatten wir annähernd 8000 Kilometer zurückgelegt. Unser Weg hatte durch dichtesten Regenwald in Arunachal und Bhutan geführt, über die Ausläufer des Kanchenjunga in Sikkim, durch tiefste Schluchten in Nepal und den Uttarakhand Himalaya, über das Hochplateau von Ladakh und die gefährlichen Pässe des Karakorum. Wir hatten mehr als fünfzig Pässe überquert, den Island Peak und den Phapchamo Ri in Nepal erstiegen und den Kabru Dome in Sikkim durch die noch undurchstiegene Südwand zu bezwingen versucht.

Unsere Leistung versetzte alle in Erstaunen, und die Medien sorgten dafür, dass unsere erfolgreiche Expedition weltweit bekannt wurde. Fast schien es, als wollten sie ihr damit eine nationale Bedeutung verleihen. Für mich war es jedoch mehr als ein persönlicher Triumph. Es war der erste Schritt, solche Unternehmungen in der indischen Armee populär zu machen und das Ansehen unseres Landes zu stärken.

Ein Sonderflugzeug der indischen Luftwaffe brachte uns nach Delhi. Unter den vielen Menschen, die uns im Akbar Hotel willkommen hießen, waren auch Generalleutnant Sethna und Oberstleutnant Singh. Der Präsident und der Premierminister äußerten sich lobend über unsere Leistung. Der Stabschef kündigte in seiner Begeisterung an, dass man eine weitere Expedition genehmigen würde, diesmal zum Mount Everest, in der Hoffnung, auch dieses Unternehmen werde, wie die *Trans-Himalaya-Expedition,* »… zu einem Symbol für den unbezähmbaren Mut des Menschen, zu einer Legende unermüdlicher Ausdauer und innerer Stärke«.

Bislang unternahm kaum jemand in Indien Expeditionen dieser Art. Die

Armee ermunterte junge Offiziere und Soldaten, sich freiwillig für solche Unternehmungen zu melden. Zwar hätte ich mich am liebsten sofort wieder auf den Weg gemacht, aber das ließ meine Stellung in der Armee nicht zu. Als Offizier in einem Infanterie-Bataillon, dem im Kriegsfall eine große Bedeutung zukommt, musste ich bei meiner Truppe bleiben, sie ausbilden und stets auf den Krieg vorbereitet sein. Also kehrte ich zu meiner Einheit zurück.

Jedes Ende ist ein neuer Anfang

Als wäre es mir vom *Karma* bestimmt, fand ich mich jedoch 14 Jahre später, im Winter 1995, auf dem Karakorum-Pass wieder. Das Ende der *Trans-Himalaya-Expedition* wurde als neues Abenteuer wieder geboren. Dieses Mal hatte ich ein anderes Ziel: Ich wollte den Himalaya mitten im Winter auf Skiern durchqueren, ein noch schwierigeres, mit noch größeren Strapazen verbundenes Unterfangen.

In den dazwischenliegenden Jahren hatte das Interesse an Expeditionen bei der indischen Armee stark nachgelassen. Zwar brach 1985 wie geplant eine Gruppe zur Besteigung des Mount Everest auf, aber durch den plötzlichen Wechsel des Expeditionsleiters und schreckliche Schneestürme gab es am Ende fünf Tote zu beklagen. Einer der Hauptgründe für diesen Misserfolg war meiner Meinung nach, dass es zunehmend an der richtigen inneren Haltung fehlte. Heute beteiligen sich mehr Armeeangehörige an solchen Expeditionen, um eine Belobigung zu erhalten, als um der Sache selbst willen. Jeder Bergsteiger weiß, dass sich ein Berg nur durch die gemeinsame Anstrengung des gesamten Teams bezwingen lässt. Das Belobigungssystem der Streitkräfte hebt jedoch einzelne Mannschaftsmitglieder hervor, indem es sie für ihre persönliche Leistung anstatt für ihren Einsatz auszeichnet. Es ermutigt sie also, die Expedition als rein persönliches Unternehmen zu betrachten. Wohin das führt, hat die Everest-Expedition von 1985 auf tragische Weise gezeigt.

1984 erreichten jedoch vier Mitglieder der *Indian Mountaineering Foundation* – drei Männer und eine Frau – den Gipfel des Mount Everest. 1992 bezwangen acht Mitglieder einer Gruppe der Indo-Tibetischen Grenzpolizei unter Leitung von Hukum Singh den Everest. Unter diesen Gipfelstürmern befand sich auch eine Frau, die drei Jahre später zusammen mit sechs anderen Frauen erneut den Everest bestieg. All dies genügte jedoch nicht, um die Armee aus ihrer Lethargie zu reißen.

Größeren Anklang fanden Unternehmungen zu Lande, zu Wasser und in der Luft. Hier bekamen die Teilnehmer offenbar so viel Nervenkitzel, Vergnügen und Befriedigung geboten, wie sie sich vorstellten. Bei meiner Rückkehr von der *Trans-Himalaya-Expedition* erfuhr ich, dass mehrere Ingenieure der Armee eine Weltumsegelung planten, jedoch kein Schiff hatten. Die Gruppe fand Unterstützung bei ihrem Chefingenieur, der – ganz im Geist von Nansen – versprach, ihnen eines zu kaufen.[1] Ein Jahr darauf brachen sie mit einem Segler namens *Trishna* zu ihrer Fahrt um die Erde auf, die ihnen glücklich gelang. Dieser Erfolg ließ die Abenteuerlust in der Armee wieder aufleben und half die Wunden heilen, die die missglückte Everest-Expedition geschlagen hatte.

Ich selbst fand inzwischen immer wieder Zeit, allein oder mit meinen Freunden Berge zu besteigen. Schon als ich zum ersten Mal in Sikkim stationiert war, hatten mich die Berge und die Menschen dort fasziniert. Jahr für Jahr kehrte ich in dieses Paradies zurück; die Berge wurden mein Trainingsfeld, die Menschen Teil meines Lebens. Hier unternahm ich kleine Touren, ganz auf mich allein gestellt und ohne besondere Ausrüstung. Ich schätze solche Touren sehr, denn zum einen erlauben sie mir ungetrübten Naturgenuss, zum anderen kann ich mein Können besser erproben und mich damit auf lange Expeditionen vorbereiten.

An Herausforderungen wie langen, strapaziösen Expeditionen kann ein Mensch wachsen oder zerbrechen. Für mich persönlich bedeuten sie einen Energieschub, aus dem immer wieder neue Lebendigkeit erwächst – geistig, körperlich und seelisch. Das grenzenlose Glücksgefühl nach einer solchen erfolgreich bestandenen Herausforderung hält noch lange an und lässt mich den Schwierigkeiten des Alltagslebens wesentlich gelassener begegnen; oft lösen sie sich geradezu in Luft auf.

Auf der langen Liste meiner Wunschträume stehen auch einige ausgefal-

1 Der norwegische Forscher Fridtjof Nansen lieh Roald Amundsen sein Schiff *Fram*, mit dem dieser in die Antarktis fuhr und später den Südpol erreichte.

lene Vorhaben, unter anderem die Durchquerung der Antarktis, allein und ohne fremde Hilfe. Davon träumte ich schon seit Jahren. Zwei englische Forscher, Sir Ranulph Fiennes und Dr. Mike Stroud, unternahmen 1993 eine solche Durchquerung des antarktischen Inlandseises und bewältigten in 95 Tagen eine Strecke von 2170 Kilometern. Ihre Leistung gab meinem Traum neue Nahrung, und deshalb suchte ich nach Wegen, ihn endlich zu verwirklichen.

Bei solchen Unternehmungen ohne jede Unterstützung ist der Mensch wirklich vollkommen auf sich gestellt und den Naturgewalten ausgesetzt. Die Menschen sollten Anerkennung finden für das, was sie selbst tun, nicht für die Leistung anderer. Dieser Gedanke ist es, der mich antreibt.

Im Sommer 1994 führte ich ein Telefongespräch mit Ranulph, dem Leiter der englischen Antarktis-Expedition. Er war sehr offen mir gegenüber. »Die ganze Sache hat mich 300 000 Pfund gekostet«, erklärte er. »Sie brauchen ungefähr ein Jahr, um diese Summe aufzutreiben, und bis dahin müssen Sie natürlich in Topform sein.«

»Dreihunderttausend Pfund«, wiederholte ich im Stillen. So viel Geld stellte die Armee bestenfalls in einem Jahrzehnt für solche Unternehmungen bereit. Diese gigantische Summe von der Armee zu bekommen war vollkommen unmöglich. Selbst wenn ich alle meine Möglichkeiten ausschöpfte, um Sponsoren zu finden, würde es Jahre dauern, bis die Finanzierung gesichert war, und dann wäre ich zu alt.

Ich war damals in Delhi stationiert und kümmerte mich um die Expeditionsvorhaben des Kadettenkorps. Mir fielen mehrere interessante Projekte ein und als Erstes die Durchquerung der Antarktis mit jungen Kadetten, aber schon bei der bloßen Erwähnung der nötigen Geldmittel lösten sich meine Träume in Luft auf.

Während ich über die Lösung dieses Problems nachgrübelte, rief mich Oberst Gill an, der im Armee-Hauptquartier für die Abteilung *Himalayan Expeditions* (HIMEX) zuständig war. Er fragte mich, ob ich nicht zu einer Ski-Expedition Lust hätte. HIMEX war von Stabschef General Joshi ursprünglich für ein oder zwei Jahre eingerichtet worden, um solche Unternehmungen bei der Armee zu fördern. Im Gegensatz zu *Adventure Cell* sollte sich die HIMEX-Truppe durch besondere Leistungen profilieren und so auch Gelder aus zivilen Quellen erhalten können. Doch wie ich später erfuhr, sah in der Praxis alles anders aus als in der Theorie. Von HIMEX kam enttäuschend wenig Unterstützung für die *Ski-Himalaya-Expedition* und andere Expeditionen.

»Wohin?«, fragte ich Gill, als ich ihm in seinem Büro gegenübersaß.

»In den Himalaya«, antwortete er.

»Aber warum ich? Sie haben doch eine Menge Männer, die jünger sind als ich.«

»Ja, aber von Ihnen wissen wir, dass Sie über die nötige Routine verfügen.«

»Ich muss erst darüber nachdenken«, entgegnete ich und beschloss, das Gespräch später beim Mittagessen fortzuführen.

Ich ließ mir die Idee einer Ski-Expedition in den Himalaya durch den Kopf gehen. Als ich während der Mittagspause wieder ins Armee-Hauptquartier fuhr, überlegte ich, welches Gebiet im Himalaya sich für eine solche Expedition eignete. Einfach einen Berg auf Skiern hinunterzufahren, schloss ich von vornherein aus – schließlich wollte ich kein Abfahrtsrennen bestreiten. Für mich kam nur in Frage, den Himalaya zu durchqueren und dabei eine ebenso große Strecke zurückzulegen wie bei einer Durchquerung der Antarktis.

An ihrer schmalsten Stelle misst die Antarktis rund 2980 Kilometer. Eine derart lange Tour wäre also auf jeden Fall eine einmalige Herausforderung. Es wäre auch das erste Mal, dass jemand den Versuch unternahm, den Himalaya auf Skiern zu durchqueren. Meiner Ansicht nach sollte eine Reise welcher Art auch immer die unterschiedlichsten Aspekte bieten, und es ist die Aufgabe des Reisenden, daraus etwas wirklich Außergewöhnliches zu machen. Ich begann von der längsten Hochgebirgs-Skitour der Welt zu träumen. Eine solche Tour entspräche im Übrigen ganz dem Charakter meiner damaligen *Trans-Himalaya-Expedition.*

Bei kalt gewordener Pizza und heißem Kaffee erläuterte mir Gill als Vertreter der HIMEX sein Vorhaben. Wie sich herausstellte, dachte er an eine Art Kurztrip über eine Strecke von 200 Kilometern. Als er auf meinem Gesicht maßlose Enttäuschung ablesen konnte, fügte er im gleichen Atemzug hinzu: »Aber wir sind für jeden Vorschlag offen.«

»Mir schwebt eher eine Durchquerung des Himalaya auf Skiern vor, also 2000 Kilometer«, entgegnete ich sehnsüchtig.
Er lächelte. »Das soll natürlich nur ein kleiner Scherz sein.«
»Keineswegs«, beteuerte ich mit einem Kopfschütteln. Und dann erklärte ich ihm mit festem Blick, dass ich zwar die meisten Dinge recht leicht nähme, es mir bei einem aber immer ernst sei.
»Und das wäre?«
»Wenn es um Abenteuer geht.«
Er sah mich erstaunt an, rieb sich die Hände, holte tief Luft und fragte, ob es im Himalaya tatsächlich eine derart lange Strecke gebe, die man auf Skiern zurücklegen könne.
In gewisser Weise war seine Frage verständlich. Der Himalaya ist ein Paradies für Bergsteiger, nicht für Skisportler. Von der Hauptkette des Himalaya, die sichelförmig von Osten nach Westen verläuft, zweigen zahlreiche Bergmassive ab. Schnee und Regenwasser aus ihren Tälern speisen die Indische Tiefebene. Dazu kommen die Flüsse, die im Gebiet des Manasarowar-Sees entspringen. Zwei von ihnen – der Yarlung Tsangpo, der in Indien Brahmaputra genannt wird, und der Indus – haben zu beiden Seiten tiefe Schluchten in das Gebirge gegraben, während die anderen beiden Flüsse – der Sutlej und der Karnali – den Himalaya gewissermaßen durchschneiden. Der Sutlej fließt in den Indus, der sich wiederum in das Arabische Meer ergießt, der Karnali in den Ganges, der in den Golf von Bengalen mündet. In Bangladesh bilden diese Flüsse zusammen mit dem Brahmaputra ein überaus fruchtbares Delta.
Aus diesen Gründen ist eine durchgängig für Skilanglauf geeignete Strecke im Himalaya unmöglich zu finden, aber sehr viele der Schluchten lassen sich umgehen, wenn man eine Route über die Höhenzüge wählt. Genau das schlug ich vor. Außerdem suchte ich eine ganz besondere Herausforderung, die mir das Gefühl gab, die Antarktis zu durchqueren.
»Mein Vorschlag wäre eine Skitour von Ladakh nach Kumaon«, sagte ich.
»Von Ladakh aus? Wie wollen Sie in Ladakh Ski fahren? Dort schneit es doch kaum.«
»Das stimmt, aber die Flüsse frieren zu, und wir folgen ihrem Lauf eben mit Schlitten.«

»Schlitten sind keine Skier«, bemerkte er.
»Es bleibt trotzdem eine Herausforderung … und später werden wir natürlich auf Skier umsteigen.«
»Wann können Sie das Konzept für die Expedition einreichen?«
»Sobald Sie wollen«, antwortete ich.
Noch während ich an meinem Konzept arbeitete, erlitt der Oberkommandierende der Armee, General Joshi, auf dem Golfplatz einen Herzinfarkt und starb innerhalb weniger Stunden. Wir waren zutiefst erschüttert. General Joshi hatte uns immer begeistern können und sich sehr dafür eingesetzt, dass Expeditionsvorhaben in der indischen Armee eine Zukunft hatten. Er wollte Indien damit Möglichkeiten eröffnen, die es früher im Sport gegeben hatte. Die Armee hatte auf jedem Gebiet Herausragendes geleistet und legendäre Sportler hervorgebracht – aber das war schon lange her. Wie einige Generäle vor ihm hatte General Joshi erkannt, dass ein Soldat einen gesunden Geist und einen gesunden Körper braucht, wenn er seiner Waffe gewachsen sein soll. Er muss sowohl Mut als auch Initiative zeigen, wenn er in einem modernen Krieg siegen will. Nach Ansicht der Armeeführung sind Bergsteigerexpeditionen ein geeignetes Mittel, um diese Qualitäten zu fördern. Obwohl ich diese Ansicht grundsätzlich teile, glaube ich nicht, dass Bergsteigen einem Soldaten hilft, einen Krieg zu gewinnen, jedoch können solche Unternehmungen ihm sehr wohl das Selbstvertrauen geben, den Feind aus einer unerwarteten Richtung anzugreifen. Ein Soldat muss sich auch unkonventioneller Fortbewegungsmittel bedienen können – seien es Paraglider, Fahrrad oder Skier. Er muss scheinbar unüberwindbare Hindernisse erklettern und feindliches Gelände durchqueren können. Und er muss den Überraschungseffekt zu nutzen verstehen.
Die militärische Ausbildung besteht jedoch aus ständiger Wiederholung, damit die Soldaten »ihre Aufgaben genau, schnell und sicher« ausführen lernen. Eigenständiges Denken wird als Sünde betrachtet. Aber genau das müsste sich ein Soldat meiner Meinung nach aneignen – intuitiv richtig reagieren und Überraschungseffekte ausnutzen lernen.
Intuitiv zu handeln bedeutet allerdings nicht, dass man sich nicht darum kümmert, ob das, was man tut, richtig oder falsch ist. Häufig bedeutet es

harte Arbeit, engagierte Arbeit, neue Ideen zu entwickeln und sein kreatives Potenzial zu nutzen. Je unkonventioneller die Einstellung, desto schwieriger sind diese Ideen umzusetzen.
Also machte ich mich daran, mein exotisches Skiabenteuer sorgfältig zu planen – meiner Intuition folgend, aber auch auf eventuelle Überraschungen vorbereitet.

Der Leiter einer Expedition ist gewissermaßen der Kopf eines Körpers. Der Kopf war ich, und ich brauchte einen Körper, mit dem das Zusammenspiel reibungslos funktionierte. Mut, Kraft und Abenteuerlust allein reichten nicht; es musste vor allem der unbedingte Wille vorhanden sein, sich bis zum Ziel durchzukämpfen.
Für den Erfolg einer Expedition ist die Leistung der einzelnen Teilnehmer ebenso wichtig wie ihr Leiter. Nur selten wird erwähnt, welch elementare Rolle sein Stellvertreter als Verbindungsglied zum Team spielt, denn er ist für die nötige Disziplin verantwortlich. Am allerwichtigsten ist, dass er die Leute auch dann noch im Griff hat, wenn die Dinge nicht so laufen, wie sie sollten. Erst dann beginnt das wirkliche Abenteuer. Die Ausbildung bei der Armee ist hart, und die Leute sind körperlich fit. Aber körperliche Fitness allein genügt nicht: Man muss selbst bei extremer Belastung – sei es aufgrund von Erschöpfung oder der dünnen Höhenluft – noch Selbstbeherrschung und Mut aufbringen können.
Anlässe für Spannungen ergeben sich genug. Manchmal kommt Geld, das man unterwegs benötigt, nicht rechtzeitig an, und das bedeutet zusätzliche Entbehrungen. Im Hohen Himalaya ist die Route nicht markiert, was häufig zu Problemen führt. Dass man einen falschen Weg einschlägt, ist nicht selten, aber wenn sich nach einiger Zeit herausstellt, dass es nicht mehr weitergeht – was allerdings nicht oft vorkommt –, dann kann es das Ende bedeuten. Missstimmung macht sich breit, wenn Essen, Wasser oder Unterkunft fehlen. Was auch vorgefallen sein mag, ein Sündenbock findet sich immer. Böse Unterstellungen werden geäußert, sarkastische Bemerkungen fallen. Der Stellvertreter des Expeditionsleiters übernimmt also eine äußerst wichtige Aufgabe. Deshalb wollte ich als Stellvertreter einen Mann haben, der mental stark, körperlich robust und vom Charakter her

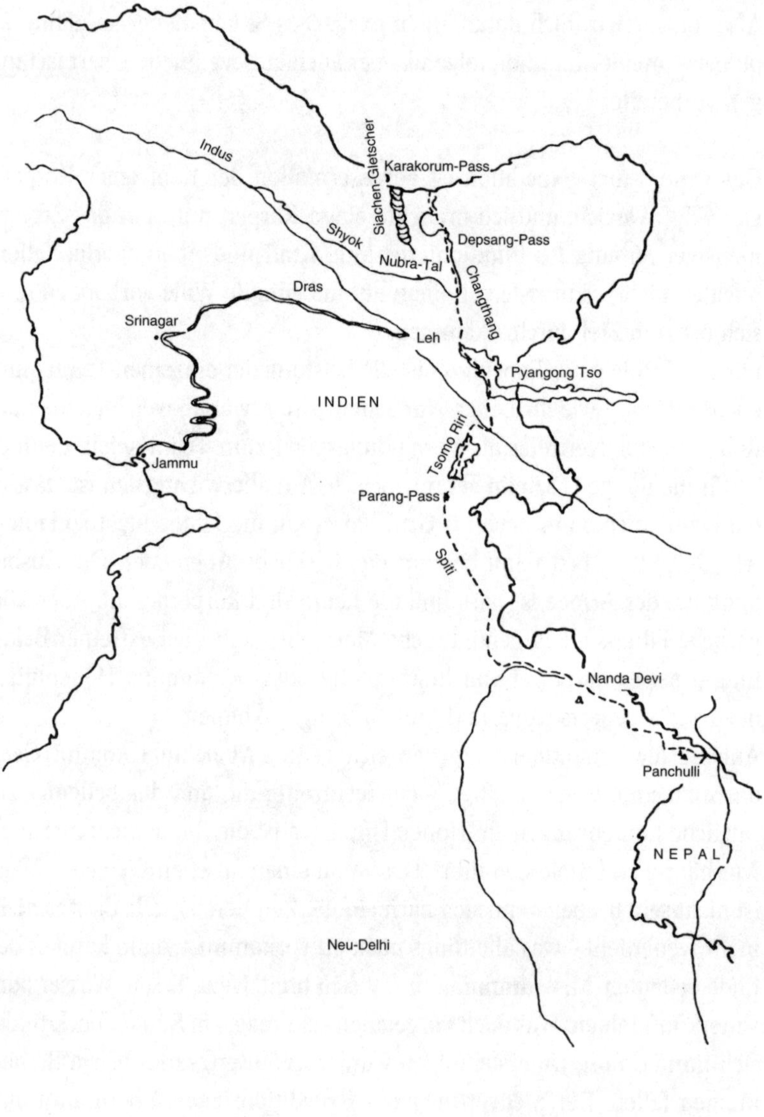
Indus
Siachen-Gletscher
Karakorum-Pass
Shyok
Depsang-Pass
Nubra-Tal
Changthang
Dras
Srinagar
Leh
Pyangong Tso
INDIEN
Tsomo Riri
Jammu
Parang-Pass
Spiti
Nanda Devi
Panchulli
NEPAL
Neu-Delhi

ausgeglichen war. Sollte ich zwischen beidem wählen müssen, wäre mir mentale Stärke wichtiger als körperliche Kraft.

»Eines ist für jede Mannschaft unabdingbar«, schrieb Dr. Phillip Law, Leiter der australischen Antarktisgruppe, »und das ist Loyalität. Ein Mann muss dem Expeditionsteam, seinem Leiter und sich selbst gegenüber loyal sein. Manche Männer sind von ihrem Wesen her loyal, andere provokant, unloyal und nicht kompromissbereit.« Ich machte mich auf die Suche nach loyalen Männern.

Ein Bergsteigerfreund meinte, ich solle doch einmal mit Major Krishan Kumar sprechen, den er als »robusten und aufrichtigen Mann« beschrieb. Es zeigte sich, dass diese Charakterisierung stark untertrieben war: Krishan Kumar besaß alle Führungsqualitäten, die ich suchte. Ich hatte ihn schon einmal getroffen, jedoch nicht näher kennen gelernt. Er beschäftigte sich nicht nur mit der Geschichte, Kultur, Fauna und Flora des Himalaya, sondern war außerdem ein begeisterter Fotograf. Diese Themen interessierten auch mich, und ich konnte mich ausgezeichnet mit ihm unterhalten. Schon in den ersten Tagen hatte ich Gelegenheit, mich von seinen vielen guten Eigenschaften zu überzeugen, deren bemerkenswerteste seine unbedingte Loyalität war.

Wir gingen daran, aus der langen Liste von Freiwilligen aus der Armee gemeinsam eine provisorische Auswahl von 26 Expeditionsteilnehmern zu treffen. Die meisten hatten entweder gedient oder bereits früher Expeditionen mit uns unternommen. Wir kannten daher ihre Fähigkeiten, ihr Naturell und ihren Charakter. Entscheidend für unseren Erfolg würde jedoch sein, dass wir aus ihnen eine Mannschaft formten, in der sich alle gut verstanden.

Anschließend galt es zu besprechen, wie groß das Team sein sollte. Ich plädierte für vier Mann, denn diese Anzahl hatte sich bereits des Öfteren bewährt und ist besonders praktisch, weil alle in einem Zelt Platz finden und die Aufgaben gleichmäßig verteilt werden können. Kumar war jedoch anderer Meinung.

»Wir gehen mitten im Winter, können also jederzeit in Lawinen und Gletscherspalten geraten«, meinte er. »Wir brauchen mehr Männer, nicht zum Tragen, sondern für den eventuellen Abtransport von Verletzten.« Es schien mir daher die beste Lösung, meine magische Teilnehmerzahl auf acht zu verdoppeln. Kumar und ich würden die ganze Strecke gehen, die anderen so weit sie eben konnten.

Als nächster Schritt stand an, die Expedition gewissenhaft vorzubereiten. Wir brauchten die beste Ausrüstung, die es gab, denn wir mussten mit Temperaturen bis zu –58 °C und Windgeschwindigkeiten bis zu 100 Stundenkilometer rechnen. Unter solchen Bedingungen kann die gefühlte Temperatur aufgrund des Wind-Kälte-Faktors bedrohlich niedrig werden. Es kann zu Erfrierungen oder einer starken Unterkühlung des Gehirns kommen, was zum sofortigen Tod führt.

Bislang hatte die Armee die gesamte Ausrüstung für solche Expeditionen von indischen Fabrikanten bezogen, aber etliche Teilnehmer hatten trotz vergleichsweise angenehmer Wetterbedingungen Kälteschäden davongetragen. Die Ausrüstung, die wir benötigten, wird in Indien nicht hergestellt; sie musste also importiert werden. Dazu brauchten wir eine Sondergenehmigung des Finanzministeriums. Und das bedeutete, dass wir zuerst einen Kampf mit der Bürokratie auszufechten hatten.

Welche Qualität die Ausrüstung haben musste, hing auch von unserer Route ab. Oft saß ich nun bis tief in die Nacht über den Landkarten, um den genauen Verlauf festzulegen. Ausgangspunkt sollte der Karakorum-Pass sein. In Ladakh führte die Route dann den Shyok entlang und über die beiden Seen Pyangong Tso und Tsomo Riri, das heißt zu einem großen Teil über im Winter dauerhaft zugefrorene Gewässer. Die Kletterpassagen in den Tälern sind nicht schwierig, aber es ist kalt in dieser Region und schrecklich windig.

Nach der Überquerung des Parang La würden wir, so hoffte ich, durch das schneereiche Spiti-Tal weiter nach Osten vorstoßen und dann über den Lamkhaga-Pass und durch das Sangla-Tal nach Harsil in Garhwal gelangen.

In Garhwal wählte ich eine Route, die von Gaumukh aus über den Chaturangi-Gletscher führte, den letzten Rastplatz auf dem Pilgerpfad der Hindus zu den Quellen des Ganges. Weiter östlich verlief die Strecke durch tiefe Schluchten und über steile Pässe, die nie zuvor jemand im Winter gegangen war. Ich selbst kannte das Gebiet nur von einem Aufenthalt im Sommer. Wie die Verhältnisse bei Schnee waren, konnte man nur vermuten. Wege, die ich mir als sicher vermerkt hatte, würden sich vielleicht als zu gefährlich herausstellen. Auch noch so große Erfahrung im Kartenlesen oder Schneemuster-Erkennen erlaubten mir keine Aussage darüber, welche Bedingungen wir dort antreffen würden.

Die Route verlief fast ausschließlich in Höhenlagen, wo es kaum Zivilisation gab. Die wenigen Dörfer und Häuser in diesem Gebiet waren im Winter, wenn ihre Bewohner zu tiefer gelegenen Weiden zogen, vollkommen verlassen. Für uns bedeutete das, dass wir Proviant für die ganze Strecke mitnehmen mussten, nach meiner Schätzung also für rund 90 Tage.

Die Verpflegung stellte überhaupt ein erhebliches Problem dar. In Indien werden keine gefriergetrockneten Lebensmittel hergestellt, die wenig wiegen und einfach zuzubereiten sind. Die üblichen tiefgefrorenen Nahrungsmittel wiegen mehr, und es ist schwierig, sie in großer Höhe zu garen. Vermutlich würden wir sowohl die Ausrüstung wie die Lebensmittel importieren müssen.

Kumar arbeitete einen Speiseplan aus, dessen Grundlage Instant-Nudeln und grobes Reismehl bildeten, ergänzt durch Süßigkeiten und Schokolade. Am meisten von allem Kochzubehör wog der Brennstoff, deshalb schlug Kumar vor, dass es nur eine warme Mahlzeit am Tag geben sollte, um noch mehr Gewicht zu sparen. Das schien auch mir die beste Lösung, und so akzeptierte ich seinen Vorschlag, wenn auch widerstrebend.

Ich musste mir überlegen, wie derart schwere Lasten transportiert werden sollten. Ranulph Fiennes hatte bei seiner Antarktis-Durchquerung Lebensmittel für hundert Tage auf einem Schlitten befördert, der rund 218 Kilogramm wog, und ihn mit eigener Kraft über ein flaches Plateau gezogen, das er als »riesigen Hochzeitskuchen mit zähflüssigem Zuckerguss, der nach außen und unten fließt« beschrieb. In unserem Fall war der ehemals flache Kuchen von zwei gigantischen Landmassen (dem indischen Subkontinent und Zentralasien) zusammengepresst worden, die ihn nach oben drückten, bis die oberste Zuckergussschicht zersprang.

Um Berkner Island in der Antarktis hatte Ranulph einen Umweg gemacht, weil er meinte, die Steigung von zehn Grad sei mit einer derart schweren Last nicht zu schaffen. Bei den Bergpässen, die wir zu bewältigen hatten, konnte die Steigung sogar mehr als 70 Prozent ausmachen. Demnach waren solche Steigungen mit schweren Schlitten unmöglich zu überwinden. Es blieb also nur, die Lasten auf dem eigenen Rücken zu befördern – aber wie viel Gewicht kann ein Mensch tragen?

Untersuchungen der Armee zufolge sollte die Traglast bei einem langen Marsch 40 Prozent des Körpergewichts des Soldaten nicht überschreiten. Unser Gewicht lag im Durchschnitt bei 60 Kilogramm, die ideale Traglast betrug demnach rund 24 Kilogramm pro Person. Nun wog aber die Ausrüstung allein schon – im wahrsten Sinn des Wortes – bedrückende 20 Kilogramm. Wir mussten sorgfältig abwägen, wie viel wir an Essensrationen mitnehmen durften, ohne dass unsere Leistungsfähigkeit darunter litt.

Es ging nicht nur darum, dass wir die schwere Last zu tragen hatten – wir mussten damit auch Ski fahren können. Ich weiß aus eigener Erfahrung, wie zermürbend das sein kann. Kommen noch Verwirrtheitszustände hinzu, gelingt es dem Skifahrer kaum mehr, seine Skier unter Kontrolle zu halten. Dabei sind die Schmerzen nicht die einzige Gefahr. In den Extremregionen des Hochgebirges, wo der Sauerstoff knapp wird, besteht auch häufig das Risiko, sehr tief zu fallen.

Ratna Mani Rai, ein exzellenter indischer Skifahrer, der an den Olympischen Spielen teilgenommen hatte, äußerte Zweifel, dass das Unternehmen gelingen würde, und meinte, mit einem derartigen Gewicht auf dem Rücken Ski zu fahren sei ein ständiges Risiko. Noch skeptischer war Pritam Singh, Trainer an der Skischule der Armee. »Sobald sich einer den Knöchel bricht, ist die gesamte Expedition in Frage gestellt«, meinte er. »Dann kann er nämlich nur noch kriechen, aber nicht mehr Ski fahren.«

Nach langen Diskussionen einigten wir uns schließlich darauf, dass wir nicht mehr als jeweils zehn bis zwölf Tagesrationen und Reserven für zwei bis drei Tage mitnehmen würden. Dennoch erhöhte sich das Gewicht, das jeder zu tragen hatte, auf unglaubliche 32–35 Kilogramm. Ich machte mir Sorgen und begann insgeheim sogar zu bezweifeln, ob wir dieser Herausforderung überhaupt gewachsen waren.

Es lag auf der Hand, dass wir entlang der Route Proviantstationen einrichten mussten. Auch das erwies sich als höchst schwierig. Die Entfernung musste so gewählt werden, dass die Mannschaft ausreichend Verpflegung von einer Station bis zur nächsten tragen konnte. Wie groß die Entfernung sein sollte, konnte man nur mutmaßen. Wie lange wir brauchen würden, um sie zu überwinden, konnte kein Mensch sagen.

Inzwischen war es November, bald würde Schnee fallen. Ich beschloss, das Team aufzuteilen und in verschiedene Streckenabschnitte zu schicken, um das Gelände zu erkunden. Vor Ort ließ sich besser beurteilen, ob es tatsächlich möglich war, die Proviantstationen an den zuvor auf der Landkarte ausgewählten Orten einzurichten. Gleichzeitig war diese Erkundungstour eine hervorragende Trainingsmöglichkeit, und die Männer blieben in Topform.

Es gibt eine alte Redensart unter Soldaten: »Je mehr du im Frieden schwitzt, umso weniger blutest du im Krieg.« Zwar gilt dieser Spruch für alle Lebensbereiche, wie ich finde, ganz besonders jedoch für eine Durchquerung des Himalaya.

Im Dezember machte sich das Team, aufgeteilt in vier Gruppen, auf den Weg Richtung Leh, Kibbar, Joshimath und Gunji mit der Aufgabe, vor dem Wintereinbruch die Route in den Regionen Ladakh, Himachal, Garhwal und Kumaon zu erkunden. Außerdem sollten sie sich die Orte anschauen, an denen wir Proviantstationen einrichten wollten, und die örtliche Bevölkerung nach den Schneeverhältnissen und eventuell besonders lawinengefährdeten Abschnitten befragen.

Nun saß ich allein da; alle anderen waren im Himalaya unterwegs. Ich nutzte die Zeit, um weitere Informationen zu sammeln und mich auf das große Unternehmen vorzubereiten, aber das Fernweh ließ mir keine Ruhe. Ich sehnte mich nach dem herrlichen Schnee und der weiten, glitzernden Bergwelt, wo Frieden und Stille ist. Ich dachte an die Menschen dort mit ihren wortreichen Gesten und den offenen Gesichtern. Ich wollte teilhaben an ihrem einfachen Leben, denn darin liegt das Geheimnis wahren Glücks.

Wir alle durchwandern die unendlichen Seiten der Geschichte, aus denen das Buch gebunden ist, das wir »Welt« nennen. Wir sind Schüler in einem Klassenzimmer, in dem die Natur uns den Sinn des Lebens enthüllt – wir müssen ihn nur wahrnehmen. Wenn wir uns in ihr Reich begeben, findet

der Rhythmus des Lebens sein ureigenes Gleichgewicht. Manche Menschen lassen ihren Gefühlen dann freien Lauf, andere werden ganz still.
Gegen Ende Dezember, während ich grübelnd im Offiziersclub saß, tauchte mein Studienkollege Oberst Arun Chadha auf. Er wollte wissen, was mit mir los sei. Vor 20 Jahren hatten wir zusammen die Kadettenschule besucht, aber das war nicht der Grund, dass er sich so gut in mich hineinversetzen konnte: Er hegte vielmehr ähnliche Träume wie ich.
Arun arbeitete bei *Adventure Cell*. Er hatte HIMEX aufgebaut, war aber inzwischen nicht mehr direkt mit dieser Abteilung befasst, weil sie von einem ranghöheren Offizier geleitet wurde. Trotzdem wollte Arun solche Expeditionsvorhaben gerne weiterhin unterstützen. Wir besprachen das Problem der Finanzierung. HIMEX hielt Gelder für meine Expedition mit der Begründung zurück, ich müsse die Route verkürzen. Damit war ich nicht einverstanden. Arun hatte Verständnis für meine Lage und meinte, ich solle am nächsten Tag bei ihm im Büro vorbeikommen.
Bei diesem Treffen befragte er mich zwei Stunden lang nach allen Details, dann schien er überzeugt zu sein. Er konnte verstehen, warum ich eine längere Expedition machen wollte und dass wir geeignete Skikleidung importieren mussten.
»Ich finde auch, dass ihr eine bessere Ausrüstung haben müsst«, sagte er. »Im Winter wird es dort fürchterlich kalt, und da ist die beste Kleidung gerade gut genug.«
»Sicher, aber ich brauche Geld, um das alles kaufen zu können.«
»Lass das meine Sorge sein«, erwiderte er mit seinem typischen verschmitzten Lächeln. »Ich werde tun, was ich kann.«
Von einem Moment zum anderen fühlte ich mich wie verwandelt, und die Zukunft sah plötzlich wieder viel freundlicher aus. Es war, als hätte man mir über eine schier unüberwindbare Hürde geholfen.
Fridtjof Nansen sagte einmal: »Das Leben hat keinen Sinn. Die Natur kennt keinen Sinn. Sinn ist ein vom Menschen geschaffener Begriff, den wir Wirklichkeit werden lassen.«[2]
Mein einziger Lebenssinn damals hieß *Ski-Himalaya*. Ich hielt unbeirrt

2 vgl. Roland Huntford, *The Last Place on Earth*, S. 196

daran fest, dass die Expedition mindestens 2000 Kilometer umfassen müsse, am besten auf einer Strecke zwischen dem Karakorum und Lipu Lekh – koste es, was es wolle. Etwas anderes kam für mich nicht in Frage. Ich lief von einem Büro zum anderen in der Hoffnung, rechtzeitig aufbrechen zu können. Um Zeit zu sparen, faxte ich dem Ausrüster *Cotswold* in London eine Aufstellung der benötigten Artikel und forderte Preise an. Was wir an Verpflegung brauchten, wussten wir bereits. Die Route war endgültig festgelegt, die Orte für die Proviantstationen ausgewählt und bestätigt. Jetzt konnte unser Projekt nur noch daran scheitern, dass HIMEX das erforderliche Geld nicht freigab.

Je näher unser Starttermin rückte, umso mehr beschäftigte mich der Gedanke, ob ich auch wirklich fit genug war. Ich wollte nicht keuchend hinter den anderen herzockeln. In den vergangenen sechs Monaten war ich jede Woche 65 Kilometer gelaufen. Nun hatte ich das Gefühl, dass nicht einmal das ausreichte. Wenn ich ins Büro von *Adventure Cell* musste, lief ich die sieben Stockwerke zu Fuß hinauf. Ich trainierte hart. Auf meinem Speiseplan stand kalorienreiche, aber fettarme Nahrung. Als Junggeselle aß ich im Offizierskasino. Um die Kühlschränke in der Küche, die voll gepackt waren mit Leckerbissen, musste ich allerdings einen großen Bogen machen. Für Langstrecken-Sportler wird eine Ernährung mit einem Fettgehalt von 30 bis 40 Prozent empfohlen, denn das fördert die Ausdauer und Kraft.

Im Januar deutete Arun an, dass sich bezüglich des Geldes etwas bewege, aber damit war die Schlacht nur halb gewonnen. Das Geld für die Verpflegung und einige andere Dinge hatte HIMEX immer noch nicht freigegeben. An jenem Abend sprach ich mit Craig Davies von *Cotswold*. Meine Bestellung sei in Bearbeitung, sagte er, und er werde die Lieferung abschicken, sobald er von mir grünes Licht bekomme. Ich verlor weiter an Gewicht, da ich jeden Tag ein dutzend Mal die sieben Stockwerke zu *Adventure Cell* hinaufrannte.

Es machte mir Sorgen, dass wir wahrscheinlich nicht zum geplanten Termin würden aufbrechen können. Eine Durchquerung des Himalaya auf Skiern ist nur während des kurzen Winters möglich, ein Zeitfenster von maximal 100 Tagen. Am besten geeignet für ein solches Unternehmen sind die Wochen zwischen Mitte Januar und Mitte April, bei einem späten Wintereinbruch manchmal noch bis Ende April. Danach würden wir unterwegs vermutlich häufig auf grüne Weiden stoßen.

Bei einer Besprechung am 15. Januar – dem Tag, an dem ich hatte aufbrechen wollen – wurde mein Vorschlag nochmals diskutiert. *Adventure Cell* stimmte meinem Konzept zu und befand, es sei so überzeugend, dass man es nicht verwerfen könne. Arun unterstützte mein Vorhaben, denn es sei nicht nur »umsichtig geplant und wohl durchdacht, sondern auch viel versprechend«. HIMEX hingegen bezeichnete es als »Donquichotterie«.

Es folgte eine heftige Auseinandersetzung, denn so leicht gab ich mich nicht geschlagen. Die Mannschaft habe bereits Erkundungstouren durchgeführt und lange trainiert, argumentierte ich erregt, Verpflegung und andere wichtige Dinge seien bereits gekauft und eingelagert worden. Die Route in diesem Stadium zu verkürzen oder zu verändern bedeute eine Verschwendung von Geld und Energie. Schließlich wurde mein Konzept von HIMEX akzeptiert, wenn auch widerstrebend und mit einer Bedingung verknüpft: »Sehen Sie zu, dass Sie die Kosten verringern, oder suchen Sie einen Sponsor. Irgendwo müssen Sie Kompromisse machen!«

Die Neigung zu Kompromissen ist eine typisch indische Eigenschaft. Ich vermute, sie hat sich aus der von Mahatma Gandhi begründeten Friedensphilosophie entwickelt, denn er hat unsere Generation in den prägenden Jahren stark beeinflusst. HIMEX machte nun mein Budget zum Gegenstand eines Kompromisses. Budgets zu kürzen ist in Indien ebenso alltäglich wie für einen Mann, sich den Schnurrbart zurechtzustutzen.

Und so begann ich, potentielle Sponsoren aufzusuchen, obwohl mir bewusst war, dass es ungefähr so leicht sein würde wie die sprichwörtliche Suche nach der Nadel im Heuhaufen. Mit Kricket können indische Sponsoren etwas anfangen, nicht jedoch mit Abenteuersport. Sie verstehen Sponsoring als eine Art zusätzliches Schaufenster, das die Geschäfte ankurbeln soll. Aus früheren Erfahrungen bei der Suche nach Sponsoren weiß ich eines sicher: Am Ende hat man nicht nur ein Loch in der Tasche, sondern auch Löcher in den Schuhsohlen.

Aber ich bin ein hartnäckiger Mensch. Wenn ich mir etwas in den Kopf gesetzt habe, verfolge ich mein Ziel mit der Beharrlichkeit einer Lawine.

Broschüren wurden über Nacht gedruckt und im ganzen Land verschickt, aber ich stand derart unter Zeitdruck, dass ich den Firmen kaum Gelegenheit gab, sie in Ruhe zu lesen. Ich wollte nur, dass eine von ihnen »ja« sagte. Zum Glück hatte ich durch die *Trans-Himalaya-Expedition* einen guten Ruf, und langsam kamen Angebote herein.

Russi Mody, damals von *Air India* und *Indian Airlines,* ließ mich zu sich kommen. Er war ein begeisterter Sportler und fuhr leidenschaftlich gerne Ski. Als ich ihm mein Vorhaben erläutert hatte, meinte er: »Wenn Ihre Expedition die Jugend unseres Landes dazu anregt, in dieser Richtung selbst aktiver zu werden, dann würde ich mich glücklich schätzen, Ihr Sponsor zu sein.«

Wir beschlossen, die Expedition der Jugend zu widmen. Unternehmungen dieser Art können zur Charakterbildung beitragen. Mir liegt daran, dass die jungen Menschen sich von der Tradition des Kompromisseschließens lösen und stattdessen mehr Entschlossenheit und Unternehmungsgeist entwickeln. Unser Vorhaben konnte andere ermutigen, es uns gleichzutun. Das Kind im Mann verkörpert für mich besonders treffend Hank Ketchams berühmte Comicstrip-Figur *Dennis the Menace* (dt.: Dennis, der Lausbub). Ihn wählten wir uns zum Maskottchen.

Bald folgten weitere Sponsoren. Ich hatte schon seit einiger Zeit nach einem besseren Kommunikationssystem gesucht und eine Messe besucht, auf der auch die Firma *Videsh Sanchar Nigam Limited* (VSNL) einen Stand hatte. Wenige Unternehmen, mit denen ich bisher zu tun hatte, arbeiten derart effizient und unbürokratisch. Außerdem hat VSNL als einzige indische Firma Zugang zu INMARSAT, dem wahrscheinlich besten System auf dem Markt und für den Gebrauch im Himalaya bestens geeignet. Ich sprach mit dem Geschäftsführer Mr. Kheterpaul und fragte ihn, ob er uns kostenlos eine INMARSAT-Ausrüstung zur Verfügung stellen könne. Eine Woche später teilte er mir telefonisch mit, dass VSNL bereit sei, unsere Expedition zu sponsern, und uns nicht nur ein Satellitentelefon überlassen, sondern auch die Nutzungsgebühren übernehmen würde. Ich weihte das Gerät gleich mit einem Anruf bei Kumar ein, um ihm die gute Nachricht von unserem neuen Sponsor mitzuteilen.

Kumar machte sich sofort auf den Weg und traf am nächsten Morgen noch vor dem Frühstück ein. Wir diskutierten stundenlang über Sponsoren, Routen, Finanzen und Ausrüstung. Vor allem die Proviantstationen bereiteten Kumar große Sorgen. »Wir brauchen speziell ausgebildete Teams mit kompletter Ausrüstung – Skibekleidung, Kommunikations- und GPS-System –, um diese Stationen einzurichten. Alles wird tief verschneit sein, so dass nur Gebirgsjäger zu den Orten gelangen, die wir ausgewählt haben.«

Die Proviantstationen einzurichten wurde damit eine ebenso wichtige Aufgabe wie die eigentliche Durchquerung des Himalaya – mit dem einzigen Unterschied, dass wir von Westen nach Osten vorstoßen würden, das Unterstützerteam hingegen von Süden nach Norden. Wir teilten unser Team in Gruppen auf, die für die Einrichtung der einzelnen Proviantstationen verantwortlich waren, während einzelner Etappen aber auch zum Kernteam der Expedition gehörten.

Diese Gruppen sollten mit Hochfrequenz-Funkgeräten ausgestattet sein, damit sie mit den nächstgelegenen Armeestandorten Verbindung halten konnten, im Übrigen aber unabhängig voneinander agieren. Da wir selbst keine solchen Funkgeräte zur Verfügung hatten, würde eine Kontaktaufnahme untereinander schwierig werden. Sollten wir ihre Proviantstation aus irgendeinem Grund nicht erreichen, konnte es für uns gefährlich werden. Weitere INMARSAT-Telefone würde ich wahrscheinlich nicht bekommen, aber es würde das Risiko schon erheblich mindern, wenn ich das Team mit einem zuverlässigen Gerät zur exakten Positionsbestimmung ausstatten konnte.

Sich im Himalaya zu orientieren kann durchaus kompliziert werden. Manchmal ist es einfacher, als eine Route durch die Antarktis zu bestimmen, dann wieder so schwierig, als würde man ohne Kompass mitten in der Wüste stehen. Bei einem heftigen Schneesturm zum Beispiel läuft man Gefahr, in ein falsches Tal zu geraten – was viel Zeit kostet und gefährlich werden kann –, weil ein Kompass nur die allgemeine Richtung vorgibt.

Ich rief den Generaldirektor der Firma MELTRON in Pune an, die als einziges Unternehmen in Indien Magellan-Navigatoren vertreibt. Zu meinem Glück handelte es sich um einen pensionierten Offizier; Generalmajor

Kirpekar war sofort bereit, uns per Kurier vier dieser Navigatoren zu schicken. Mit Hightech waren wir nun reichlich ausgestattet. Mehr hätten wir unmöglich tragen können.

Anfang Februar gab es erfreuliche Nachrichten. Endlich wurde das Geld für die Ausrüstung freigegeben, und das Finanzministerium genehmigte innerhalb rekordverdächtiger fünf Tage unseren Importantrag für Skibekleidung. Die zuständigen Beamten hatten zuvor starke Zweifel geäußert, ob man die Angelegenheit in dieser unerhört kurzen Zeit bearbeiten könne. Später erfuhr ich, dass irgendjemand im Ministerium unsere Akte mit einem roten Aufkleber »Oberste Dringlichkeit« versehen hatte.

Der Militär-Attaché beim indischen Hochkommissariat in London kümmerte sich persönlich um unsere Bestellung bei *Cotswold* und bestätigte, dass unsere Ausrüstung zum Versand bereitstand. *Air India* wies seine Mitarbeiter in London an, die Sendung mit dem nächstmöglichen Flug nach Delhi zu transportieren. Dort würden Kumar und ich bereits warten, um sie in Empfang zu nehmen. Alles ging so reibungslos und zügig vonstatten, dass ich es kaum glauben konnte.

Am 4. Februar fand im Oberoi Hotel eine Pressekonferenz statt. Vertreter unserer Sponsoren kamen, um uns in Anwesenheit des Stabschefs, der die Pressekonferenz leitete, ihre Fahnen zu überreichen. Wenige Stunden zuvor, als ich mich gerade auf den Weg zum Hotel machte, traf ein großes Paket von Hank Ketcham ein. Es enthielt ein Poster von *Dennis the Menace*, wie er mit seinen Freunden eine Bergtour unternimmt.

Ich lebte mittlerweile in meinem eigenen Haus, und dorthin ging ich nun, um meinen Rucksack zu packen. Wir hatten unsere gesamte Ausrüstung bei mir gelagert; es war unglaublich, was alles herumlag. Man konnte meinen, man sei in einen Laden für Armeeartikel geraten, in dem nur der Besitzer wusste, was er vorrätig hatte. Hier etwas zu finden war, als würde man in einem Weinkeller nach einer bestimmten Flasche suchen.

Als wir die Ausrüstung verteilten, stellten wir mit Schrecken fest, was alles im Rucksack untergebracht werden sollte. Obwohl ich nach einem Monat fettreicher Ernährung körperlich gut in Form war, reichte meine Kraft nicht, um meinen Anteil in meinen 90-Liter-Rucksack zu pressen. Der Rest musste in einem Matchsack Platz finden.

Rein rechnerisch ergab sich, dass jedes Expeditionsmitglied einen zusätzlichen Träger für den Matchsack brauchte sowie zwei weitere Personen, die wiederum die Lasten der zusätzlichen Träger transportierten, und so weiter. Ein Ding der Unmöglichkeit. Deshalb beschlossen wir, unser Gepäck in Leh umzusortieren. Für diesen Tag hatten wir genug getan und uns den großen Topf Nudeln zum Abendessen redlich verdient.

Am nächsten Morgen ging Kumar noch einmal unsere Checkliste durch. Ich rief ein Taxi, das uns zum Flughafen bringen sollte. Mitarbeiter von *Indian Airlines* erwarteten uns bereits und sorgten dafür, dass unser Gepäck sorgsam behandelt wurde. Ich machte mir Sorgen um meine Skier und atmete erleichtert auf, als man mich bat, sie in die Kabine mitzunehmen.

Als ich mich anschnallte, dachte ich an Kim, meinen Labrador, den ich bei meinem *sahayak* (Adjutant) in Delhi zurücklassen musste. Er hatte gespürt, dass ich fortging, und seit dem Vortag kein Futter mehr angerührt. Wie lange würde er nichts essen? Wer würde sich um ihn kümmern, wenn mir etwas passierte?

Ich bereitete mich innerlich auf diese Reise in eine neue Welt vor, in der wir die Freiheit haben würden, anders zu sein und unserem Forscherdrang nachzugeben. Ich dachte über vieles nach. Warum will ich anders sein und Neues erforschen? Oder einfach: Warum tue ich, was ich tue?

Genau genommen ist Anderssein eine innere Form von Erforschung, und Erforschung der äußere Ausdruck des Andersseins. Der Hunger der Seele nach Erkenntnis, die Lust der Augen zu sehen. Der Drang, den Dingen auf den Grund zu gehen.

Ich möchte innerlich wachsen, wie ein Baum, in dem ich mein eigener Buddha bin. Ich habe meine eigene Religion und Lebensphilosophie. Alles steht im Einklang miteinander, wenn ich in der Natur bin. Deshalb habe ich beschlossen, mit ihr zu leben. Doch nun galt es erst einmal abzuwarten, wie die Natur mit mir umgehen würde.

2
Das Tal des Todes

> Berechtigte Angst,
> die einen durch das Tal des Todes begleitet, ohne von der Seite zu weichen,
> macht beschwerliche Reisen erst wirklich schwer.
> Und mischt sich Lust in diese Angst, ist alles noch einmal so intensiv.
>
> George Woodcock, *My Worst Journeys*

Nach Ladakh, Schnittpunkt uralter Handelsstraßen

Mit einer Rechtskurve zur Stadt hin, die wie zum Trost unter einer Nebeldecke verborgen lag, zog das Flugzeug steil nach oben. Die Nase ans Fenster gepresst, sah ich zwischen den Propellern und durch die Wolken, deren Ränder in der Morgensonne golden leuchteten, auf sie hinunter. Wie sich die Welt doch verändert, dachte ich, wenn man sie aus einem anderen Blickwinkel sieht.

Während wir es uns in unseren Sitzen bequem machten, wurde mir langsam bewusst, dass wir endlich unterwegs waren. Was es bedeutet, heutzutage eine Expedition zu planen und zu organisieren, können nur diejenigen verstehen, die das Pech gehabt haben, eine solche zu leiten. Nur die wenigsten können der ursprünglichen Planung folgen. In Indien werden einem von höherer Stelle, von Beamten und Bürokraten, die wenig von solchen Unternehmungen verstehen, aber über die Vergabe von Geldern entscheiden, Knüppel zwischen die Beine geworfen. Wer ihren Forderungen nachgibt, hat schon einen Teil seines Abenteuers eingebüßt, noch ehe es begonnen hat. Wir hatten zum Glück kaum Abstriche machen müssen. Ich lächelte zufrieden, und Kumar wusste sicher, was ich gerade dachte. Dann stellte ich meinen Sitz zurück und schlief sofort ein.

Angeregt durch die Pressekonferenz vom Vortag stand in der Morgenzeitung, die im Flugzeug verteilt wurde, ein Artikel über uns. Einige Touristen hatten die Skier neben unseren Sitzen auf dem Boden bemerkt und erkundigten sich bei Kumar, wer wir seien. Außerdem war zufällig auch ein Kamerateam nach Leh unterwegs, um einen Dokumentarfilm mit dem Titel *24 Stunden in Indien* zu drehen. Als sie hörten, dass wir an Bord waren, klopfte mir einer von ihnen auf die Schulter und bat um ein kurzes Interview. Ich war kaum wach, da lief schon die Kamera, und grelles Licht blendete mich.

Ich sah aus dem Fenster. Das silberne Band eines Flusses tauchte auf, wand sich makellos und erhaben von den Bergen, die der erste Schnee des Jahres einhüllte, ins Tal. Die schimmernden Gipfel zeichneten sich so deutlich ab, dass ich meinte, sie mit den Händen greifen zu können. Das Grau des Himmels verwandelte sich in tiefes Blau und Violett. Eine alte Welt versank im Dunkel des Vergessens, und an ihre Stelle schien eine neue Welt zu treten – eine andere Wirklichkeit, ein anderes Verständnis, eine erlösende Erkenntnis.

Ich fühlte mich auf einmal, als wäre ich unterwegs zum Mars oder noch weiter … Der Himmel wurde purpurrot, dann milchig trüb; Licht breitete sich langsam aus, und die Sonne begann so hell zu strahlen, dass sie blendete. Wir schwebten über einem Meer aus Bergen, gekrönt von mächtigen Wellenkämmen. Die Morgensonne schmerzte in den Augen.

Während wir zur Landung ansetzten, tauchte tief unter uns eine Oase auf, umschlossen von kargen Bergen mit waagrechten Linien, die sie wie riesige Hamburger aussehen ließen. Fast streifte das Flugzeug bei seinem steilen Sinkflug die Kuppe des Hügels, auf dem das Kloster Spituk stand. Dann raste es auf den Berg vor uns zu, so dass ich erschrocken zusammenzuckte und die Augen schloss.

»Willkommen in Leh«, meldete sich die Stewardess. »Die Außentempera-

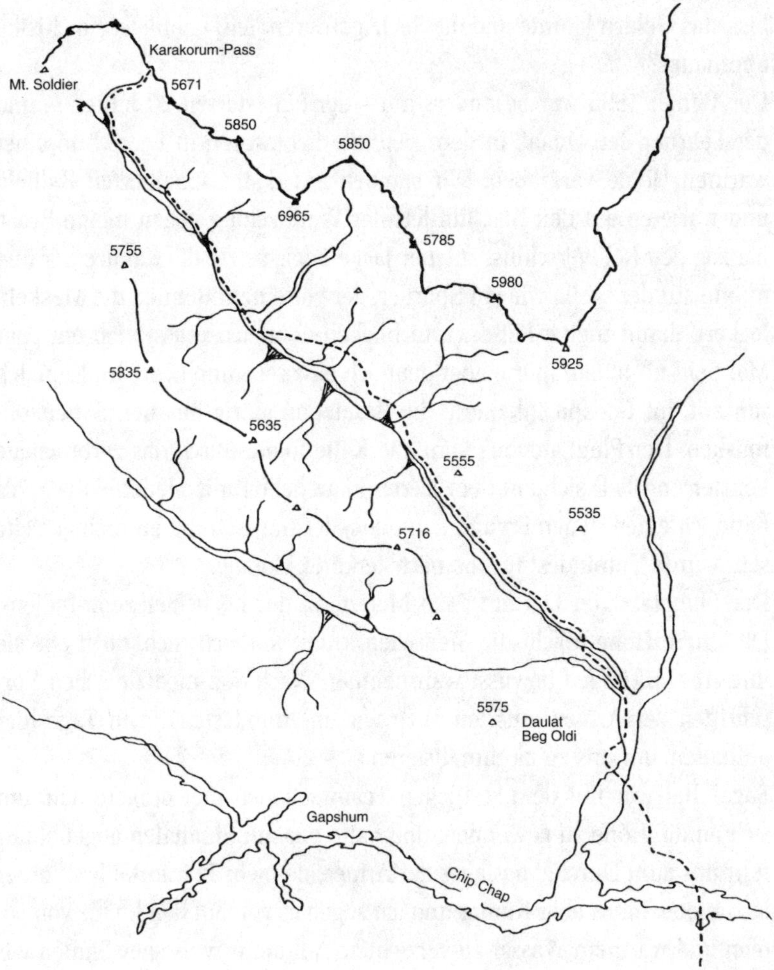
Karakorum-Pass
Mt. Soldier
5671
5850
5850
6965
5785
5755
5980
5925
5835
5635
5555
5535
5716
5575
Daulat
Beg Oldi
Gapshum
Chip Chap

tur beträgt –20 °C …« Es war acht Uhr morgens, die Sonne schien, und es ging kein Wind. Welche Temperatur mochte wohl auf den Bergpässen herrschen, vor allem wenn der furchtbare Wind blies, der wie die spitzen Borsten eines Stachelschweins schmerzte, sich tief in den Körper hineinbiss, das Gehirn lähmte und die Seele gefrieren ließ. Lohnte es das Risiko überhaupt?

Der Winter 1995 war besonders rau – der kälteste seit 20 Jahren –, und der Februar der Monat, in dem sich alle Lebewesen in Ladakh in einer warmen Höhle vergraben. Wir standen auf dem asphaltierten Rollfeld und warteten auf den Bus. Ein leichter Wind schlug gegen meine Brust. Ich zog den Reißverschluss meiner Jacke hoch, setzte die Kapuze auf und hüpfte auf der Stelle wie ein Sportler, der vor einem Rennen die Muskeln lockert, damit meine Füße warm blieben. Plötzlich musste ich ein paar Mal tief Luft holen, spürte aber dennoch eine seltsame Leere im Kopf. Ich sah auf. Im Cockpit inhalierte die Besatzung gierig aus den Sauerstoffmasken. Der Flughafenbus kam, die Kälte folgte durch das zerbrochene Fenster und ließ sich auf dem leeren Platz neben mir nieder. Es war, als hätte ich einen neuen Freund gefunden, der nun ständig an meiner Seite sein würde, zumindest für die nächsten drei Monate.

Der Flugplatz von Leh auf 3478 Metern ist der höchstgelegene Indiens. Die große Höhe macht die Menschen krank und schwach, noch ehe sie ihre Auswirkungen bewusst wahrnehmen. Nach den medizinischen Vorschriften der Armee mussten auch wir uns mindestens zehn Tage hier aufhalten, um uns zu akklimatisieren.

Sagar Rai war mit dem restlichen Team schon früher eingetroffen, um sich an die Höhe zu gewöhnen, und hatte uns am Flughafen abgeholt. Er fuhr uns zum Durchgangslager der Armee, das sehr komfortable Zimmer anzubieten hatte, aber Kumar und ich zogen es vor, auf den Luxus von Ölofen und warmem Wasser zu verzichten. Auf diese Weise gewöhnten wir uns schneller an die Kälte.

Für den Mangel an Komfort entschädigte uns ein großes Fenster. Es ließ die warmen Sonnenstrahlen herein und sorgte dafür, dass die eisige Luft draußen blieb. Vor dem Gebäude erstreckte sich das Tal bis zum Flughafen hinunter, vertrocknete Pappeln und Weiden säumten den kalten grauen Indus, in der Ferne waren die Umrisse eines Klosters in der graubraunen Mondlandschaft zu erkennen, und die Berge von Zanskar glänzten wie weißes Kupfer.

Während ich da saß und diesen wundervollen Blick genoss, hörte ich plötzlich lautes Trommeln. Ich beugte mich vor, um die Musikkapelle zu sehen. Der Ton wurde höher, die Glasscheibe begann zu vibrieren, und erst jetzt bemerkte ich, dass es mein eigenes Herz war, das so stark pochte.

Wir lagen fast den ganzen Tag im Bett, lustlos und unfähig, irgendetwas zu tun. Speisen, bei denen uns Schlemmern normalerweise das Wasser im Mund zusammenlief, verursachten uns nun Übelkeit. Wir zwangen einen Teller Suppe hinunter, zogen dann unsere Sturmhauben über die Ohren und krochen mit hämmerndem Kopf wieder in unsere Schlafsäcke.

Ich versuchte in halb sitzender Haltung zu schlafen, was mir das Atmen zu erleichtern schien, musste aber dennoch immer wieder nach Luft ringen. Kumar richtete sich mehrmals abrupt auf, als wäre er am Ersticken, holte ein paar Mal tief Luft, zog seine Sturmhaube zurecht und ließ sich dann wieder auf das Bett sinken.

»Ich konnte kaum schlafen, ich hatte Angst zu ersticken«, stöhnte Kumar, als er in der frostigen Morgendämmerung erwachte.

»Diese verdammte Höhe bringt uns um, ehe wir überhaupt losgegangen sind«, bemerkte ich zustimmend.

Als die Sonne aufging, zeigte sich die Landschaft in all ihrer Pracht. Kumar holte einige Male tief Luft und lächelte.

»Es ist schön, hier zu sein.«

»Das finde ich auch.«

Gegen Abend krochen wir aus unseren Betten und spazierten gemächlich ins Zentrum der Stadt. Jetzt im Winter war der Basar still und verlassen. Im Sommer hingegen herrscht geschäftiges Treiben mit der traditionellen Gastlichkeit, die einst die Händler aus dem benachbarten Tibet, aus Kashmir und Chinesisch-Turkestan zu schätzen wussten. Heute tummeln sich hier Touristen aus so weit entfernten Städten wie Chicago, Bonn und Aberdeen.

Bei den wenigen noch geöffneten Läden schützten dicke Vorhänge am

Eingang vor der Kälte. Drinnen schliefen die Besitzer neben Öfen, die mit Alkalibatterien betrieben wurden und pro Stück einen Dollar kosten: Artikel für den täglichen Bedarf müssen während des kurzen Sommers von Jammu herangeschafft werden, eine Reise über Land von drei Tagen. Im Winter können nur die allernotwendigsten Dinge per Flugzeug mit *Indian Airlines* gebracht werden, die jeden zweiten Tag von Delhi und Jammu kommt.

Jenseits der Straße, auf einer Anhöhe, erhebt sich eine gewaltige neungeschossige Zitadelle. Es ist der Leh-Palast, Sitz der Herrscher von Ladakh bis zum Jahr 1840, als der König während der Dogra-Invasion entmachtet wurde und sich in den Ort Stok auf der anderen Seite des Indus zurückzog. Auf diesen Ort blickte ich von meinem Fenster aus.

Bevor Sakyamuni, der Buddha der Weisheit, seine fünf Prinzipien verkündete, glaubten die Menschen in Ladakh, das Wasser des Indus komme aus einem See unterhalb eines Berges namens Tise auf der Achse des Kosmos. In seiner metaphysischen Form wird er Meru genannt. Seine weltliche Manifestation ist der Kailash – »Kristall« oder »Schneejuwel« –, ein einzeln stehender, schneebedeckter Berg auf der tibetischen Hochebene.

In den *Puranas*, zwischen 200 v. Chr. und 800 n. Chr. niedergeschrieben, trägt der Fluss den Namen Indu. Die Texte der alten schamanistischen Bön-Religion, die lange vor dem Buddhismus in Tibet verbreitet war, sprechen von Lanchen-Khambab oder »Elefantenmaul«-Fluss mit goldenem Sand, dessen Wasser denjenigen, die von ihm trinken, die Stärke eines Elefanten verleiht.

Nach ladakhischer Geschichtsschreibung wurde das Königreich Ladakh zu beiden Seiten des Indus mit Shey als Hauptstadt im 3. Jahrhundert v. Chr. während der Regentschaft des legendären Königs Nya Tri Tsanpo gegründet, von dem die königliche Familie ihre Abstammung herleitet. Es umfasste schließlich auch Baltistan, Spiti und Guge, war eine Zeit lang unter den königlichen Brüdern aufgeteilt und wurde später wieder vereint, bis es nach dramatischen Ereignissen unter der Herrschaft von Delden Namgyal (1666) auf seine heutige Größe verkleinert wurde.

Ladakh war schon immer ein wichtiger Knotenpunkt in Zentralasien, und der rege Handel zwischen Chinesisch-Turkestan im Norden, Tibet im Osten und Kashmir im Süden hatte den Anstoß dazu gegeben, dass man die Hauptstadt nach Leh an der Route Kashgar – Srinagar verlegte. Die politischen Kräfte unserer Zeit haben es zu einer Insel im Himalaya gemacht. Während China sich die Oberherrschaft über Tibet und seine Religion gesichert hat, macht Ladakh aus seiner Abgeschlossenheit eine Tugend und rühmt sich, die einzige Region zu sein, in der der tibetische Buddhismus noch als lebende Religion praktiziert wird.

Ladakh ist ursprünglich und friedvoll. Weit entfernt vom Komfort des modernen Lebens, reiten die Menschen hier noch immer auf kleinen Eseln durch die Dörfer, und ihr wichtigstes Transportmittel ist das Pferd. Sie züchten Schafe, die pro Tier und Jahr nicht mehr als 500 Gramm *pashm* liefern (*Pashmina:* Unterbauchhaar insbesondere von Ziegen in Tibet und Nordindien, aus dem Cashmere-Schals gefertigt werden). Zentraler Bestandteil des Lebens ist das Drehen der Gebetsmühlen, und bei Festen ertönt Trompetenklang vom Dach einer Gompa.

Bei unserem Erkundungsgang durch Leh stießen wir auf ein Gebäude, das wie ein gewöhnliches Ladakhi-Haus aussah, nur dass neben dem Eingang ein Schild hing, auf dem stand: »Herrnhuter Mission, gegründet 1885«. Der dortige Pfarrer erzählte uns, dass es in Ladakh eine kleine christliche Gemeinde gebe.

»Touristen?«, fragte er.

»Nein, auf Expedition«, antwortete ich.

»Wohin? Außerhalb von Leh liegt meterhoch Schnee auf den Straßen, es ist kein Durchkommen,«

»Richtung Karakorum.«

»Jetzt, im Winter?«, sagte er ungläubig.

»Ja.«

»In diesem Fall wollen Sie vielleicht gleich einen Platz aussuchen, an dem Sie begraben werden möchten«, bemerkte er mit einem Augenzwinkern. »Sind Sie sich denn über die Schwierigkeiten im Klaren? … Auf der Karawanenstraße im Karakorum sind schon Hunderte von Menschen und Tieren umgekommen. Nur wenige Tote hat man bis nach Leh tragen können, die anderen sind als Wegweiser zurückgeblieben.«

Wir gingen zum Friedhof unweit der Kirche. Dort fanden wir ein Grab

mit einem hohen Gedenkstein, die letzte Ruhestätte des österreichischen Geologen Dr. Ferdinand Stolicska. Er hatte im Dienst der Botschaft in Yarkand gestanden, als er 1874 auf einer Reise über das Depsang-Plateau ein Opfer der Kälte und der großen Höhe wurde.
An dem freien Platz unmittelbar daneben befand sich möglicherweise einmal ein Grab, dessen Geschichte in keinem Reisebuch über diese Region fehlt: das Grab von Andrew Dalgleish, einem schottischen Kaufmann, der im April 1888 von einem Afghanen auf dem Karakorum-Pass ermordet wurde. Er war mit einer Handelskarawane auf dem Weg nach Yarkand, einer Route, die er seit vierzehn Jahren nutzte. Dalgleish war der letzte Brite, der im Handelsgeschäft zwischen Leh und Yarkand tätig war. Das Motiv für seine Ermordung blieb unentdeckt. Sir Francis Younghusband brachte den Leichnam nach Leh und ließ Dalgleish auf dem erwähnten Friedhof begraben. An welcher Stelle genau, ist kaum festzustellen, da der Grabstein schon lange nicht mehr steht. Leben und Sterben von Andrew Dalgleish sind geheimnisumwoben, und selbst sein Tod bleibt rätselhaft.

Am nächsten Tag begann unser Akklimatisationsprogramm. In der Frühe stiegen wir auf Skiern 300 Meter weit den Berg hinter unserem Camp hinauf. Getreu dem Prinzip »hartes Training, wenig Schlaf« gingen wir zuerst ohne Lasten und langsam, dann in einem höheren Tempo und zuletzt mit Rucksäcken. Der Aufstieg war mühselig, die Abfahrt auf Skiern jedoch leichter, als wir gedacht hatten. Dennoch stürzten wir fast jedes Mal und rollten den Hang hinunter, ohne bremsen zu können, hinterließen wie Schneepflüge hohe Wälle neben der Spur und vor dem Eingang zu unserer Unterkunft eine kleine Geröllhalde.
Nachmittags gab es hitzige Debatten darüber, was wir alles an Ausrüstung und Kleidung, einschließlich Unterwäsche, mitnehmen sollten. Unsere Rucksäcke begannen zwar vom Inhalt her zu schrumpfen, wogen aber immer noch zu viel. Das machte mir Sorgen, denn vermutlich würde eher noch das eine oder andere hinzukommen, als aussortiert zu werden, und manche Dinge kleben so hartnäckig an ihrem Platz wie Staub auf einem Fettfleck.

Am 12. Februar, unserem siebten Tag in Leh, mussten wir im Armeehospital eine Reihe von Untersuchungen über uns ergehen lassen, und die Ergebnisse wurden genau festgehalten, um sie später, bei der Folgeuntersuchung nach unserer Rückkehr, mit den neuen Daten vergleichen zu können. Die Überraschung des Tages war, dass der Arzt den in Ladakh geborenen Angchuk als Einzigen von unserem Team für ausreichend fit befand. Wir anderen, obwohl in bester Verfassung, sollten uns noch zwei weitere Tage akklimatisieren.

Da die Zeit drängte, fasste ich den Entschluss, ins Nubra-Tal aufzubrechen, das fast ebenso hoch liegt wie Leh und bereits auf dem Weg zu unserem Ziel, dem Karakorum-Pass. Dort hoffte ich unsere Akklimatisationsphase abschließen zu können. Wir überquerten die Ladakh-Kette zwischen Indus und Shyok über den 5545 Meter hohen Khardung La, den ersten der fünf klassischen Pässe auf der Route nach Yarkand – inzwischen die höchstgelegene mit Kraftfahrzeugen befahrbare Straße der Welt. In früheren Zeiten, als noch reger Handel mit Zentralasien getrieben wurde, sollen Karawanen von Händlern und Forschungsreisenden mit mehr als 10 000 Pferden im Jahr über diesen Pass gezogen sein. An dem Tag, als wir ihn überschritten, waren wir in unserem Wagen allein unterwegs.

Auf der anderen Seite des Khardung La, am unteren Ende der S-förmigen Krümmung des Shyok, lag das »grüne Tal« von Ladakh. Weiter nördlich erhob sich einer der sechs großen Gebirgszüge Asiens, der Karakorum, der »kleinste Schauplatz der Forschungsreisen im 19. Jahrhundert. Dennoch ist dieses Gebirge ebenso bedeutend, wenn nicht bedeutender als alle anderen, einschließlich derer in Afrika, Australien und in den Polarregionen. Es dauerte ebenso lang, es zu durchqueren, es war mit ebenso viel Mühsal verbunden und von ebenso großer Bedeutung umgeben … Für ihre Forschungsreisen zwischen 1831 … und dem Ende des Jahrhunderts wurden zwölf Pioniere des westlichen Himalaya von der [Royal Geographical] Society mit einer Goldmedaille ausgezeichnet. Keine vergleichbare Region der Welt kann sich mit diesem Rekord messen.«[1]

Noch heute sind, wie in alter Zeit, Reittiere das einzige Transportmittel in

1 John Keay, *When Men and Mountains Meet*, S. 4

dieser Gegend. Von Nubra bis zum Karakorum-Pass braucht man rund 20 Tage. Und es gilt, den berüchtigten Saser La zu überwinden, zwar nicht der höchste, mit seinen tückischen Gletschern und Moränen jedoch gefährlichste Pass. Um Zeit zu sparen, sollten wir mit dem Hubschrauber nach Daulat Beg Oldi, dem letzten Polizeiposten in der Nähe des Passes, geflogen werden.

Am 14. Februar erschienen wir mit unseren Rucksäcken in Thoise, dem Landeplatz von Nubra. »Wollen Sie die wirklich tragen?«, fragte der Kommandant ungläubig. »Also … ich bezweifle sehr, dass wir mit einer solchen Zusatzlast in Daulat Beg Oldi landen können«, meinte er und ging kopfschüttelnd in sein Büro zurück.

Nachdem er dieses Problem mit der Besatzung besprochen und die Kraftstoff- und Ladekapazität überprüft hatte, teilte er uns mit, dass er mit einem Cheetah-Helikopter jeweils nur eine Person befördern könne. Das bedeutete, dass wir mindestens acht Hubschrauber benötigten, um das gesamte Team nach Daulat Beg Oldi zu bringen. Ein russischer Helikopter der MI-Serie mit 16 Sitzen wurde angefordert. In dieser großen Höhe konnte er jedoch nur sechs von uns mitsamt ihrem Gepäck transportieren, deshalb wurden für Kumar und mich noch zwei Cheetahs startklar gemacht. Wir flogen den Nubra-Fluss entlang und drehten nach einer Weile Richtung Osten über den Saser-La, den zweiten der fünf großen Pässe.

Unter uns wanden sich wie riesige Schlangen Gletscher und Moränen dahin. Selbst im Juli haben hier Schneestürme schon mancher Karawane den Tod gebracht. Patrouillengänger der Armee berichten von gefrorenen Leichen unter großen Felsbrocken, bei denen noch Haare und Bart vorhanden sind. Vielleicht suchten die Männer in ihrer Verzweiflung bei den Felsen Zuflucht, oder sie wurden zum Schutz vor herumstreifenden Wölfen dort zurückgelassen – aber hier leben keine Wölfe, und so blieben die Körper sehr gut erhalten.

Der Hubschrauber rüttelte und sackte immer wieder in Luftlöcher. Wir hatten den Pass noch nicht überflogen, als der Pilot meldete: »Bei Daulat Beg Oldi tobt ein Schneesturm, wir können dort nicht landen … Wir kehren um.«

»Glauben Sie, dass es morgen aufklaren wird?«, fragte ich.

»Schwer zu sagen. Manchmal bessert sich das Wetter sehr schnell, manchmal stürmt es eine Woche oder sogar zehn Tage hintereinander.«
Wir hatten schon einen Monat verloren, und jetzt schien es auch noch fraglich, ob wir am 15. Februar endlich aufbrechen konnten.
Wir landeten wieder in Nubra und verbrachten den Nachmittag wartend am Rollfeld, aber die Wettermeldungen aus Daulat Beg Oldi ließen einen erneuten Start nicht zu. Am Abend dieses Valentinstages riefen wir über das INMARSAT-Telefon zu Hause an, und anschließend gingen wir uns die zweihöckerigen Kamele ansehen, lebende Zeugen des Handels mit Turkestan.
Bei unserer Rückkehr fanden wir eine Nachricht vor, dass wir unser Gepäck wiegen lassen sollten, denn man benötigte das genaue Gewicht, um den Kraftstoffbedarf für jeden Hubschrauber auszurechnen. Wir trugen unsere Rucksäcke zu dem armeeeigenen Laden in der Nähe, denn dort gab es eine Waage. Das Gesamtgewicht betrug schwindelerregende 410 Kilogramm. Unsere schlimmsten Befürchtungen hatten sich bestätigt.
Der Vorfall machte deutlich, wie sehr Angaben auf dem Papier und in der Realität oft voneinander abweichen. Die Sachen wiegen nicht, was sie laut Etikett wiegen, ebenso wie Automobile nicht die Höchstgeschwindigkeit erreichen, die auf ihrem Tachometer steht. Die angegebenen Gewichte und Geschwindigkeiten sind Extremwerte. Nur wenn man die Sachen möglichst klein zusammenpresste, kam man auf das ungefähr richtige Gewicht. Und dazu brauchte man auf dieser Höhe viel Kraft.
Nachdenklich betrachtete ich den Matchsack mit unserer Funkausrüstung. Er allein wog zwölf Kilogramm (das Gerät war ein älteres Modell). Bei einem Vorhaben wie dem unseren braucht man ein leichtes, zuverlässiges Kommunikationssystem wie INMARSAT, das weniger wiegt als die Hochfrequenz-Funkgeräte, die wir bisher benutzten. Letztere sind nicht nur ziemlich unhandlich; es nimmt auch viel Zeit in Anspruch, sie zu installieren und auf die erforderliche Frequenz einzustellen. Außerdem muss der Empfänger ein Funkgerät mit ähnlicher Frequenz besitzen, damit die Nachricht ankommt. Ein INMARSAT-Telefon hat also einige Vorteile, und das geringe Gewicht macht schon allein die Tatsache wett, dass man jederzeit überall damit anrufen kann.

INMARSAT kann mit jeder Stromstärke betrieben werden. Wir hofften, für das Gerät eine Nickel-Kadmium-Batterie verwenden zu können, die in kurzen Abständen, oder wenn sie leer ist, wieder aufgeladen wird. Unter normalen Wetterbedingungen hielt die Batterie fast 80 Minuten. Wie lange sie bei Kälte funktionierte, wusste bis jetzt keiner. Da jede Batterie-Einheit annähernd ein Kilo wog, konnten wir nur eine einzige mitnehmen. Diese würden wir dann unterwegs an den Proviantstationen gegen eine aufgeladene Batterie austauschen.
Ein weiterer Matchsack enthielt den Kanister mit Flugzeugkraftstoff für unseren Kocher. Wir würden stets etwa zehn Liter dabeihaben, die hoffentlich für die gleiche Zahl an Tagen reichten. Als Brennstoff bei Kälte und großer Höhe eignet sich Kerosin am besten. Ersatzweise könnte man auch Benzin nehmen, aber es verdampft, wenn der Kanister leckt.
Hinzu kam noch unsere Verpflegung für jeweils zehn Tage. Eine Tagesration an grobem Reismehl, Suppe, Dörrfleisch und Schokolade lieferte nur 4000 statt der empfohlenen 5200 Kalorien. Diese Unterversorgung mit Kalorien stimmte mich bedenklich. Deshalb beschloss ich, dass die Teams für die Proviantstationen zusätzliche kalorienreiche Nahrung mitnehmen sollten, die wir an dem Rasttag, den wir dort verbrachten, zu uns nehmen konnten. Unter den gegebenen Umständen besteht bei zu geringer Kalorienzufuhr sonst die Gefahr chronischer Übelkeit. Sauerstoffflaschen mitzunehmen kam wegen des Gewichts nicht in Frage, aber ich ließ Kumar eine medizinische Notausstattung zusammenstellen, die wir scherzhaft unsere Mini-Apotheke nannten.
Am nächsten Tag meldete Daulat Beg Oldi klares Wetter. Wir überflogen den Saser La, drehten auf halber Strecke wieder zum Shyok ab und ließen schließlich auch den Depsang La hinter uns.

Der Karakorum

Nach unserer Ankunft in Daulat Beg Oldi warteten Kumar und ich auf den MI-16 Helikopter mit der restlichen Mannschaft, aber kurz darauf ging bei dem Funker auf dem Polizeiposten eine Nachricht ein, die nicht sehr ermutigend war. Sagar Rai hatte sich gemeldet: »Mussten in Gapshum landen, da Landung in Daulat Beg Oldi unmöglich. Kommen frühestens am 16. Februar Nachmittag.«

Je schneller ich vorwärts kommen wollte, umso mehr versuchte uns offenbar irgendeine höhere Macht zu bremsen. Nun würden wir einen weiteren Tag mit Warten verlieren. Ich wollte so schnell wie möglich losgehen. Wir spürten bereits, wie die große Höhe unsere Atmung beeinträchtigte. Es war, als steckte der Kopf in einer Plastiktüte.

Daulat Beg Oldi liegt etwa 4848 Meter hoch auf einem äußerst rauen und kargen Plateau, umgeben von niedrigen Bergketten zwischen 5400 und 6100 Metern. Wo der Wind den Schnee fortgeweht hatte, kamen rötlich braunes Geröll und Schiefergestein zum Vorschein. Achtzehn Kilometer talaufwärts, zwischen den unzähligen breiten Bergketten, lag unser Ausgangspunkt – der Karakorum-Pass.

Sir Francis Younghusband schrieb: »Karakorum bedeutet ›schwarze Steine‹; ein unpassenderer Name für eine Bergkette mit den höchsten Schneegipfeln der Welt lässt sich kaum denken.« In Wirklichkeit haben die Berge in dieser Region einen rötlich braunen Farbton, der an Herbstblätter erinnert, obwohl dieses Braun manchen Augen eher schwarz als rot erscheinen mag. Den Namen Caracoran (Karakorum) gaben dem Pass vermutlich die Tataren, die dieses Gebiet in alter Zeit beherrschten. Gesichert ist Caracoran als Name der ersten Hauptstadt der Tataren, von der aus sie Ost-Turkestan, das »Juwel des Ostens«, eroberten, das jenseits des Karakorum-Passes liegt. Marco Polo schrieb dazu:

> Caracoran [Karakorum] ist eine Stadt von drei Meilen im Umfang, ganz aus Holz und Lehm gebaut und mit einem Wall aus Erde umgeben, denn Stein findet sich hier selten. Nahebei steht eine große Festung mit einem herrlichen Palast, in dem der Herr der Stadt lebt. Dies war der erste Sitz der Tataren, nachdem sie ihr Land verlassen hatten.[2]

Im 19. Jahrhundert erwähnte H.W. Bellew in seinem Buch, dass Koshluk, ein Tataren-Prinz von den Nayman-Kirgisen, vor der Feindseligkeit des Changiz aus seinem Heim in Caracoran floh.[3] Mag sein, dass das Gebirge

2 *The Travels of Marco Polo,* nach der englischen Übersetzung des Textes von L.F. Benedetto von Aldo Ricci, S. 77

3 H.W. Bellew, *Kashmir and Kashgar,* S. 18

seinen Namen nach dem Pass bekam, aber ich glaube nicht, dass »Karakorum« sich auf schwarze Steine bezieht. Eher ist zu vermuten, dass der Pass, der die südliche Grenze des Tatarenreiches markierte, nach dem Sitz ihres Herrschers, der Stadt Karakorum, benannt wurde.

Die meisten Polizeiposten entlang der Grenze im Karakorum sind nur auf dem Luftweg zu erreichen, und manchmal hängt das Überleben allein vom Wetter ab. Eine Reise auf dieser Route ist noch ebenso beschwerlich wie zur Zeit Sultan Said Khans, des Königs von Kashgar, der den Pass im Jahr 1531 überquerte, oder dreieinhalb Jahrhunderte später, als Francis Younghusband ihn überschritt. Noch niemand hat für die Karakorum-Route freundliche Worte gefunden. Ich habe viele Bücher über diese Gegend gelesen und die Reisewege vieler Abenteurer verfolgt, die hier entlanggezogen sind.

Kenner der Region schreiben über das Karakorum-Massiv und die trostlose Route Folgendes:

John Keay, *When Men and Mountains Meet*

> Mächtiger als jedes andere Gebirgsmassiv, geht es strahlenförmig von einem Amphitheater von Bergen aus, zu denen drei der sechs höchsten Gipfel der Welt gehören. Es ist ein gefährliches, wildes Gebirge mit senkrecht abfallenden Wänden, das nur der geübte Bergsteiger bezwingt. Gletscher von 30 Meilen Länge und einer Viertelmeile Tiefe füllen die Täler. Jede annähernd ebene Fläche ist mit dem Geröll übersät, das sie mitführen. Weidewirtschaft, ganz zu schweigen von Ackerbau, existiert hier praktisch nicht. Tatsächlich leben im Karakorum auch keine Menschen.[4]

Jean Fairley, *The Lion River*

> Nichts wächst entlang der Karakorum-Route, der Reisende muss alles mitnehmen, was er für sich und seine Tiere benötigt. Millionen von Packtieren, hoch beladen mit Handelswaren statt ausreichend Futter, haben auf diesem Pass ihr Leben gelassen.[5]

4 John Keay, *When Men and Mountains Meet*, S. 2
5 Jean Fairley, *The Lion River: The Indus*

T.H. Holdich, *Gates of India*

In den jenseits des Indus gelegenen Regionen Kashmirs – unfruchtbar, wild, kalt und von eisbedeckten Gipfeln überragt – gibt es einen unsicheren Pfad, der nach Norden in die Tiefebene von Chinesisch-Turkestan führt, seit alters her eine Verbindung zwischen Indien und Zentralasien. Er wird Karakorum-Route genannt. Meile um Meile zieht sich die Straße wie ein blasser Wurm durch die von Steinen übersäte Hochebene, gesäumt von den Knochen der unzähligen Opfer eines langen, lastenreichen Lebens bei kargem Futter – schaurige Überreste früherer Karawanen. Unter den Handelsstraßen der ganzen Welt ist diese Route vielleicht die hässlichste. Keinen Baum, keinen Strauch gibt es hier, nicht einmal die kalte, tote Schönheit einer Schneelandschaft im Hochgebirge.[6]

Sven Hedin, *Trans-Himalaja*

[Wir] waren nun wieder auf dem großen Karawanenweg, der Straße der toten Pferde … Welche Leiden und welch verzweifelter Kampf ums Leben haben diese öden Gebirge im Lauf der Zeiten mit ansehen müssen! Wenn man des Nachts wach liegt, glaubt man die Seufzer der entkräfteten Lasttiere und ihr mühsames Atmen auf dem geduldigen Gang zum Tode zu hören, einen endlosen Reigen zum Tode Verurteilter, die im Dienst grausamer Menschen nicht weiterkönnen. Wenn irgendein Weg in der Welt den Namen »Via dolorosa« verdient, so ist es der Karawanenweg über den Karakorum-Pass, der Ostturkestan mit Indien verbindet! Wie eine ungeheure Seufzerbrücke überspannt er das höchste Bergland Asiens und der ganzen Erde.[7]

Sir Francis Younghusband, *The Heart of a Continent*

Weit hinter uns standen die schneebedeckten Gipfel des Saser und Nubra am Horizont wie die Segel gigantischer Schiffe, doch vor uns gab es nichts als Schotterebene und große Steinhaufen, entsetzlich trostlos und bedrückend. Über dieser Ebene trieben Schneestürme, die uns jede Sicht nahmen, und nachts fiel die Temperatur, obwohl es mitten im Sommer war, einige Grad unter Null. Auf dem Depsang-Plateau, unterwegs zum Karakorum-Pass auf 18 850 Fuß, kamen wir durch ein Tal, dessen Boden mit den Skeletten von Ponys bedeckt ist. Der Reisende, der hier entlangzieht, nennt es unwillkürlich das »Tal des Todes«.[8]

6 T.H. Holdich, *Gates of India*
7 Sven Hedin, *Trans-Himalaja*, Bd. 2, S. 154
8 Sir Francis Younghusband, *The Heart of a Continent*, S. 225

Als ich 1982 zum Karakorum-Pass ging, markierten mit den Jahren vollständig gebleichte Skelette den Weg. Es war der 5. Mai, der Sommer hatte gerade begonnen, kein Wind wehte, und dennoch drang die Kälte bis auf die Knochen. Mit Lasten auf dem Rücken, die besser Mulis hätten schleppen sollen, hatten wir uns die Straße zum Pass hinaufgequält, die zwar nicht steil, aber trotzdem schwierig zu gehen war. Auf der Passhöhe blies ein leichter Wind, der uns Kopfschmerzen und Schwindel verursachte. Ein Stück entfernt gab es einen Steinhügel, bei dem wir uns niederließen, um im Schutz seines Windschattens Atem zu schöpfen. Dies war, wie ich vermute, der trostlose Platz, an dem der arme Dalgleish ermordet wurde.

Zum Tal des Todes

Das Pferd schwang den Schwanz hin und her wie ein Pendel, um den Eiszapfen an seinem Ende loszuwerden, der ihn nach unten zog. Es muss dem Tier vorgekommen sein, als stünde es schon immer dort und wäre dazu verurteilt, so lange dort stehen zu bleiben, bis es eines Tages beschließen würde, sich auf diesem kalten, kargen, rissigen Boden niederzulegen und auf ewig zu schlafen. Sein toter Körper würde hier jahrelang liegen, unerreichbar für Futter suchende Adler oder Raben, bis die Kälte und die trockene Luft des Karakorum ihn ausgedörrt und seine Knochen gebleicht hatten wie bei unzähligen seiner Vorfahren.

Es war ein stämmiges, kastanienbraunes Ladakhi-Pferd mit langer Mähne. Als Bergbewohner sind diese Pferde an die dünne Luft gewöhnt und, wie mir gesagt wurde, sehr zäh, besser als die kälteempfindlichen Tiere aus Kashmir oder die Nachkommen der Turkestan-Pferde, die weniger Ausdauer zeigen. Übertroffen werden die Ladakhi-Pferde nur von denen aus Zanskar, die jedoch zu wertvoll sind, um in dieser Höhe ihren Verlust zu riskieren. Unser Pferd war mittelgroß und wirkte recht gesund. Es stand da, ohne von der weiten, blau schimmernden Landschaft Notiz zu nehmen, ohne den kalten Wind zu beachten, der über das offene Tal hinwegstrich, durch das seine Vorfahren jahrhundertelang Priester, Händler und Abenteurer getragen hatten. Allein diese Pferderasse hat in einem einzigen Tal und zu einem einzigen Pass – dem Karakorum-Pass – mehr

Reisende befördert als zu allen anderen Pässen im gesamten Himalaya zusammengenommen.

Ein dünner Wolkenschleier verhüllte den Mond. In der Ferne schlief ein Gebirgszug unter einer weißen Schneedecke. Es ging ein kalter Wind. Bis auf die unwilligen Laute der Pferde, die so früh am Tag bei –42 °C nicht hinauswollten, herrschte vollkommene Stille. Ich spürte, wie die dünne Luft langsam meine Lunge füllte, meinen Körper kälter und empfindungslos werden ließ.

Es war der 17. Februar. Wir hofften, den Karakorum-Pass zu Pferd am Nachmittag zu erreichen und am späten Abend auf Skiern zurückzukehren. Der Kompaniechef des Polizeipostens in Daulat Beg Oldi meinte, dass wir es schaffen würden, der Oberfeldwebel jedoch machte ein besorgtes Gesicht.

Seine Schlitzaugen glänzten im Widerschein des Mondes, als er mir die Hand schüttelte. Sein fester Händedruck ließ ein wenig nach, als er mich stockend vor den Gefahren warnte, die vor uns lagen, und mir gottergeben Glück wünschte. Dann zogen Wolken vorbei, und er war fort. Ich rieb meine Hände in den dicken Gore-Tex-Handschuhen aneinander in der vergeblichen Hoffnung, dadurch Wärme zu erzeugen, und stieg auf das wartende Pferd.

Mit den Atemwölkchen, die aus seinen Nüstern drangen, erinnerte es mich an eine Dampflokomotive, die abfahrbereit an einem Bahnhof steht und Rauchschwaden ausstößt. Ich blickte nach hinten, um zu sehen, ob der Eiszapfen immer noch am Schwanz hing, dessen Wippen das einzige Lebenszeichen des Tieres war, und dann spürte ich, wie sich sein Bauch in langen Abständen dehnte. Das Pferd rang nach Luft, nicht anders als ich die ganze Nacht über und die Nacht zuvor, hier im Polizeiposten von Daulat Beg Oldi.

Ich sah hinauf zu den schneebedeckten Bergen mit ihren weiten Tälern und den grauen Wolken, die hinter ihnen aufzogen. Der Wachposten wies auf die Straße zum Karakorum-Pass, die er einmal hinaufgegangen war. »Ich wäre mitgekommen«, sagte er, »aber bei diesem Schnee und Wind … Sie sind furchtbar, diese Täler.«

»Es ist schön hier«, entgegnete ich. »Wir sind auf dem Dach der Welt.«

»Sie haben gut reden. Sie sind hier nicht stationiert.«
Der Wind fuhr mir durchs Haar und presste mir die Jacke gegen die Brust. Ich blickte in sein dunkles braunes Gesicht und lächelte.
»Wie lange werden wir bis zum Pass brauchen?«
»Sechs Stunden, vielleicht acht. Aber Sie sind zu Pferd unterwegs, und zurück fahren Sie auf Skiern. Außerdem sind Sie früh dran«, meinte er, die Taschenlampe auf seine Uhr gerichtet. »Eigentlich müssten Sie zum Abendessen zurück sein.«
»Stellen Sie es uns warm, mein Freund«, sagte ich, als wir uns die Hände schüttelten.
»Halten Sie sich warm«, erwiderte er und versetzte dem Pferd einen sanften Klaps.
Ich bat den *nono* (liebevolle Anrede für einen kleinen Ladakhi-Jungen), der das Pferd hielt, mir die Zügel zu geben, doch er starrte mich nur an. Schließlich reichte er sie mir zögernd mit den Worten: »Seien Sie vorsichtig.« Dann tätschelte er kurz das Pferd und verschwand schnell im Bunker. Das Pferd setzte sich in Bewegung; es schien den Weg gut zu kennen.
Wir bildeten eine kleine Karawane, die an der indo-tibetischen Grenze entlangzog. An der Spitze ritt die Vorhut der Grenzpolizei, gefolgt von acht Mitgliedern der *Ski-Himalaya-Expedition* in bunten Skianzügen, und am Ende wieder ein Polizist zur Sicherung. Die Pferde versanken bis zum Bauch im tiefen Schnee.
Unser Weg führte den Lauf des Shyok entlang nach Nordwesten durch ein breites kaltes Tal, das beinahe so hoch lag wie die Bergketten zu beiden Seiten. Vor uns erhob sich ein zerklüfteter Gebirgszug. Die Pferde schwankten sacht hin und her. Bald hatte ich mich an den besonderen Rhythmus dieser Art zu reisen gewöhnt.
Ich blieb die ganze Zeit im Sattel, um meine Energie für später aufzusparen. Unsere Karawane zog am Fuß des Karakorum-Massivs entlang, bis wir auf ein weiteres Tal stießen, das direkt nach Norden führte. In dieses Tal ritten wir hinein. Nichts schützte uns hier vor dem Wind, der immer stärker wurde, und die Berge im Nordosten standen wie eine Mauer vor der bleichen Sonne, die irgendwo dort am Himmel aufging.

Am Fuß des Ausläufers, der das Tal nahezu blockierte, tauchten drei kuppelförmige, etwa ein bis eineinhalb Meter hohe Schutzhütten aus Lehm und Steinen auf. Der Ausläufer selbst war nicht höher als 120 Meter, aber von der Spitze aus konnte man weit in das Tal hineinsehen. Mir kam sofort der Gedanke – schließlich bin ich Offizier –, dass diese Stelle sich recht gut für einen Hinterhalt eignet und Wegelagerer aus Hunza sich diesen Umstand früher einmal vielleicht zunutze gemacht haben. Oben auf dem Berg konnte man ausgezeichnet einen Beobachtungsposten einrichten, und die Schutzhütten stammten möglicherweise noch von den mutigen Männern, die im Jahr 1855 für die *Great Trigonometrical Survey of India* (Landvermessungsprojekt der britischen Kolonialmacht) in Kashmir und Ladakh mit der Kartierungsarbeit begannen.
Grundlage der damaligen Landvermessung war die Triangulation. Dazu ermittelten die Landvermesser die genaue Entfernung zwischen zwei Punkten und anschließend die Entfernung und Richtung von beiden zu einem dritten Punkt. Das ergab ein Dreieck, dessen Basis zur Konstruktion des nächsten genommen wurde. Die Vermesser oder ihre Helfer projizierten mittels Heliotropen von einem Hügel aus Sonnenstrahlen auf einen bestimmten Punkt und konnten dadurch auch auf größere Entfernung die genaue Distanz ermitteln. Manchmal waren die so genannten Lampenmänner in dieser unwirtlichen Gegend wochenlang von der Außenwelt abgeschnitten. Der Landvermesser ging mit seinem Zelt voraus, die zurückbleibenden Lampenmänner bauten für sich Schutzhütten aus Stein.
Leutnant MacCartney, ein junger, der britischen Mission in Kabul unterstellter Landvermesser, entdeckte vermutlich als Erster – es war im Jahr 1808 –, dass nördlich des Indus ein Gebirgszug existiert, der »Mooztagh oder Karakorum« hieß. Dann hörte man lange nichts mehr darüber, bis fast 30 Jahre später Godfrey Thomas Vigne, genannt »Ramrod der Ladestock«, sich mit unermüdlichem Eifer der Erforschung dieses Gebirges widmete. Er fand während der elf Jahre, die er dort umherzog, heraus, dass eine Durchquerung nur auf zwei Routen möglich war: entweder westlich des Karakorum über Gilgit und den Mustagh-Pass oder östlich über Leh und den Karakorum-Pass. Mitte der 1880er Jahre erforschte

Oberst Godwin-Austen den westlichen Karakorum. Er wagte sich in die Gebirgszüge von Mustagh und Baltoro und ermittelte die genaue Position des K2 (oder Mount Godwin-Austen) im Karakorum, was ihm die Ehre eintrug, dass dieser Berg nach ihm benannt wurde.
Der Kartierung des östlichen Karakorum nahm sich ein brillanter und mutiger Landvermesser namens William Henry Johnson an. Er brach 1862 regelmäßig seinen eigenen Rekord, indem er mit seinem Heliotrop in immer höhere Lagen vorstieß. Zwei Jahre später erreichte er die unvorstellbare Höhe von 6969 Metern. Im Zuge seiner Vermessungsarbeit überquerte er auch den Karakorum-Pass. Er erhielt keine Auszeichnungen und starb – wahrscheinlicher ist, dass er ermordet wurde – unter mysteriösen Umständen. Kein Gipfel trägt seinen Namen, nur drei Schutzhütten sind von ihm geblieben, eng an den Ausläufer der einsamen Berge geschmiegt, zu denen ihn seine Arbeit geführt hat.

Hin und wieder gaben die tief hängenden Wolken den Blick auf die steilen Berghänge zu beiden Seiten frei. Der verharschte Schnee ließ das weite Tal wie eine Wüste mit weiß gebleichtem Sand wirken. Ein Reisender beschrieb diese Szenerie einmal als »derart außergewöhnlich, wie nicht einmal die kühnste Fantasie sie sich ausmalen würde; trostloser als die Trostlosigkeit«.
Unsere Karawane bewegte sich schweigend vorwärts. Nach sechs Stunden im Sattel spürte ich meinen Körper nicht mehr. Meine größte Sorge war, dass ich vom Pferd fallen und im weichen Schnee liegen bleiben könnte, ohne dass es jemand bemerkte, und ich würde nicht einmal um Hilfe rufen können, weil der gefrorene Bart mir buchstäblich den Mund verschloss. Mein Kopf folgte wie im Halbschlaf der wiegenden Bewegung des Pferdeleibes. Zu logischem Denken nicht in der Lage, begann ich zu meditieren, und das linderte die Schmerzen ein wenig.
Som Karan Blon, der Spaßvogel unserer Mannschaft, mit großer Begeisterung bei der Sache, aber auch zu übermäßiger Sorge neigend, versuchte sein Pferd Blacky anzutreiben, indem er ihm mit lockenden Worten Schokoladeriegel vor das Maul hielt, doch alles gute Zureden war vergeblich. Dann hielt er einen leidenschaftlichen Monolog, aus dem ich mehrmals

»Blacky-Liebling« heraushörte, aber die Stute zeigte sich von seinen Schmeicheleien unbeeindruckt.
Der Schnee wurde immer höher, und wir kamen nur noch langsam voran. Hin und wieder mussten wir sogar absteigen, um die Pferde aus Schneewehen herauszuziehen. Einmal versank mein Pferd so weit im Tiefschnee, dass es fast erstickte. Ich sprang ab, befand mich damit aber in der gleichen misslichen Lage wie das Tier. Ich wollte rufen, doch das verursachte mir Schmerzen. Mit rudernden Schwimmbewegungen kämpfte ich mich so schnell wie möglich an die Oberfläche, versuchte mich zu halten und gleichzeitig vorwärts zu gehen, bis ich wieder festen Boden unter den Füßen spürte. Von dort aus zog ich nun an den Zügeln meines Pferdes, bis es nach einem langen, verzweifelten Kampf aus dem Tiefschnee emporschnellte und neben mir zu stehen kam. Es wieherte laut, als es sich in Sicherheit fühlte, und begann an meinem Gesicht zu knabbern. Mit einem Mal waren wir die besten Freunde geworden, die gemeinsam eine gefährliche Situation durchgestanden hatten. Dieses Erlebnis, wie ein Tier sofort auf die freundliche Hand eines Menschen reagiert, erfüllte mich mit einer ungeheuren Freude, die mir unvergessen bleiben wird.
Wir mussten immer häufiger ab- und wieder aufsteigen. Ich beobachtete, wie Blon sorgfältig Vorbereitungen traf, ehe er auf den Rücken seines Pferdes sprang. Blacky war ziemlich groß für ihn; er hatte Schwierigkeiten, in einem Schwung hinaufzukommen, vor allem mit den schweren Skistiefeln an den Füßen. Deshalb suchte er sich einen Felsvorsprung, von dem aus er aufsitzen konnte, und übergab die Zügel vorher Sagar Rai, damit Blacky sich nicht von der Stelle bewegte. Er wollte gerade mit dem rechten Bein hinüber, die Ferse lag schon auf dem Sattel, als Blacky von ihm fort nach rechts zog und ihn beinahe auseinander riss.
Bei Eiseskälte zwölfeinhalb Stunden auf dem Pferd zu sitzen erforderte eine eiserne Kondition. Als die uns begleitenden Grenzpolizisten erklärten, dass sie nicht mehr weiterkönnten, war ich froh, dass ich endlich wieder auf meinen Füßen stand, obwohl meine Muskeln kalt und steif waren. Wir ließen die Eskorte zurück und zogen weiter. Die Wolken sahen bedrohlich aus, und es begann zu schneien. Wegen der geringen Luftfeuch-

tigkeit im Karakorum ist der Schnee jedoch nicht pappig, und jede Flocke schrumpft auf die Größe eines Sandkorns. Die Höhenlage machte uns allerdings spürbar zu schaffen, und ich musste alle paar Schritte nach Atem ringen.

In der Nacht zuvor hatte ich einmal mein Gesicht im Schlafsack vergraben, denn ich zitterte vor Kälte, hatte mich aber sofort aufsetzen und mit weit offenem Mund nach Luft schnappen müssen, weil ich zu ersticken glaubte. Es war, als hätte jemand meine Nase fest verkorkt.

Inzwischen war es 15.30 Uhr, und wir schleppten uns immer noch das Tal entlang Richtung Karakorum-Pass. Das machte mir Sorgen. Ich schlug vor, einen Spurt einzulegen, aber dazu fehlte allen die Kraft. Unser Proviant blieb unangetastet. Niemand hatte Appetit. Die meisten litten unter heftigen Kopfschmerzen, verstärkt durch die Auswirkungen der Höhenlage, die allgemein schwächte und demoralisierte.

Der Wind hatte deutlich zugenommen, und oben auf dem Pass tobte ein Schneesturm. Die Temperatur lag bei –48 °C. Wir befanden uns in einem der entlegensten Winkel der Erde, weit entfernt von jeder menschlichen Behausung, von jedem Leben. Als wir aufgebrochen waren, hatten wir unsere Zelte stehen lassen, um Zeit zu sparen. Außerdem hatten wir gehofft, abends wieder zurück zu sein. Doch nun wurde es bereits dunkel, und wir hatten den Pass immer noch nicht erreicht.

Der Weg war nicht steil, aber trotzdem bewältigten wir ihn nur schwer atmend. Dann, um 16.15 Uhr, standen wir auf einmal oben auf dem Pass, nicht mehr als ein runder Bergrücken, der zu beiden Seiten jäh abfiel. Nach Norden hin versperrte ein weiterer Gebirgszug den Blick in die Ferne, während uns von Süden her der schönste Gipfel der gesamten Region grüßte.

Ich ging noch ein paar hundert Meter weiter in der Hoffnung, die Stelle sehen zu können, wo Andrew Dalgleish am 8. April 1888 ermordet wurde, aber Dalgleish bleibt als Toter ebenso geheimnisvoll, wie er als Lebender war. In Leh hatte ich festgestellt, dass sein Grabstein verschwunden war, und auch hier fehlte jede Spur von der Marmorsäule, die ihm zum Gedenken aufgestellt worden sein soll.

Wir standen auf dem dritten der fünf klassischen Pässe auf der Karakorum-Route; die anderen beiden sind der Suget und der Sanju im Kunlun-Gebirge Richtung Yarkand. Danach gabelte sich die Seidenstraße.

Im 2. Jahrhundert vor Christi Geburt entsandte der Han-Kaiser Wudi einen Emissär namens Chang Ch'ien (in heutiger Schreibweise Zhangqian) in geheimer Mission in die entlegenen und geheimnisumwobenen Gebiete im Westen. Obwohl sich die Reise recht lange hinzog – Chang verbrachte unterwegs 22 Jahre in Gefangenschaft – und keine unmittelbaren Erfolge zeitigte, sollte sie sich als eine der wichtigsten Unternehmungen dieser Art erweisen, denn China entdeckte dadurch Europa, und eine bedeutende neue Handelsroute entstand – die Seidenstraße. Diese Karawanenstraße, auf der die Seide ihren Weg vom nordwestlichen China bis nach Parthien (Persien, heute Iran) fand, begann in Ch'ang-an (heute Xi'an) und führte nordwestlich durch den Kansu-Korridor in der Wüste Gobi und das berühmte Jade-Tor oder Yu-men-kuan. Danach teilte sie sich in zwei Routen, so dass die Karawanen die Wüste Taklamakan entweder nördlich oder südlich umgehen konnten.

Von der südlichen Route bei Yarkand zweigte ein wichtiger Handelsweg ab, der über die Pässe des Karakorum, die »Tore nach Indien«, zu den Städten Leh und Srinagar führte. Ab dort gestaltete sich die Reise bis zu den Märkten an der Küste bei Bombay recht angenehm.

Auf diesem großen transasiatischen Handelsweg wurden nicht nur Seide und andere Luxusgüter transportiert, auch der Buddhismus verbreitete sich auf diesem Weg vom Nordosten Indiens bis nach China und in den gesamten Fernen Osten. Diese Religion der Sanftmut, die Mitgefühl mit allen Lebewesen predigt, entstand im 6. Jahrhundert vor Christus.

> Sein Ausgangspunkt war nicht das eigentliche Indien, sondern das buddhistische Königreich Gandhara in der Gebirgsregion von Peshawar im Nordwesten des heutigen Pakistan … Der neue Glaube fand immer mehr Anhänger, und Pilger auf der Suche nach seinen Ursprüngen, den heiligen Schriften und Stätten machten sich auf der Seidenstraße auf den Weg nach Westen. Sie überschritten die Pässe im Karakorum und Pamir, um nach Gandhara zu gelangen, mittlerweile ein zweites Heiliges Land für den gläubigen Buddhisten, und zogen von dort weiter nach Indien.[9]

9 Peter Hopkirk, *Foreign Devils on the Silk Route*, S. 23–25

Später wurde die Seidenstraße auch zum wichtigsten Pilgerweg von Ost-Turkestan nach Mekka. Die Geschichtsbücher bestätigen, dass der Islam im 15. Jahrhundert die dominierende Religion in Ost-Turkestan war und die Pilger über die gefährliche Karakorum-Route, die damals von Wegelagerern heimgesucht wurde, ins Heilige Land zogen. In der Region, früher weltfern und friedlich, herrschten nun Schrecken und Anarchie, waren Niedertracht und heimtückischer Mord alltäglich. Wer dem Schwert entging, wurde häufig ein Opfer der Kälte und der großen Höhe. Im Laufe der Jahrhunderte säumten immer mehr graue Gebeine diese großartige Karawanenstraße.

Der herrlich strahlende Berggipfel, der den Karakorum-Pass beherrscht, steht wie ein Wachsoldat am Tor nach Indien. Ich gab ihm daher den Namen Mount Soldier. Mit seinen quer verlaufenden Felsrippen und den beiden vorgelagerten Hügeln aus Treibschnee sah er dem Kailash sehr ähnlich. Kein anderer Berg in der Umgebung konnte es an Schönheit und Erhabenheit mit ihm aufnehmen. Trotz seiner Höhe von gut 6060 Metern schien der Aufstieg zum Gipfel leicht zu bewältigen. Eines Tages, dachte ich, muss ich wiederkommen und mir die Welt von dort oben ansehen.

Der Anblick eines schneeglitzernden Berges beglückt mich ebenso wie ein schönes Gesicht. Doch hinter der zuversichtlichen Fassade war ich nervös. Nur Vertrauen in Gott und in mich selbst konnte mir helfen.

Wir unternahmen mehrere vergebliche Versuche, ein paar Fotos zu schießen. Als ich das erste Mal abdrückte, kam kein Klicken. Ich versuchte es wieder und wieder, aber nichts geschah. Extrem niedrige Temperaturen machen nicht nur Kameras zu schaffen, man läuft auch Gefahr, sich die Finger zu erfrieren. Sagar Rai blieb jedoch hartnäckig. Er wollte wenigstens ein Foto von der Mannschaft am Karakorum-Pass mit Skiern an den Füßen. Zuerst versuchte er, die Batterie meiner Kamera aufzuwärmen. Als das nicht gelang, probierte er es mit seiner eigenen Kamera, gab aber schließlich auf.

Wir schüttelten uns schweigend die Hände, denn nach Unterhaltung war uns nicht zumute. Dann schlossen wir die Bindung der Skier – das hatten wir vorher gründlich geübt – und zogen unsere drei Paar Handschuhe zurecht. Trotzdem konnten wir unsere Skistöcke kaum richtig halten. Ich

rieb mir die Hände – vielmehr die Handschuhe –, doch sie wollten einfach nicht warm werden. Selbst in Schutzkleidung werden die Hände und Füße relativ schnell kalt, wenn man sie nicht ständig bewegt.
Mit den Fahnen unserer Sponsoren und einer kleinen Nachbildung unserer Nationalflagge in den Händen unternahmen wir einen kläglichen Versuch, ein lautes »Hurra« anzustimmen. Bei gutem Wetter hätten wir den Pass mit größeren Fahnen und Wimpeln dekoriert und richtig gefeiert, aber es war eben nicht unser Tag. Sagar Rai hob die Hand und sagte ein paar Worte, die der Wind davontrug. Dann setzte er zur Abfahrt an, und die anderen folgten ihm wie Pinguine in der Antarktis.
Nun stand ich allein auf dem Pass. Plötzlich rissen die Wolken auf, und ich sah »Mount Soldier«, im strahlenden Licht der untergehenden Sonne leuchtend, wie das Segel eines gewaltigen Schiffes in stürmischer See vor mir. Der Anblick war derart eindrucksvoll und unerwartet, dass ich einen Moment lang dachte, ich sei in Trance. Wind, Schnee und Felsen schienen mit meinem Körper und meiner Seele zu einer Einheit zu verschmelzen. Es war, als könne ich mich selbst sehen, erst von nahem und dann von weit oben, vom Gipfel des fantastischen Berges und den Schultern des Passes. Ich war hellwach, mein Körper warm, und ich blickte mich um. Es gab nur noch zwei Farben – Schwarz und Weiß, kein Grau. So wie Menschen entweder gut oder böse sind – und nichts dazwischen.
Über einen sanften, nicht sehr langen Hang fuhr ich zum Fuß des Passes hinunter. Der Schnee war gerade richtig, fest und ideal zum Skifahren, den pulverigen Neuschnee hatte der Wind fortgeweht. Bei diesem Schnee würden wir in ungefähr drei Stunden in Daulat Beg Oldi zurück sein und erleichtert aufatmen können. Doch genau am Fuß des Passes war all der Schnee zusammengeweht worden, als hätte jemand nur für uns die Bergrücken rundum frei gefegt. Ich sah Angchuk, der bis zur Brust im Schnee versunken war und wild mit den Armen ruderte, als hinge sein Leben davon ab, dass er oben blieb, was zu einem großen Teil auch zutraf. Es gab immer wieder Stellen, an denen das Gelände steil abfiel, und jemanden dort herauszuholen wäre sehr schwierig. Der Rest der Mannschaft folgte, Kapuze und Gesichtsschutz übergezogen, und ich schloss mich am Ende an.

Kumar blieb stehen, schüttelte den Kopf, seine Hände und Beine, bis schließlich der ganze Körper wie eine Stimmgabel vibrierte. Dann stampfte er den Schnee neben sich mit den Skiern fest, damit ich an ihm vorbeikonnte. Er stand da, den Oberkörper auf die Skistöcke gestützt, und versuchte, sich trotz der Stiefel an den Zehen zu kratzen. Ich sah ihn fragend an, er nickte, und ich fuhr weiter.

Offenbar hatte er beschlossen, den »Schlussmann« zu machen, eine undankbare Aufgabe bei solchen Expeditionen, denn Frustration und Erfrierungen sind gewissermaßen inbegriffen. Außerdem erfordert sie viel Geduld. Zu meinen Stärken zählt sie nicht, deshalb fuhr ich an ihm vorbei und wartete in der Reihe, bis der Mann vor mir ebenfalls müde wurde und mich vorbeiließ.

Wenn wir vorankommen wollten, mussten wir zuerst unsere Skier von ihrer Schneelast befreien. Das versuchten wir, indem wir ein Bein gegen das andere schlugen, doch man versank fast sofort wieder, sobald man einen Fuß aufsetzte. Nach jedem Schritt mussten wir Halt machen, um Atem zu holen. Bald würden wir vollkommen erschöpft sein, aber wir mussten es bis Daulat Beg Oldi schaffen, sonst erfroren wir unterwegs.

Der Hunger und dazu noch diese Kälte, die sich in keiner Sprache angemessen beschreiben lässt, zehrten an unseren Kräften. Seit unserer Ankunft in Daulat Beg Oldi litten wir unter Appetitlosigkeit, die ebenso wie der Schlafmangel jeden Tag schlimmer wurde, und das machte mir große Sorgen. Das Einzige, was zunahm, waren unsere Kopfschmerzen. Kumar hatte bisher regelmäßig gegessen, aber gestern hatte sogar er jeden Bissen ewig lange wiedergekäut wie eine Kuh. Am Morgen hatten wir versucht, Cornflakes mit Milch aus Milchpulver und geschmolzenem Schnee hinunterzuwürgen, aber es schmeckte grauenhaft. Unsere Proviantpakete blieben unangetastet, da wir weder die Energie noch den Wunsch hatten, sie zu öffnen.

Der Wind begann uns schwer zuzusetzen. Manchmal drehte er sich im Kreis, wirbelte dichten pulverigen Schnee um uns auf und verschwand dann wieder in der Höhe wie ein Geist. Dieses Schauspiel wiederholte sich immer wieder. Die Situation wurde allmählich bedrohlich, weniger wegen des Wetters, sondern weil sich die Umstände insgesamt negativ auf die geistige Verfassung meiner Kameraden auszuwirken begann. Ich blickte in ihre verzerrten Gesichter; sie sahen aus, als wären sie dem Tod nah, als hingen sie düsteren Gedanken nach und überlegten, wie sie wohl sterben würden. Dann drang durch das Heulen des Windes ein rhythmisches, eindringliches Murmeln an mein Ohr. Nach einer Weile hörte ich es genau: »Om mani padme hum« – das Anrufungsmantra der Buddhisten. Fünf Mitglieder unseres Teams gehörten dieser Glaubensrichtung an.

Ich wusste, dass Angst sich schneller ausbreiten kann als die Pest. Das Gegenteil von Angst ist Zuversicht. Deshalb erhöhte ich verbissen das Tempo, um die Männer an der Spitze zu erreichen.

Bisher hatten sich Angchuk und Shanti Prasad beim Spuren abgewechselt. Angchuk machte zehn Schritte, hielt an, fast unmittelbar darauf übernahm Shanti, und so ging es weiter, sehr routiniert, aber trotzdem zu langsam. Bei diesem Tempo würden wir uns noch die ganze Nacht durch den Schnee quälen. Ich unterstützte sie bei ihrer Schwerarbeit, aber es gelang mir trotz aller Anstrengung nicht, schneller zu werden. Weder hatte ich die Energie noch genug Luft, um ein höheres Tempo vorzulegen, deshalb versuchte ich, möglichst viel von der sauerstoffarmen Luft in meine Lunge zu pumpen.

Inzwischen war die Nacht hereingebrochen, und wir befanden uns in einer hoffnungslosen Lage. Blon hatte in der Dunkelheit völlig die Orientierung verloren und kam immer wieder von der Spur ab. Unser Spaßmacher hatte seine Luft damit verschwendet, seinem Pferd Kusshände zuzuwerfen. Seine Kehle war ausgedörrt, und er bettelte um Saft oder Schokolade. Der Tee in unseren beiden Thermosflaschen hatte sich in dicken, klebrigen Sirup verwandelt. Wir hatten kaum noch Hoffnung, in dieser Nacht irgendwo anzukommen, nur der Wunsch zu überleben trieb uns weiter. Ich übernahm die Führung und versuchte, meine letzten Kräfte zu mobilisieren, denn ich wusste, hier würden am nächsten Tag acht gefrorene Leichen liegen, wenn wir jetzt aufgaben.

Wie fühlt man sich, wenn eine Expedition schon am ersten Tag zu Ende ist? Vielleicht ein bisschen wie eine Frau, die eine Fehl- oder Totgeburt erlitten hat. Für mich, der ich alles gegeben hatte, damit dieses Abenteuer –

gewissermaßen mein Kind – Wirklichkeit wurde, war es tatsächlich, als müsste ich damit rechnen, dass es sofort nach der Geburt sterben würde. Wir versuchten, uns gegenseitig Kraft zu geben, aber innerlich schwankten wir zwischen Mutlosigkeit und Verzweiflung. Die Berghänge zu beiden Seiten des Tales, durch das wir uns vorwärts kämpften, wirkten wie die dunklen Mauern einer Festung. Unser Skier versanken tief in dem trockenen, zuckerfeinen Schnee, der tonnenschwer auf ihnen zu lasten schien, wenn wir sie hochzuheben versuchten. Jeder Schritt, den wir hier in stockdunkler Nacht taten, war eine Qual.
Die Dunkelheit kann auf eine einzigartige, ihr eigene Weise erhellen. Jeder Mensch sollte wenigstens einmal im Leben bei völliger Dunkelheit unterwegs sein, finde ich, um den Eindruck von Blindheit zu erleben. Oft entwickelt sich daraus nämlich das Gefühl, dass man mit statt neben den Dingen lebt.
Der Wind kam hier stets von Nordwesten, das konnte ich an der Neigung der Schneewechten erkennen, die uns gewissermaßen den Rücken zukehrten. Am Morgen, als wir sie leicht umgehen konnten, hatten sie nur einen lästigen Umweg bedeutet; jetzt mussten wir diese ein bis zwei Meter hohen, senkrecht abfallenden Schneegebilde fürchten. Da sie sich im Dunkeln nicht ausmachen ließen, liefen wir ständig Gefahr, uns die Knochen zu brechen. Sollte einer von uns stürzen, ohne dass die anderen es bemerkten, wäre das eine Katastrophe. Er würde hier liegen bleiben müssen, bis Hilfe kam, oder auch für immer, und hätte nichts als den vom Wind herangewehten Schnee, um sich zuzudecken.
Getrieben von purem Überlebenswillen, bewegten wir uns durch die immer dichter werdende Dunkelheit. Als ich einen großen Schritt vorwärts machte, hing ich plötzlich in der Luft, stürzte in ein scheinbar unendlich tiefes schwarzes Loch, rutschte und fiel, bis ich an meinem Gesicht kalten Schnee spürte, der mir Nase und Mund verstopfte, so dass ich fast erstickte. Ich befand mich in einer fatalen Situation. Meine Beine waren derart verdreht, dass ich mit den Händen nicht an die Skier herankam, um die Bindung zu öffnen; stehen konnte ich auch nicht. Was ich befürchtet hatte, war geschehen: Ich war über eine Schneewechte gefahren und steckte nun im Tiefschnee fest. Es war unmöglich, mich selbst zu befreien. Ich

konnte nicht mehr tun, als auf Hilfe zu warten. Dennoch fühlte ich mich ziemlich wohl, nur der kalte Schnee auf meinem Gesicht störte mich; ich war ganz ruhig und bereit zu sterben. Es würde nicht lange dauern, bis das Gehirn so stark unterkühlt war, dass ich bewusstlos wurde. Ich bewegte meinen Kopf hin und her, um mir eine Atemhöhle zu schaffen, bekam jedoch nur Schnee in Mund und Nase. Ich versuchte, langsam einzuatmen. »Konzentriere dich auf dein Inneres, wenn du meditierst«, sagt man im Zen. »Atme langsam ein und aus.« Langsam! Gar nicht so einfach, wenn man mit jedem Atemzug einen Mund voll Schnee erwischt.

Ob wohl jemand bemerkt hatte, dass ich gestürzt war? Ich unternahm einen kläglichen Versuch, um Hilfe zu rufen, aber meine Stimme blieb irgendwo in meinem verdrehten Hals stecken. Plötzlich zerrte jemand an meiner Schulter, dann begann eine Hand meinen Körper abzutasten, wanderte langsam von der Brust über die Oberschenkel zu den Füßen. Und endlich, bei den Stiefeln angelangt, öffnete die freundliche Hand die Bindung an meinen Skiern. Ich war erlöst!

Verbissen kämpften wir uns voran. Schließlich erreichten wir ein weites offenes Plateau, von dem auf beiden Seiten Täler abgingen. Es kam mir wie eine Passhöhe vor; wir folgten jedoch dem Hauptlauf des Shyok. Wie waren wir denn hierher gekommen, fragte ich mich. Ich sah mich nach Anhaltspunkten zur Orientierung um, konnte aber nichts entdecken. »Wenn wir wirklich auf einem Pass stehen«, dachte ich, »befinden wir uns sicher in Tibet oder Gott weiß wo. Dann ist es aus.« Auf dieser Höhe konnte nicht einmal ein Hubschrauber landen. Bald würden unsere Gebeine wie schon so viele andere, die ich bei meiner früheren *Trans-Himalaya-Expedition* in dem Tal hatte liegen sehen, die »schlimmste Trekkingroute der Welt« markieren.

»Weiß jemand, wo wir sind?«

Die einzige Antwort, die ich außer dem Heulen des Windes hörte, war das Keuchen meiner Kameraden. Meine Atmung wurde tiefer und schneller, während ich dastand und versuchte, wenigstens den Horizont auszumachen. Eine Zeit lang fuhren wir ziellos in die eine, dann in die andere Richtung, bis ich plötzlich meinte, eine Taschenlampe blinken zu sehen, was sich jedoch als Produkt meiner Fantasie herausstellte.

Erschöpfung führt unter solchen Umständen häufig zu Orientierungsverlust und sogar zu Halluzinationen. Gerät man dann noch in Panik, ist man hoffnungslos verloren.
Ich erinnere mich gut an einen Vorfall, der sich ereignete, als ich in Sikkim stationiert war. Zwei meiner Soldaten wollten auf ihren Posten zurückkehren. Der Himmel zog sich zu, aber es gab noch eine Stunde Tageslicht, und da sie für den Weg nicht mehr als eine halbe Stunde benötigten, beschlossen sie, es zu riskieren und trotzdem loszugehen. Wenige Minuten nachdem sie aufgebrochen waren, wurde der Wind stärker, und der Weg vor ihnen verschwand unter einer gleichförmigen Schneedecke. Das schreckte sie jedoch nicht, denn sie hatten diese Strecke in den vergangenen zwei Jahren schon Hunderte von Malen zurückgelegt und glaubten, die Gegend wie ihre Westentasche zu kennen. Aus der halben Stunde wurde eine Stunde, doch der Stützpunkt war nirgends zu sehen. Und nach einer weiteren halben Stunde immer noch nicht. Sie riefen, aber niemand antwortete. In ihrer Verzweiflung gingen sie die ganze Nacht weiter. Am Morgen, als es hell geworden war und der Wind sich gelegt hatte, stellte sich heraus, dass sie nicht weit vom Stützpunkt ständig im Kreis gelaufen und sogar mehrmals über die Grenze nach Tibet geraten waren. Als ihnen das bewusst wurde, sanken sie ohnmächtig zu Boden.
Unsere Lage war nicht weniger prekär. Drei Alternativen standen zur Wahl, von denen uns nur eine in das »Gelobte Land« bringen würde. Erstens: umkehren, ehe es zu spät war. Das wäre sehr entmutigend, vor allem wenn wir hinterher feststellten, dass wir auf dem richtigen Weg gewesen waren. Zweitens: uns eingraben. Aber der Schnee war so weich und zuckerfein, dass wir damit keinen Schutzwall errichten konnten. Wir würden auf diese Weise also nur den Weg ins Grab abkürzen. Die dritte und meiner Meinung nach beste Alternative war, weiterzugehen, bis uns die Kräfte verließen.
Mich diesen Strapazen auszusetzen war natürlich meine freie Entscheidung gewesen. Aber ich bin ein Mensch, und wir alle haben unsere Schwächen. Meine ist eine Sucht, die mich in die entferntesten Winkel treibt, auf der Suche nach innerer Ruhe und geistigem Wachstum. Es ist nicht zu ändern: Ich bin süchtig nach einer Droge, die Abenteuer heißt.

Schon als Junge habe ich mich für Sir Douglas Mawson und Roald Amundsen begeistert und ebenso wie sie den Drang gehabt, Neues und Unbekanntes zu entdecken. Für mich ist ein ungebundenes Leben in der Natur die schönste Art, sich für das Geschenk des Lebens und einen gesunden Körper zu bedanken. Allerdings liegt einem in extremer Kälte nichts ferner als das.

Die Nacht war dunkel, und ich verfluchte den Mond, der nicht aufgehen wollte. Ich hatte das Gefühl, mich in einem Tunnel voll frischem Schnee zu bewegen. P.B. Gurung wurde zuerst nicht recht schlau daraus, aber die Tatsache, dass die Vertiefung entlang unseres Weges sehr gerade verlief, brachte ihn schließlich darauf, dass sie von Menschen gemacht sein musste.

Ich wartete auf Kumar, um ihn zu fragen, was er dazu meinte. Inzwischen war es etwas halb ein Uhr nachts. Der Wind hatte nachgelassen, aber es war immer noch eisig kalt. Dann kam hinter den Wolken der Mond hervor – der schönste und hellste Vollmond, den ich je gesehen habe – und goss sein Licht über die Landschaft. Die Wolken zogen ruhig weiter, und es wurde still wie nirgendwo auf der Welt. Ich lauschte, ob nicht in der Nähe ein Wolf oder Schakal heulte, aber ich hörte keinen Laut – bis auf Kumars leises Keuchen, als er nach einer Weile herankam.

Die Schneedecke wirkte im Mondlicht wie eine einzige blanke Fläche, aber ein gutes Stück links von uns war eine leicht vertiefte Spur zu erkennen, und auch Kumar meinte, sie müsse von uns stammen, als wir am Tag hier entlang gekommen waren. Das Wissen, auf dem richtigen Weg zu sein, gab uns neue Kraft. Kumar bot an, die Nachhut zu bilden, und ich übernahm die Führung der Gruppe. Es gab nur noch einen Gedanken: Wir werden überleben. Inzwischen waren wir seit achtzehn Stunden unterwegs und hatten nicht einmal die Hälfte des Rückwegs bewältigt. Wir konnten wieder hoffen, es zu schaffen, obwohl noch ein weiter Weg vor uns lag.

Wir folgten dem zugefrorenen Oberlauf des Shyok. Voll konzentriert zogen wir weiter, variierten die Länge unserer Schritte, um wach zu bleiben, und achteten darauf, immer sicheren Boden unter den Füßen zu haben. Wir durften jetzt nichts mehr riskieren. Schon eine kleine Fehleinschätzung konnte dazu führen, dass man sich den Knöchel verstauchte, dass ein Ski zu Bruch ging oder man sich gar ein Bein brach, und solch ein Missgeschick konnte das Ende der Expedition bedeuten.

Nur eine Stunde war es windstill gewesen, dann zog ein Sturm auf, der sich zu einem furchterregenden, misstönenden Heulen steigerte. Er hatte sich mit einem anhaltenden Pfeifen angekündigt, wie ein Schnellzug ohne Bremsen, ohne Halt und ohne Ziel. Der Schnee wurde emporgewirbelt und legte sich dann wie Staub auf unsere Spuren. Vor jedem Schritt prüfte ich den Boden mit meinen Skiern, stürzte und stand, das Gesicht voller Schnee, wieder auf. Bald war ich es leid, ihn abzuwischen, hatte mich daran gewöhnt. Ich machte einen Schritt vorwärts, fiel wieder hin, fluchte und ging weiter. Ich spielte mit dem Gedanken, eine kleine Pause einzulegen, aber ich wusste, dass wir jetzt nicht stehen bleiben durften, denn das hieße, das Schicksal herauszufordern.

Als wir William Johnsons drei Schutzhütten erreichten, wussten wir, dass unser Ziel nicht mehr weit sein konnte. Da wir vollkommen ausgetrocknet waren, entsetzlich langsam vorankamen und für den Rest der Strecke Kraft schöpfen mussten, beschlossen wir, Halt zu machen und uns ein wenig auszuruhen.

Der kleine Kocher brannte munter, während wir zitternd um ihn herumsaßen, und obwohl wir kaum etwas von seiner Wärme spürten, hatte das Feuerchen etwas sehr Tröstliches nach allem, was wir durchgemacht hatten. Es dauerte mehr als eine Stunde, um Schnee für acht kleine Tassen Wasser zu schmelzen, das dann in Sekundenschnelle in unseren ausgetrockneten Körpern verschwand. Wir hatten seit 23 Stunden keinen einzigen Tropfen getrunken.

Ich schätzte die vor uns liegende Wegstrecke ab, nicht nach Stunden, sondern ob wir sie überhaupt bewältigen konnten. Wenn jetzt jemand aufgab, würden ihm die anderen kaum helfen können, denn wir waren alle steif gefroren vor Kälte. Niemand bewegte sich, niemand sprach. Wir saßen nur da, den Kopf in die Hände gestützt, und beteten darum, von dieser Qual erlöst zu werden.

Von meinem Skistock flatterte eine kleine Flagge zu Boden und blieb, vom Schein des langsam verlöschenden Feuers und des Mondes beleuchtet, inmitten der Gruppe liegen. Kumar hob sie auf. Es war unsere Nationalflagge, darauf eine zweite im Rotbraun der indischen Armee. Ich blickte auf und sah, wie Kumar die Eiszapfen abzubrechen versuchte, die sich an den Rändern gebildet hatten, dann reichte er die Flagge geistesabwesend an mich weiter. Als ich sie in der Hand hielt, spürte ich Angchuks Blick wie gebannt darauf ruhen, und übergab sie ihm. Von dort ging sie weiter zu Blon, dann zu Gurung, Shanti und Nar Pratap Pun und schließlich zu Sagar Rai. Er wollte sie in die Hand nehmen, aber sie fiel zu Boden. Er versuchte es noch einmal, aber es gelang ihm nicht; seine erstarrten Finger ließen sich offensichtlich nicht mehr abbiegen. Er hielt unsere Flagge an die Brust gepresst, bis es Zeit zum Aufbruch war. Kein Wort wurde gesprochen, kein Blick gewechselt, doch die Szene war von ungeheurer Symbolkraft und ließ in uns wieder Hoffnung erwachen, das Einzige, was noch zwischen uns und dem Tod stand.

Am Stützpunkt in Daulat Beg Oldi warteten vier Männer, um zwei Uhr morgens hellwach, noch immer auf unsere Rückkehr. In einer Ecke des Bunkers flackerte eine kleine Lampe. Der Wind, der durch den Türspalt eindrang, hatte sie jedoch gelöscht, was den Diensthabenden sehr ärgerte. Etwa jede Viertelstunde kam der Wachsoldat und meldete, dass nichts zu sehen sei, und der Funker gab die Nachricht sofort an das Hauptquartier weiter. Zweimal hatte man eine Patrouille ausgesandt, doch sie war ohne uns zurückgekommen. Nun wurde überlegt, ob man einen größeren Suchtrupp losschicken solle, um in der Nacht wenigstens die Überlebenden noch zu finden.

»Hauptfeldwebel«, sagte der Diensthabende plötzlich, »glauben Sie, dass die Männer noch leben?«

Der Hauptfeldwebel, dessen gebräuntes Gesicht mit den dunklen Augen und dem pechschwarzen Haar aussah, als hätte es ein müder Bildhauer aus Feuerstein gemeißelt und mitten in der Arbeit sein Werkzeug weggelegt, sah ihn an und schüttelte den Kopf.

»Es sind doch Gebirgsjäger.«

»Ja, aber sie müssten längst hier sein.«

»Und sie sind sehr gut ausgerüstet.«

»Aber sie haben kein Zelt dabei. Sie wollten bis zum Abendessen wieder zurück sein«, erwiderte der Hauptfeldwebel.
»Worauf warten Sie dann noch?«, entgegnete der Diensthabende verärgert. »Stellen Sie sofort eine Patrouille zusammen.«
»Wie viele Leute?«
»So viele Sie zusammenbekommen.« Und dann, als der Hauptfeldwebel sich schon zum Gehen wandte, fügte er hinzu: »Um acht Männer zu tragen, falls nötig auf dem Rücken.«
Der Diensthabende trug seine Uniform, Bergstiefel und einen schweren Mantel. Er hatte keinen Vollbart, aber einen ausladenden, gezwirbelten Schnauzer, mit dem er aussah wie der Maharaja in der Werbung von *Air India*.
»Sie sollten auch einen Hubschrauber anfordern«, bemerkte der Adjutant, um die plötzliche Stille zu durchbrechen.
»Warum sagen Sie das?«, fragte der Diensthabende.
»Falls die Männer noch leben«, antwortete er und trat verlegen von einem Fuß auf den anderen, »haben sie sich sehr wahrscheinlich Erfrierungen zugezogen.«
»Das ist zu befürchten, aber in den nächsten Tagen wird hier kein Hubschrauber landen können, es sei denn, der Sturm hört auf.«
»Wir können immer noch auf gutes Wetter hoffen.«
»Hoffen«, sagte der Diensthabende nachdenklich und strich über den kalten Stahl seines Gewehres, das auf seinen Knien lag. »Hoffen«, wiederholte er mit einem matten Lächeln. »Jeder Soldat hofft, dass die Kugel nicht ihn trifft, und meistens wird er enttäuscht.« Dann verließ er, wegen einer Schusswunde aus dem letzten Krieg humpelnd, den Bunker, um sich dem Suchtrupp anzuschließen.

Inzwischen hatte sich das Tal geweitet, und die Bergrücken im Süden und Norden standen da, als wollten sie verhindern, dass der zugefrorene Shyok in die Tiefe stürzte. Wir boten alle Kraft auf, um unser Tempo zu steigern, kamen jedoch nur langsam voran. Wir froren, waren erschöpft und hungrig, sehnten uns nach etwas Trinkbarem und rangen ständig nach Luft. Ich kannte die Regeln: Verschwende keine Zeit mit Ausruhen, wenn du kurz vor dem Ziel bist. Kommst du einmal aus dem Tritt, erreichst du es nicht mehr. Und in der Ausbildung hatte es immer geheißen: »Wenn es hart auf hart geht, kommen die Guten erst richtig in Gang.« – »Also los«, sagte ich mir.

Vor uns verlor sich der Shyok in dem weiten Gletscherfeld. »Diese Gletscher ziehen in drei Hauptströmen talwärts – von Nordwesten, Westen und Südwesten – und vereinen sich zu einer einzigen großen Masse, die die weite Ebene ausfüllt, in die das Flussbett sich schiebt. Sie wirken wie Flüsse, die in einem Überzug aus reinstem Weiß erstarrt sind, und wälzen sich vom Fuß der erhabenen Gipfel, wo sie ihren Anfang nehmen, zwölf oder dreizehn Meilen [19 bis 21 Kilometer] talwärts. Und wo sie sich begegnen, bilden sie ein gewaltiges Meer, dessen sturmgepeitschte Wogen plötzlich zu Eis erstarrt scheinen; denn dort treffen die Gletscher aus den verschiedenen Richtungen aufeinander, und ihr Eis birst unter dem seitlichen Druck.«[10]

Ein, zwei Stunden vergingen, und noch immer keine Anzeichen von Leben weit und breit. Inzwischen war es 4.30 Uhr geworden. Wir waren seit 25 Stunden unterwegs und hatten nicht mehr getrunken als eine Tasse lauwarmes Wasser, um unsere aufgesprungenen Lippen zu befeuchten. Dann war plötzlich ein Laut zu hören, ein Laut, den ich nie vergessen werde: Mitten in der Wildnis bellte ein Hund, als spüre er den Tod, seinen eigenen oder unseren.

Ich stand eine Weile da, als wäre ich in eine andere Zeit versetzt, und versuchte zu begreifen, dass wir tatsächlich zum Camp zurückgefunden hatten. Wir hatten dem Tod getrotzt, und das hatten wir nicht unserem Durchhaltevermögen, unserer Energie oder unserer Körperkraft zu verdanken, sondern allein unserer Willensstärke.

Aber die Kälte saß uns buchstäblich noch in den Knochen. Shanti erbrach das wenige, das er im Magen hatte, kroch in seinen Schlafsack und stand erst nach langem Zureden wieder auf, um seinen Tee zu trinken. Pun, der unter Schneeblindheit litt, war derart müde, dass er sich weder bewegen noch reden wollte. Er saß stumm in der Ecke, bis jemand einen Becher

10 H.W. Bellew, *Kashmir and Kashgar*, S. 165

heißen Tee vor ihn hinstellte und ihn aus seinen Träumereien riss. Gurung stand stocksteif da wie ein Fahnenmast. Am schlimmsten hatte es vermutlich Blon und Kumar erwischt. Sie hatten kein Gefühl mehr in den erfrorenen Zehen. Nur ganz allmählich wurden sie wieder warm, so dass die Durchblutung in Gang kam, und dann hatten sie das Gefühl, als würde man mit tausend Nadeln in das geschwollene Fleisch stechen. Die Schmerzen waren so fürchterlich, dass ihnen Tränen über die Wangen liefen.

Nur Sagar Rai war vollkommen ruhig. Seine Füße steckten noch in den Skistiefeln, und er hatte auch seine zwei Paar Handschuhe noch nicht ausgezogen. Er saß halb zusammengesackt da, die Ellenbogen auf die Knie gestützt, gewärmt von einer Daunenjacke, die ihm jemand über die Schulter gelegt hatte, und starrte auf seine behandschuhten Hände. Völlig betäubt versuchte er zu begreifen, was ihm geschehen war und warum. Er konnte seine Finger nicht mehr abbiegen, für ihn hatten sie aufgehört zu existieren. Es war ihm noch nicht bewusst geworden, dass er sich die Finger erfroren hatte.

»Das kommt wieder in Ordnung«, sagte der Sanitäter tröstend.

»Aber ich spüre den Schmerz.«

»Nehmen Sie diesen Becher mit Tee in die Hände ... Spüren Sie etwas?«

»Nein, er ist kalt.«

Ich stand da und starrte ebenfalls auf meine Finger, die kalt und starr waren wie Eiszapfen. Ich spürte überhaupt keine Schmerzen und überlegte schon, was ich mir wohl erfroren hatte. Als mein Körper jedoch warm wurde, begann ich unwillkürlich zu zittern, bis die Tränen kamen. Wir waren im Tal des Todes gewesen, in der Ewigkeit, und wieder zurückgekommen.

Draußen leuchtete der Himmel nun in prächtigen Farben, und als die Sonnenstrahlen die Erde berührten, breitete sich unter uns ein mit glitzernden Schneekristallen übersäter Teppich aus. Dieser Anblick linderte unseren Schmerz und unseren Hunger, und wir nahmen ihn als bedeutsames Zeichen – für einen neuen Tag, ein neues Leben, einen neuen Anfang.

3
Über das Dach der Welt

Ich bin aber doch nicht zahm, ich bin auch unübersetzbar,
Und lasse meinen barbarischen Raubvogelschrei ertönen über die
Dächer der Welt!

Walter Whitman, *Gesang von mir selbst* in: *Grashalme*

Sagar Rai saß noch immer in derselben Haltung da, teilnahmslos, den Kopf gesenkt, die Arme auf die übereinander geschlagenen Beine gelegt. Hin und wieder glitt ihm die Jacke von den Schultern, dann lief ein Zittern durch seinen Körper, und die Kälte riss ihn aus seinem Dämmerzustand.

Als ich ihm einen Becher mit heißem Tee reichte, erschien ein Lächeln auf seinem Gesicht. Er hielt ihn zwischen den Handflächen und begann, in kleinen Schlucken daraus zu trinken. Wir unterhielten uns eine Weile, dann verstummte er plötzlich, als versuche er, sich über die gestrigen Ereignisse klar zu werden, und starrte auf seine Hände, noch in den dicken Handschuhen, von denen für ihn nun alles abhing. Er wirkte nicht unglücklich, sondern schien sich einfach mit seinem körperlichen Zustand, in dem er noch nie im Leben gewesen war, vertraut machen zu wollen.

Dass er diese Schmerzen aushielt, hatte er sicher seinem starken Willen und der Ausbildung bei der Armee zu verdanken. Nun versuchte er sich an der Hoffnung festzuhalten, dass alles wieder so werden würde wie zu-

vor und ihm das schreckliche Schicksal einer Amputation erspart bliebe, aber er wusste natürlich, dass die Expedition hier für ihn zu Ende war.
Mit Blons Verwirrtheit stand es zum Glück nicht so schlimm. Sein Zustand sei weniger ernst als bei Rai, erklärte der Arzt, aber inzwischen hatte es wieder zu stürmen begonnen, so dass eine Evakuierung per Hubschrauber nicht mehr möglich war. Blon schien sich schon vollkommen auf ein neues Leben eingestellt zu haben und schmiedete glücklich Pläne für die Rückkehr in sein Dorf im bewaldeten Doon-Tal, weit weg von der entsetzlichen Kälte, um dort mit seiner Frau, zwei Kindern und einem Hund zu leben.
Kumar fluchte den ganzen Tag über seine erfrorenen Zehen. Die Ungewissheit, ob sie wieder heilen würden, quälte ihn ebenso sehr wie die Schmerzen. Am Nachmittag begutachtete der Arzt die weißliche Haut und die schwärzlich verfärbten Kuppen, die noch nicht trocken waren, und meinte, es bestehe Hoffnung auf Heilung.
Ich selbst konnte weder längere Zeit sitzen noch liegen. Beim Skifahren werden alle Muskeln des Körpers beansprucht, deshalb ist man hinterher auch völlig erschöpft. Jeder Muskel zieht, jede Zelle zittert, jeder Knochen schmerzt.
Da ich die Verantwortung dafür trug, dass mein Team gesund wieder nach Hause kam, machte ich mir große Sorgen. Bis jetzt hatte noch nie jemand daran gedacht, eine solche Skitour zu unternehmen, wie wir sie geplant hatten. Kartografisch ist der Himalaya inzwischen zwar gut erschlossen, aber welche Temperaturen hier im Winter herrschen, ist noch nicht bekannt. Ich grübelte den ganzen Tag, wie sich das Problem, das wir bereits vorausgesehen und für erledigt gehalten hatten, möglichst einfach lösen ließe. Wir hatten uns die beste Ausrüstung besorgt, die es gab, doch nun schien es, als wäre auch das Beste nicht gut genug. Selbst die besten Stiefel und Handschuhe haben keine Warmhaltevorrichtung eingebaut, wie manche Leute vielleicht denken. Bei extremer Kälte, wenn man sich wenig bewegt und einfach nur einen Eispickel oder Skistock hält, können Hände und Füße schnell gefühllos werden. Der Körper erkennt die Gefahr und konzentriert sich darauf, die zum Überleben wichtigen Organe mit Blut zu versorgen, drosselt hingegen die Durchblutung der Extremitä-

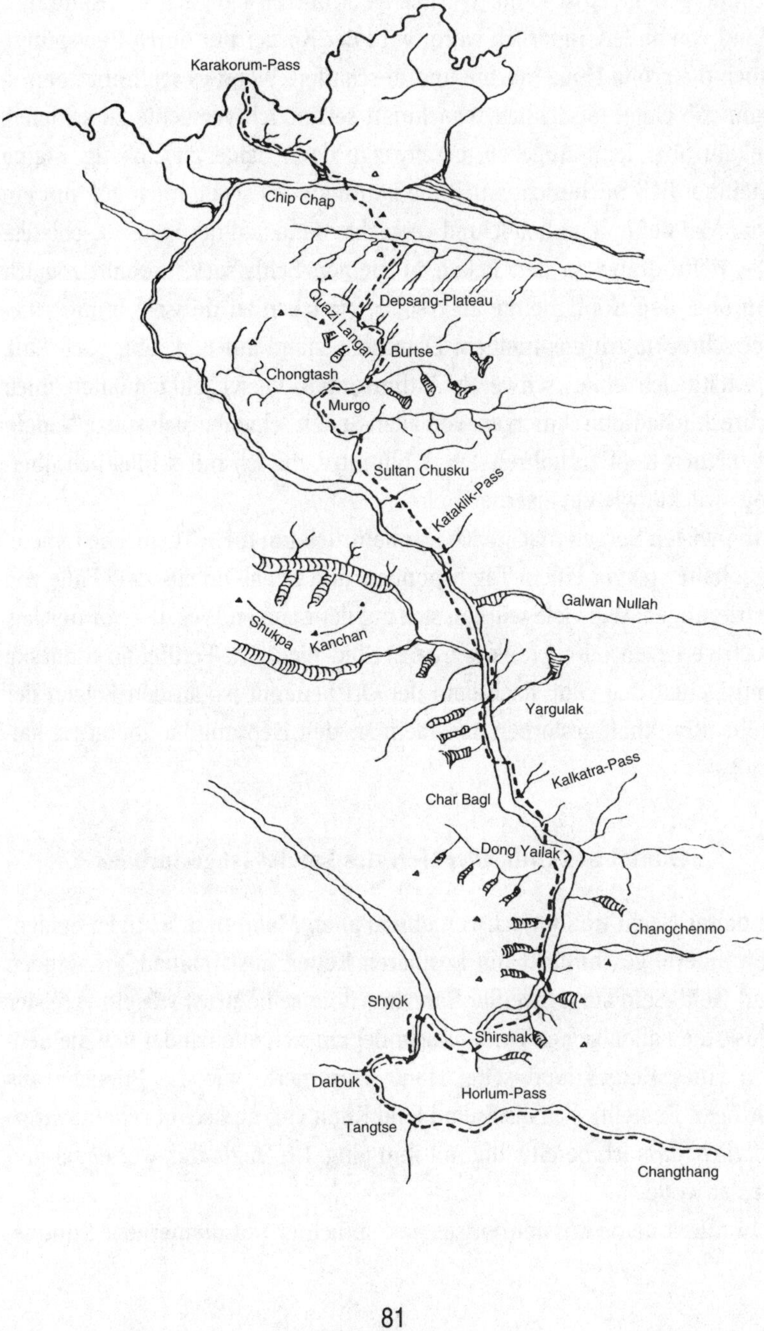
Karakorum-Pass
Chip Chap
Depsang-Plateau
Quazi Langar
Burtse
Chongtash
Murgo
Sultan Chusku
Kataklik-Pass
Galwan Nullah
Shukpa
Kanchan
Yargulak
Kalkatra-Pass
Char Bagl
Dong Yailak
Changchenmo
Shyok
Shirshak
Darbuk
Horlum-Pass
Tangtse
Changthang

ten, was zur Folge hat, dass Gewebe abstirbt. Dicke Socken und Handschuhe geben selbst keine Wärme, sie schützen lediglich vor Kälte und Wind von außen. Innerlich warm wird der Körper nur durch Bewegung. Auch die große Höhe machte uns zu schaffen. Wenn es schlimm kommt, kann sie einen tatsächlich schachmatt setzen. Ich versuchte zu schlafen, bekam aber kein Auge zu, geschweige denn beide gleichzeitig. Meine Atemnot ließ mich nicht zur Ruhe kommen. Ich setzte mich auf, um ein paar Mal tief Luft zu holen, und versuchte dann, auf der Seite zu schlafen. Die Kälte drang an den Ecken in meinen Schlafsack, deshalb zog ich ihn über den Kopf, meinte aber sofort ersticken zu müssen. Immer wieder schreckte ich aus meinem Dämmerzustand auf und rang nach Luft, als hätte ich einen schweren Asthmaanfall. Gleichzeitig quälten mich schreckliche Kopfschmerzen; von allen Seiten schienen sich spitze Nadeln in meinen Kopf zu bohren. Die Wollmütze, die ich mir schließlich überzog, drückte wie ein eiserner Helm.

Am meisten Sorgen machte ich mir natürlich um mein Team. Die Expedition hatte erst vor einem Tag begonnen, und es gab bereits zwei Fälle von Erfrierungen. Wie viele würden sich auf dem langen Weg, der vor uns lag, noch verletzen oder krank werden? Sind nicht Dr. Ferdinand Stolicska und Daulat Beg Oldi, nach dem der Ort benannt ist, an den Folgen der Höhenkrankheit gestorben, nachdem sie den Depsang La überquert hatten?

Daulat Beg Oldi, »der Herr des Landes ist gestorben«

In dieser Nacht träumte ich von einem alten Mann in prächtigen Seidengewändern, geschmückt mit kostbaren Ketten aus Rubinen, Smaragden und Gold. Sein langer weißer Bart floss über seine Brust wie ein vereister Fluss, die Falten seines Turbans schmiegten sich aneinander wie die Senken eines Berges, und seine Haut schimmerte wie die Pfirsiche aus Kashgar. Er stellte sich als Sultan Said Khan vor, und sein Lächeln war so herzlich, dass ich bereitwillig mit ihm ging. Ich fragte ihn, wer er sei und was er wolle.

»Du musst deine Mission fortsetzen«, sprach er mit donnernder Stimme, die weit über die öde, trostlose Hochebene trug. Ich blieb stehen, selbst der Wind hielt den Atem an, dann sah ich im Licht der Sterne, die am Himmel funkelten, sein Lächeln, und ein warmes Gefühl breitete sich in mir aus.

»Ich verstehe nicht ganz«, wandte ich zögernd ein, doch nun glühten seine Augen wie Feuer, und ich konnte in ihnen meine Vergangenheit und die Gegenwart sehen.

»Du musst den Sinn des Lebens erkennen, und der einzige Weg zu dieser Erkenntnis ist, dein Leben zu leben.«

»Das Leben, das wir uns gewählt haben, oder das Leben, wie es uns vorbestimmt ist?«

»Wer beide lebt, ist ein vollkommener Mensch«, erwiderte er, »das Leben, das er sich erwählt hat, und das Leben, das ihm vorbestimmt ist.« Seine Augen drangen bis in meine Seele, und ich spürte eine vollkommene Leere in mir. Kein Gedanke, keine Empfindungen, keine Vergangenheit; Gegenwart oder Zukunft existierten nicht mehr, als befände ich mich mit einem Mal auf einem fremden Planeten, wo die Zeit stillstand. Es gab nur *ihn*, der nun seine Hände in den weiten Ärmeln seines Gewandes verbarg und würdevoll auf das Ufer des Chip Chap zuschritt, an dem etliche Fahnen im Wind flatterten.

Ich schreckte aus dem Schlaf und fand mich neben einem Grab wieder, das mit einem zerfetzten Fallschirm und Gebetsfahnen geschmückt war. Auf dem Grab lag ein alter Armeehelm. Es war entsetzlich kalt, und ich zitterte am ganzen Körper. Ich tastete mich im Dunkeln den Weg zurück; Kumar schlief tief und fest. Ich weiß nicht, ob ich halluzinierte, schlafwandelte oder ein Ereignis aus der Vergangenheit noch einmal durchlebte. Mein Geist war in Aufruhr.

Jeder Mensch träumt, und Träume spielen bereits im Alten wie im Neuen Testament eine Rolle. Gott sprach zu Josef im Traum. Maria, der Mutter Gottes, erschien ein Engel wie im Traum, obwohl es in Wirklichkeit heller Tag war. Und Gott erschien Moses auf dem Berg Sinai. Tritt Gott vielleicht durch Träume mit uns in Verbindung?

Nach meiner Rückkehr von der Expedition versuchte ich mehr über Sultan Said zu erfahren, und ob er in irgendeiner Weise mit diesem Ort, mit

Daulat Beg Oldi, zu tun hatte. Doch diese Region ist so entlegen, dass mit Männern und Tieren auch ihre Geschichte in Eis und Schnee begraben scheint. Der schwedische Forscher Sven Hedin fragte sich im Jahr 1907, wer Daulat Beg Oldi wohl gewesen sei. Offenbar wusste es niemand, doch der Name ist geblieben. Wahrscheinlich war er ein gewöhnlicher Kaufmann aus Khotan oder Yarkand, oder ein Pilger, der während seiner Wanderschaft starb und die Tore des Paradieses weit geöffnet fand. Denn über den Karakorum-Pass verläuft der wichtigste Pilgerweg von Ostturkestan nach Mekka.

Dem Schriftsteller H.W. Bellew zufolge war Sultan Said kein gewöhnlicher Reisender, sondern ein großer Krieger, ein Gefolgsmann Baburs, Eroberer von Ferghana, König von Yarkand und Kashgar. In alter Zeit wurde Kashgar von mehreren Großmoguln in Folge beherrscht, und Sultan Said war der Letzte, der seine Macht tatsächlich ausübte. Im April oder Mai 1531 begann er einen »Djihad«, einen heiligen Krieg, gegen die Ungläubigen in Tibet. Er überschritt mit einer Armee von 5000 Mann den Karakorum-Pass und stieß im Nubra-Tal auf die ersten feindlichen Siedlungen. Dort führte er mit den Bewohnern vier, fünf Monate Krieg und überrannte die dünn besiedelten Täler [und …] verwüstete das gesamte Land.

Als der Winter nahte, wurde es ihnen in Nubra zu beschwerlich, und so zogen sie in zwei Gruppen aufgeteilt weiter. Die erste unter dem Kommando von Sultan Said selbst – sie umfasste 1000 Mann – fiel in Baltistan ein. Die zweite Gruppe von 4000 Männern unter dem Befehl seines Sohnes Iskander und seines Ministers Mirza Hyder, ausgenommen eine kleine Abordnung, die sie in Nubra zurückgelassen hatten, machte sich auf den Weg nach Kashmir. Im November oder Dezember kamen sie am [Zoji La] an, fanden ihn tief verschneit und von 400 Feinden verteidigt – offenbar Männer aus Dras.

Sie schlugen den Feind in die Flucht und erreichten Srinagar, wo der damalige König Muhammad Shah sie wohlwollend aufnahm. Im folgenden Frühjahr verließen die Gotteskrieger ihre jeweiligen Rückzugsorte. Die Unbilden des Winters in Baltistan dämpften Sultan Saids religiösen Eifer ein wenig, und er begab sich unverzüglich wieder in seine Hauptstadt.

Er zog sich entlang der Saser-Route zurück und war schon sehr geschwächt, als sie den Pass überschritten. Während der Überquerung des Depsang-Plateaus schließlich befiel ihn so große Atemnot, dass er starb – nur wenige Kilometer vom Karakorum-Pass entfernt, wo er begraben wurde.[1]

So kam es, dass Sultan Said Khan Ghasi von Kashgar (Ghasi ist der Ehrentitel für einen Kämpfer im heiligen Krieg) diesem einsamen Flecken den Namen Daulat Beg Oldi (oder Daulet Bek Uldi) gab, und das bedeutet »der Herr des Landes ist gestorben«.

Wie lebensfeindlich Gelände und Wetter in dieser Region sind, zeigt der weitere Verlauf der Geschichte. Sultan Said hatte Mirza Hyder vor seiner Abreise befohlen, den heiligen Krieg fortzuführen und das glorreiche Banner des Islam bis in die Hauptstadt der Ungläubigen, bis nach Lhasa hineinzutragen. Kälte und Höhenlage brachten unvorstellbare Strapazen und Verluste für die Streitmacht des Propheten mit sich, so dass sie sich etwa zwei Monate später nach Ladakh zurückziehen musste. Ihre Zahl hatte sich durch Tod und Fahnenflucht auf 500 Mann verringert. Bei Beginn des dritten Winters bestand ihre Gefolgschaft nur noch aus 50 Mann. Den Karakorum-Pass erreichten nur noch 27 Kämpfer. Von diesen kehrten nur fünf nach Yarkand zurück, und einer von ihnen war Iskander. So endete die erste Invasion der Yarkandi in Tibet im Jahr 1531 – die erste und letzte aus Yarkand, von der die Geschichte weiß.

Die Nacht hatte keine Erholung gebracht, und als ich morgens aufwachte, spürte ich meine ständige Atemnot noch stärker. Ich musste alle paar Sekunden innehalten und tief Luft holen, während ich langsam meine Stiefel anzog. Mir war furchtbar übel, und mein Kopf schmerzte, aber dagegen ließ sich auch mit den Arzneimitteln aus dem großen Medizinkoffer, den wir mitschleppten, nichts machen. Kumar starrte eine ganze Weile auf seine Zehen, ehe er seine Skistiefel überzog, dann schleppten wir uns hinaus, um nach Sagar Rai und Blon zu sehen.

Der Arzt hatte entschieden, dass die beiden per Hubschrauber evakuiert

1 vgl. H.W. Bellew, *Kashmir and Kashgar*, S. 25, 95–97

werden mussten. Kumar entging diesem Schicksal nur, weil er sich schon die passenden Antworten auf die Fragen des Arztes zurechtgelegt hatte. Er durfte die Expedition fortsetzen, allerdings unter der Bedingung, dass er sich an jeder Proviantstation von einem Mediziner untersuchen ließ.
»Die Ärzte können euch sicher helfen«, versuchte ich Sagar Rai und Blon zu beruhigen, während wir unseren Tee austranken und der schmerzliche Augenblick des Abschieds näher rückte.
»Ganz bestimmt«, erwiderte Sagar Rai mit einem Blick auf seine steifen Finger und bemühte sich, zuversichtlich zu klingen. »Ich spüre schon ein Kribbeln [ein Zeichen der Besserung]«, log er.
Wir waren bereit zum Aufbruch, da sagte er etwas, das ich schon einmal hatte sagen wollen, doch mir hatte der Mut gefehlt.
»Sir«, sagte er, als ich aufstand, »geben Sie nicht auf. Die Expedition muss weitergehen!«
Ich stand noch eine Weile schweigend da, beeindruckt von der Charakterstärke dieses Mannes, der schon nach dem ersten Marschtag aufgeben musste, weil die Natur stärker gewesen war. Bestimmt hatte er an diese Expedition ebenso viele Erwartungen geknüpft wie ich, doch nun musste er das Leben nehmen, wie es kam.
Wir hatten beweisen wollen, dass sich bei dieser Expedition die Frage »alles oder nichts« nicht stellen würde. Man bricht gemeinsam auf, und am Ende eines jeden Tages ist man auch wieder zusammen. Dass schon nach dem ersten Tag zwei Leute ausfielen, ging mir sehr nahe. Aber dann sah ich darin auch die Chance zu erkennen, dass eben jeder Mensch anders ist, dass der eine schneller geht als der andere, dass nicht Enttäuschung, sondern nur Verständnis angebracht war.
»Es gibt zwei Orte in dieser Gegend, wo sich Patrouillen häufig Erfrierungen holen«, erklärte mir der Diensthabende. »Der eine ist der Karakorum-Pass, der andere das Depsang-Plateau.« Diese Bemerkung erinnerte mich wieder an Sultan Said Khan und Dr. Ferdinand Stolicska.
Bei dem Gedanken an die beiden lief es mir kalt über den Rücken. Ich dachte an die Strapazen, die uns bevorstanden, war mir jedoch bewusst, dass die Expedition unter allen Umständen fortgesetzt werden musste. Draußen wütete noch immer ein Sturm, da fiel mir ein, was Chow – er

war bei meiner *Trans-Himalaya-Expedition* dabei gewesen – gesagt hatte, als er mir am Tag vor unserem Aufbruch über INMARSAT Glück wünschte. Ich hatte seine Stimme noch im Ohr. »Damals waren die Torturen am Karakorum-Pass vorbei«, sagte er, »... und jetzt willst du genau dort wieder mit der Quälerei beginnen?«

Torturen, Quälerei? Durchaus! Aber auch Schönheit, Verzauberung, Befriedigung. Ich habe mich schon immer gefragt, warum die schönsten Regionen der Erde regelmäßig auch die entlegensten sind. Es scheint so, als hielte die Natur ihre Juwelen verborgen und enthülle sie nur dem, der etwas wagt.

Dass die Mannschaft über ein beachtliches Maß an Vitalität und Widerstandskraft verfügte, zeigte sich auch daran, dass Sagar Rai kam, um uns Glück zu wünschen. Wir schnallten unsere mit Ausrüstung und Zehn-Tage-Proviant voll gepackten Rucksäcke um und verloren bei den ersten Skischritten fast das Gleichgewicht, als wären wir blutige Anfänger. »Mit 40 Kilo auf dem Rücken würden selbst die besten Skifahrer aussehen, als hätten sie noch nie auf Skiern gestanden«, meinte Kumar aufmunternd.

Niemand vor uns hatte jemals eine Skitour im Himalaya unternommen. Wir wollten nun ein Konzept entwickeln, wie sich ein solches Unternehmen im Winter unter den härtesten Bedingungen bewerkstelligen lässt, und hofften, damit auch ein Vorbild für andere zu werden.

Unser Weg würde uns in einem Zeitraum von annähernd 100 Tagen vom Karakorum-Pass bis zum Lipu-Lekh-Pass an der indisch-nepalesisch-tibetischen Grenze führen, vorbei am Kamet, an der Nanda Devi und am Panchulli-Massiv. Da wir die Ersten waren, die diese Route gingen, konnten wir im Vorhinein nur sehr wenig über die jeweiligen Wetter- und Schneebedingungen unterwegs sagen. Zwar hat die Technik enorme Fortschritte gemacht, seit Edmund Hillary und Tenzing Norgay 1953 als Erste den Everest bestiegen, aber es gab dennoch viele Dinge im Himalaya, die wir erst wissen würden, wenn wir schon mittendrin waren.

Für uns war die *Ski-Himalaya-Expedition* von Anfang an mehr als nur ein Abenteuer. Seit einem Vierteljahrhundert beobachte ich, wie sich der Himalaya und die Menschen, die dort leben, unwiderruflich verändern, wie die Naturlandschaften zunehmend schwinden und verschmutzt werden. Ich hoffe sehr, dass die Zukunft besser sein wird als die Vergangenheit. Die Menschheit sollte im Himalaya die Rolle des Beschützers einnehmen, nicht die des Plünderers.

Um das Problem richtig erfassen zu können, muss man einiges über den Zusammenhang zwischen Himalaya und indischem Klimasystem wissen. Der Himalaya mit seinen drei Gebirgsketten, die sich von Nordwesten nach Nordosten des Subkontinents erstrecken, fungiert als gewaltige Wetterscheide und beeinflusst die Luft- und Wasserzirkulation. Damit ist er für die meteorologischen Bedingungen in den angrenzenden Gebieten von entscheidender Bedeutung. Das höchste Gebirgssystem, der Hohe Himalaya, verhindert als natürliche Barriere, dass die kalte Kontinentalluft von Norden im Winter nach Indien vordringt. Und er zwingt den von Südwesten kommenden, Regen tragenden Monsun, seinen Ballast an Nässe größtenteils abzuwerfen, ehe er nordwärts über das Gebirge zieht, was schwere Regenfälle und Schnee auf der indischen Seite, in Tibet jedoch ein trockenes Klima zur Folge hat.

Wirtschaftlich verfügt der Himalaya über ungeheure Ressourcen: fruchtbares Ackerland, ausgedehnte Weiden und Wälder, abbaufähige Bodenschätze und ein enormes Potential leicht nutzbar zu machender, durch Wasserkraft erzeugter Energie. Im Himalaya entspringt der Ganges, der nicht nur für Indiens Wasserhaushalt eine entscheidende Rolle spielt, sondern auch für das wirtschaftliche Leben des Landes. Der Himalaya hat also eine enorme und weit reichende Bedeutung.

Über das Depsang-Plateau, das »Dach der Welt«

Unsere Route verlief südöstlich über das Depsang-Plateau zum 42 Kilometer entfernten Zeltplatz von Burtse. Wir näherten uns dem Plateau vor uns in einem weiten Bogen, nachdem wir den vereisten Chip Chap (vermutlich von Hindi *chup chap*, was so viel heißt wie »leise«) überquert hatten. Er wird von Bächen gespeist, die in den Bergen westlich des Karakorum-Passes entspringen, und entwässert das Gebiet östlich von Daulat Beg Oldi.

Wir kämpften uns aufwärts, während der Wind wieder zunahm und die

Kälte unsere Rückseite vom Hals bis zu den Beinen immer starrer werden ließ. Trotz warmer Unterwäsche, Fleece-Jacke und winddichtem Gore-Tex-Skianzug, zwei Paar Socken und Handschuhen fror ich bis auf die Knochen. In solchen Augenblicken tut man gut daran, Energie zu sparen, indem man den Mund hält, denn jeder zusätzliche Atemzug wirkt wie ein ordentlicher Schluck Rumpunsch.

Am besten ging es offenbar Angchuk, der aus Ladakh stammt. Der Arzt in Leh hatte erklärt, er sei besser akklimatisiert als wir alle, und dass »sie [die Leute aus Ladakh] sich schneller anpassen und besser mit den Bedingungen zurechtkommen als andere«. Angchuk besaß trotz seiner Hühnerbrust eine voluminöse Lunge, mit der er mehr Sauerstoff aus der dünnen Luft filtern konnte als wir mit unserer vergleichsweise kleinen Lunge. Aber sogar er machte immer wieder Halt, rieb sich sein bartloses Gesicht und die Ohren und holte ein paar Mal tief Luft, ehe er weiterfuhr.

Zwischen uns und den Gipfeln ringsherum breitete sich eine weite Ebene aus. Man hatte einen wundervollen Blick auf den Karakorum mit seinen unzähligen Bergen, die alle höher waren als die höchsten Gipfel Europas. Es gab keinen Regenbogen, keine zwitschernden Vögel, keine Schäfchenwolken und keine Postkartenansicht, über die man Gedichte hätte schreiben können, nur Weite und zerklüftete Rauheit in ihrer ursprünglichen Schönheit. Eine gewaltige Szenerie, die man nicht so leicht vergisst. Dies war also das Depsang-Plateau, das Dr. Thomson, der es im Jahr 1874 auf dem Rückweg von Yarkand zusammen mit Dr. H.W. Bellew überquerte, als das »wahre Dach der Welt« bezeichnete:

> Ringsherum zogen sich Gebirgsketten, keine niedriger als 20 000 Fuß [6100 Meter], während westlich in der Ferne zwei erhabene Gipfel von wesentlich größerer Höhe emporragten. Dennoch war es, als lägen sie unter uns, denn das Land fiel zu allen Seiten hin ab. In welche Richtung wir auch sahen, der Himmel schien stets unter uns zu sein, und die Welt versank aus unserem Blickfeld. Tatsächlich fühlten wir uns, als stünden wir über der Welt und würden nun wieder zu ihr hinabsteigen. Der Caracoran [Karakorum] hinter uns schien ein bloßer Bergrücken im Auf und Ab der Landschaft, und man meinte, die Gebirgszüge rundherum wollten sich von unten zu uns heraufkämpfen.[2]

2 H.W. Bellew, *Kashmir and Kashgar*, S. 405

Ich möchte unsere Expedition nicht mit der Leistung der Forschungsreisenden früherer Zeiten vergleichen. Den Männern, die durch dieses Gebirge zogen, gehört meine größte Hochachtung, selbst wenn sie dafür die angenehmeren Sommermonate wählten, denn sie mussten trotzdem den Widrigkeiten des Klimas und der Feindschaft der Bevölkerung standhalten. Heute zeigen sich die Menschen Fremden gegenüber nicht mehr feindselig, aber mit dem Klima hat man nach wie vor zu kämpfen.

Über die weite Ebene fegte ein heftiger Wind. Er kam von Südosten, genau von vorne aus der Richtung, in die wir fuhren. Wir mussten uns alle paar Meter umdrehen, um Gesicht, Nase und Ohren warm zu reiben. Er war ein unerbittlicher Gegner, dieser Wind, die Kälte jedoch noch mehr.

Das Depsang-Plateau, eine sanft gewellte Ebene, misst von Norden nach Süden etwa 14 Kilometer. Ich blieb alle zehn Meter stehen, um Luft zu holen, und betrachtete das, was mich hier heraufgelockt hatte – ein Meer regloser, eisbedeckter Berggipfel. Nach Osten begrenzte die weite, schimmernde leere Fläche eine blasse Linie, die Karakorum-Kette; im Norden überragte, durch eine Wolkenlücke sichtbar, ein breites Gebirgsmassiv den Horizont; im Westen erhoben sich zwei majestätische Gipfel. Den Rest des Panoramas verhüllte ein Schneesturm. »Genieße jeden einzelnen Tag«, klang mir die Stimme des indischen Everest-Besteigers Ahluwalia in den Ohren. »Denke daran, dass jeder Tag dir Szenerien beschert, an die du dich dein Leben lang erinnern wirst«, hatte er am Tag vor unserem Aufbruch gesagt. Eine solch denkwürdige Szenerie hatte ich nun vor Augen, nur fragte ich mich, wie lange ich angesichts der grässlichen Kälte noch leben würde, um mich an dieser Erinnerung zu freuen.

Wir kämpften uns weiter vorwärts. Der Atem gefror sofort zu Eiskristallen, die meinen zwei Wochen alten Bart und den Schnauzer fest zusammenwachsen ließen. Tagsüber wechselten wir kaum ein Wort, da wir ständig nach Atem ringen mussten. Beim Aufstieg hatte sich wieder die Formation vom Vortag ergeben, nämlich Angchuk, Shanti und Pun an der Spitze, ihnen auf den Fersen folgte ich, und Kumar bildete den Schluss, um darauf zu achten, dass Gurung sich nicht allzu sehr an ausgiebige Ruhepausen gewöhnte.

Wenn jemand bei solcher Kälte eine längere Pause einlegt, kühlt sein Körper sofort aus. Je länger er sich nicht bewegt, umso größer ist die Gefahr, dass er überhaupt nicht mehr richtig in Gang kommt. Deshalb strengten wir uns an bis zum Äußersten, um möglichst schnell voranzukommen.

»So ein gemeines Wetter, verdammt«, fluchte Shanti, als er sich wieder einmal umdrehte, um das Gesicht warm zu reiben. Ich persönlich verstehe nicht, was am Wetter gemein sein soll. Wie kann die Natur gemein sein? Gemeinheit ist eine menschliche Regung und nicht auf die Naturempfindung übertragbar; wer Schönheit sucht, kann sie sogar in den Felsen oder im Wind finden. Angchuk gab dem Depsang-Plateau den poetischen Namen »Spielplatz der Windgötter«. Und die Sonne, die sich seit unserer Ankunft in Daulat Beg Oldi nicht mehr blicken ließ, betitelte er als »fauler Igel«. Er wollte damit wohl ein wenig innere Spannung abbauen.

Für mich sind das Pfeifen und Brausen des Windes wie ein wundervolles Musikstück. Es beginnt mit einem nachhallenden Ton, der sich zum Crescendo steigert, und eine plötzliche Böe markiert das Ende der Ouvertüre. Dann wird die Melodie wieder aufgenommen, ganz langsam, entwickelt sich zu einer Rhapsodie, bis schließlich die Trompeten das Finale einleiten. Welch ein Konzert uns die Götter darbringen!

Gegen halb fünf Uhr am Nachmittag, der Wind blies uns immer noch heftig ins Gesicht, erreichten wir den Rand des Plateaus, markiert von einem Steinhaufen, den man zur Besänftigung der Götter errichtet hat. Von dort führte der Weg plötzlich steil abwärts. Wir versuchten zu beschleunigen in der Hoffnung, endlich dem Wind zu entkommen. Vor der Abfahrt die Felle von den Skiern zu nehmen war schlichtweg unmöglich. Deshalb schlug ich sie nur ein paar Mal gegeneinander, um die dicke Schneeschicht darauf abzuschütteln, und machte dann möglichst viel Tempo. Leider wurde meine Erwartung, am Fuß des Hanges Schutz vor dem eisigen Wind zu finden, schnell enttäuscht. Wir hatten immer noch Gegenwind, auch wenn er nun gnädigerweise weniger heftig blies.

Kazil Langar, das »rote Loch«

Vom Fuß des Hanges führte die Route durch eine abschüssige Rinne in eine tiefe, unübersichtliche Schlucht mit überhängenden Felsen aus roter Tonerde hinein. Den ganzen Tag bewarfen die Berge das Tal mit Steinen, und die langen Hänge schickten von Zeit zu Zeit eine Schneelawine hinunter. Etwa zehn Kilometer vom Plateau entfernt erreichten wir ein Gelände, das Kazil Langar, das »rote Loch«, genannt wird, und dort errichteten wir erschöpft unser Biwak.

Die Bewohner des Tals waren bei Einbruch des Winters fortgezogen, so dass uns nichts als Ehrfurcht gebietende Einsamkeit umgab. Die Landschaft strahlte all die Schönheit und Abgeschiedenheit aus, die mich so sehr berühren. Es gibt keinen besseren Ort auf der Welt als diese Täler im Himalaya, um Gelassenheit zu üben und aus der Stille Kraft zu schöpfen. Nicht, dass ich damals zu irgendwelchen philosophischen oder meditativen Übungen fähig gewesen wäre. Ich saß in meinem Zelt, mir war noch fast schwindelig vor Übelkeit, und ich hatte überhaupt keinen Appetit. Eigentlich war ich froh, dass wir wenigstens nicht kochen mussten, obwohl Essen natürlich Wärme und Energie gibt und das Überleben sichert. Wir blieben lange Zeit in unseren Zelten, ohne einen Gedanken an irgendeine Beschäftigung zu verschwenden, bis Angchuk aufwachte. Selbstlos wie immer entzündete er den Kocher und füllte den Topf mit Schnee, um Wasser zu machen.

In der Nacht heulte der Wind wie ein hungriger Hund vor meinem Zelt, und mir wurde bewusst, wie ähnlich sich die Geräusche der Natur sein können. Stundenlang lauschte ich diesem Auf und Ab, dem Seufzen und Schnauben. Als der Morgen dämmerte, legte sich der Wind, doch dann wurde er wieder stärker, als wolle er seinen Unmut darüber zeigen, dass wir uns in seinem Reich aufhielten.

Während der Nacht hatte sich die Kälte in jedem Winkel des klammen Zeltes eingenistet. Keiner bewegte sich am Morgen. Wir warteten auf die Sonne, die sich eine Ewigkeit Zeit zu lassen schien, und als sie endlich aufgegangen war, schenkte sie uns nicht die gewohnte herrliche Wärme. Unsere Knochen krachten, als wir uns streckten und dann aufstanden, um Tee zu machen, das Einzige, was uns vorübergehend ein wenig wärmte. Als wir das Zelt verließen, um unser Lager abzubrechen, zitterten wir am ganzen Körper wie im Zustand übersteigerter Nervosität. Wenn wir die Aluminium-Zeltstangen versehentlich mit bloßen Händen anfassten, brannte es auf der Haut, als hätten wir glühend heißes Eisen berührt.

Wir folgten einem schmalen Pfad, der uns zwischen steilen Felswänden durch das »rote Loch« führte, bis sich vor uns schließlich ein Tal mit einem vereisten Fluss öffnete, das sich weiter vorne mit einem anderen, breiteren, nach Nordosten ausgerichteten Tal traf. Als wir in eine Schlucht mit rötlichem Gestein einfuhren, tauchte zwischen zwei Felswänden plötzlich ein schneebedeckter Berg auf. Ein gottverlassenes Tal, wie eine Mondlandschaft, ohne eine Spur von Grün.

Da uns der eisige Wind noch immer ins Gesicht blies, presste ich mich Schutz suchend in einen Felsvorsprung, um Ohren und Nase warm zu reiben. Plötzlich hörte ich jemand rufen.

»Hände hoch!«

Ich sah mich erstaunt um.

»Jetzt wackelt mit den Fingern, und dann klatscht in die Hände.« Es war Kumar, der uns vor Erfrierungen bewahren wollte. Ich unternahm einen kläglichen Versuch, seine Anweisungen auszuführen. Als Nächstes folgte ein Wettbewerb im Auf-der-Stelle-Hüpfen. Da sich kein Gewinner ermitteln ließ, weil niemand höher als ungefähr fünf Zentimeter hüpfen konnte, erklärte mich Kumar zum Verlierer.

Gurung versuchte, sich in einen Felsspalt zu quetschen, um dem Wind zu entkommen, aber er war zu eng.

»Wenn wir noch ein paar Kilometer hinter uns gebracht haben, passt du in einen solchen Spalt vielleicht hinein«, witzelte Shanti, der sofort hinter ihm war. Wir verloren wirklich schnell an Gewicht, denn wir hatten seit 20 Tagen keine richtige Mahlzeit gehabt. Dass uns schon bei dem Gedanken an Essen übel wurde und wir ständig müde waren, lag an der mörderischen Höhe.

Entlang unserer Route gab es etliche ideale, steil abfallende Skihänge mit trockenem Pulverschnee: Hänge für Menschen, die es sich leisten konn-

ten, in die unberührte Natur vorzustoßen, oder die bereit waren, wie wir zu leben und zu reisen – oder die vollkommen verrückt waren.
An meinen besseren Tagen hielt mich mein Vorgesetzter bei der Armee für vernünftig, fleißig und solide, aber sobald von Abenteuer die Rede war, veränderte sich seine Wahrnehmung schlagartig, und ich war plötzlich ein anderer Mensch – unvernünftig, faul und verrückt. »Warum interessieren Sie sich nicht einfach für Ihren Beruf?«, rief er jedes Mal aus, wenn ich im Büro vor ihm stand. Egal, wie viel ich ihm erklärte, entweder konnte oder wollte er mich nicht verstehen. Solange das Armeeleben mit Abenteuer verbunden war, gefiel es mir sehr. Sobald jedoch ein Schreibtischjob daraus wurde, reagierte mein Körper und fing an, eigenmächtig zu entscheiden. An drei Gelegenheiten, als ich mich nicht mehr unter Kontrolle hatte, als ich mich wie von einer allmächtigen Hand in die Natur hinausgezogen fühlte, erinnere ich mich noch sehr genau. Bei mindestens zweien habe ich mir schwere Nachteile und Verweise eingehandelt. Aber das kümmerte mich nicht, solange ich den alltäglichen Dienstpflichten entkommen konnte, hoch oben in den Bergen, in der Natur unterwegs war und frische Luft atmete. Ich wollte ein Abenteurer sein. Das ist zwar kein gut bezahlter Job, zumindest nicht in Indien, aber mir bedeutete Abenteuer mehr als alles andere. Wie heißt es so schön: »Die Seele eines Landes erkennst du an den Abenteurern, die es hervorbringt.«
In das Flüsschen Quazi Langar, inzwischen bis in einen Meter Tiefe zugefroren mit Wassermarken, die ungefähr einen halben Meter höher waren, mündeten gletschergespeiste Bachrinnen. Wir folgten seinem Verlauf und überquerten es auch mehrmals. Das breiter werdende Tal mit seinen zahlreichen Gipfeln bot immer wieder beeindruckende Ausblicke, aber dem eiskalten Wind konnten wir nicht entkommen, was wir mittlerweile jedoch mit Gelassenheit hinnahmen.
Der Wind war das große Problem. Bei der dünnen Luft in dieser Höhe war es unmöglich, Tempo zu machen und auf diese Weise warm zu bleiben. Manchmal konnte ich in all dem Weiß rundherum kaum die Spur der anderen vor mir ausmachen, und doppelt schwierig war es, wenn der Wind sie unversehens mit schmutzig grauem Hagel füllte. Dann wieder

lockerte er den pulverigen Neuschnee und blies ihn fort, so dass die harte Schneedecke darunter zum Vorschein kam.

Ich habe schon ähnliche und schlimmere Bedingungen erlebt und gesehen, wie stärkere Männer angesichts von Kälte, Wind, Höhe und der daraus resultierenden geistigen Belastung aufgegeben haben. Aber ich persönlich kann auch das Schlimmste so akzeptieren, wie es kommt. Weder ärgert es mich, noch frustriert es mich so sehr, dass ich davonlaufen möchte. Insgeheim genieße ich solche Situationen, denn das Bewältigen solcher Herausforderungen macht mich stärker. In einem Team helfen Zusammenhalt, gesunder Menschenverstand und Zuversicht. Einer folgte dem anderen und erkletterte mit Mühe eine Felsbank am Flussufer. Wir biwakierten in Burtse, noch immer auf einer Höhe von 4750 Metern.

Am nächsten Tag hatte es um 8.30 Uhr morgens –26 °C, obwohl kein Wind wehte und die Sonne schien. Wir begrüßten den Tag mit Freude. Zum ersten Mal seit unserer Ankunft in Daulat Beg Oldi war der Himmel klar, und die Helligkeit schmerzte in den Augen. Wir konnten nicht so früh starten wie geplant, da Kumars Skistiefel für seine angeschwollenen Füße inzwischen zu klein waren. Ich sah, dass seine Zehen sich dunkelblau verfärbt hatten, was sofort das Schreckgespenst einer Erfrierung heraufbeschwor. Er würde nur in seine Stiefel hineinkommen, wenn er auf ein Paar Socken verzichtete, und das war nicht ratsam. Zwei andere aus der Mannschaft klagten über starke Kopfschmerzen. Als ich nach ihnen sehen wollte, bemerkte ich, dass ich selbst Schwierigkeiten mit dem Gehen hatte. Die Untersuchung ergab, dass mein Knie geschwollen war. Drei Tage waren seit unserem Aufbruch vergangen, und ich hatte schon etliche Patienten am Hals – einer davon war ich selbst.

In diesem Augenblick wurde ich auf zwei Hubschrauber aufmerksam, die am Himmel schwebten. Sie brachten Sagar Rai und Blon in Sicherheit. Wir sprachen ein Gebet für ihre Gesundheit und ihr Wohlergehen. Mit einem Mal änderten sie die Richtung, wendeten und kamen in niedriger Höhe herangeflogen. Dann gingen sie plötzlich tiefer, und ich sah, wie die Besatzung aufmunternd lächelte und die Daumen hochstreckte. Dann zogen die beiden Hubschrauber wieder hoch und verschwanden in der Ferne. Als ich weiterging, schmerzte mein Knie nicht mehr.

Meine Gedanken kreisten den ganzen Tag um Sagar Rai und Blon. Als ich einmal während der Mittagsrast mit Kumar darüber sprach, verstand er zwar meine Sorge um sie, meinte aber, damit sei doch niemandem geholfen. »Vergiss die Vergangenheit und konzentriere dich auf die Zukunft«, riet er mir, aber das war leichter gesagt als getan. Wir redeten noch eine Weile, und bevor wir wieder aufbrachen, hatte er noch bemerkt, ich solle doch versuchen, aus der Stille um uns herum auch inneren Frieden zu schöpfen.

Aber für mich ging es nicht um Frieden und Stille. Auch nicht um Menschen und ihr Leben, wie sie mit der Wildnis umgehen und zurechtkommen oder wie sie überleben. Für mich ging es einfach darum, mit der Natur leben zu lernen, selbst wenn sie sich von ihrer unfreundlichsten Seite zeigt. Wenn ein Mensch weiß, wie er mit seiner Umgebung leben soll, braucht er keinen Führer. Dann ist er selbst ein Führer.

Der Pfad führte in eine enge Schlucht hinein und über den Quazi Langar, auf dessen Eisdecke zwei Zentimeter hoch Pulverschnee lag. Die Berge waren aus Quarzkalkstein, und die weiter oben gelegenen Hänge mit ihren vielen Höhlen sahen aus wie pockennarbig, während sich in Vertiefungen ihrer Ausläufer kleine Gletscher gebildet hatten. Die letzten sechs oder acht Kilometer hatten wir uns zwischen riesigen Felsblöcken bewegt, die das Tal blockierten. Im Sommer stand das Flüsschen wohl bis gut über Kopfhöhe, da an den Felsen Wassermarken zu sehen waren.

Wir versuchten, unsere Schmerzen zu vergessen und uns schnell zu bewegen, um warm zu bleiben, aber es gelang uns nicht. Unterwegs hatte niemand die Kraft, sich zu unterhalten. Unsere kurzen Ruhepausen zu Mittag, bei denen wir Kekse mit kaltem Saft oder Schneewasser hinunterspülten, sprachen als Einziges dafür, dass alles in Ordnung war, wenn auch nicht ganz so, wie wir es uns wünschten. Das Gebiet um Daulat Beg Oldi und den Depsang La war zweifellos die unwirtlichste Gegend auf unserer gesamten Route; sie dürfte zu den trostlosesten auf der ganzen Welt zählen. Hier gab es weder Menschen noch Tiere; es war eine zu Eis erstarrte Landschaft. Das Tal wurde immer enger, bis wir schließlich Murgo erreichten, wo der Quazi Langar unterhalb des Lagerplatzes Sultan Chushku in den Shyok fließt.

Von Murgo aus führte der Weg über eine 4500 Meter hohe, terrassenartig ansteigende Ebene. Dort wuschen wir uns im Wasser einer warmen Quelle das Gesicht. Eine Legende besagt, dass hier einmal eine Schlacht zwischen Mongolen und Ladakhis stattfand und die Krieger aus Ladakh die Mongolen über den Depsang La zurücktrieben. Bei dieser Schlacht wurde so viel Blut vergossen, dass sich selbst die Berge rot färbten. Als die Kämpfe vorüber und die Krieger nach Murgo zurückgekehrt waren, wollten sie sich das Blut von den Händen waschen. Und so jagte der Anführer seinen Pfeil in die Flanke des Berges, und warmes Wasser sprudelte hervor.

Auf der Anhöhe sind noch die Reste einer Brustwehr zu sehen. »Sie verläuft … quer über den Hang und endet am Rand eines steil zum Fluss abfallenden Felsens. Errichtet wurde sie … vor etwa vierhundert Jahren vom *Bhot Khalon* oder ›Statthalter‹ von Nubra … als Schutzwall gegen Eindringlinge aus Tibet. Ein halbes Jahrhundert später wurde die Festungsanlage jedoch von seinem Nachfolger Sultan Said erstürmt und niedergerissen.«[3]

An dieser Stelle zweigt eine Schlucht nach Westen ab, der wir etwa fünf Kilometer folgten, bis wir Chongtash (»großer Stein«) erreichten, eine flache Senke mit einem großen Findling (einem Felsbrocken, den ein Gletscher zurückgelassen hat) auf der Passhöhe. Die Kälte hatte uns viel Kraft gekostet, deshalb planten wir einen Rasttag ein, um unsere Blasen und erfrorenen Zehen zu behandeln. Es war ein langer Weg über das »Dach der Welt« gewesen, doch nun, selbst auf 4800 Meter Höhe bei einer Temperatur von −18°C, fühlte ich mich wohl, als wäre wieder Leben in meinen Körper zurückgekehrt. Die Leute begannen sich miteinander zu unterhalten, und ich war froh, dass ich mich für eine Rast entschieden hatte. Ich fühlte mich wie an einem Freitagabend nach einer anstrengenden Arbeitswoche, und mir ging der angenehme Gedanke durch den Kopf, dass ich doch ausschlafen könnte, bis die Sonne hoch am Himmel stand.

Wir nutzten die Zeit auch für die weitere Routenplanung. Unser Erlebnis am Karakorum-Pass hatte wieder einmal gezeigt, dass man es damit sehr

3 H.W. Bellew, *Kashmir and Kashgar,* S. 407

genau nehmen sollte. Ich ging alles Punkt für Punkt durch und konzentrierte mich vor allem auf die Strecke bis zu unserer nächsten Proviantstation in Tangtse, ungefähr fünfzehn Tagesmärsche entfernt den Shyok entlang. Wir rechneten damit, dass der Fluss größtenteils zugefroren war, waren uns aber auch der Gefahr bewusst, dass die Eisdecke in der Nähe des Dorfes Shyok möglicherweise nicht dick genug sein würde, um unser Gewicht zu tragen, und dass wir dort zur Überquerung des Shyok Maultiere benötigen könnten.

In welche Zwickmühle einen diese Tiere bringen, kann nur jemand nachvollziehen, der schon einmal mit Mulis unterwegs war. Ein Armee-Maultier vertilgt pro Tag 7,7 Kilogramm Futter (Hülsenfrüchte, Gerste, Salz, Heu, Leinsamen und Mineralstoffe). Da es nicht mehr als 50 Kilogramm trägt – das entspricht Futter für sechseinhalb Tage –, ist es für Strecken von mehr als sechs Tagen nicht geeignet. Also braucht man zusätzliche Mulis, um das restliche Futter zu tragen. Um das Futter für die zusätzlichen Maultiere zu transportieren, benötigt man wiederum zusätzliche Mulis und so weiter, bis einem die Tinte und die Geduld ausgehen. Deshalb beschäftigten wir uns gar nicht erst ernsthaft mit dieser Alternative, sondern entschieden uns, die Strecke in der halben Zeit zurückzulegen und uns zur Überquerung des Shyok in Tangtse Hilfe zu holen, falls es nötig sein sollte.

Für uns selbst hatten wir nichts Besonderes dabei: Reis, Mehl, Linsen, die man unter Druck garen musste, und Instant-Nudeln. Gefriergetrocknete Lebensmittel werden in Indien leider nicht verkauft. Die beste Alternative waren »vorgekochte« Produkte. Allerdings waren sie weder leicht, da der Wassergehalt unverändert blieb, noch bot die Tatsache, dass sie vorgekocht waren, irgendwelche Vorteile, denn sie waren steinhart gefroren, und es dauerte eine Ewigkeit, sie zu erhitzen.

Im Laufe des Tages schichteten wir unser Gepäck um, aber es wog immer noch zu viel – für Männer wie Maultiere. In dem Irrglauben, dann besser laufen zu können, begann Kumar die Blasen an seinen Zehen zu reinigen, legte schließlich über dem alten Verband einen neuen an und stellte am Ende fest, dass ein Fuß größer war als der andere.

Am Abend ging ich zu dem großen Stein, der Chongtash seinen Namen gab, ein schrecklich öder Ort, dessen Trostlosigkeit durch Hinterlassenschaften der Armee wie herumliegende Benzinkanister, zerfetzte Fallschirme und verrostete Konservendosen noch verstärkt wird. Im Sommer wirbelt Schmelzwasser durch diesen Müll und verfärbt sich vom Rost rötlich, wie die Berge rundherum. Dann fließt es in den Shyok, was vielleicht die Menschen wissen, die hier leben, aber sicher nicht die, die unten in der Ebene sein Wasser trinken.

Verantwortlich für die größten Müllhalden im Himalaya sind nicht die Bergsteiger, die auf den Mount Everest wollen, und auch nicht die Pilger auf dem Weg ins Gangotri-Tal, sondern die auf seiner ganzen Länge stationierten Truppen der Armee. Dabei ist ihr heutiges Ausmaß weniger besorgniserregend als die Tatsache, dass sie in jedem Fall wachsen werden. Es gibt bislang keine konkreten Pläne, zumindest nicht bei der indischen Armee, wie dieser Müll weggeschafft und entsorgt werden kann. Für die Armee ist der Himalaya ein Müllabladeplatz, ein Schlachtfeld und eine Barriere gegen den Monsun und gegen den Feind. Mehr nicht.

Auch ich habe in der Armee gedient und mein Teil zu dieser Umweltverschmutzung beigetragen, selbst wenn es sich in Grenzen hielt. In den ersten Jahren war ich mir der schädlichen Folgen ebenso wenig bewusst wie die meisten jungen Offiziere. Wir dachten uns nichts dabei, wenn wir bei den Grenzposten Berge von Dosen hinterließen, mehr als die Bergsteiger am Südsattel des Mount Everest. Wir nahmen uns, was wir brauchten, und den Rest ließen wir liegen. Die Armee hält es für unsinnig, leere Konservendosen und Benzinkanister, Plastik- und Metallschrott, Fallschirme und andere Dinge, die nicht mehr benötigt werden, wieder mitzunehmen. Ihr Müll verrottet in den Bergen und verursacht damit die größte Umweltverschmutzung im gesamten Himalaya.

Dieses Problem macht mir große Sorgen, aber ich denke, es ist noch Zeit, sich der Fehler der Vergangenheit bewusst zu werden und zu versuchen, korrigierend einzugreifen. Als Erstes müssen wir Wege finden, um den Müll aus allen Armeeposten zu entfernen, und dann müssen wir ein Konzept entwickeln, wie wir dieser Unsitte ein Ende machen können. Dazu gehört unter anderem, biologisch abbaubare Verpackung zu verwenden und Vorschriften für die Beseitigung von Müll zu erlassen. Natürlich sind

die Geldmittel für solche Aufgaben begrenzt, aber wir dürfen nicht einfach die Flinte ins Korn werfen. Wir müssen die Budgets neu gewichten und in globalem Maßstab denken, um unsere Erde zu retten.
Doch der Ort weckte in mir auch schöne Erinnerungen, denn ich war im Zuge der *Trans-Himalaya-Expedition* schon einmal hier gewesen. Und im Augenblick bot der Himmel ein grandioses Farbenspiel aus Purpur, Orange und Gold, ein wundervoller Hintergrund für die zahlreichen Felsen aus rotem Tongestein, die im Abendlicht wie brennende Grabkerzen wirkten.
Auf dem Rückweg sah ich einen Schwarm Schneefinken mit hellbraunem Gefieder und einem schwarzen Ring um den Hals. Sie plusterten sich zu kleinen Federbällchen auf, um sich vor der Kälte zu schützen, und hüpften unablässig auf dem gefrorenen Boden herum.

Das Shyok-Tal, die »Mausefalle«

Nach dem Rasttag, an dem wir uns ausgezeichnet erholt hatten, verließen wir Chongtash in heiterer Stimmung. Die gute Laune hielt jedoch nicht lange an, denn bald sahen wir uns von steilen, nun schokoladenbraunen Felswänden umgeben.
Einer der Reiseführer spricht von den »senkrechten Bergwänden im zentralen Karakorum«. Die Täler sind eng, mit tatsächlich senkrecht ansteigenden Wänden zu beiden Seiten, und der Himmel ist nur ein schmaler Spalt weit oben. Ihn decken graue Wolken zu und machen das Tal noch dunkler, als wollten sie den einzigen Eingang zur »Mausefalle« schließen. Alle waren bedrückt und niedergeschlagen, und es gelang mir nicht, sie aufzumuntern. Ich bin überzeugt, dass es zwischen Licht und psychisch-geistiger Verfassung einen direkten Zusammenhang gibt. Da muss man sich schon fragen, wie viel Klarheit im Kopf eines Menschen herrschen kann, der in ständiger Dunkelheit lebt.
Obwohl ich mich gut zurechtfand – dank Karte, Kompass, GPS und meiner eigenen Kenntnis der Region –, saß tief in mir eine Angst, dass wir uns verirren könnten. Das Wissen um den Stand der Sonne am Himmel ist offenbar ein derart starker menschlicher Instinkt, dass man ohne sie

orientierungslos wird. Ich glaube, das hat etwas mit dem Gehirn zu tun, dessen Kompass erst zu funktionieren beginnt, wenn es die Richtung kennt.

Wir warteten, bis Kumar und seine Gruppe aufgeholt hatten. Anfangs hatten wir überlegt, ob wir uns per Walkie-Talkie verständigen sollten, aber das schien nicht nötig zu sein. Nach ein paar Tagen lief alles wie bei einem gut geschmierten Zug, der ständig in Bewegung ist. An schlechten Tagen blieb die Mannschaft nahe beieinander, an guten Tagen zerstreute sie sich ein wenig. Manche blieben unterwegs hin und wieder stehen, um einen besonderen Ausblick zu genießen, ein Foto zu machen (wie Kumar), ein Gedicht zu verfassen (wie Angchuk), ein Lied zu schreiben (wie Gurung) oder einfach nur, um sich auszuruhen und nachzudenken (wie ich).

Am späten Nachmittag erreichten wir das Ende der Schlucht, wo eine von Norden kommende, aus den warmen Quellen entlang der Route gespeiste Bachrinne den Weg versperrte. Unterhalb des Lagerplatzes Sultan Chushku war sie sieben Meter breit und das knietiefe Wasser eiskalt. Gurung hatte seine Stiefel am Rucksack festgebunden, sich mit bloßen Füßen hinüber gewagt und schrie jetzt auf der anderen Seite vor Schmerzen. Es war ein Bild für die Götter, wie er mit Armen und Beinen wild um sich schlug und den Oberkörper hin und her wiegte, als führe er Shivas kosmischen Tanz auf.

Kumar und ich tauschten einen kurzen Blick und waren uns einig, dass wir unsere Stiefel anbehalten und versuchen würden, die Bachrinne mit ein paar langen Schritten zu durchqueren. Wir hofften, auf die andere Seite zu gelangen, ehe unsere Stiefel vollkommen durchnässt waren. Also banden wir unsere Gamaschen fest zu und gingen los, aber schon auf halbem Weg hatte das eisige Wasser unsere Füße erreicht und sie zu gefühllosen Klumpen erstarren lassen.

Im Lager hängten wir unsere Socken an einer Schnur im Küchenzelt auf. Uns fiel gar nicht auf, welchen Duft sie verbreiteten. Als wir hungrig unseren Eintopf schlürften, witzelte Gurung, es sei bestimmt das Aroma unserer Socken, das ihn heute so besonders schmackhaft mache. In diesem Augenblick fiel ein Socken in sein Essgeschirr. Wir brachen in Lachen aus, und Pun spöttelte: »Deine Portion schmeckt bestimmt am besten.« Gurung wedelte ein bisschen mit dem Socken herum, damit er sauber wurde, hängte ihn auf und widmete sich wieder seinem Eintopf, wobei er sich genüsslich die Lippen leckte.

Als ich kurz aus dem Zelt blinzelte, sah ich die Schneekristalle in der Morgensonne glitzern. Daraufhin streckte ich meinen Kopf etwas weiter hinaus, um den schönen Anblick zu genießen, zog mich aber sofort wieder zurück, machte den Reißverschluss des Zeltes zu und rieb mir die Nase.

»Wie ist das Wetter?«, wollte Kumar wissen.

»Gut, aber der scharfe Wind reißt dir den Kopf ab.«

»Ich dachte, du magst Wind«, bemerkte er grinsend und drehte sich in seinem Schlafsack um, als wollte er eine Siesta halten.

»Schon, aber in Maßen«, korrigierte ich ihn.

Ich mag Wind, kalten frischen Wind. Er sensibilisiert mich und macht mir meinen Körper bewusst. Er stimuliert sogar die Wurzeln meiner Haare, öffnet jede Pore meiner Haut. Ich werde davon angeregt, impulsiv, ausgelassen. Kumar hasst Wind. Er mag Stille und Ruhe, was seinen friedfertigen, ausgeglichenen Charakter widerspiegelt. Und beide neiden wie auch verargen wir dem anderen seine Empfindlichkeiten und Stärken.

Beim Frühstück war uns immer noch flau im Magen. »Ich fühle mich wie eine Schwangere, der morgens immer übel ist«, bemerkte Gurung lachend und fügte hinzu, dass er bei nächster Gelegenheit unbedingt zum Arzt müsse. Alles schmeckte nach Chinin. Ich trank ein wenig Tee, aß ein paar Cornflakes und packte dann eilig unser Zelt zusammen, ehe mir jemand vorwerfen konnte, es sei unmenschlich, unter solchen Bedingungen aufzubrechen.

Zum nächsten Pass, dem Kataklik La, ging es nicht weit hinauf. Es war eher eine rundliche Kuppe, ein Spaziergang für uns. Ladakh ist das »Land der Pässe«; die Täler sind nicht tief und die Pässe nicht hoch, obwohl sie zwischen 5500 und 6000 Metern liegen.

In eineinhalb Stunden waren wir oben und genossen eine atemberaubende Aussicht. Gebetsfahnen flatterten im Wind, vor uns öffnete sich ein weites Tal. Eine Bergkette im Süden war ganz in Dunkelheit gehüllt, ihre

Hänge verweigerten sich dem Licht der Sonne. Die Südhänge eines anderen Massivs im Norden hingegen glühten in allen Schattierungen von Braun, Rost, Bronze, Grün und Schwarz, durchzogen von unzähligen Spalten mit Gletschereis. Unten im Tal, hingebreitet wie blütenweißes Leinen, lag der Shyok in all seiner Schönheit.
Ich stand da, in stummer Ehrfurcht vor der Natur versunken, und in meinem Kopf gab es keine unsinnigen oder widersprüchlichen Gedanken mehr. Jedes Menschen Seele hat die Fähigkeit, glaube ich, einen Zugang zur Natur zu finden und zu einem neuen Bewusstsein zu gelangen. Verwirrung und Zweifel schwinden, an ihre Stelle treten Freiheit und Weisheit.
Dieses Erlebnis versetzte uns alle in gute Stimmung. Als wären sie von einer großen Sorgenlast befreit, schossen Gurung, Pun, Angchuk und Shanti munter den Abhang hinunter bis zu einem breiten, einen Meter tief gefrorenen Fluss und fuhren nur zum Spaß auf ihm herum. Seine Oberfläche war milchig weiß und spiegelglatt wie bei einer Kunsteisbahn. Kumar und ich blieben zurück, um die anderen bei ihrem sportlichen Vergnügen zu fotografieren.
Kurz darauf schlug Kumar vor, dass wir uns doch Schlitten machen könnten, und auf diesen Vorschlag hatte ich schon gewartet. In Delhi hatte ich allen Leuten, die bezweifelten, dass wir in Ladakh auf Skiern vorankommen würden, immer mit der Bemerkung gekontert: »Wir werden unser Gepäck auf Schlitten ziehen, wie die Antarktisforscher.« Früher hatte Kumar sich über diese Idee immer lustig gemacht, aber ich wusste aus Erfahrung, dass sich zugefrorene Flüsse am besten mit Schlitten bewältigen lassen. Auch der Rest der Mannschaft war zuerst nicht sonderlich begeistert gewesen, aber als sie von den Bergen bei Leh den eisbedeckten Indus in der Nachmittagssonne hatten glänzen sehen, waren sie sofort in die Armee-Werkstatt gelaufen, damit die Halterungen bis zum nächsten Tag fertig waren. Unsere improvisierten Gefährte nannten wir »Skoddy«.
Ein Skoddy besteht aus gewöhnlichen Skiern, an denen Skistöcke befestigt werden, so dass die Skier genau parallel laufen und auf ihnen ausreichend Platz für Lasten ist, die sich dann mühelos ziehen lassen. Jeder

Skoddy besteht aus drei Skiern und sechs Skistöcken, die durch Halterungen und Schlaufen zusammengehalten werden. Für uns sechs bauten wir zwei Skoddys. Das eine Skoddy-Team nannten wir die »Huskys« – zu Ehren der kanadischen Schlittenhunde, die beim Iditarod-Rennen laufen – und das andere die »Mastiffs« nach der Rasse, zu der mein Hund Druk gehört, den ich von der *Trans-Himalaya-Expedition* mitgebracht hatte.
Ich schloss mich den Mastiffs an, denn so fühlte ich mich meinem Freund im Geiste näher. Zu meinem Team gehörten außerdem Angchuk und Shanti. Kumar, Gurung und Pun bildeten die Husky-Gruppe. Wir waren im wahrsten Sinn des Wortes erleichtert, dass wir die Rucksäcke nicht mehr tragen mussten, sondern sie nun auf unseren Skoddys, die jeweils um die 90 Kilogramm wogen, ziehen konnten.
Wer glaubt, dass ein durchschnittlicher Mann nicht stark genug ist, um einen Schlitten zu ziehen, sollte es am besten selbst einmal probieren. Dann wird er sehen, welche Kräfte er unter außergewöhnlichen Umständen mobilisieren kann.
Kann man sich den Transport von Lasten im Hochland Asiens noch leichter machen? Obwohl wir uns auf der bisher niedrigsten Höhe befanden, hatten wir uns in den letzten beiden Wochen immer auf mindestens 4000 Metern bewegt. Nun verloren wir jeden Tag 400 bis 500 Meter an Höhe, an Körpergewicht jedoch noch viel schneller.
Shanti blieb oft stehen, um tief Luft zu holen, während Angchuk keuchend weiterzog und ständig das Eis im Blick behielt, um eventuelle Spalten frühzeitig zu erkennen. Eine einzige Unaufmerksamkeit, und wir würden samt unserem Skoddy hineinstürzen und wären tot, ehe wir nur an Rettung denken konnten. Wir gingen immer mit seitwärts ausgestreckten Armen, wenn wir mit unserem Schlitten hintendrein über die Eisfläche rutschten, um uns zu stabilisieren.
An jenem Tag biwakierten wir am Ufer des breiten Flussbettes. Das Tal des Shyok wird auf beiden Seiten von hohen Bergen eingeschlossen, und das bedeutet, dass man nur am Ein- und Ausgang hineingelangt. Die möglichen Routen sind ausnahmslos schwierig. Gegenüber von unserem Lagerplatz mündete der Galwan Nullah in den Shyok. Der Name Galwan

Nullah leitet sich von Gulam Rasool Galwan her, einem Karawanenführer aus Leh, der viele Karawanen auf dieser Route geführt hat, unter anderem auch die von Sir Francis Younghusband.

Kumar und ich saßen da und blickten in die enge Schlucht hinunter, während Angchuk auf dem Kocher den Tee bereitete, das einzig Warme, das wir an diesem Tag zu uns nahmen. Ich hielt den Becher mit bloßen Händen umschlossen und rieb damit an meinem Bart und den Augenbrauen, damit sich die Eiskruste löste, mit dem Ergebnis, dass etliche Bröckchen in meinem Tee landeten.

Kumar ging in sein Zelt zurück, um seine Zehen zu versorgen. Ich begann geistesabwesend an einem Ding aus Metall herumzukratzen, das im Fels steckte. Als mir bewusst wurde, dass es nichts Natürliches sein konnte, nahm ich mein Schweizer Armeemesser, grub es aus und hielt zu meiner Überraschung eine Gewehrkugel chinesischer Herkunft in der Hand – eine Erinnerung an die tapferen indischen Soldaten, die im Jahr 1962 hier kämpften.

Die Schlucht des Galwan Nullah ist eine schwierige Route in das Aksai Chin, das jenseits der nächsten Gebirgskette liegt. Als die indische Armee herausfand, dass China eine Straße durch das Aksai Chin gebaut hatte, entschloss sie sich zu einer Art Vorwärtsverteidigung und begann sofort damit, entlang der indisch-chinesischen Grenze kleine Polizeiposten einzurichten. Es waren jedoch nur »Flaggenposten«, isoliert, schlecht ausgestattet und keineswegs in der Lage, einem richtigen militärischen Angriff standzuhalten. Eigentlich ging es der indischen Regierung mit dieser Maßnahme mehr darum, ihr Gesicht zu wahren und boshaften Anspielungen aus dem In- und Ausland etwas entgegenzusetzen.

Auf diese Weise wurde eine in der Schlucht des Galwan Nullah vollkommen isolierte Kompanieabteilung am 6. Juli 1962 zu einem der 43 neuen Polizeiposten ernannt. Vier Tage später hatten die Chinesen sie eingekreist. Man verstärkte den Posten mit zwei weiteren Kompanien, aber ansonsten blieben die Soldaten in der weiten Wildnis des Karakorum auf sich allein gestellt. Doch die tapferen Männer hielten den Feind vier Monate lang in Schach, obwohl sie nur Gewehre aus dem Zweiten Weltkrieg hatten und in der extremen Kälte mit Schuhen herumlaufen mussten, die vielleicht für die Tropen geeignet gewesen wären, aber nicht für das höchstgelegene Schlachtfeld der Welt.

Als ich aufwachte, waren meine Füße eiskalt, deshalb massierte, kratzte, rieb und tätschelte ich an ihnen herum, um sie wieder zum Leben zu erwecken. Kumars Zehen ging es inzwischen besser, aber er meinte auch, diese Nacht sei ungewöhnlich kalt gewesen. Er hatte seine Schuhe zum Schlafen unter den Kopf gelegt, ebenso wie ich, allerdings in eine Daunenjacke eingewickelt. Ich hatte wegen des zusätzlichen Gewichts keine Daunenjacke mitgenommen, und das sollte ich noch oft bereuen.

Die Huskys machten unterwegs häufig Halt und untersuchten ihren selbst gebauten Schlitten, kamen aber nicht dahinter, warum er sich so schwer ziehen ließ. »Meine Schultern brennen von den Zugriemen und die Füße, weil die Blasen aufplatzen«, stöhnte Gurung und verzog das Gesicht. Bei mir brannten Nase und Kinn, die von dem Schnee und Sand, den uns der Wind ständig entgegenblies, ganz wund waren.

Gurung presste mit gequältem Blick seine aufgesprungenen, geschwollenen Lippen zusammen und leckte das Blut ab, woraufhin Kumar ihn »Vampir« nannte. Gurung schlüpfte sofort in die Rolle des Dracula und rief mit kreischender Stimme ins Tal hinunter: »Ich bin ein Vampir, ich bin ein Vampir.«

Wir zogen weiter mit unseren Schlitten, den Körper im scharfen Gegenwind in einem Winkel von vielleicht 30 Grad geneigt. Alle vier Stunden legten wir eine kleine Pause ein und tankten mit einem Stück Schokolade, etwas Trockenobst, Nüssen oder einfach nur ein paar langen Atemzügen neue Energie.

Ich dachte, dass dieser Wind uns Geduld lehren wollte. Wir mussten es gelassen hinnehmen lernen, dass er uns den ganzen Tag ins Gesicht blies, auch wenn jeder Windstoß sich wie ein Schlag gegen die Brust anfühlte und der Schnee und Sand, den er mittrug, wie tausend Nadeln stach.

Gegen Abend tauchte über den Wolken im Westen das Saser-Muztagh-Massiv auf. Daneben zogen sich tiefe Gletschertäler entlang, die an vielen Stellen eingedämmt waren. Hier hat ein Dammbruch katastrophale Folgen.

Oberst Godwin-Austen, der im Jahr 1860 als Landvermesser bei der britischen Armee mit der Kartierung des Karakorum betraut war, vernahm an einem sonnigen Nachmittag »ein eigentümliches Grollen«, wie er schreibt. »Jemand schrie ›das Wasser kommt‹, und Sekunden später wälzte sich aus einer Seitenschlucht eine schwarze Masse hervor und donnerte wie ein Expresszug in den mit Geröll übersäten Talgrund hinein. In einer Wand aus Schlamm und Steinen von 30 Yards [27 Meter] Breite und fünf Yards [4,6 Meter] Tiefe purzelten Felsbrocken von zehn Fuß [drei Meter] Höhe vorbei ›wie Erbsen, die man aus einem Beutel schüttet‹. Es war ein *shwa*, ein von der sich vorwärts schiebenden Gletscherzunge monatelang aufgestauter Bach, der sich plötzlich Bahn gebrochen hatte. Das Phänomen tritt im Karakorum recht häufig auf.«[4]

Wir parkten unsere Schlitten in sicherer Entfernung von jedem Wasserlauf, damit sie nicht von einem plötzlichen Sturzbach weggerissen wurden, und für unser Biwak wählten wir eine kleine Anhöhe. Während Kumar und ich das Zelt aufstellten, das wir uns teilten, begann sich der Himmel zuzuziehen. Wir hatten ein Arrangement entwickelt, das beiden sowohl Privatsphäre wie genügend Raum gestattete. Kumar hielt sich am frühen Abend im Zelt auf, denn er brauchte Zeit und Platz, um seine schmerzenden Zehen zu behandeln, und ich arbeitete inzwischen in der Küche oder wartete draußen auf den Sonnenuntergang, um ein Foto zu machen, oder unterhielt mich mit dem Wind, oder setzte mich in eine Felshöhle, wo ich vor der Kälte geschützt war. Dafür verließ Kumar das Zelt am frühen Morgen, denn nun war er mit der Küchenarbeit an der Reihe, und ich konnte noch ein wenig dösen. Da er das Frühstück mitbrachte, konnte ich es ganz gemütlich im Zelt zu mir nehmen.

Als wir aufwachten, wirkte das Tal wie frisch getüncht, denn es hatte in der Nacht geschneit. Mir fehlten die reizvollen Farben der Felsen. Es ging ein leichter Wind. Der trockene Schnee löste sich ganz leicht von den Zelten, als wir sie zu Würsten zusammenrollten und in unsere Rucksäcke stopften. Kumar brachte unser Frühstück, eine Art Milchreis, mit kaltem Schneewasser zubereitet. Nicht unbedingt meine Lieblingsspeise,

4 John Keay, *When Men and Mountains Meet*, S. 196

aber Kumar meinte, ich müsse auf jeden Fall etwas essen, ehe wir loszogen.

»Es schmeckt nach nichts«, sagte ich, aber er blieb stur, denn wir hatten uns für diesen Tag viel vorgenommen. Die große Höhe wirkte sich noch immer auf meinen Appetit aus, wenn nicht sogar auf meinen Kopf. Ich würgte den Brei mit ein paar Schlucken Tee hinunter. Kumar leerte seinen Becher bis zum letzten Tropfen. Ich beneidete ihn um seinen Heroismus: Offenbar schmeckte ihm diese Speise ebenso wenig wie mir, vielleicht sogar noch weniger, aber er konnte sie trotzdem essen. Ich nicht. Ich fühlte mich in eine kulinarische Hölle versetzt.

Bald nachdem wir aufgebrochen waren, wurde der Himmel über uns dunkel. Es schneite den ganzen Tag, und die Sonne hielt sich hinter den Wolken versteckt. Die Sicht war schlecht. Mal wurde der Wind stärker und blies uns den Schnee ins Gesicht, mal flaute er ab. Als ich stehen blieb, um den Raureif von meiner Skibrille zu kratzen, bemerkte ich einen goldenen Schimmer im Osten. Er blieb dort fast den ganzen Tag und schien mit der Zeit irgendwie in mich einzudringen, denn am Abend fühlte ich mich innerlich richtig warm und trocken.

Jenseits des Flusses erkannten wir in den letzten Strahlen der Sonne die Reste eines Gebäudes, eines ehemaligen Stützpunkts, wie ich vermutete, vielleicht aus der gleichen Zeit wie die zentralasiatische Handelsroute. Einstmals wohl eine große Hütte mit Wänden aus Lehm und Steinen, hatte sich die Erde nun fast alles wiedergeholt. Es war kein einziger Balken mehr übrig und alles so verfallen, dass man den ursprünglichen Zweck nicht mehr feststellen konnte. Daneben waren noch die Umrisse eines Feldes zu erkennen, auf dem vielleicht einmal jemand ausgesät hat, aber nicht einmal mehr jäten konnte, weil selbst im Sommer eine schreckliche Kälte dieses Tal beherrscht. Es erzählte die Geschichte der Menschen von früher, die allen Widrigkeiten zum Trotz diesem kargen Land etwas Essbares abzuringen versuchten. Bei näherem Hinsehen erkannte man noch einen inzwischen trockenen Graben zur Bewässerung. Er gab diesem Ort seinen Namen, Yargulak, das bedeutet »Wassergraben«.

Im Jahr 1864 war William Johnson während der Durchquerung des Karakorum auf »ein vorgeschobenes Fort gleich jenseits des Passes an einem

Ort namens Shahidulla« gestoßen.[5] Errichtet hatte es der damalige Maharadjah von Kashmir, Ranbir Singh, der, wie man wusste, Pläne von den Städten jenseits der Berge verwahrte. Yargulak dürfte daher als Etappenposten für die weitab vom Königreich gelegene Garnison von Shahidulla gedient haben.

Mit der Aufgabe des Postens trocknete auch der Wassergraben mit der Zeit aus. Wo immer die Menschen sich niederzulassen versuchten, es war stets ein Kampf ums Überleben, im Karakorum wie in Zentralasien. Die Gletscher, die die Wasserläufe im Karakorum und Himalaya speisen, gehen immer mehr zurück, so dass auch die Flüsse und Bäche immer weniger Wasser führen. Wo die Bewässerungssysteme vernachlässigt wurden, aus welchem Grund auch immer, setzte sich der im Karakorum allgegenwärtige Sand durch – ein Prozess, der bereits am Ende der letzten Eiszeit begann.

Gurung hatte ein wenig Treibholz gefunden und damit in einem Einschnitt zwischen den Felsen ein kleines Feuer zustande gebracht, an dem wir nun dicht nebeneinander kauerten. Der Wind fachte die Flammen an und wirbelte Sand in die Luft; der Rauch zog in den Himmel ab, der Sand fiel zurück auf die Erde und in unsere Becher mit Tee. Es war aussichtlos, das verhindern zu wollen, ebenso wie alle Versuche, unsere erstarrten Glieder aufzutauen, ohne dass die Kleidung in Brand geriet. Nebenan flatterte eines unserer Zelte im Wind, ein so vertrautes und beruhigendes Geräusch, dass wir einschliefen, obwohl wir gerade das Abendessen zubereiteten.

Die Eisdecke auf dem Shyok zeigte erste Risse, was uns sehr beunruhigte. Angchuk ging als Kundschafter voraus, ohne Skistöcke in den Händen, damit er uns Signale geben konnte, und wir anderen folgten ihm langsam. Schließlich stießen wir auf eine offene Rinne. Nachdem wir sie kurz untersucht hatten, stellten wir jedoch fest, dass uns nichts anderes übrig blieb, als die Schlitten hinüberzutragen, eine unangenehme Erinnerung an frühere Erlebnisse. An jenem Abend biwakierten wir in der Nähe eines Dickichts aus Sträuchern, die Char Bagh genannt werden. Es bot uns immerhin ein wenig Schutz vor dem Wind.

5 John Keay, *When Men and Mountains Meet*, S. 202

Versteckt zwischen verkrüppelten Bäumen entdeckte ich ein paar Vögel. Ein denkwürdiges Ereignis, endlich wieder neuem Leben zu begegnen. Vierzehn Jahre zuvor, als ich im Zuge meiner *Trans-Himalaya-Expedition* durch dieses Tal gekommen war, hatte alles ganz anders ausgesehen. Damals tummelten sich im Shyok Schwärme von Forellen, die nach einem anstrengenden Marschtag eine leckere Mahlzeit lieferten. Manchmal schossen unsere Führer zur Abwechslung auch ein Kaninchen. Doch das war im April und Mai gewesen, wenn die Tage warm sind, Wetter und Wind wesentlich angenehmer. Jetzt lagen die Tiere im Winterschlaf, und es gab kein Leben im Fluss.

Als wir an jenem Abend vor den Zelten saßen, ein Stück von dem flackernden Feuer entfernt, schien Gurung in der Ferne etwas bemerkt zu haben, denn er sprang plötzlich auf und lief in die Richtung, in die er geblickt hatte. Ein paar Minuten später kam er mit einem leeren Benzinkanister zurück, den vielleicht eine Armeepatrouille 1962 zurückgelassen hatte. Er füllte sorgfältig Schnee hinein, stellte den Kanister aufs Feuer und wartete, bis Dampf aufstieg. Dann schüttete er etwas von der gelblichen Flüssigkeit in die hohlen Hände, wusch sich damit das Gesicht und die Haare. Allerdings hatte er den Wind vergessen, der seine nassen Haare sofort steif gefrieren ließ, so dass er aussah wie ein Punk mit fettigen Stacheln auf dem Kopf.

In der Nacht wurde ich mehrmals von einem Stöhnen geweckt, das aus dem Nachbarzelt kam. Als ich nachsehen ging, bestätigten sich meine Befürchtungen: »Mr. Tarzan«, wie wir Gurung inzwischen nannten, ging es schlecht. Kumar, den wir zum »Doktor« erkoren hatten, wurde benachrichtigt. Er drehte sich jedoch nur in seinem Schlafsack um und brummte: »Lasst seinen Kopf kurz aufkochen, dann ist er wieder in Ordnung«, und schlief sofort wieder ein.

Am Morgen jammerte Gurung, dass er einen Kater habe.

»Wohl zu viel getrunken?«, bemerkte ich.

»Ja, mit dem Kopf«, entgegnete Gurung und nieste. »Hast du etwas gegen Erkältung?«

»Das Gleiche wie du.«

»Ich weiß nicht, was ich alles habe«, erwiderte er schulterzuckend. Kumar hatte jedem eine Menge Medikamente in die Hand gedrückt, aber keiner wusste genau, wofür sie gut waren.

»Ich kann dir wirklich nicht helfen«, sagte ich bedauernd. »Das letzte Mal, als ich jemand ein Medikament gegeben habe, hat er mir hinterher gesagt, dass sein Kopf noch immer wehtut, aber sein Magen wieder in Ordnung ist ... Anscheinend habe ich ihm das Falsche gegeben, und ein besserer Arzt bin ich seitdem nicht geworden.« Als wir bereits am Aufbrechen waren, hatte Gurung den Inhalt seines Rucksacks vor sich auf den Boden geschüttet und suchte verzweifelt nach einer Aspirin.

Der Weg durch das Shyok-Tal erfordert Beobachtungsgabe und vorausschauende Planung. Vor allem ist zu überlegen, auf welcher Seite des Flusses man marschiert und, wenn möglich, an welcher Stelle man ihn überschreitet. Das Gelände war gut zu überblicken, wenn nicht die ganze Tagesstrecke, so doch der größte Teil. Wir hatten das Glück, dass der Fluss an den meisten Stellen, an denen wir ihn ohne fremde Hilfe überqueren konnten, zugefroren war. Als wir uns dem Changchenmo-Tal näherten, führte er jedoch schon so viel Wasser, dass wir eine Durchquerung nicht riskieren konnten.

Am nächsten Tag stießen wir auf immer mehr Bachrinnen. Wir wollten so schnell wie möglich aus dem Shyok-Tal heraus auf die weiten Schneefelder und zugefrorenen Flüsse des Changtang-Plateaus, aber es gibt keine Wege, die seitlich aus dem Shyok-Tal hinausführen. Die einzige andere jemals benutzte Route Richtung Yarkand und Kashgar verläuft durch das Changchenmo-Tal. Zwar ließ sich auf ihr der gefährliche Karakorum-Pass umgehen, aber es bedeutete, einen Großteil des Weges auf dem trostlosen, kargen Aksai-Chin-Plateau zurückzulegen.

Überreste der alten Handelsroute nach Zentralasien sind heute noch zu sehen. Sie verlief entlang des Shyok, ein abenteuerlicher Weg etwa drei bis sechs Meter über dem Fluss, manchmal dicht an rissigen Felsen entlang. Vor vielen Jahrhunderten verband sie Indien mit Zentralasien und wurde als die »höchste Handelsroute der Welt« bezeichnet.

Der Handel auf dieser Route war immer von der politischen Situation in der Region abhängig. Im Jahr 1862 breitete sich der Tungani-Aufstand bis zur westlichen Grenze aus, und 1866 beherrschte Yakub Beg den größten Teil Chinesisch-Turkestans. Nach dem Rückzug der Chinesen, die das Land gegen alle fremden Einflüsse abgeschottet hatten, machten sich nun die ersten Reisenden auf den Weg in die legendären Städte Kashgar und Yarkand. Aus Zentralasien kamen Händler mit Karawanen über die Pässe nach Indien, vor allem nach Kashmir, weil mit China keine Verbindung mehr bestand. Enorme Möglichkeiten schienen sich zu eröffnen, und die Regierung gewährte großzügige finanzielle Unterstützung, damit im November 1867 die Messe von Palampur stattfinden konnte, in der Hoffnung, dadurch den Handel mit Zentralasien zu fördern. Der Handel erfuhr tatsächlich einen ungeheuren Aufschwung und hätte noch eine enorme Entwicklung nehmen können, wären nicht die fünf schwierigen Pässe im Karakorum zu überwinden gewesen. Diese klassische Route stellte zwar eine direkte Verbindung dar, war jedoch frühestens Ende Mai begehbar und für den allgemeinen Verkehr zu gefährlich. Viele Lasttiere gingen auf dieser Strecke zugrunde.

Lange Jahre war Yarkand, die größte und reichste Stadt Ost-Turkestans, das »Eldorado Asiens«, das ersehnte Ziel der Himalaya-Reisenden. Allerdings gab es bis zu Beginn des Jahres 1868 nur Vermutungen über ihre genaue Lage, und die Angaben weichen um bis zu 300 Kilometer voneinander ab.

Dr. Henry Cayley erkundete eine Route durch das Changchenmo-Gebirge, doch eine Erleichterung brachte sie nicht. Auf dieser Route mussten die Reisenden den Pass Chang La statt den Khardung La überqueren, den Marsimik statt den Saser, den Changlung- statt den Karakorum-Pass. Noch dazu lagen diese Pässe höher als diejenigen auf der früheren Route und auch das Land zwischen ihnen. Im Jahr 1868 zog Robert Shaw, ein Teepflanzer aus Kangra (und Onkel von Sir Francis Younghusband), mit einer Handelskarawane auf der neuen Route nach Yarkand, im Gepäck hochgespannte Erwartungen hinsichtlich zukünftiger Geschäfte mit Zentralasien.

Die Route bot einen anderen Vorteil: Der Handel zwischen Britisch-Indien und Yarkand konnte über Kulu und Changchenmo abgewickelt werden, also ohne dass man mit den Zollbeamten des Maharadjah von Leh in Be-

rührung kam. Dieser Umstand war derart verlockend, dass man die Route 1870 zum »freien Handelsweg« erklärte und damit begann, Versorgungslager und Karawansereien zu errichten.
Der Changchenmo-Route folgte auch Sir Douglas Forsyth, als er sich im Jahr 1870 in diplomatischer Mission nach Yarkand begab, um freundschaftliche Beziehungen mit Yakub Beg zu knüpfen, allerdings ohne Erfolg, denn Yakub Beg war nicht in der Stadt. Drei Jahre später kehrte Forsyth zurück, dieses Mal mit einer weit größeren Gefolgschaft, und schloss mit Yakub Beg ein Abkommen, das die ungehinderte Einfuhr von Waren aus Indien gewährleistete und den Weg für eine engere politische Verbindung öffnete. Doch 1877 wurde Yakub Beg ermordet, und zur Überraschung vieler hatten bereits ein Jahr später wieder die Chinesen in Ost-Turkestan Fuß gefasst. Sie nannten das Land nun Sinkiang – »neue Besitzung« –, und der Handel zwischen Leh und Yarkand erlebte erneut einen Niedergang.

Ich saß da und blickte in das Changchenmo-Tal hinein, fasziniert von den verschiedenfarbigen Felsen auf der anderen Seite. Ansonsten ist dieses Tal ebenso öde wie jedes andere in dieser Ecke der Welt. »Nichts als Steine, jenseits davon Felsen, jenseits davon Berge. Mehr nicht. Die einzigen Farben sind das Blau des Himmels und die intensiven Gelb-, Braun- und Purpurtöne der Felsen. Nichts bewegt sich als der beißende Wind. Das Tal ist ebenso tot wie der Mond.«[6]
Wir zogen Tag für Tag durch eine Landschaft mit lebhaften Farben, und unsere Seelen wurden vor Kälte steinhart wie die Felsen und Berge ringsherum. Das Tal war einzigartig in seiner Wildheit und Einsamkeit, die einem das Gefühl gab, vollkommen abgeschnitten zu sein von der Welt. Alles Leben schien sich in den Winterschlaf zurückgezogen zu haben.
In Shirshak überquerten wir den Shyok zum letzten Mal, auf Maultieren, die man uns aus dem Dorf Shyok geschickt hatte. Hier gabelt sich der Weg. Der eine Pfad führt zu einer Sommerweide im Osten und über den 5145 Meter hohen Horlum La zum Changtang-Plateau; der andere ver-

6 John Keay, *When Men and Mountains Meet,* S. 214–215

läuft entlang des Flusses zum Dorf Shyok, wendet sich dort nach Osten und geht weiter durch eine enge Schlucht bis nach Tangtse, ehe er sich ein Stück danach wieder mit dem anderen Pfad vereint. Wir mussten dem zweiten Weg folgen, obwohl er lang und umständlich war, denn in Tangtse befand sich unsere nächste Proviantstation.

Das Dorf Shyok liegt auf einer Anhöhe östlich des Flusses. Es war das erste Dorf, durch das wir kamen, und hatte ungefähr 22 Häuser. Wir wurden von Feldwebel Mutup begrüßt, einem begeisterten Skifahrer und gutem Freund aus der Armee, der hier zufällig Urlaub machte. An diesem gottverlassenen Ort! Das Dorf schien menschenleer. Die jungen Leute waren alle fort, deshalb war Mutup gekommen, um sich im Winter um seine Eltern zu kümmern. »Nur die Alten bleiben im Winter hier«, erklärte er mir. »Die Jungen ziehen mit den *Pashmina*-Herden zum Changtang-Plateau, denn dort finden sie Weiden.«

Mutups Frau und seine Mutter sahen verwundert zu, wie wir eine Schale Tee mit *sattu* nach der anderen leerten und dennoch wie halb verdurstete junge Hunde um mehr bettelten. Mutups kleiner Sohn, die runden Wangen rissig von der Kälte, schlummerte friedlich auf dem Rücken seiner Mutter, gewärmt von ihrem Körper. Während der Wintermonate sah er vielleicht nie das Tageslicht. War der kurze Sommer gekommen, würde ihn seine Mutter mit hinausnehmen, zuerst nur am Nachmittag, damit er sich langsam an die niedrigen Temperaturen gewöhnte. Später würde er auch abends draußen bleiben dürfen. Nicht einmal mitten im Sommer würde sie ihm die Nachtkälte zumuten. Irgendwann jedoch würde ihm der weite Himmel zum Dach und Mutter Erde zum Bett, und er würde von Tal zu Tal ziehen auf der Suche nach den Weiden, die die Natur ihm schenken konnte.

Darbuk, das »Tor zur Hölle«

Unser Weg nach Tangtse führte durch eine tiefe Schlucht, am Ufer eines Flusses entlang, weiter in das Tal hinauf. Wir mussten auch mehrere größere Felsvorsprünge überwinden. Dabei beobachteten wir, wie ein Adler aus dem Himmel herabstieß und ein großes Schneehuhn tötete, das ein

Stück von uns entfernt auf dem Weg saß. Es war sich der Gefahr, die hoch über ihm lauerte, überhaupt nicht bewusst. Der Adler stürzte mit einer derartigen Geschwindigkeit herab, dass nicht nur das Schneehuhn, sondern auch wir erstarrten. Es versuchte zu fliehen, aber das gelang ihm nicht, denn es konnte seine Flügel nicht mehr koordinieren. Sofort hatte der Adler seine Krallen in das aufgeregt flatternde Huhn geschlagen, ließ sich neben uns auf dem Boden nieder und begann seine zarte Beute in Stücke zu reißen.

Am Ende der Schlucht lag wie ein Riegel ein weiteres Tal. An die Felsen waren ein paar kleine Hütten gebaut, deren Bewohner aussahen, als hätten sie noch nie gebadet, die Gesichter ledern von Kälte und Sonne. Sie nannten ihr kleines Dorf Darbuk, ein Durchgang zwischen Felsen, für die Reisenden früherer Zeiten war es jedoch immer ein »Tor zur Hölle« gewesen.

Der glühende Abendhimmel war allmählich verblasst. Von Osten kroch die Nacht heran. Ein majestätischer Mond ging auf und übergoss das Land mit seinem kalten silbrigen Licht. Der Wind hatte sich gelegt, und wir hatten auf einmal das Gefühl, als fehlte etwas. Die Stille war bedrückend und unheimlich. Vor unseren Zelten erstreckte sich eine scheinbar grenzenlose Leere. Wir waren müde und legten uns schlafen. Solche Nächte haben etwas Erhabenes, Feierliches. Wir schliefen wie im Vorraum einer Kirche, um am nächsten Morgen auf der Schwelle zur Ewigkeit aufzuwachen.

4
Changtang, eine Mondlandschaft

Der wahre Ruf der Wüste, der Berge, der See ist ihr Schweigen – frei von den Netzen aus toter Sprache.

Freya Stark, *Perseus in the Wind*

Es war der 4. März, tibetisches Neujahr.[1] Die Gelehrten sagen, dass an diesem Tag vor Tausenden von Jahren die fünf Planeten Venus, Merkur, Mars, Saturn und Jupiter am Morgen des ersten Frühjahrstages neben dem Sternbild Pegasus »wie eine Perlenschnur aufgereiht« gewesen seien. Bald darauf gesellten sich die Sonne und der neue Mond hinzu.

Ein chinesischer Geschichtsschreiber späterer Zeit vermerkt, dass diese seltene Konjunktion, die mit dem Beginn der Herrschaft von Yu, dem ersten Kaiser der Xia-Dynastie, zusammenfiel, am 26. Februar im Jahr 1953 v. Chr. eintrat. Seine Feststellung wurde von einem Astronomen bestätigt, der entdeckte, dass nur acht Tage später Sonne und Mond in einer Reihe mit diesen Planeten standen. Jener »magische Augenblick«, so meint er, wurde als erster Tag des chinesischen Kalenders bestimmt, nach abendländischer Zeitrechnung der 5. März 1953 vor Christus.

Am Morgen begaben wir uns als Erstes zu einem Hügel am Ende des

1 Die Buddhisten im Himalaya feiern Neujahr in verschiedenen Monaten, in Sikkim, Bhutan und Ladakh im November/Dezember, in Tibet im Februar/März. Das Datum richtet sich nach dem buddhistischen Kalender und variiert.

Tangtse-Tales, um dort Gebetsfahnen aufzuhängen. Nach buddhistischem Glauben reisen die darauf geschriebenen Gebete mit dem Wind, reinigen die Luft, das Tal und seine Menschen. Hätte es für uns, die wir so lange unter dem Wind gelitten und uns nun endlich mit ihm ausgesöhnt hatten, eine bessere Möglichkeit geben können, ihm unseren Respekt zu erweisen?

Oben auf dem Hügel standen einige bröckelnde Mauern, und uns wurde gesagt, darin befinde sich eine Gompa. Der Name Tangtse, erfuhren wir von den Bewohnern, laute eigentlich »Tak-tse«, und das bedeutet »Spitze des Felsens« in ihrer Sprache.

Dort gabeln sich die zentralasiatische Handelsroute und der »freie Handelsweg«. Erstere führt westlich über den Chang La nach Leh, Letztere über das Changtang-Plateau, durch das Chushul- und Hanle-Tal, bis sie schließlich über den Parang La die Täler von Spiti und Lahaul erreicht. Diese Route wollten wir nehmen.

Von Tangtse aus führte der Weg durch eine Schlucht mit einem zugefrorenen Bach, auf dessen stark ansteigender Eisdecke wir emporsteigen wollten, doch wir rutschten mit jedem Mal tiefer ab. Das Ergebnis war, dass wir einen ganzen Marschtag verloren. Es gab bei einer Steigung von 45 Grad keine andere Möglichkeit, als uns mit dem Eispickel voranzuarbeiten, was jedoch ungeheuer mühsam und anstrengend war und uns zu der Überzeugung brachte, dass diese Strapazen uns wohl vom *Karma* bestimmt seien.

Erst hinterher erkannten wir, dass die ganze Operation vollkommener Unsinn gewesen war. Neben dem Bach verlief nämlich ein schmaler, schneefreier Pfad, aber wir hatten unbedingt auf Skiern hinaufkommen wollen. Zum Glück gab es außer uns niemanden, der unsere unnötige Quälerei hätte beobachten können; er hätte sich vermutlich sehr amüsiert. Unser einziger Trost war, dass kein Wind ging und die Sonne schien, obwohl die Temperatur bei -22 °C lag.

Diese enge Schlucht verbindet Ladakh mit dem weiten Changtang-Plateau. Auffallend sind die verschiedenfarbenen Felsschichten, die von beige über hell- und dunkelbraun bis karmesinrot reichen. Wir kamen durch ein verlassenes Dorf namens Muglib, und dort zweigte der Pfad zum Hor-

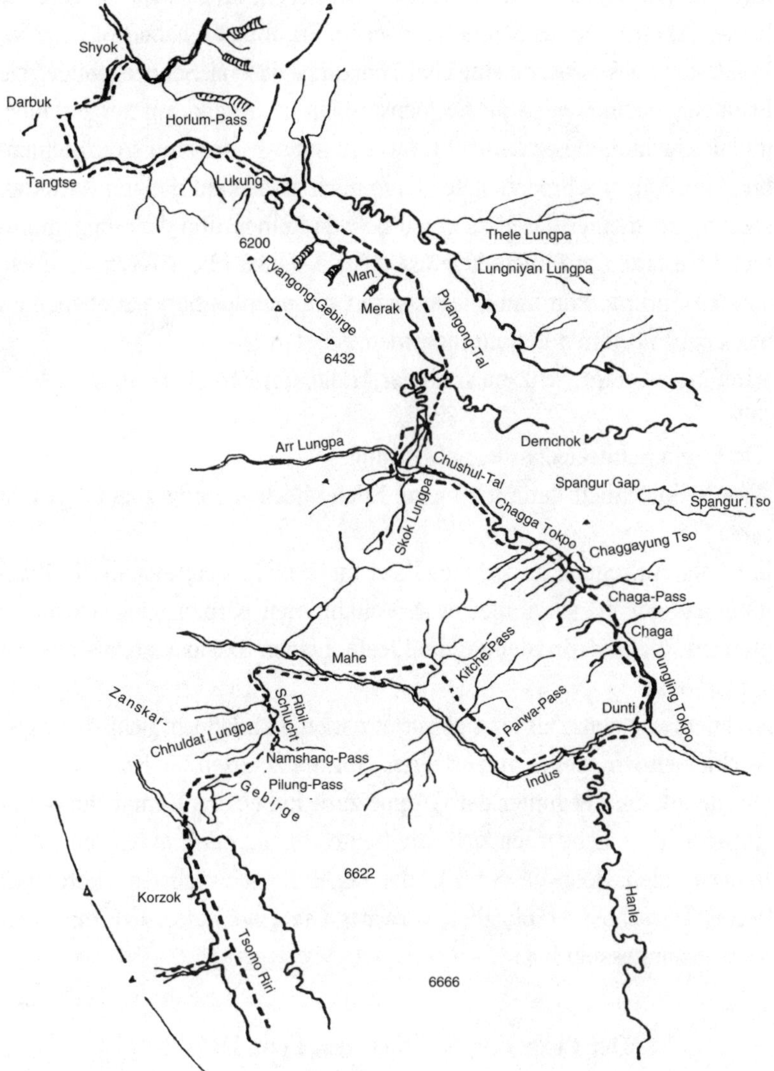

Shyok
Darbuk
Horlum-Pass
Tangtse
Lukung
6200
Pyangong-Gebirge
Man
Merak
6432
Pyangong-Tal
Thele Lungpa
Lungniyan Lungpa
Demchok
Arr Lungpa
Chushul-Tal
Skok Lungpa
Spangur Gap
Spangur Tso
Chagga Tokpo
Chaggayung Tso
Chaga-Pass
Chaga
Dungling Tokpo
Mahe
Kitche-Pass
Parwa-Pass
Dunti
Indus
Zanskar-
Ribil-Schlucht
Chhuldat Lungpa
Namshang-Pass
Pilung-Pass
Gebirge
6622
Korzok
Tsomo Riri
6666
Hanle

lum La ab. Nicht weit entfernt befand sich der zugefrorene See, den wir wegen des tiefen Schnees jedoch kaum ausmachen konnten. Außer einem kleinen Spalt zwischen den Felsen, die wir hochgestiegen waren, schien er keinen Abfluss für das Schmelzwasser im Frühling zu haben.

Von Osten her versperrte eine Gletscherzunge das Tal. Schneegebilde, wie Eistüten geformt, ließen die Sonnenstrahlen in tausend Splitter zerfallen, und das Licht in dieser reinen Luft war so intensiv, dass mir trotz Sonnenbrille die Augen schmerzten. Ich hatte mich gerade auf meinen Rucksack gesetzt, um meine Blasen zu versorgen, da kamen drei dick eingemummelte Gestalten auf mich zugerast. Als sie stehen blieben, erkannte ich, dass es Gurung, Pun und Shanti waren, die atemlos hervorstießen, dass wir sofort mit ihnen hinunterkommen müssten.

»Hinunter?«, fragte ich, »nach all der Mühe, um heraufzukommen? Wieso?«

»Da ist ein Schneeleopard«, rief Gurung.

»Was?« So schnell hatte ich meine Stiefel noch nie angezogen. »Wo ist er?«

In seiner Aufregung zu keinem Wort mehr fähig, zeigte er in die Richtung, aus der er gekommen war. Vollkommen perplex ging ich hinter meinem Rucksack in Stellung und legte meinen Skistock an, als wäre er ein Gewehr.

Nachdem wir eine Zeit lang gewartet hatten, sich jedoch nichts bewegte, beschlossen wir, weiter aufzusteigen. Gurung zitterten die Knie noch immer derart, dass er hinter der Gruppe zurückblieb, bis Kumar ihn daran erinnerte, dass Leoparden sich ihre Beute vorzugsweise unter den Nachzüglern holen, denn das sind in der Regel die schwächsten Tiere einer Herde. Da schoss er plötzlich vorwärts wie eine Katze, der man den Schwanz angesengt hat.

Der Pyangong-See, das »Auge von Ladakh«

Es war ein anstrengender Tag gewesen, doch als sich bei Lukung eine weite Hochebene eröffnete, wurden wir mit einem grandiosen Ausblick belohnt: Vor uns breitete sich wie ein gefrorener Ozean eine endlose Eisfläche aus. Die Berge um uns herum, vollkommen baumlos, glühten in intensivem Rot, Orange und Purpur, mit einer weißen Schneehaube obenauf. Jeder Ausläufer trug ein anderes Kleid. Das Farbenspiel war faszinierend, wo wir auch hinsahen. Der Blick vom Ende des Sees aus umfasste 270 Grad, nur eingeschränkt durch die Ladakh-Kette im Süden; eine willkommene Abwechslung nach den galerieartigen Tälern im Karakorum. So weit ich sehen konnte – und das waren 30 Kilometer oder mehr –, gab es keine Spur von menschlichem Leben. Bergrücken und Senken folgten aufeinander bis zum fernen Horizont. Auf den ersten Blick wirkten sie wie große Wellen auf einer Wasseroberfläche. Wegen der dünnen Luft gab es kaum Streulicht, und der Himmel strahlte tiefblau. Fast eine Mondlandschaft, nur hügeliger. Wir befanden uns im nördlichsten Teil von Ladakh, dem einsamen Hochplateau im Transhimalaya namens Changtang.

Als wir diese Region auf unserer *Trans-Himalaya-Expedition* durchquerten, war der See uns wie ein stilles Meer in glasklarem Blau erschienen, an dessen Ufer sich im Frühjahr Enten aus Sibirien niederlassen, die tagsüber nach Nahrung suchen und einen Höllenlärm machen. Die Menschen hier nennen den See Pyangong Tso – »See der ewigen Schönheit über der Weide«. Die fragliche Weide könnte diejenige gewesen sein, die wir in Shirshak gesehen hatten.

Der Pyangong Tso in seiner betörenden Schönheit unterschied sich in vielerlei Hinsicht von den anderen Seen im Himalaya, doch schien er viel mit dem See gemeinsam zu haben, an dem Henry David Thoreau zwei Jahre lebte, denn er schrieb in *Walden*: Er ist »das schönste und ausdrucksvollste Merkmal der Landschaft, das Auge der Erde, in dem der Betrachter sein wahres Wesen erkennt«.

Wir rasteten im Schatten einer Hütte der Armee, am Ufer des Sees für jene vergnügungssüchtigen Menschen errichtet, die man »Very Important Persons« nennt. Wenn sie im Sommer kommen, blicken sie durch die Fenster auf das türkisblaue Wasser und beobachten, wie die Sonne darin versinkt. An hellen und klaren Tagen gehen sie hinaus, stellen sich ans Ufer und sehen zu, wie Vögel und Wolken unter der auf seinem Grund liegenden Sonne vorbeiziehen. Manche stehen sogar nachts auf, um zu sehen, ob der See das Mondlicht reflektiert – und erkennen vielleicht, wie winzig klein sie selbst sind, nicht mehr als ein blasses Sternchen in den weiten Tiefen des Universums.

Die Nacht war windstill, und dennoch quälten mich hämmernde Kopfschmerzen. Am nächsten Morgen bauten wir wieder unsere Skoddys zusammen und luden die Rucksäcke auf. Die Führung über den Pyangong-See mit seiner nur leicht gewellten Eisdecke übernahmen die Mastiffs. Anfangs ging es recht schleppend voran, wie bei einem schwer beladenen Karren, dessen Räder im Schlamm stecken, bis wir endlich doch in einen gemeinsamen Rhythmus fanden. Dann begann der Motor aus irgendeinem Grund plötzlich zu stottern und blieb schließlich stehen. So ging es die ganze Zeit.

Wir hielten auf die Mitte des Sees zu, von wo aus sich neue Ausblicke auf die umliegenden Bergketten eröffneten. Der bereits vorher gesichtete, etwa zehn Kilometer entfernte Eingang einer Schlucht im Norden interessierte mich besonders, so dass ich immer wieder stehen blieb, um ihn zu betrachten. Es war, wie wenn man von einem Schiff aus auf die Küste blickt und sich die Landschaft so langsam verändert, dass man sie in aller Ruhe mit der Kamera im Kopf aufnehmen kann.

Irgendwann im Laufe des Tages überholten uns die Huskys, und es entwickelte sich eine Konkurrenz wie beim Iditarod-Rennen in Alaska, denn beide Teams machten nun Tempo, um die 30 Kilometer bis zu unserem Tagesziel möglichst schnell zu schaffen. Jede Stunde legten wir eine Verschnaufpause ein; solche Pausen waren nicht mehr unbedingt notwendig, taten aber einfach gut. In der zweiten Tageshälfte zog ein heftiger Sturm auf, wie wir ihn noch nicht erlebt hatten. Er peitschte uns Eiskörnchen ins Gesicht, scharf wie Glassplitter, als wollte er uns bestrafen. Mit unserer ohnehin schon trockenen Haut und den aufgesprungenen Lippen war es die reinste Folter.

Wir flüchteten uns in den Windschatten eines Hügels weiter südlich, der denselben Namen trägt wie der See, und erreichten schließlich das Dorf Merak, wo wir Halt machten.

»O Mann!«, hörte ich Gurung auf einmal brüllen.

Als ich mich umwandte, sah ich ihn in seiner dicken Skikleidung herum-

tasten wie jemand, der seine Brieftasche verloren hat. »Mann … ich finde ihn nicht.«
»Was denn?«, rief ich zurück.
»Das verdammte Ding!«
»Welches verdammte Ding?«, schrie ich gegen den Wind.
»Ist heute wirklich kaum zu finden«, meinte Gurung trocken, als er näher gekommen war. Kumar und ich sahen ihn verständnislos an. Dann fing er wieder an zu brüllen und klopfte an sich herum, um ein gewisses Teil wieder zum Leben zu erwecken. »Hat vielleicht jemand einen Föhn? Mein Ding ist steif gefroren.«
Als Shanti das hörte, begann er nervös seine Skihose abzutasten, um festzustellen, ob sein »Ding« noch in Ordnung war.
Auf dem Changtang-Plateau herrscht ein äußerst raues Klima, die Temperatur kann bis –44 °C fallen. Nach acht Monaten Winter verwandelt sich das Gebiet im Sommer, wenn Schnee und Eis schmelzen, fast überall in einen Sumpf, obwohl das Plateau 4250 Meter hoch liegt.

> Besonders gefährlich und typisch für das Changtang sind die plötzlich auftretenden Stürme, die manchmal so heftig sind, dass sie einen Reiter vom Pferd werfen. Doch die Atmosphäre ist so unglaublich klar, dass man einen Mann auf gut zehn Meilen [16 Kilometer] sehen kann. Eine weitere Eigenart dieser kalten Mondlandschaft sind die unzähligen Seen – die höchstgelegenen der Welt. Einige haben eine Länge von 50 Meilen [80 Kilometer] oder mehr, sind jedoch wegen der heftigen und jähen Stürme nicht zu befahren. Noch dazu ist ihr Wasser meist brackig und dem durstigen Reisenden kaum von Nutzen.[2]

Es leben nur wenige Menschen hier. Die Häuser werden mit einer Art Mörtel aus Lehm, gemischt mit Schneewasser, gebaut und haben Flachdächer, da es kaum regnet. Erstaunlicherweise besteht zwischen den Häusern in Ladakh und denen, die die amerikanischen Ureinwohner im Südwesten der USA vor tausend Jahren gebaut haben, eine große Ähnlichkeit. Manche von ihnen werden heute noch bewohnt, obwohl sie weder über fließendes Wasser noch Strom verfügen. Es kann keine Verbindung zwischen den beiden Gesellschaften gegeben haben, nur eine im Lauf der

2 Peter Hopkirk, *Trespassers on the Roof of the World: The Race for Lhasa*, S. 8–9

Evolution aus menschlichem Überlebenstrieb erwachsene gemeinsame Erfahrung. Ursprung dieser Ähnlichkeit sind also nicht sich parallel entwickelnde Kulturen, sondern etwas noch weiter Zurückliegendes, worauf die Kulturen eine Antwort sind, nämlich die Natur selbst.

Ein altes Paar lud uns ein, in seinem Haus zu übernachten, und wir waren trotz der ungewohnten Nachbarschaft zu zwei Yaks froh, dass wir vor Wind und Schnee geschützt waren und am nächsten Morgen in der Kälte keine klammen Zelte zusammenpacken mussten. Neben der Feuerstelle saß eine alte Frau, schattenhaft, mit fleckigem Gesicht, und drehte ihre Gebetsmühle. Sie erinnerte mich an meine Mutter, die nur wenige Tage vor unserem Aufbruch gestorben war.

Expeditionen haben viel mit Operationen gemeinsam. Sie werden nach jahrelangem Lernen und Recherchieren, Training und strategischer Planung bis ins letzte Detail vorbereitet und erfordern unzählige Arbeitsstunden, wenn sie gelingen sollen. Während ich die letzten Dinge erledigte, stürzte mich der Tod der Frau, die mir das Leben geschenkt hatte, in ein Chaos der Gefühle. Sie machte sich auf die Reise zu einem unbekannten Ziel, während ich zu meinem aufbrach. Wie alle Menschen bin auch ich auf dem Weg zu dem, was ich als *meine* Bestimmung, *mein* Ziel betrachte, aber gibt es das überhaupt?

Sie war eine außergewöhnliche Mutter. Doch alle Mütter sind außergewöhnlich, denn sie können aus der Ferne die Gedanken eines Kindes lesen, auch wenn es schon erwachsen ist. Als ich sie zum letzten Mal sah, spürte sie, dass ich mir Sorgen machte. »Die Reise ist lang und schwierig«, sagte sie. »Hör nicht auf Menschen, die deine Gedanken nicht kennen, denn sie können deinen Traum niemals verstehen. Vertraue auf dich selbst und höre nur auf dein Gewissen.« Dann umarmten wir uns ein letztes Mal, und sie gab mir mit auf den Weg, was mein Vater oft gesagt hatte: »Du musst dort sein, wo deine Aufgaben sind.«

Als die Vorbereitungen für die Expedition so gut wie abgeschlossen waren, fuhr ich noch einmal nach Delhi, denn ich wollte mich unbedingt von ihr verabschieden. Zwei Tage später starb sie. Wieder zehn Tage später brachen wir in Richtung Leh auf. Trotz aller Bemühungen hatte sich unsere Abreise verzögert. Aber wie hätte ich mich gefühlt, wenn wir bereits unterwegs gewesen wären und ich in ihren letzten Lebenstagen nicht hätte zu ihr können? Dass ich sie noch einmal gesehen hatte, war mein einziger Trost. Ich hatte es nicht so geplant, aber war es ungeplant? Sicher ist, dass es mehr Dinge zwischen Himmel und Erde gibt, als wir Menschen uns vorstellen können.

Wenn Dinge sich verzögern oder schief gehen, bin ich nicht verärgert und enttäuscht, sondern frage mich vielmehr, warum es nicht gelaufen ist wie geplant. Meistens erkenne ich später, dass es, was immer auch geschehen ist, so am besten für mich war. Diese tröstliche Erkenntnis stellt sich erst hinterher ein, wenn die Zukunft bereits wieder Vergangeheit ist. Meine Überzeugung aufgrund vielfacher Erfahrung ist, dass wir uns zwar jeden Tag die größte Mühe geben sollten, wichtige Entscheidungen jedoch besser sich selbst überlassen. Die Natur hat gute Gründe, Dinge in einer Weise geschehen zu lassen, wie wir sie nicht geplant haben. An uns ist es, diese Gründe herauszufinden. Diese Erkenntnis kann der Schlüssel zum Erfolg sein – einem Erfolg, der alle Erwartungen übertrifft.

Als ich im Bett lag, überlegte ich, ob die Verzögerung bei unserer Abreise vielleicht eine besondere Chance für mich bedeutete, oder vielleicht etwas noch Besseres – etwas, von dem alle profitieren würden? Die Zukunft würde es weisen.

Ich war schon halb eingeschlafen, als Geräusche wie von einem Dorffest an mein Ohr drangen; sie kamen jedoch aus dem Haus, in dem wir übernachteten. Ich stand noch mal auf und schaute nach; etliche Männer saßen da und unterhielten sich angeregt, die Frauen sangen gemeinsam Lieder wie Schulkinder und tanzten traditionelle Ladakhi-Tänze.

Diese Menschen leben in völliger Abgeschiedenheit, ohne Stress, weit entfernt von der Gier, dem Ehrgeiz und Konkurrenzdenken, das die moderne Welt beherrscht. Aber sie haben kein leichtes Leben. Die Luft ist dünn, das Klima extrem rau, der Boden karg, und sie müssen sich mühsam durchschlagen. Im Allgemeinen jedoch kennzeichnet sie eine große Gelassenheit. Es gibt keine Fernseher, die ihnen Bilder von Verkehrsstaus und anderen Belastungen der Menschen in der modernen Welt in die Stube bringen.

Phuntsok, ein alter Mann von 85 Jahren, erzählte mir, dass seine 78-

jährige Frau jeden Morgen kurz nach Sonnenaufgang das Haus verlässt und den ganzen Tag durch die Berge wandert, um dürre Zweige zu sammeln.

»Und Sie, helfen Sie ihr?«, fragte ich.

»Natürlich … ich schichte das Holz auf und sorge dafür, dass das Feuer nicht ausgeht. Wenn das Wetter schlecht ist, gehe ich selbst hinaus.«

Seine Frau war noch sehr rüstig, ungebeugt, nur ihr runzliges Gesicht und die Hände verrieten ihr wahres Alter. »In meiner Kindheit, zu Beginn des Jahrhunderts, war das Leben für meine Eltern hart«, erzählte Phuntsok. »Ich weiß noch gut, wie mein Vater und mein Onkel eine Herde über das Changtang getrieben haben, aber heute gehen immer mehr junge Menschen ins Flachland hinunter und bringen Krankheiten mit, von denen wir noch nie gehört haben.«

Als ich in meinem Schlafsack lag, musste ich an die Menschen im Vilcabamba-Tal in Ecuador denken, wo körperlich und geistig erstaunlich vitale Hundertjährige mit einer Energie und Lust ihrem Tagwerk nachgehen und auch die Freuden des Lebens noch genießen, als wären sie höchstens dreißig. Und ich fragte mich, ob es an solchen Orten nicht vielleicht doch einen Jungbrunnen gibt.

Der ungewöhnlich klare Morgen ließ den Himmel aquamarinblau leuchten, und die Sonne schien gleißend hell. Die Dorfbewohner kamen, um unsere Skoddys zu begutachten, und sie hatten offenbar großes Vergnügen daran, denn sie klopften sich gegenseitig begeistert auf den Rücken. Einen kleinen Jungen ließen wir ein kurzes Stück auf einem Skoddy fahren, ein Erlebnis, das er vielleicht sein Leben lang nicht vergessen wird.

An diesem Tag ging es weiter über den Pyangong-See, der etwa 130 Kilometer lang ist, jedoch nur zu einem Drittel in Indien liegt. Wir mussten nichts tun, als unsere beladenen Skoddys zu ziehen, aber durch das Gewicht schnitten die Gurte in die Schultern, und die Haut entzündete sich. Es nützte auch nichts, die Gurte zu verschieben. Nach einiger Zeit polsterte ich mir die Schultern mit einem Extrapaar Handschuhe, aber auch das half nur vorübergehend.

Auf einer Höhe von über 4200 Metern wird jede körperliche Anstrengung zur Schwerarbeit. Den ganzen Tag lief die Nase, und es war zu mühsam,

die drei Paar Handschuhe auszuziehen, um sie zu putzen. Der kalte Wind ließ jedes Tröpfchen zu Eis erstarren, so dass uns die Nasenlöcher zufroren und wir nur mit Mühe atmen konnten. An solchen Tagen sprachen wir nicht miteinander – das Atmen war anstrengend genug –, und wer sich nicht an diese Regel hielt, handelte sich verärgerte Blicke ein.
Wir waren bereits den ganzen Tag unterwegs, als der See sich nach Osten wandte, nach Tibet hinein, und unsere Route in ein Seitental der Pyangong-Berge führte. Nach zehn Stunden harter Arbeit, als schon die Sterne zwischen den Wolken funkelten, erreichten wir Chushul, das größte Dorf auf der ladakhischen Seite des Changtang-Plateaus.
Da es uns in der Dunkelheit nicht gelang, den Armeeposten auszumachen, gingen Kumar und ich sofort daran, unser Zelt aufzustellen. Wir waren fast fertig, als Angchuk aus dem Dorf zurückkam und berichtete, er habe eine Unterkunft für uns gefunden. Die unzähligen Sterne, die wir noch wenige Minuten zuvor gesehen hatten, schienen eine Halluzination gewesen zu sein. Auf einmal waren dicke Wolken aufgezogen, und wir mussten befürchten, dass es in der Nacht schneien würde. Um uns die Mühe zu sparen, am nächsten Morgen nasse Zelte zusammenzupacken, machten wir uns ohne weitere Fragen auf den Weg ins Dorf. Nur Gurung protestierte lautstark und beschloss, allein im Zelt zu übernachten.
An diesem Abend lernten wir wieder etwas Neues kennen. Alle ladakhischen Häuser sind nach einem ähnlichen Muster angelegt, und selbst wenn man jeden Tag in einem anderen übernachtet, wird man kaum einen Unterschied bemerken. Doch die vielen Pfade zwischen den Häusern und um sie herum können sehr verwirrend sein, so dass man sich leicht verläuft. Später habe ich erfahren, warum Gurung lieber im Zelt übernachten wollte. In der Nacht zuvor, als alle fest schliefen, war er hinausgegangen, um sich zu erleichtern. Auf dem Rückweg hatte er sich in den schmalen Gängen verlaufen und war in einem Verschlag mit unwillig grunzenden Yaks gelandet, die nach ihm ausschlugen, worauf er schleunigst die Flucht ergriff.
Wir saßen in der Küche, die genauso aussah wie die am Tag zuvor, nur dass sie wesentlich kälter war. Als ich gerade meine Beine ausstreckte, kam eine junge Frau herein und machte Feuer. Eine kleine, mit Solarzel-

len betriebene Taschenlampe warf Licht auf ihre sonnenverbrannten Wangen. Sie war schlank, hatte große, flinke Mandelaugen und langes, lockiges schwarzes Haar und trug die bauschige Kleidung aller Mädchen in Ladakh. Sie ließ sich uns gegenüber nieder und goss aus einer Thermoskanne warmen gesalzenen Buttertee in unsere Trinkschalen.
Am Morgen war es windstill, und die Sonne versteckte sich noch hinter der Bergkette im Osten. Vor uns erhob sich ein Berg mit einer schwarzen Spitze, dessen sanfte Hänge geradezu paradiesische Abfahrmöglichkeiten boten. »Das ist der Gurung«, sagte das Mädchen mit den Mandelaugen zu mir. Den Gebirgszug daneben – er trägt den Namen Trisul, nach dem Dreizack des Gottes Shiva – kennzeichnen drei markante, das Tal von Chushul beherrschende Gipfel. Er erstreckt sich bis zum nächsten Pass, dem Razang La, von dem ihn eine breite Schlucht trennt, die Spangur genannt wird – ehemals ein Flusslauf, wie der Name »Chu-shul«, das heißt »Wasser-Bett«, sagt. Hier fand die berühmte Schlacht von Chushul statt.

Ein kalter Wind blies durch das Tal, und wir legten uns mächtig ins Zeug, um mit unseren 100-Kilo-Lasten vorwärts zu kommen. In der Ferne, am Fuß des Passes, sahen wir eine Herde von etwa 200 Yaks, die im Schnee nach Grasbüscheln scharrten. Wir konnten die wunderschöne Landschaft genießen, aber für die Menschen, die hier geboren sind, ist das Leben hart. Die Welt weiß nichts von ihnen, doch auch sie haben eine Geschichte. Der Hirte unterbrach seinen Gesang, als ich auf ihn zuging, und ich musste ihm lange zureden, ehe er mir sagte, was er gesungen hatte. Es war ein schwermütiges Lied, das von den Mühen des Lebens in dieser Wildnis erzählte und mit der Bitte an die Götter endete, man möge hier nicht wieder geboren werden.
Schwer atmend zogen wir unsere Skoddys Richtung Chaga La. Gegen Nachmittag zogen Wolken auf, und es begann zu schneien. Der Anstieg, für den Himalaya vergleichsweise sanft, strengte uns sehr an, so dass wir nur im Schneckentempo vorankamen. Gurung klagte über Magenschmerzen, und gleich darauf jammerte Shanti, dass er höllische Kopfschmerzen habe. Es sah so aus, als würden wir den Aufstieg bis zum

Abend nicht mehr schaffen, und ich befürchtete schon, dass wir direkt unter dem Pass biwakieren müssten.
Der sulzige Schnee blockierte unsere Skoddys, so dass wir sie immer wieder vor- und zurückschieben mussten, ehe wir sie weiterziehen konnten. Besonders die Huskys hatten Probleme, denn als Gurung sich plötzlich wegen seiner Magenschmerzen zusammenkrümmte, machte sich sein Skoddy selbständig und rutschte den Hang hinunter, und Kumar hatte große Mühe, ihn zu stoppen. Wir vom Mastiff-Team stemmten uns mit gespreizten Skiern gegen den Hang, um besseren Halt zu haben, bis wir uns nach einer langen Pause wieder in der Lage fühlten, unseren Aufstieg fortzusetzen.
Unter Bergsteigern sagt man: »Verliere nie an Höhe, sonst wird der Aufstieg doppelt schwer«, aber meiner Erfahrung nach sollte es eher heißen: »Verliere nie den Mut, sonst findest du ihn vielleicht nicht mehr.« Wir kamen entsetzlich langsam vorwärts, doch endlich tauchte in der dunstigen Ferne einer der großen Steinhügel mit Gebetsfahnen auf, wie sie auf vielen Pässen zu finden sind. Das gab uns wieder neue Kraft, und um vier Uhr nachmittags erreichten wir schließlich die Passhöhe, auf der ein guter halber Meter Schnee lag. Wir setzten uns auf unsere Rucksäcke und warteten auf die Huskys, während die Wolken vorbeizogen und von Osten her dichtes Schneegestöber einsetzte. Eine halbe Stunde später kamen die Huskys an, erschöpft, aber froh, uns zu sehen. Wir schüttelten uns erleichtert die Hände.
Jenseits des Passes und nicht mehr weit entfernt lag das Dorf Chaga, unser Tagesziel. Das beruhigende Gefühl, diese Nacht unter einem Dach schlafen zu können, spornte uns an, und wir zogen und zerrten an unseren Schlitten, als hätten wir wilde Pferde zu zähmen. Es wurde bereits dunkel, als wir das Dorf erreichten. Angchuk begann mit dem Dorfvorsteher zu verhandeln und erklärte, wer wir waren und was wir wollten. Der Mann, groß und hager, schüttelte nur den Kopf wie eine Ziege, um das Gespräch möglichst schnell zu beenden und in seine warme Behausung zurückzukehren. Nach ausgiebigem Nicken und Kopfschütteln, das wir von weitem interessiert verfolgten, kamen die beiden auf uns zu. Wir hielten den Atem an.

Der Dorfvorsteher schüttelte jedem mit beiden Händen kräftig die Hand und lud uns in sein Haus ein. Dann rief er seinen Söhnen, die uns von einem Fenster im ersten Stock aus beobachteten, sie sollten herunterkommen und uns helfen, die Skoddys zu entladen. Der Jüngere der beiden, mit einem gelben Trikot unter dem Mantel, lächelte uns herzlich zu.
Ihr Vater führte uns durch den Stall zu einer Treppe, die wir emporstiegen, und dann einen schmalen, dunklen Gang entlang. Nachdem wir durch mehrere kleine Räume gegangen waren und ich mir einige Male den Kopf am Türrahmen angeschlagen hatte, kamen wir in die Küche. Kumar und ich ließen uns auf Teppichen direkt neben der Feuerstelle nieder, ein Platz, der sonst wohl dem Dorfvorsteher vorbehalten war. Die Frauen kümmerten sich um das Feuer und gaben einem jungen Mädchen Anweisungen, das daraufhin einen großen, bis obenhin mit Schnee gefüllten Topf auf den Herd stellte, um Wasser zu bereiten.
Ich saß zusammengesackt da, stundenlang, wie mir schien, und nahm weder Licht noch Geräusche oder Menschen wahr, als wäre ich nicht mehr Herr meiner Sinne, völlig losgelöst von meinem kalten schlaffen Körper. Dann begann ich auf einmal zu zittern, und dieses Zittern hielt eine ganze Weile an, bis uns Tee gereicht wurde. Als Erstes funktionierte mein Gehör wieder, ich erkannte die Stimmen meiner Kameraden. Wenig später konnte ich auch wieder sehen und im Halbdunkel sogar die schönen Dinge um mich herum wahrnehmen.
Die Wand mir gegenüber war von hölzernen Almirahs mit schönem Gitterwerk bedeckt, der restliche Platz wurde von allen möglichen Töpfen und Pfannen aus Aluminium oder Stahl eingenommen. Die Ladakhis stellen nämlich gerne ihre Küchenutensilien zur Schau, die aus Leh, Srinagar oder sogar Delhi herangeschafft werden. Meistens werden sie hinter Glas aufbewahrt und nur zu besonderen Gelegenheiten hervorgeholt, geputzt und poliert. Bei solchen Anlässen – Hochzeit, Geburt und »Losar«, dem Neujahrstag – besuchen sich die Dorfbewohner gegenseitig und feiern miteinander, bis kein Tropfen *arak* mehr aufzutreiben ist.
Nachdem wir Tee getrunken hatten, streckte ich zufrieden meine Beine aus, und Kumar schlief fast augenblicklich ein. Die Familie beobachtete uns mit ruhigen, ernsten Gesichtern. Der Topf auf dem Feuer wurde er-

neut mit Schnee gefüllt. Langsam schienen alle schläfrig zu werden, bis auf die Frau des Hauses, die in der Küche herumhantierte und immer wieder nach dem Feuer sah.

Später erfuhr ich, dass der jüngere Sohn Tsering, er dürfte ungefähr zwanzig gewesen sein, ein Mönch war. Er hatte ein auffallend hübsches, feines Gesicht und eine liebenswürdige, zuvorkommende Art. Er sei das eintönige Leben in der Gompa leid, gestand er mir freimütig. Dort sei ein Tag wie der andere, die Mönche müssten hart arbeiten und sich strengen Regeln unterwerfen. Bestimmt sei es viel angenehmer, so zu leben wie wir, nach Lust und Laune in den Bergen herumzustreifen. Er fragte, ob er mit uns kommen könne. Ich hätte nichts dagegen, antwortete ich, vorausgesetzt, er könne Ski fahren. Ein Strahlen ging über sein Gesicht, dann erwiderte er lachend: »Aber ich bin Lama, ich muss zurück ins Kloster.«

Am nächsten Morgen hing dichter Nebel über der weiten Hochebene, und mitten darin lag wie eine tote Riesenschlange der zugefrorene Indus, dessen Ruhe nun kein wirbelndes Wasser störte. Obwohl es in der Nacht geschneit hatte und zehn Zentimeter Neuschnee lagen, ließen sich unsere Schlitten auf dem Fluss gut ziehen.

Vor Dunti öffnete sich nach Südwest und Südsüdwest ein herrliches Panorama. Dunkel und düster, aus der Ferne jedoch weniger bedrohlich erscheinend, steigt hinter einer endlos weiten Fläche kargen Landes eine mächtige Gebirgskette von 6000 Meter Höhe mit pyramidenförmigen, schneebedeckten Kuppen empor. Im Licht der untergehenden Sonne wirkte die Szenerie wie eine Theaterkulisse.

Wir setzten unseren Weg über den Indus fort und legten uns ins Zeug wie echte Huskys, die fortwährend die Peitsche zu spüren bekommen. Zwei Reiter überholten uns, ein Ladaki mit seiner Frau, die ein kleines Kind im Arm hielt. Wir fragten den Mann, wohin sie wollten. »Nach Leh«, erwiderte er.

»Weshalb?«

»Mein Kind dem Doktor zeigen.«

»Wie viele Tage sind es bis Leh?«

»Zwei«, antwortete der Mann, und sein Gesicht verriet, dass er langsam ungehalten wurde. Er hatte es sichtlich eilig.

Ich sah der Familie nach, wie sie in leichtem Trab weiterritt und um den nächsten Bergrücken verschwand.
Als wir um eine Kehre bogen, stießen wir auf eine Herde Kyangs, die uns gelassen beobachteten. Kumar war überrascht, dass sie uns so nah heranließen, und blieb stehen, um die Kamera aus dem Gepäck zu holen. Doch gerade als er das Zoomobjektiv aufsetzte, drehte sich das größte Männchen plötzlich um und trottete davon, und einer nach dem anderen folgte ihm der Rest der Herde.
Ein Stück vor uns flogen fünf Brahmini-Enten auf. Ihre Anwesenheit ließ vermuten, dass es Wasser in der Nähe gab, deshalb zogen wir unsere Skoddys mehr zum Ufer hin, falls das Eis weiter vorne tatsächlich dünner wurde. Auf der anderen Seite, auf dem Hochufer bei einem Lagerplatz namens Mahe, sahen wir zwei Zelte stehen, die offenbar unserer Proviantmannschaft gehörten. »Sie sollten doch in Korzok auf uns warten«, dachte ich und machte Halt, um mich mit Kumar zu beraten. »Vielleicht ist der Weg weiter vorne gesperrt«, meinte Kumar.
Da kam schon Kundan Singh, unser Proviantmeister, den Hang heruntergelaufen. »Weiter vorne liegt hoher Schnee«, sagte er entschuldigend. »Es ist unmöglich, mit unseren Lasten über die drei Pässe bis Korzok zu kommen.« Er wusste sehr gut, dass es ein Problem für die Expedition bedeutete, wenn eine Proviantstation vier Marschtage hinter den vereinbarten Ort verlegt wurde, aber er kannte auch seine Grenzen.
Proviantstationen erfordern eine sorgfältige Planung. Es wurden Informationen von Erkundungstrupps eingeholt, Landkarten studiert und berechnet, wie viel Gepäck wir selbst tragen konnten. Zwischen den einzelnen Stationen lagen jeweils 300 bis 400 Kilometer, eine Strecke, die wir in 10 bis 13 Tagen zurückzulegen hofften. Wichtig für die Wahl der Proviantstation war, dass sie entweder über eine Straße oder zu Fuß leicht zu erreichen war und sich möglichst in der Nähe eines Passes befand. In diesem Fall trennten zwar drei Pässe Mahe und Korzok, aber wir machten uns vor allem Sorgen wegen des Parang La, der zwischen Korzok und unserer nächsten Proviantstation im Spiti-Tal lag.
Obwohl wir für die gesamte Strecke nur etwa 12 Tage benötigen würden, mussten wir einschließlich des Parang La vier Pässe überqueren. Insbe-

sondere der Aufstieg zu den ersten drei Pässen würde problematisch werden, da jeder von uns mehr als 40 Kilogramm im Rucksack hatte. Skifahren war mit einer solchen Last auf dem Rücken unmöglich, Gehen ebenso. Ich hielt es für günstiger, wenn wir erst ab Korzok, am Ufer des Tsomo-Riri-Sees gelegen, unser Gepäck wieder selbst trugen. Dann konnten wir es auf unsere Skoddys umladen, bis wir den Fuß des Parang La erreichten, und den Pass selbst mit möglichst geringem Gewicht überschreiten.

Meiner Erfahrung nach kann ein Mann mit 20 Kilogramm auf dem Rücken bequem rund 20 Kilometer am Tag zurücklegen, auch im Himalaya auf einer Höhe zwischen 3000 und 5400 Metern, sofern er körperlich in Hochform ist. Doch Gewicht und Entfernung verhalten sich umgekehrt proportional: Je größer das Gewicht, umso geringer die Entfernung, die damit zurückgelegt werden kann. Sind steile Anstiege zu bewältigen, wird diese Strecke natürlich noch erheblich kürzer. Wir hatten geplant, mit einer Traglast von jeweils rund 38 Kilogramm jeden Tag 30 Kilometer zurückzulegen, und das über einen Zeitraum von 10 bis 15 Tagen. Dabei hatten wir bereits berücksichtigt, dass wir an Tagen mit schlechtem Wetter und schwierigeren Anstiegen weniger gut vorwärts kommen würden, an klaren Tagen mit leichten Abfahrten entsprechend schneller.

Zum Glück hatten wir in Mahe ein Ersatzteam postiert. Zur neuen Mannschaft gehörte Tashi, ein junger Ladakhi, der ebenso zäh war wie Angchuk; Thapa, der Pun in nichts nachstand, sowie das Duo Dhan Singh und Ranjit Singh, die genauso unermüdlich und unterhaltsam waren wie Shanti und Gurung. Sie hatten den gleichen Geschmack und trugen den gleichen Bart, waren früher schon zusammen in den Bergen gewesen und überhaupt unzertrennlich wie siamesische Zwillinge. Kumar hatte mich bereits vorgewarnt: »Wenn du einen am Arm hast, ist der andere nicht weit.«

Am Abend besprachen wir die Angelegenheit und entschieden nach langem Hin und Her, dass die Proviantmannschaft – also Kundan und die Neuen – nach Korzok vorausgehen sollten. Das bedeutete auch, dass alle Ausrüstung und der gesamte Proviant von beiden Gruppen nach Korzok gebracht werden musste. »Wir transportieren die Sachen, der Teamwech-

sel erfolgt erst am ursprünglich vorgesehenen Ort«, entschied Kumar schließlich.
Ich schätze an Kumar seinen gesunden Menschenverstand und seinen Scharfblick. Er denkt viel nach, und ich fühle mich wohl in seiner Gesellschaft, weil wir uns in dieser Hinsicht sehr ähnlich sind. Ich muss ihm meine Entscheidungen nicht lange erklären, weil er immer nachvollzieht, was ich denke und warum. Er weiß, dass es mir bei meinen Entscheidungen immer um die Expedition geht, nicht um mich selbst. Jeden Abend sprechen wir im Zelt über die Mannschaft, über uns selbst und darüber, welche Schritte als Nächstes notwendig sind, damit unsere Expedition ein Erfolg wird. Ich erzähle ihm meine Gedanken und nehme auch gern seinen Rat an. Ich vertraue seinen Entscheidungen und lasse ihm freie Hand, was die täglichen Aufgaben betrifft. Ich mache mir eher Gedanken über die größeren Probleme, welche Folgen es zum Beispiel hat, wenn wir einen falschen Weg nehmen oder uns den Zorn der Generäle in Delhi zuziehen. Meiner Erfahrung nach ist es besser, bei einer Expedition einen guten Stellvertreter mit einer schwachen Mannschaft zu haben als eine starke Mannschaft mit einem egoistischen oder schwachen Stellvertreter. Ich hatte mir einen guten Stellvertreter gewählt, und gemeinsam hatten wir eine starke Mannschaft zusammengestellt, in der alle miteinander harmonierten.

Zum Tsomo-Riri-See

Vor dem Aufbruch von Mahe am nächsten Morgen herrschte Chaos. Wir mussten das Gepäck immer wieder umschichten, und dann fiel erneut etwas herunter. Wir hatten ein älteres und schwereres INMARSAT-Gerät dabei, und die Skiausrüstung war ohnehin das schwerste von allem. Dazu kamen noch drei Zelte, drei Kocher, Koch- und Essgeschirr, Brennstoff und natürlich unsere Kleidung und persönliche Dinge wie Schlafsäcke, Jacken, Socken und Handschuhe. Am Abend zuvor hatten wir so viel wie möglich an Kleidung und Ausrüstung aussortiert. Von jetzt an würden wir nur noch das Allernotwendigste dabeihaben.
Wir kamen in ein Dorf namens Sumdo Yongma mit sauber verputzten

Häusern. Seine Bewohner hingegen schienen in der Sonne gebacken und in der Kälte getrocknet zu sein. Das Dorf wirkte reinlicher als die anderen, und wir erfuhren, dass hier Tibeter lebten. Bei diesem Ort gabelt sich die Route. Rechter Hand geht es nach Polo Gonka, wo es schwefelhaltige Quellen gibt. Im Sommer, wurde mir gesagt, kommt man auf der Straße in einem halben Tag ins Pang-Tal. Der Weg nach links führt zum Pass Namshang La, und diesen Weg mussten wir nehmen. Ich fragte einen jungen Mann, den wir unterwegs trafen, ob es im Dorf Pferde gebe. Er bejahte.

»Können wir Pferde mieten?«, fragte ich weiter.

»Nein«, entgegnete er schroff.

»Warum?«

»Es ist eben nicht möglich«, erwiderte er schulterzuckend.

Erstaunt fragte ich noch einmal nach, bot ihm das Doppelte des üblichen Preises oder was immer er fordern mochte, doch er blieb stur. »Sie bekommen keine Pferde, zu keinem Preis.« Später erfuhr ich von Angchuk, der um eine Erklärung gebeten hatte, dass die Dörfer Polo Gonka und Sumdo Yongma nur jeweils einen Monat im Wechsel ihre Pferde vermieten durften; so hatte es der Älteste dieser beiden Dörfer bestimmt. Diesen Monat war Polo Gonka an der Reihe, deshalb hätte das Dorf Sumdo Yongma seine Pferde nur mit ausdrücklicher Genehmigung des Ältesten persönlich vermieten dürfen. Dieser wohnte jedoch im zwölf Kilometer entfernten Polo Gonka.

Nahe beim Dorf floss ein Bach mit warmem, schwefelhaltigem Wasser vorbei. Als wir uns dort das Gesicht wuschen, beobachteten uns vier junge Mädchen, rundgesichtig, hübsch und munter. Sie kicherten und kokettierten mit Ranjit, der ein Gespräch mit ihnen anzufangen versuchte, um sein Interesse zu bekunden. Sie hatten üppige Figuren und gut entwickelte Brüste, was selbst mehrere Schichten an Kleidung nicht verbergen konnten. Doch dann verließ sie offenbar der Mut, denn sie drehten sich um und liefen fort.

Durch die Ribil-Schlucht und den zugefrorenen Chuldat entlang ging es weiter zum Namshang La hinauf. Dicker Nebel hing über dem Berg, als wir langsam und dicht beieinander hinter Kundan herstapften, der an diesem Tag die Gruppe führte. Der eins achtzig große Kundan, dem die frische Luft und das Essen in Leh offenbar gut getan hatten, strahlte eine ungeheure Energie und positive Stimmung aus. Ich bemühte mich, mit ihm Schritt zu halten, aber mein schwerer Rucksack behinderte mich. Ich ging in gleichmäßigem Tempo weiter, bis ich ihn, vor Anstrengung zitternd, auf dem Pass einholte. Er stand da wie festgefroren.

»Dort, dort ... schau ... dort ...«, flüsterte er.

»Wo, wo ... schau ... wo?«, machte ich ihn gut gelaunt nach. Er deutete stumm nach oben, und ich erstarrte.

Dichter Nebel hüllte den Grat ein, doch als der Wind ein paar Schwaden mit sich forttrug, sah ich plötzlich, perfekt getarnt zwischen Schnee und Fels und den Blick unverwandt auf uns gerichtet, als wären wir eine Art *Hors d'œuvre*, den Fürsten der Raubkatzen sitzen – einen Schneeleopard. Dann schoben sich erneut Wolken dazwischen, und als sie wieder aufrissen, war er fort.

Schneeleoparden sind die scheuesten Tiere ihrer Art, und Menschen bekommen sie kaum je zu Gesicht, denn sie leben hoch oben in den Bergen, meistens im Schutz von Höhlen oder Felsvorsprüngen. Ihre Beute suchen sich diese hervorragenden Jäger unter Wildziegen und Gorals, einer heimischen Gämsenart. Nicht nur die Schnurrhaare, die wie ein Radar funktionieren, sondern auch Haarbüschel an den Vorderläufen melden jede Wahrnehmung sofort an das Gehirn weiter, und ihre hoch stehenden Ohren erfassen selbst das leiseste Geräusch, so dass sie sich ausgezeichnet orientieren können. Normalerweise fallen Leoparden keine Menschen an, doch der »Menschenfresser von Rudraprayag« tötete zwischen 1918 und 1925 insgesamt 125 Menschen, ehe es dem berühmten Großwildjäger Jim Corbett gelang, ihn zu erschießen.

Kundan weigerte sich weiterzugehen, solange er nicht sicher sein konnte, dass uns von dem Tier keine Gefahr mehr drohte, doch als der Rest der Mannschaft ankam, erzählte er übersprudelnd von einem »großen wilden Hund«, dem wir begegnet seien. Wir biwakierten auf der Passhöhe. Ich bekam kaum ein Auge zu, weil der Wind an meinem Zelt rüttelte und kratzende Geräusche machte – zumindest hoffte ich, dass es der Wind war. Unseren Proviant hatten wir vorher noch im Schnee vergraben, da-

mit wir den Leopard nicht anlockten. Einmal gab es ein Geräusch, das offenbar alle aufweckte, denn plötzlich leuchteten in jedem Zelt Taschenlampen auf, und laute »Weg, weg«-Rufe schallten durch die Nacht.
Auch am nächsten Morgen war uns noch recht unbehaglich zumute. Erst als wir unseren Lagerplatz schon ein gutes Stück hinter uns gelassen hatten, ließ sich die Sonne über den Bergen sehen. Nach Westen hin breitete sich eine endlose Schneedecke aus, so dass wir nicht einmal einen See von drei Kilometer Länge ausmachen konnten. Gegen elf Uhr schien die Sonne dann recht stark.
Der Aufstieg zum Pilung La auf 4787 Meter Höhe zog sich hin. Oft meinten wir, die Passhöhe schon erreicht zu haben, dann stellte es sich hinter der nächsten Biegung doch als Irrtum heraus. Sicher kann man erst sein, wenn man in einem Steinhügel einen Pfosten stecken sieht, an dem ein paar Fetzen von Gebetsfahnen hängen. Ist das nicht der Fall, steigt man den nächsten Ausläufer hinauf, der wieder der falsche ist, erlebt die gleiche Enttäuschung und bietet noch einmal alle Kraft auf, um den Gipfel zu erreichen. Steht man dann endlich oben, löst das ein derartig überwältigendes Gefühl aus, dass man einen richtigen Energieschub bekommt.
Es war bereits halb vier Uhr nachmittags, und das Gros des Teams musste für einen zweiten Transporteinsatz am nächsten Tag zum Namshang La zurück. Wir machten kurz Rast und nahmen ein Mittagessen in Form von Schokolade, Keksen und Erdnüssen zu uns, die wir mit Wasser hinunterspülten. Bald drängte Kumar zum Aufbruch und meinte, wir würden sonst zu viel Zeit verlieren. Kundan, Angchuk und ich wollten die doppelte Strecke bis nach Korzok gehen in der Hoffnung, dort vielleicht ein paar Pferde zu bekommen. Es waren 15 Kilometer bis zu dem Dorf, und wir würden nur noch drei Stunden Tageslicht haben. Im besten Fall konnten wir die Strecke in fünf bis sechs Stunden schaffen, aber wenn der Schnee weiterhin so locker blieb wie bisher, würde es sicher Mitternacht werden. Aber es musste sein.
»Nein! Wir lassen den Proviantvorrat hier«, sagte ich zu Angchuk, der schon dabei war, unsere Rucksäcke umzusortieren.
»Aber ihr müsst etwas zum Essen mitnehmen«, beharrte Kumar. »Was ist, wenn ihr das Dorf heute Nacht nicht erreicht?«

»Nur für einen Tag, oder wir gehen überhaupt nicht«, erwiderte ich.
»Genau! Und das Zelt lassen wir auch hier«, fügte Angchuk hinzu.
»Das ist keine gute Idee. Denk an den Karakorum-Pass!«
Kumar und ich gingen noch einmal die wichtigsten Punkte durch. Als wir überzeugt waren, mit allen eventuell auftretenden Schwierigkeiten (an die wir gedacht hatten) fertig zu werden, verabschiedeten wir uns.
»Seht zu, dass ihr schnell Unterstützung bekommt«, rief er uns noch nach, als er zum Namshang La zurückkehrte, um das restliche Gepäck zu holen, und wir unseres Weges zogen.

Der Tsomo-Riri-See, das »zweite Auge Ladakhs«

Die Sonne war gerade untergegangen, als wir einen Grat erreichten. Das Abendleuchten ließ die Berge ringsum aufglühen, und der zugefrorene Tsomo Riri reflektierte die letzten goldenen Sonnenstrahlen. Von oben konnte man den Eindruck haben, wir stünden auf einer Felsnase, und was wir vor uns sahen, war das zweite Auge Ladakhs. Das andere ist der Pyang-gong-See.
Den dritten Pass umgingen wir, indem wir den längeren Weg an seinem Fuß entlang nahmen. Dort stießen wir, wie erwartet, auf einen zugefrorenen Bach, dessen Wasser im Sommer den See speist. Die Eisdecke war stabil und schneefrei. Im Handumdrehen bauten wir einen Skoddy zusammen, auf den wir unsere Rucksäcke luden. Dann marschierten wir, so schnell wir konnten. Es wehte nur ein leichter Wind. Ungefähr zwei Stunden später kamen wir in eine Zone, wo etwa 15 Zentimeter Neuschnee lagen, und von da an ging es wesentlich langsamer vorwärts. Es war sehr mühsam, den Skoddy zu ziehen, und besonders bei Kundan machte sich die Anstrengung bemerkbar.
Jenseits des Sees, auf einer geröllbedeckten Anhöhe, tauchte ein Hirtenzelt auf, und vor ihm stand ein Mann, der zu uns herübersah. Wir machten Halt und winkten ihm grüßend zu, um uns zu vergewissern, ob wir nicht halluzinierten. »Er hat zurückgewinkt«, bemerkte Kundan und meinte, wir sollten doch hingehen und uns erkundigen, ob er nicht Pferde für uns habe. Angchuk pflichtete ihm bei. »Bis Korzok ist es noch weit,

und es wäre besser, wenn wir näher beim Pass Pferde bekommen könnten.«

Doch ich wusste aus Erfahrung, dass man leicht in die Irre gehen kann, wenn man unterwegs seine Pläne ändert, weil die Situation schwierig wird und Panik aufkommt, und war deshalb entschlossen, bei der einmal getroffenen Entscheidung zu bleiben. Ich hatte die Landkarte gründlich studiert und entschied, dass wir nicht von der geplanten Route abweichen würden, ehe wir Korzok erreichten. Wir marschierten wieder los. Feiner Nebel hing in der Luft, der allmählich dichter wurde und uns immer mehr die Sicht nahm, aber ich wusste, wohin ich ging.

Als der Nebel zwischendurch aufriss, blieb Kundan stehen, um noch einmal zu winken. »Schau doch, er winkt zurück.« Ich blieb ebenfalls stehen und blickte in die gleiche Richtung, und dieses Mal kam es auch mir so vor, als habe der Mann gewinkt. Ich beobachtete die Gestalt eine ganze Weile und sah, dass sie sich überhaupt nicht bewegte. Es war also doch eine Halluzination, dachte ich lächelnd, denn das kann durchaus vorkommen, wenn man müde ist. Dann erscheint einem jeder Felszacken wie ein Mensch, jede Erhebung wie ein Zelt oder eine Schutzhütte. Kundan war offensichtlich erschöpft, deshalb zogen Angchuk und ich den Skoddy weiter über den See, auf dem der Schnee nun etwa 25 Zentimeter hoch lag, und Kundan folgte uns.

Es war dunkel geworden und der Mond aufgegangen, verhüllt von papierdünnen Wolken. Wir zogen mit unserem Skoddy am Westufer des Tsomo Riri entlang, in den viele Bäche mündeten. Kundan marschierte hinter uns, setzte sich ab und zu nieder, um sich auszuruhen, und folgte uns dann wieder mit bedächtigem Schritt. Plötzlich erblickte ich auf dem Grat über uns eine Wölfin mit ihrem Jungen, die den Mond anheulte. Erschrocken drehten wir uns um und sahen, dass der größte Wolf des Rudels Kundan gefolgt war, offenbar schon seit einiger Zeit. Ein geradezu perfekter Hinterhalt: Die Mutter hatte den Feind ins Visier genommen, ein kurzer Sprung entschied nun über Leben und Tod.

Hoffentlich legt Kundan jetzt keine Rast ein, dachte ich, denn sobald er am Boden lag, konnte ihn das Wolfsrudel leicht in Stücke reißen. Das Beste war, einfach weiterzugehen. Nur keine Panik, weitergehen, einen

Schritt nach dem anderen. Die Skistöcke fest im Griff haben und als Waffe einsetzen, falls sie von hinten angreifen, dachte ich. Kundan wurde langsamer, sah nach rechts, nach links, und steigerte dann das Tempo, sein Verfolger allerdings auch. Er hatte den Wolf bemerkt. Angchuk und ich hatten Halt gemacht, warteten auf Kundan und bemühten uns, ruhig zu bleiben, unsere Skistöcke abwehrbereit, um ihm nötigenfalls zu Hilfe zu kommen. Bald hatte er uns eingeholt, und wir beobachteten gemeinsam, wie der Wolf näher kam. Plötzlich blieb er stehen und stieß einen völlig untypischen, durchdringenden Laut aus. Das war alles. Die Wölfe schienen zu spüren, dass sie auf Widerstand stoßen würden, und heulten wieder den Mond an. Dann drehte sich der Verfolger um und lief fort. Und Kundan, der möglichst schnell einen großen Abstand zwischen sich und die gefährlichen Tiere legen wollte, griff sich unseren Skoddy und zog davon. Diesmal blieben Angchuk und ich zurück.
Hundegebell! Wir blieben stehen, um zu lauschen, froh, dass offenbar menschliche Behausungen in der Nähe waren. Geräusche sind in der Dunkelheit der beste Wegweiser. Kundan marschierte mit frischer Kraft, und eine Stunde später erreichten wir eine armselige Hütte, in der wir Zuflucht suchten. Es stellte sich heraus, dass das Dorf in einem nahe gelegenen Engtal lag, in das wir aus Angst vor nachts oft frei herumlaufenden Hunden jedoch erst am nächsten Morgen vorstoßen wollten. Als wir unseren Skoddy entluden, tauchte nördlich am Himmel plötzlich ein grelles Licht auf. Zuerst dachte ich, es sei eine Leuchtrakete, aber niemand von unserem Team hatte eine Leuchtpistole dabei, und vermutlich besaß auch niemand im Umkreis von mindestens 20 Kilometern ein solches Gerät. Ich habe nie herausbekommen, was es war – auf jeden Fall keine Sternschnuppe, denn das Licht war heller und größer. Vielleicht war ein Meteor auf die Erde gestürzt. Jedenfalls nahm ich es als gutes Omen und dankte Gott.
Das Wetter war gut, als wir aufwachten. Vor uns lag der See in seiner erhabenen Schönheit, und auf der blütenweißen Schneedecke um ihn herum waren keine anderen Spuren zu sehen als die, die unser Schlitten hinterlassen hatte. Kundan hatte sich inzwischen von seinem Schrecken erholt, was er dadurch bewies, dass er Feuer unter dem Kocher entzündete und nach draußen ging, um Schnee für den Tee zu holen. Meine Knochen

krachten, als ich mich im Schlafsack umdrehte. Ich dachte über die Vergangenheit nach, über unsere anstrengende Expedition und den Wolf. Kundan muss erraten haben, was mir durch den Kopf ging.

»Ich habe heute Nacht kein Auge zugemacht«, begann er.

»Hast du Angst gehabt?«

»Eigentlich nicht, aber seltsam ist es schon«, fuhr er lächelnd fort. »Ich gebe immer mein Bestes, aber wenn ich an der Spitze gehe, erwartet mich ein Schneeleopard, und wenn ich am Ende der Gruppe bin, verfolgen mich die Wölfe. Warum passiert das gerade mir?« So, wie er das sagte, hatte es wirklich etwas Komisches, und wir begannen zu lachen, worauf Angchuk aufwachte und gleich mitlachte.

»Das kommt daher, dass du immer so extrem bist«, erklärte Angchuk. »Hat nicht Buddha der Erleuchtete gesagt, dass wir stets den mittleren Weg einschlagen sollen?«

»Doch, das hat er.«

»Dann denke daran, nicht nur beim Beten, sondern im täglichen Leben.« Er hielt inne, als Kundan ihm seinen Becher mit Tee reichte, und fuhr dann fort: »Sei nie zu weit voraus oder zu weit hinterher, denn in beiden Fällen ist Hilfe zu weit weg.«

Wir folgten dem einsamen Pfad zum Dorf hinauf; nur die Hunde machten sich bemerkbar. Doch dann tauchte, durch das Gebell aufmerksam geworden, ein älterer Mann auf und stellte sich uns als Tsering Wangdus vor. Es war der Dorfvorsteher, der sich im Winter um alles kümmerte. Nachdem wir die üblichen Fragen beantwortet hatten, woher wir kamen und wohin wir wollten, baten wir ihn um Hilfe.

»Können wir hier Pferde mieten? … Ein paar von uns stecken am Pilung La fest.«

»Wie viele?«

»Vier Pferde müssten uns reichen.«

»Es gibt keine Pferde im Dorf«, antwortete er mit besorgtem Stirnrunzeln, »aber vielleicht kann ich doch etwas für euch tun.«

Er rief einen kleinen Jungen und trug ihm auf, möglichst rasch Lama Chomphel und Tsering Dorjis Sohn herbeizuholen. Diese beiden würden uns vielleicht helfen können.

Früher hatte Korzok einen eigenen König. Menschen können in dieser kalten, unwirtlichen Gegend an der Grenze zu Tibet kaum leben, und dennoch tränkte so mancher machtgierige Herrscher den Boden mit Feindesblut. Doch die Tage des Ruhms waren von kurzer Dauer. Nachdem sie in mehreren Schlachten vernichtend geschlagen wurden, waren sie gezwungen, fortan ein Nomadenleben im Exil zu führen. Vor etwa 300 Jahren, während der Regierungszeit von Kang Rimpoche, schickte der König von Korzok einen Gesandten nach Tibet und lud einen Lama von einem dortigen Kloster ein. Der Lama kam und errichtete eine Gompa in Korzok. Daraufhin gaben die Bewohner ihre animistische Religion auf, wandten sich dem Buddhismus zu und lebten in friedlicher Eintracht mit ihren Tieren. Tsewang Yurgyal, der letzte der Changpa-Könige, regierte bis zum Jahr 1947. Heute ist sein Sohn Tsering Dorji das symbolische Landesoberhaupt.

Tsering Dorji war mit seinen Schafen unterwegs, aber sein Sohn erklärte sich bereit, unsere Sachen zu holen. Er hatte nur zwei Pferde, deshalb gab der Lama noch seine beiden Maultiere dazu, und nachdem man sich ausführlich besprochen hatte, brach der junge Mann samt seinen Lasttieren auf.

Das Dorf besteht aus etwa 50 Häusern, doch im Sommer leben hier wesentlich mehr Menschen, denn dann kommen die Changpa mit ihren Herden und bestellen ihre Felder, auf denen sie Weizen anbauen. Die Changpa besitzen jedoch keine eigenen Häuser, sondern leben in Zelten aus Yakhaar. Sie sind wie die Zugvögel, die zur gleichen Zeit am Tsomo-Riri-See eintreffen, um in dem sumpfigen Gelände am Ufer des Sees ihre Nester zu bauen. Ich würde gerne einmal im Frühjahr oder Sommer hierher kommen, dachte ich, wenn die sanften Farben meinen Geist erfrischen und meine Seele reinigen. Und wenn ich der Welt überdrüssig bin, komme ich auch im Winter, damit meine Seele sich ausruhen kann.

Am nächsten Morgen riefen wir über unser INMARSAT-Telefon in dem Krankenhaus an, in dem Sagar Rai und Blon wegen ihrer Erfrierungen behandelt wurden. Blon ging es inzwischen wesentlich besser, erfuhr ich, aber die Ärzte wussten immer noch nicht, was mit Rais Fingern werden würde. Leider wurde das Gespräch plötzlich unterbrochen. Die Batterien

waren leer, und wir hatten im Moment keine Möglichkeit, sie aufzuladen. Einfach zurücklassen konnten wir sie nicht, deshalb mussten wir sie mitschleppen, obwohl sie uns nichts nützten.
Gegen Abend sahen wir einen Jungen mit einem Pferd über den See kommen. Als er das Dorf erreicht hatte, ging er geradewegs zur Gompa weiter, wo er sich in der Haupthalle vor dem Lama zum Zeichen seiner Ehrerbietung auf den Boden warf. Dieser fragte ihn nach dem Grund seiner Reise.
»Eure Heiligkeit«, begann der Junge, verbeugte sich wieder und fuhr dann, als er sich zu Füßen des Lama auf dem Boden niedergelassen hatte, fort: »Meine Mutter ist krank, und mein Vater konnte nicht reisen, wofür er um Entschuldigung bittet, da er an ihrem Bett wacht. Doch er schickt Euch ein Pferd, damit Ihr kommen und an ihrem Lager für sie beten könnt.«
Der Lama erkundigte sich eingehend nach dem Gesundheitszustand der Mutter und bat dann einen Novizen, dem Knaben Tee zu bringen. Während dieser seinen Tee trank und sich ausruhte, packte der Lama einige Gebetsbücher zusammen. Ich sah zu, wie der Junge über den See zurückging; neben ihm ritt der Lama. Er würde die Götter anflehen, sich der Kranken zu erbarmen und ihre Seele zu retten. Später fragte ich Wangdus, was denn geschehe, wenn die Gebete ihr nicht halfen. »Dann«, antwortete er, »bringt er sie nach Leh – zu einem höherrangigen Lama.«
Während es Nacht wurde und wir auf das restliche Team warteten, hängten wir draußen am Haus als eine Art Wegweiser eine Petroleumlampe auf, doch der Wind machte es uns schwer, sie am Brennen zu halten. Eine Hilfe sei die Lampe nicht gewesen, beklagte sich Kumar hinterher, eher entmutigend. »Sie hat uns zwar wie ein Licht am Hafen die Richtung angezeigt, aber nicht die Entfernung«, sagte er. »Stunde um Stunde sind wir darauf zugegangen, und das Licht rückte immer weiter weg, wie die Sterne am Himmel. Es kam uns vor, als würden wir es nie erreichen.«
Das Team ließ sich durchgefroren und erschöpft in der Ecke des Zimmers nieder, und erst eine Schale heißer Tee weckte wieder ihre Lebensgeister. Kumar und Ranjit erzählten, wie mühsam es gewesen war, mit den Mulis durch den tiefen Schnee zu kommen.
»Diese drei Fuß hohen Zwerge«, meinte Ranjit, »haben zwar mehr Kraft

als Pferde, sind aber für diese Schneemassen viel zu klein. Deshalb sind sie ständig bis zu den Ohren eingesunken.«

»Du hast sie uns zur Unterstützung geschickt«, fügte Kumar hinzu, »aber wegen ihnen mussten wir noch mehr arbeiten, damit sie nicht im Tiefschnee erstickten.«

Bis in die tiefe Nacht hinein erzählten wir uns aufregende Geschichten, doch Kundans Erlebnis mit dem Wolf war mit Abstand die beste.

Am nächsten Morgen hatten wir schönes Wetter, und über dem Bergrücken bei Korzok stand eine kräftige Sonne. Shanti und Pun putzten sich die Zähne und bewunderten sie anschließend in Kumars winzigem Metallspiegel. Die anderen trockneten ihre Skistiefel in der Sonne, Kumar massierte seine Füße und unterzog sie dabei einer genauen Inspektion.

»Sieht aus, als ob sie langsam heilen«, sagte ich. »Ich habe auch das Gefühl«, bestätigte Kumar, »aber sie schmerzen immer noch fürchterlich, wenn es kalt ist.«

»Meine Finger auch«, sagte ich.

Seine Zehen waren noch immer schwarz und der Nagel am großen Zeh fast trocken, aber die Schmerzen bedeuteten, dass seine Füße allmählich heilten. Ich schenkte ihm ein Paar von den Extrasocken, die ich dabeihatte.

Am nächsten Tag würde es ein neues Team geben. Wir hatten beschlossen, es mit einer neuen Gruppe zu versuchen, um auch anderen die Gelegenheit zu einer intensiven Erfahrung zu geben. Ich ging davon aus, dass dieser Wechsel sich positiv auswirken würde. Ich konnte nicht erwarten, dass einige auf das richtige Expeditionserlebnis verzichteten und sich mit der Unterstützerrolle zufrieden gaben.

In Korzok nahm ich also die vier neuen Teammitglieder auf – das Duo Dhan Singh und Ranjit Singh, außerdem Karna Bahadur Thapa und Tashi, beide jung und energiegeladen. Ich mit meinen 44 Jahren war der Älteste und machte mir doch ein wenig Sorgen, ob ich mit den Jüngeren, die zwischen Mitte zwanzig und Anfang dreißig waren, würde mithalten können. Dhan Singh war mit 38 Jahren der Älteste der Neuen, Tashi mit nur 24 Jahren der Jüngste und so stark, wie ich mich während meiner *Trans-Himalaya-Expedition* gefühlt hatte.

Die lohnenderen Herausforderungen stellen in meinen Augen Expeditionen in der Horizontalen und nicht in der Vertikalen dar. Seit Tenzing Norgay und Edmund Hillary den Everest bestiegen hatten und damit zu Legenden in Bergsteigerkreisen geworden waren, sind viele Menschen blind der Vorstellung gefolgt, es sei ein Beweis besonderer Tüchtigkeit, auf die höchsten Berge der Welt zu steigen, als ob damit eine geistige Befreiung einherginge. Meistens hält jedoch der Körper nicht Schritt mit dem geistigen Höhenflug, und die Menschen fallen danach nur in eine tiefe Depression.

Im Prinzip ist es beim Bergsteigen wie mit einer Menschenpyramide. Einer steigt auf den Schultern des anderen empor, und nur derjenige, der die Spitze erklimmt, darf die Fahne schwenken, obwohl der unterste mit einem kleinen Schritt zur Seite die Pyramide wie ein Kartenhaus einstürzen lassen kann.

Deshalb galt Bergsteigen auch lange Zeit als Teamarbeit, aber sollte das Ziel dann nicht sein, dass das ganze Team den Gipfel erreicht? Tatsächlich aber ist es beim Bergsteigen wie in jeder anderen Sportart: Einige wenige ernten die Lorbeeren, während von allen anderen niemand spricht und man sich nur aus eigennützigen Motiven gegenseitig hilft. Das anfänglich gemeinsame Motiv nimmt mit der Zeit individuelle Züge an, selbst wenn man noch ein gemeinsames Ziel hat. Doch wenn es auf Leben und Tod geht, wenn auf dem höchsten Punkt der Erde der Wind zum Sturm und der Sturm zum Orkan wird, dann geben persönliche Motive den Ausschlag. Die Wahrheit ist, dass sich mit der Höhe auch die innere Haltung ändert.

Bei Unternehmungen wie der *Trans-Himalaya-Expedition* und der *Ski-Himalaya-Expedition* sind wir von Anfang bis Ende ein Team. Alle erfüllen ähnliche Aufgaben und nehmen dieselben Strapazen auf sich. Unser Erfolg basiert auf Kameradschaft und Disziplin, und wir verstehen ihn als gemeinsame Leistung, nicht als persönliche Ruhmestat. Keiner ist der Schlechteste, jeder ist der Beste.

5
Das gefleckte Phantom

Ich höre eine Stimme, die du nicht hörst,
Sie sagt, ich darf nicht bleiben;
Ich sehe eine Hand, die du nicht siehst,
Sie winkt mir, ihr zu folgen.
Thomas Tickell, *Colin and Lucy*

Der See war vier Kilometer breit, und auf der anderen Seite ragten steile Berge in den tiefblauen Himmel empor. Helles Sonnenlicht lag auf den Gipfeln rund um Korzok, und mir wurde warm ums Herz. Während wir unsere Skoddys startklar machten, erkundigte sich Tashi bei Tsering Wangdus nach dem Weg.

»Am Ende des Sees«, sagte Wangdus, »führt ein Tal nach Westen. Folgt diesem Tal, und ihr kommt zum Parang La.«

»Wie heißt diese Abzweigung?«

»Sumdo«, erwiderte Wangdus, »Norbu Sumdo, aber was nützt euch das? Ihr werdet niemanden finden, der euch den Weg zeigt.«

Ebenjenen Parang La mussten wir überqueren, um nach Kibbar im Spiti-Tal zu gelangen. »Am Ende des Sees, Tal nach Westen«, wiederholte ich im Stillen, um es mir besser zu merken.

Angchuk, Shanti und Kundan schoben unsere Skoddys an, und sie setzten sich holpernd in Bewegung, wie uralte Autos. Wangdus sah uns verwundert zu und versuchte zu begreifen, warum wir freiwillig diese Strapazen auf uns nahmen. »Buße tun, das kann ich verstehen«, sagte er, »aber ihr fordert euren Tod heraus.«

Wangdus hatte schon viel erlebt, er kannte das Gelände und das Wetter und war in seinen jungen Jahren oft über den Parang La gegangen. Es sei Selbstmord, den Pass in dieser Jahreszeit zu überqueren, meinte er. »Der Parang La hat zwei Gesichter«, hatte er mir in der Nacht erklärt. »Die Ladakh zugewandte Seite steigt sanft an, auf der Seite von Spiti fällt er steil ab, und jede Minute donnern gefährliche Lawinen in die Tiefe.«

Seit Korzok gingen in meinem Mastiff-Team Tashi und Thapa mit, während sich die beiden abenteuerlustigen Singhs, Dhan und Ranjit, den Huskys unter Kumar angeschlossen hatten. Pun übernahm die Rolle des Springers, der zur Verfügung stand, wenn jemand müde wurde oder ich meinen Platz im Team verließ, um Fotos zu machen.

Wir rückten die Gurte an Schultern und Bauch zurecht, und ich legte mich mit meinem ganzen Körpergewicht ins Geschirr. Unsere Skoddys, hoch beladen, wogen an die 120 Kilogramm, und diese Last mussten wir nun über den zugefrorenen, mit frischem Neuschnee bedeckten See ziehen. Auf einer Höhe zwischen 4200 und 5400 Metern kostet es ebenso viel Energie, zehn Kilogramm zu ziehen wie 100 Kilogramm auf Meeresniveau. Die Höhe raubt einem die Kraft, ja sogar den Willen, etwas zu tun, und alles geht ungeheuer langsam.

Die glatte Eisfläche des Pyangong Tso zu überqueren war wie eine Fahrt mit einer Limousine auf der Autobahn. Im Vergleich dazu rumpelten wir über den Tsomo Riri wie ein alter Lastwagen über eine holperige, aufgeweichte Dorfstraße. Außerdem bremste der 30 Zentimeter hohe Neuschnee unsere Skoddys ganz gewaltig. Manchmal waren die Schneeverwehungen so hoch, dass wir gar nicht mehr weiterkamen, und dann mussten wir die Schlitten hinüberhieven. Dieses ständige Vor und Zurück war äußerst mühselig.

Je stärker ich zog, umso schwerer schien der Skoddy zu werden. Ich hatte das Gefühl, dass Tashi und Thapa überhaupt nicht zogen, und verwünschte sie im Stillen. Die beiden mich vermutlich auch. Irgendwann hielt ich an, um ihnen zu erklären, worauf es ankam. »Ihr müsst immer schön gleichmäßig gehen«, sagte ich. »Nicht ruckeln, nicht bremsen.« Sie ver-

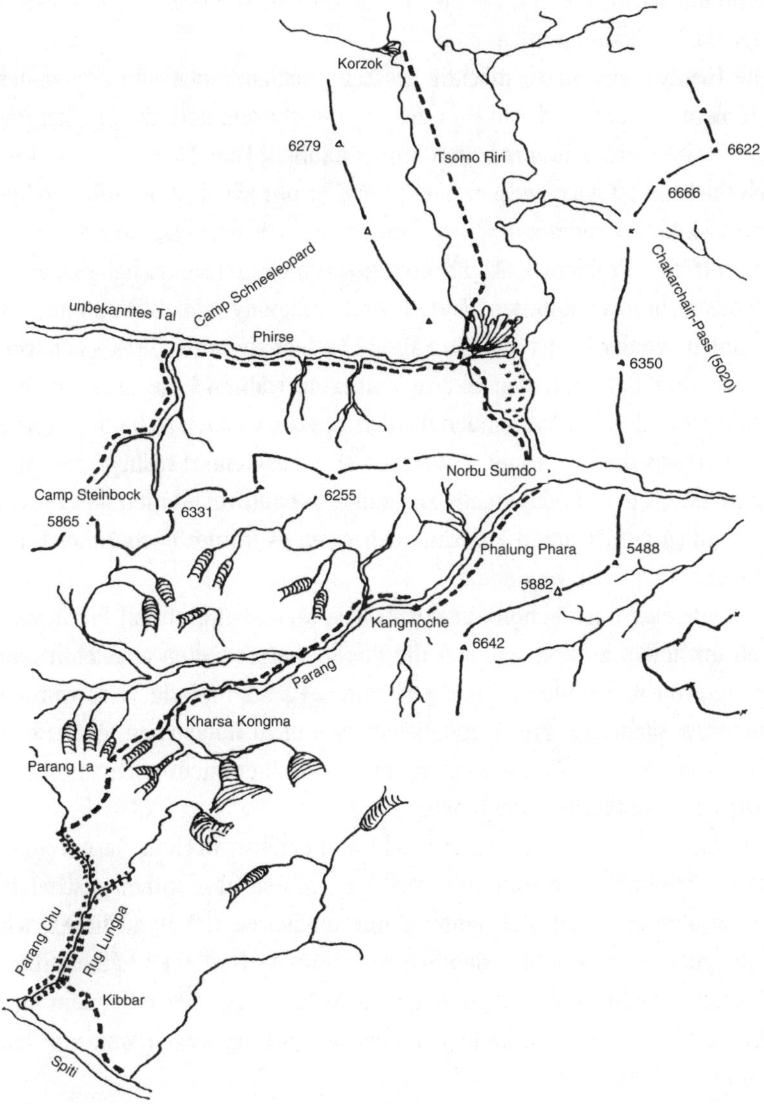
Korzok
6279
Tsomo Riri
6622
6666
Chakarchain-Pass (5020)
Camp Schneeleopard
unbekanntes Tal
Phirse
6350
Norbu Sumdo
Camp Steinbock
6255
6331
5865
Phalung Phara
5488
5882
Kangmoche
6642
Parang
Kharsa Kongma
Parang La
Parang Chu
Rug Lungpa
Kibbar
Spiti

suchten es, zogen aber viel zu heftig mit dem Ergebnis, dass sie nach zehn Minuten ziemlich erschöpft waren. Ich beschloss, nichts mehr zu sagen, denn mir wurde die Luft knapp, und es war ohnehin besser, wenn sie aus eigener Erfahrung lernten.

Die Huskys legten sich mächtig ins Zeug, schienen aber ein ernsthaftes Problem zu haben. Ich bat Pun, sie zu unterstützen, doch sie blieben immer weiter zurück und machten immer häufiger Halt. Deshalb entschloss ich mich, selbst nachzusehen. Von Kumar erfuhr ich, dass der mittlere Ski ihres Skoddy ständig aufkantete, was das Ziehen sehr erschwerte.

Da wir das Problem trotz unseres gesammelten technischen Sachverstands nicht lösen konnten, bauten wir den Skoddy schließlich ab und erkannten, wo der Fehler lag. Ein Skoddy besteht aus sechs Skistöcken, von denen drei flach auf den Skiern aufliegen, während die anderen drei senkrecht mit ihnen verbunden werden, um das Gepäck zu halten. Wurde irgendetwas daran verändert, funktionierte das Gefährt nicht so gut, wie es sollte. Als der Skoddy richtig zusammengebaut war, kamen die Huskys wesentlich besser damit zurecht, auch wenn es immer noch äußerst anstrengend war, ihn zu ziehen.

Ich hatte eigentlich gehofft, in Korzok von Menschenkraft auf Pferdestärken umstellen zu können, aber die Pferdebesitzer hatten abgelehnt und gesagt, Norbu Sumdo sei eine sehr kalte Gegend, und die Tiere würden mehrere Nächte im Freien möglicherweise nicht überstehen. Außerdem gab es in der Nähe keine Weiden, und wir wollten nicht noch zusätzlich Futter für die Pferde mitnehmen.

Das andere Ende des Sees schien nicht weit entfernt, doch in dieser reinen Luft schrumpfen die Entfernungen. Man musste die vorher geschätzte Zeit mindestens mal drei nehmen, um annähernd richtig zu liegen. Ich hatte gedacht, man könne den See der Breite nach in einer halben Stunden überqueren, doch es dauerte genau 90 Minuten, wie ich bei dem Jungen in Korzok gesehen hatte, der über den See gegangen war, um den Lama zu holen.

Jenseits des Höhenzugs im Norden lag das Hanle-Tal. Von dem Berg an seinem Rand konnte man 50 oder 60 Kilometer weit hineinsehen, vielleicht sogar noch mehr. Einen derart weiten Blick in die Ferne findet man in fast keiner anderen Region des Himalaya. Außerdem gibt einem die Höhe das Gefühl, wirklich auf dem »Dach der Welt« zu stehen. Selbst die Täler liegen hier über 4200 Meter, was sogar uns hoch vorkam, obwohl wir seit drei Wochen niemals tiefer als 3600 Meter gewesen waren.

Am Ende des Tages waren wir erschöpft, deshalb schlugen wir unser Lager auf dem nächstbesten Fleckchen Erde auf, das schneefrei war. Der Wind blies wieder stärker, und wegen des Flüssigkeitsmangels litten wir alle an leichten, jedoch anhaltenden Kopfschmerzen. Ich suchte Zuflucht im warmen Küchenzelt.

Am Lagerplatz Mahe hatten wir unser neues Zweimannzelt gegen ein vergleichsweise altes Zelt eingetauscht, das der Proviantmannschaft gehörte. Wir fanden es besser als das kleinere und leichtere Zelt, denn es war höher, so dass wir bequem darin sitzen konnten, und außerdem hatte es einen abgeteilten Bereich, der sich gut zum Kochen eignete. Diese Ecke wurde unser Zufluchtsort.

Den Küchendienst übernahmen die Herren Ranjit Singh und Dhan Singh, die eine große Schwäche für Tee und scharfe Chilis hatten. Während Ersteres unserem ausgetrockneten Körper ausgesprochen gut tat, beförderte uns Letzteres schneller als gedacht in diesen Zustand zurück. Die reichlich gepfefferte Abendsuppe brannte wie Feuer, und kurz darauf taumelte einer nach dem anderen aus dem Zelt auf der Suche nach einem Loch im Boden.

Am Morgen hingen dichte, düstere Wolken über dem See, so dass wir einen Kompass zu Hilfe nehmen mussten, um die Richtung zu finden. Zu allem Unglück hatte Kumar am Namshang La einen Kasten zurückgelassen, der Batterien, Skifelle und andere wichtige Dinge enthielt, darunter auch Landkarten dieser Region. Den Aufstieg zum Parang La ohne Felle bewältigen zu müssen war nicht erfreulich, und noch weniger die Tatsache, dass wir nicht einmal Karten hatten, denn das bedeutete, dass wir unser GPS nicht mit den Koordinaten füttern konnten. Wir befanden uns in einer schlimmeren Lage als Dr. William Moorcroft anno 1812. Immerhin hatte er die zur damaligen Zeit erhältlichen Karten.

Es war noch früh am Tag, als wir auf ein Tal stießen, das nach Westen führte. Den Eingang bildete eine Art Tor aus hohen Felszacken, auf denen eine breite Steinplatte balancierte, als hätte hier jemand eine Wegmarke errichtet. Wir standen stumm davor und warteten darauf, dass eine Stimme sagte: »Das ist das Tal nach Westen, das ihr sucht.« Tashi sah mich an wie ein Hund, der auf die Erlaubnis seines Herrchens wartet, ehe er zum Futternapf läuft. Doch ich stand da, vollkommen leer im Kopf, und wusste nicht, was wir tun sollten.

»Es ist Norbu Sumdo«, rief Dhan, der inzwischen aufgeholt hatte.

»Du weißt doch, was Tsering Wangdus gesagt hat«, meinte Tashi. »Ende des Sees, Tal nach Westen.«

»Ja, aber das ist *nicht* Norbu Sumdo«, entgegnete ich.

»Aber der See ist hier zu Ende, man sieht es nur nicht bei diesem Wetter.«

»Ich bin mir nicht sicher«, wiederholte ich.

Doch dann erinnerte mich Kumar daran, dass es schon an die 13 Jahre her war, seit ich mich in dieser Gegend aufgehalten hatte, und dass die Erinnerung täuschen kann. Damit hatte er nicht Unrecht, und so räumte ich widerstrebend ein, dass wir uns wohl tatsächlich bei Norbu Sumdo befanden.

Während wir mit unseren Skoddys weiterzogen, bemerkte Dhan Singh, ein erfahrener Bergsteiger, dass »in den Bergen alle Täler gleich aussehen und ein derart schlechtes Wetter wie momentan alle charakteristischen Merkmale verwischt«. Ich gab nach, allerdings unter der Bedingung, dass wir den Pass erst überschreiten würden, wenn ich vollkommen überzeugt war.

Das letzte Mal, als ich hier gewesen war, hatten wir auf der Passhöhe biwakiert und in der Nacht ziemlich gefroren. Diesen Pass vergisst man nicht so leicht. Am nächsten Tag waren wir nach Norbu Sumdo hinuntergestiegen, aber ich war so müde, dass ich kaum etwas wahrgenommen hatte. Ich erinnerte mich nur, dass wir mittags Rast gemacht und etwas gegessen hatten. Mir kam es nicht so vor, als wären wir bei Norbu Sumdo. Möge Gott uns den richtigen Weg weisen, dachte ich und ging weiter.

Das unbekannte Tal

In dem Tal mit dem zugefrorenen Bach lag kein Neuschnee, und wir konnten unsere Skoddys ohne Mühe die sanfte Steigung hinaufziehen. Das war auch der Grund, warum das Team diese Route hatte nehmen wollen. Der ständige Gegenwind stumpfte mich ab, so dass ich keinen Gedanken mehr daran verschwendete, ob wir in die richtige Richtung gingen. Die Temperatur fiel auf –26 °C. Jedes Mal, wenn wir stehen bleiben, um das Gesicht warm zu reiben, mussten wir unsere Füße fest in den gefrorenen Boden stemmen, denn er war spiegelglatt. Auch die Skoddys rutschten immer wieder nach unten.

Wir warteten auf die Huskys, die etwas zurückgeblieben waren. Ich hatte meine Kapuze tief ins Gesicht gezogen und stand mit gekrümmten Schultern da, um dem Wind möglichst wenig Angriffsfläche zu bieten. Als sie aufgeholt hatten und wir schon weitergehen wollten, bedeuteten sie uns, wir sollten stehen bleiben. »Du lieber Himmel«, dachte ich. »Sie werden doch nicht schon wieder ein Problem mit ihrem Skoddy haben.«

Kumar wies auf eine Stelle am Rand des Bachlaufs, wo der Wind Schnee zusammengeweht hatte. Irgendein Tier hatte dort Spuren hinterlassen. Meiner Meinung nach konnten sie von einem Hund, einem Wolf oder sogar einem Kaninchen stammen, doch ich war mir nicht sicher, was ich aber nicht zugeben wollte. Kumar meinte eindeutig den Abdruck der Vorderpfote eines Schneeleoparden mit fünf Krallen zu erkennen. Ich behauptete stur, ich könne nur vier sehen.

Beim Schneeleoparden zwischen der Vorderpfote mit fünf Krallen und der Hinterpfote mit vier Krallen zu unterscheiden ist deshalb so schwierig, weil er die Hinterbeine genau in die Spur der Vorderbeine setzt. Dadurch kann das Tier sich lautlos anschleichen, selbst auf brüchigem Eis.

Wir untersuchten die nähere Umgebung und fanden Spuren von weiteren drei oder vier Tieren. »Vielleicht eine Familie beim Spaziergang«, witzelte Ranjit. Noch während wir uns die Spuren ansahen, wehte sie der Wind schon wieder mit Schnee zu.

»Die Leoparden sind nicht weit weg«, erklärte Kumar in bestimmtem Ton. Er klang wie ein Sheriff im Wilden Westen, der vom Pferd springt, eine frische Spur aufnimmt und dann, mit zwei schussbereiten Gewehren am Sattel und zwei Pistolen im Gürtel, entschlossen hinterhergaloppiert. Wir hatten keine Gewehre, waren jedoch trotz unserer Angst geradezu versessen darauf, dieses seltene Tier zu sehen. Unser Experte Kumar erläuterte weiter, dass die Armee die Zeichnung des Schneeleopardenfells für ihre Tarnanzüge übernommen habe. Die Pfoten des Schneeleoparden sind mit geräuschdämpfenden Ballen ausgestattet. Ein Schriftsteller hat die geschmeidige Bewegung dieses Tieres einmal als »das Vorbeigleiten eines Phantoms« beschrieben.

Es lief uns kalt den Rücken hinunter, als wir zu den Felsen über uns hinaufsahen. Ein Schneeleopard kann bis zu zwölf Meter weit springen, jeder von uns wäre eine bequeme Beute für ihn gewesen. »Gehen wir weiter«, flüsterte ich, um das Raubtier nicht aufzustören. Doch unsere Skoddys machten knackende Geräusche bei der Fahrt über das Eis, wir schlugen immer wieder mit den Hacken dagegen, und die Skistöcke, mit deren Hilfe wir uns vorwärts zogen, kratzten hörbar auf dem gefrorenen Boden. Auch die Skoddys hinterließen Spuren.

Weiter vorne öffnete sich das Tal, und überall waren Abdrücke von Leoparden zu sehen wie zum Zeichen, dass sie auf uns warteten. Wir gingen daran vorbei und kamen schließlich zu einer Anhöhe, die teilweise schneefrei war. Dort schlugen wir unser Lager auf, das wir »Camp Schneeleopard« nannten. Als wir unsere Zelte aufstellten, kam plötzlich ein Kaninchen aus seinem Bau gesprungen – wir hatten es wohl in seinem Winterschlaf gestört – und hoppelte ein Stück auf uns zu, als wollte es Ranjit, unseren Koch, ein wenig foppen. Doch dann rannte es Haken schlagend davon und Ranjit hinterher.

Im Küchenzelt war man bereits dabei, Schnee und Eis für das Teewasser zu schmelzen. Es dauerte fast eindreiviertel Stunden, bis sieben Tassen fertig waren, und außerdem verbrauchten wir dabei eine Menge Paraffin, manchmal bis zu einem halben Liter am Tag. Um Gewicht zu sparen, hatten wir nur Brennstoff zum Kochen mitgenommen. Doch um das Feuerchen im Küchenzelt herumzusitzen war ein Luxus, auf den sich jeder freute.

Ranjit kehrte, in seinem Ärger gegen etliche Kaninchenbaue tretend, mit leeren Händen von der Jagd zurück. Zu Abend schlürften wir Nudelsuppe aus unseren Bechern und legten uns dann in der Hoffnung schlafen, im richtigen Tal zu sein.

Am nächsten Tag herrschte dichtes Schneetreiben, das Halluzinationen verursachen kann, bei uns aber Kopfschmerzen auslöste. Pun machten sie am meisten zu schaffen, deshalb legten wir immer wieder eine Pause ein. Das Team genoss die unplanmäßige Rast, und ich zog ein Paar Handschuhe aus, um Fotos zu machen. Innerhalb von Sekunden waren meine Finger zu Eis erstarrt. Es schmerzte so fürchterlich, dass ich unwillkürlich laut aufschrie. Dhan Singh und Ranjit Singh, die wohl dachten, mir wären die Finger abgefallen, kamen sofort herbeigelaufen und begannen, meine Hände warm zu reiben. Einen Moment lang hatte ich jedes Gefühl in den Fingern verloren bis auf einen brennenden Schmerz, wie ich ihn noch nie erlebt hatte. Es war, als hätte mir ein Kurpfuscher tausend Akupunkturnadeln gesetzt.

Vor uns gabelte sich das Tal. Wir nahmen den Seitenarm Richtung Süden, und gleich darauf bemerkten wir Abdrücke von Schuhen und Pferdehufen. Ein einsamer Reiter musste hier unterwegs gewesen sein, doch woher kam er, und wo wollte er hin? Die Spuren waren offensichtlich schon einige Tage alt, denn man konnte sie nicht mehr deutlich erkennen; außerdem war der Schnee durch den Nachtfrost verharscht.

Abgesehen von den Spuren dieses einsamen Reisenden gab es weder Hinweise auf alte Lagerplätze noch einen der Steinhügel, wie sie im Himalaya so häufig anzutreffen sind. Wenn wir uns auf einer alten Handelsroute befanden, mussten ihre Benutzer irgendwelche Spuren im Tal hinterlassen haben. Doch zu meinem Schrecken musste ich erkennen, dass wir uns verirrt hatten.

Wenig später stießen wir auf Hufspuren einer Herde Gorals oder Steinböcke und machten Halt. Ich blickte mich um, konnte jedoch zuerst nichts sehen als einen kegelförmigen Gipfel nördlich von uns, auf dem der Wind mit dem Schnee spielte. Dann, ganz in unserer Nähe, auf einem Vorsprung unterhalb der Felsen, bemerkten wir den großen Kopf eines Steinbocks mit glasig starren Augen. Vielleicht hatte ihn ein Jäger zurückgelassen, dem seine Trophäe zu schwer geworden war.

Die Hörner waren voll entwickelt. »Das Alter eines Steinbocks kann man an den Hörnern ebenso gut ablesen wie das Alter eines Baumes an den Jahresringen«, erklärte Kumar. »Das neue Horngewebe schiebt das ältere jedes Jahr ein wenig weiter, so dass das Horn sich schließlich krümmt, weil das frische Gewebe am Ansatz schneller wächst.« Es musste ein stattliches Tier gewesen sein, denn Tashi zählte 18 Ringe am Horn. Wir konnten den Kopf zwar nicht mitnehmen, doch ihm zu Ehren nannten wir unser Lager »Camp Steinbock«.

Am 15. März stellten wir fest, dass unser Proviant nur noch für vier Tage reichte. Grund genug, sich Sorgen zu machen. »Entweder finden wir morgen einen Pass, oder wir müssen dieselbe Strecke wieder zurückgehen«, sagte ich zu Kumar. Unser Weg hatte uns in ein unbekanntes Gebiet geführt, und ich musste zugeben, dass es mir hier langsam gefiel ... Das Tal war so friedlich, selbst der Wind schien sich hier zu mäßigen, und die Wolken zogen ruhig dahin. Keine Vögel, nicht einmal Adler ließen sich hier blicken. Es kam mir vor, als wären wir geschickt worden, um einen kurzen Blick in die Welt von Schneeleopard und Steinbock zu tun, in das Revier des Raubtiers und seiner Beute. »Es ist ihre Welt«, dachte ich. »Was haben wir hier zu suchen?«

Schnee begann zu fallen, was mich hoffen machte, dass wir am nächsten Tag gutes Wetter haben würden. Dann könnten wir weit in die Ferne sehen und einen Pass entdecken, über den wir in die Täler auf der anderen Seite hinabsteigen konnten, wo wir vielleicht – niemand konnte es wissen – ein betriebsames Dörfchen finden würden, oder einen Ort für unsere ewige Ruhe.

Als ich im Schlafsack lag, schoss mir ein beunruhigender Gedanke durch den Kopf: Wenn nun eine Lawine abging und uns unter sich begrub? Am Morgen wäre jede Spur von uns ausgelöscht. Niemand würde uns finden. Tsering Wangdus wäre der Letzte, der uns gesehen hat, aber selbst er wüsste nicht, wohin wir gegangen waren. Und vor dem 18. März, dem Tag, an dem wir in Kibbar ankommen wollten, würde sich niemand auf die Suche nach uns machen. Vielleicht würde eines Tages eine Jagdgruppe oder ein Nachzügler auf unsere Überreste stoßen, und dann würden unsere Familien zu Hause vielleicht davon erfahren. Oder wir würden,

was in dieser Region nicht erstaunlich wäre, jahrhundertelang hier liegen, ohne dass uns jemand fand. Ich zog mir den Schlafsack über den Kopf und versuchte zu schlafen.
Nachts klopfte der Wind gegen unser Zelt, und ich stand auf und warf einen Blick nach draußen in der Hoffnung, einen klaren Himmel mit Vollmond zu sehen. Stattdessen drängten sich kalte Wolken in das Zelt und schlüpften in meinen warmen Schlafsack.
Der 16. März bescherte uns herrliches Wetter. Der Himmel war unglaublich klar, kein Wölkchen war zu sehen. Ein steiler Hang führte zum Pass hinauf, unter dem eines nach dem anderen unsere drei Zelte standen und daneben, halb im Schnee begraben, unsere beiden Schlitten. Ein Zelteingang wurde zurückgeschlagen, und Tashi kletterte heraus, rieb sich verschlafen die Augen und stand erst einmal eine Weile stumm da, um die Szenerie zu erfassen.
»Wir haben wunderbares Wetter heute«, rief er schließlich laut, damit die anderen, die noch in den Zelten dösten, ihn auch hörten. Bald darauf kamen Kumar und Thapa, und gemeinsam begrüßten sie den Tag mit einem breiten Grinsen. Dann klopften sie eilig den Schnee von ihren Zelten und begannen zusammenzupacken. Ich ging zum Küchenzelt, wo die Herren Dhan und Ranjit, was mich nicht überraschte, bereits Tee gemacht hatten. Ich stürzte einen Becher hinunter und knabberte ein paar Kekse. Damit war das Frühstück erledigt, und ich marschierte los, um das Schlittengeschirr anzulegen.
Tashi überprüfte die Gurte und machte den ersten Schritt. Hohe Bergrücken schlossen das nach Südwesten verlaufende Tal ein, das Gelände stieg steil an. Es war windstill, und die Sonne reichte noch nicht bis zum Talboden. Ich stellte mich auf einen Felsblock, von dem aus ich über einen von Spalten durchzogenen Gletscher bis zu einem schmalen, zerklüfteten Grat weit ins Tal hineinblicken konnte. Der Parang La, den ich kannte, sah vollkommen anders aus.
»Das ist nicht der Parang La«, sagte ich und sprach meinen Gedanken absichtlich laut aus, sehr zum Verdruss derjenigen, die gehofft hatten, ihn an diesem Tag zu überschreiten. »Wir müssen umkehren, ehe es zu spät ist … Unser Proviant reicht nur noch für vier Tage, einschließlich der Not-

rationen.« Schweigen. Niemand sagte ein Wort, niemand bewegte sich. Die Konfrontation mit der Realität war hart und unerfreulich.
Manchmal gehen wir im Leben zu weit, und der Weg führt in die Irre. In solchen Momenten müssen wir all unsere Kraft aufwenden, um wieder umzukehren und einen neuen Anfang zu machen. Ich bin überzeugt, dass einem ein neuer Weg immer schwierig erscheint, selbst wenn er notwendig und der richtige ist. Doch ein Mensch, der seine Ziele ernsthaft und engagiert verfolgt, wird mit den Schwierigkeiten, die ihm begegnen, fertig werden. Und er wird immer wieder Hilfe finden. Bleibt diese Hilfe aus, hat er sich wahrscheinlich nicht ausreichend bemüht.
Ehe wir umkehrten, blickte ich noch einmal über das Tal und nahm bewusst wahr, wie sehr es sich von den anderen Tälern des Himalaya unterschied. Es wirkte so weltfern, so friedlich, dass ich tief in der Seele berührt war.
Wir machten uns auf den Rückweg, den wir möglichst schnell bewältigen wollten. Statt jede Stunde legten wir nur noch alle zwei Stunden eine kurze Rast von fünf Minuten ein. Wir wechselten kaum ein Wort während dieser Pausen, die Zeit reichte gerade für ein paar Atemübungen, was wir »die Lunge durchbürsten« nannten. Unsere Atmung wurde tatsächlich so tief, dass wir zwischen »Ausatmen« und »Einatmen« fast eingeschlafen wären.
Wir kamen gut voran und erreichten, nachdem wir Camp Steinbock hinter uns gelassen hatten, gegen Mittag Camp Schneeleopard. Richtung Süden erhob sich ein steiler Bergrücken, nach Norden hin stieg das Tal sanft an. Im Sommer würde hier alles wieder grün sein, doch nun lag auf der vor kurzem noch spiegelglatten Eisfläche eine dicke Schneedecke.
Auf halbem Weg zwischen Camp Schneeleopard und dem See begann Pun über seine schmerzenden Füße zu klagen, deshalb machten wir Halt, damit er sie besser verbinden konnte. Alle anderen nutzten die Pause, um ihr Mittagessen zu verzehren. Auf dem Bergrücken im Süden lag fast kein Schnee, der Wind hatte das nackte, in dunklen Grau- und Gelbtönen gefärbte Felsgestein freigelegt. Ein Stück weiter oben bemerkten wir eine Herde Steinböcke mit einem stattlichen Männchen, das über dem Tal zu wachen schien.

»Ich möchte versuchen, sie ganz nah vor die Kamera zu bekommen«, flüsterte Kumar. Er prüfte die Windrichtung, indem er den Zeigefinger hochstreckte, und schlich dann langsam auf die Tiere zu. »Sei vorsichtig«, sagte ich, denn ich wusste sehr gut, dass der Steinbock mit seinen vorstehenden Augen fast rundum jede Bewegung wahrnimmt, mit seiner feinen Nase einen Menschen auf 800 Meter gegen den Wind wittert und die scharfen Ohren auch das leiseste Geräusch aufnehmen, das der Wind ihnen zuträgt. Kumar pirschte sich vorsichtig, Zentimeter um Zentimeter, an die Tiere heran, bis er nur noch etwa 200 Meter von ihnen entfernt war. Dann blieb er stehen, denn sie zeigten erste Anzeichen von Nervosität, und Kumar wollte vermeiden, dass sie panisch die Flucht ergriffen. Wir anderen versteckten uns hinter einem großen Felsblock, um die Szene von dort aus zu beobachten.

Es war ein überwältigender Anblick. Der Hang, auf dem die Steinböcke grasten, war von mächtigen Felsbändern durchzogen. Hoch oben zwischen den Felsen tanzten Federwölkchen und woben eine hauchzarte Decke vor dem mittlerweile blauen Himmel. Das hellbraune Fell der Tiere schimmerte im Licht der Nachmittagssonne, und ihre kurzen Schwänze bewegten sich munter hin und her. Der große, spitz zulaufende Kopf mit den rehähnlichen Ohren und der zierlichen Nase trug gewaltige, nach hinten gebogene Hörner, die in scharfen Spitzen endeten.

Wir beobachteten, wie die grasenden Tiere langsam den Hang hinaufzogen. Kumar folgte ihnen vorsichtig und kam sogar bis auf 100 Meter an sie heran, als das Männchen, das Wache hielt, plötzlich Gefahr witterte. Es stieß einen schrillen Pfiff aus und flüchtete den Berg hinauf, die anderen sprangen ihm instinktiv hinterher. Sie waren so schnell, dass jeder, der ihnen hätte folgen wollen, bald gestolpert und in den Tod gestürzt wäre. Kumar hatte Glück, denn einer der Felsbrocken, die herabfielen, verfehlte ihn nur um wenige Zentimeter. Als der letzte Steinbock verschwunden war, kletterte Kumar wieder zu uns herunter. Er fragte sich verwundert, wie die Tiere in einer solchen Umgebung, wo die Luft derart dünn war und die Füße kaum Halt fanden, so gut zurechtkamen.

Doch der Steinbock ist ein Höhenexperte, der auch auf 5000 Metern noch mühelos umherstreift. Seine Lungenkapazität ist gewaltig, und das Herz –

30 Prozent größer als beim Menschen – pumpt enorme Mengen an sauerstoffreichem Hämoglobin in die Körpergewebe. Daher kann ein Steinbock 400 Höhenmeter in fünf Minuten überwinden, wofür ein erwachsener Mann auf dieser Höhe zwei anstrengende Stunden braucht.
Der Steinbock hat jedoch auch Feinde – insbesondere strenge Winter, Tiefschnee, Futtermangel, Lawinen und Jäger, die die im Himalaya heimische Art Ende des 19. Jahrhunderts praktisch ausrotteten. Manche schossen die Tiere wegen ihres Fleischs, andere wegen der Hörner, wieder andere wegen des Fells, das anstelle des geschmeidigen Chamois-Leder der Alpengämsen zum Putzen feiner Glaswaren, des Tafelsilbers und eleganter Autos verwendet wurde.
Das in Ost-West-Richtung verlaufende Tal wand sich zwischen Bergketten hindurch, die so eng beieinander standen, dass nur ein Bach Platz fand. Er war zugefroren, so dass wir ihn mit unseren Skoddys wie auf Katamaranen befahren konnten.
Gegen Abend gelangten wir aus dem unbekannten Tal auf den Tsomo-Riri-See. Die klare Luft erlaubte einen ausgezeichneten Blick nach Süden, und obwohl wir schon fast am Ende des Sees herausgekommen waren, mussten wir noch rund drei Kilometer zurücklegen. Norbu Sumdo, das war mir klar, lag noch ein ganzes Stück entfernt.
Während wir nach unserem alten Lagerplatz suchten, bemerkte ich in der Ferne eine Bewegung, sagte aber nichts, da ich es für eine Halluzination hielt. Später, als ich wieder hinsah, erkannte ich einige Kyangs, die im gefrorenen Boden nach Gras scharrten. Kurz darauf fiel auch Tashi auf, dass sich dort etwas bewegte, und er wies mich darauf hin. »Das sind nur ein paar Kyangs«, entgegnete ich.
»Nein, das ist ein Mann!«
Ich hielt an, nahm meine Skibrille ab und sah wieder hin. »Ich bin mir nicht sicher«, sagte ich, denn ich konnte aus dieser Entfernung nichts deutlich erkennen.
»Der Mann bewegt sich«, beharrte Tashi, als wollte er herausfinden, wie weit meine Geduld reichte.
Was für ein Segen, wenn es ein Mensch wäre, dachte ich. Doch ich konnte noch immer nichts sehen.

»Wo denn, zum Teufel?«

Wenn das, was wir zu sehen glaubten, wirklich ein Mann war, dann konnte er mir sicher den Weg zeigen und bestätigen, in welcher Richtung Norbu Sumdo genau lag. Wir konnten es uns nicht leisten, noch einmal in ein falsches Tal zu geraten. Deshalb stapften wir eilig in die Richtung, die Tashi uns zeigte.

»Tatsächlich … dort steht ein Mann«, sagte ich, und Hoffnung stieg in mir auf.

Wir waren wie Schiffbrüchige, die auf einer einsamen Insel gestrandet waren.

»Siehst du irgendwelche Frauen?«, fragte ich meinen Nebenmann.

Als wir näher kamen, erkannte ich einen alten Mann mit einem langen Schaffellmantel, der seine Schafe hütete. In einiger Entfernung stand ein schwarzes Yakhaarzelt, aus dem Rauch aufstieg, davor bellte wütend ein Mastiff. Eine Frau kam heraus, um nachzusehen, und blieb wie angewurzelt stehen, als sie uns erblickte. Meine Gefühle in dieser Situation lassen sich schwer beschreiben. Selbst heute, wenn ich zurückblicke, überwältigt mich noch das Erlebnis, dass wir mit Menschen vom Stamm der Changpa Kontakt bekommen hatten, die seit Jahrhunderten in völliger Abgeschiedenheit leben.

Thapa und ich warteten in einiger Entfernung, während Tashi auf den Mann zuging, als trage er zum Zeichen seiner guten Absichten eine weiße Fahne in den Händen. Er sprach eine Weile mit und bedeutete uns dann, zu ihnen zu kommen. Der alte Mann begrüßte uns, und wir unsererseits waren sehr froh über diese Begegnung. Für uns bedeutete er unsere Zukunft, deshalb beschenkten wir ihn reichlich mit Schokolade und Keksen.

Als der Mann Vertrauen zu uns gefasst hatte, fragte ich:

»Wo ist Norbu Sumdo?«

Er wies nach Süden. Thapa und Tashi amüsierten sich über ihren Irrtum.

»Wie weit ist es bis Norbu Sumdo?«

»Eine Stunde.«

»Und wie viele Tage zum Parang La?«

»Im Sommer drei Tage … Um diese Zeit, weiß ich nicht. Niemand geht dorthin.«

»Wir gehen.«
»Um zu sterben?«, fragte er verwirrt.
Wir begleiteten den alten Mann zu seinem Lager, das aus zwei Zelten bestand. Ein junger Mann mit einem Lederhut auf dem Kopf begrüßte uns Hände schüttelnd. Er sprach gebrochen Hindi und lud uns in sein Zelt ein, das sie zum Schutz gegen die plötzlich aufkommenden Stürme des Changtang 60 Zentimeter tief in den Boden gegraben hatten. Die Einrichtung war schlicht. In der Ecke standen zwei Metallkästen, auf denen Fotografien Seiner Heiligkeit des Dalai Lama, eine Butterlampe und eine Gebetsmühle aufgestellt waren. In der Mitte befand sich eine Feuerstelle, neben der ein Teppich ausgelegt war. Wir ließen uns darauf nieder und streckten unsere schmerzenden Beine aus. Die Frau bereitete währenddessen Tee zu.
Tee spielt bei der Ernährung der Changpa eine wichtige Rolle. Früher wurde er aus China importiert, doch inzwischen ist der Handel fast völlig zum Erliegen gekommen, so dass – mit Ausnahme einiger Klöster – fast nur heimischer Tee verwendet wird. In ebendieser Absicht, nämlich den reichlich Tee konsumierenden Völkern Zentralasiens ihren Rohstoff zu verkaufen, war Robert Shaw, Teepflanzer aus Kangra, am 20. September 1868 von Leh mit einer Handelskarawane und großen Erwartungen im Gepäck aufgebrochen. Die Geschäfte mit Yarkand mögen nicht ganz so einträglich gewesen sein, wie er sich erhofft hatte, doch immerhin hatte er eine neue Route eröffnet, auf der im Jahr 1873/74 eine Gesandtschaft nach Kashgar zog – später auch Sir Douglas Forsyth, ebenfalls in der Hoffnung auf Gewinn bringende Handelsbeziehungen.
Die beste Zubereitungsart für den gesalzenen Buttertee, wie ihn die Menschen im Himalaya trinken, verrät Gopal Das Koshla:

> Die Teeblätter werden mit Wasser aufgegossen und zum Kochen gebracht. Dann kommen Salz und ranzige Butter hinzu, das Ganze wird kräftig umgerührt. Das fertige Getränk wird in einen Teekessel aus Messing oder Kupfer gegeben und in silbernen oder kupfernen Schalen gereicht. Es heißt, dass Lamas ihren Tee mit einem menschlichen Schienbeinknochen umrühren und dann durch den Knochen auf den Tee blasen. Das Getränk soll dadurch gesegnet werden und dem Trinker Glück bringen. Heißer Tee mit Butter wärmt von innen und hat einen hohen Nährwert. Zwar ist guter Tee in den Gebirgs-

tälern Luxus, aber irgendein Gebräu dieser Art gibt es immer. Deshalb trägt auch jeder Bergbewohner eine Teeschale mit sich.[1]

Wir hielten unsere Teeschalen bereits in der Hand in Erwartung gleich welchen Gebräus.
Unser Gastgeber Dorjee war etwa 30 Jahre alt und trug sein Haar auf ganz ungewöhnliche Art, wie wir es im Himalaya noch nie gesehen hatten. Am Oberkopf, vorher vom Hut bedeckt, war es ganz kurz, ein richtiger Bürstenschnitt, während es an den Seiten lang herabhing. Er wusste, dass er gut damit aussah. Als wir ihn fragten, welcher Friseur hier am Werk gewesen sei, lachte er und meinte, es sei die Idee seiner Frau gewesen, damit sich nicht so leicht Läuse einnisteten.
Seine Frau Tserup trug das Haar geflochten. Sie kümmerte sich vor allem um die beiden Töchter, die sechsjährige Jygme und die dreijährige Dolma. Wo diese Mädchen wohl Spielkameraden fanden? Sie waren weit und breit die einzigen Kinder in dieser ausgedehnten, baumlosen Wildnis karger Täler und Bergketten. Es leben kaum Menschen in dieser Region, nur Nomaden, die auf der Suche nach den wenigen Weideflächen, die das steinige Changtang-Plateau bietet, ständig umherziehen.
Gerade als ich meinen Tee getrunken hatte, steckte ein großer Ziegenbock den Kopf ins Zelt herein. Ich erstarrte und machte mich schon zur Selbstverteidigung bereit, doch die kleine Jygme lief zum Eingang und brachte ihm eine reichliche Portion von ihrem Mittagessen, die sie extra für ihn beiseite gestellt hatte. Später erfuhr ich, dass Dechen, so hieß der Ziegenbock, zur Familie gehörte – als Freund, Maskottchen und Spielgefährte der Töchter. Für diese Menschen zählt nicht nur der wirtschaftliche Nutzen der Tiere, sie spielen auch eine wichtige Rolle für ihr Seelenleben und die Familiengemeinschaft.
Bei den Changpa dreht sich alles um das Vieh, das sie besitzen. Seit Jahrhunderten trinken sie die Milch dieser Tiere, essen ihr Fleisch, nutzen ihre Felle und Häute für Mäntel und Stiefel. Ihr ganzer Reichtum ist eine Herde Kaschmirziegen, die die feinste Wolle der Welt liefern. Sogar die Schultern der englischen Königin zierte schon einmal ein Schal aus *pashmina*.

1 Gopal Das Khosla, *Himalayan Circuit*

Die Changpa mit ihren rauen Händen scheren die Tiere, kämmen und spinnen die Wolle, die am Ende sie, die ärmsten Menschen der Welt, mit den reichsten verbindet.
Mittlerweile verarztete Thapa im Camp Puns Blasen an den Füßen und meinte, er solle ein wenig schlafen, doch als er hörte, dass das Abendessen fertig sei, war er sofort wieder munter. Wir waren an diesem Tag zwar nur bergab gefahren, aber es hatte viel Kraft gekostet, da wir eine Strecke von normalerweise drei Tagen in einem Tag bewältigen mussten. Nun begann ein Wettlauf mit der Zeit bis zur nächsten Proviantstation. Nach unserer Berechnung würden wir dafür sechs Tage benötigen. Unsere Essensvorräte reichten nur noch für drei Tage, und unsere Gastgeber besaßen nichts, was wir ihnen abbetteln hätten können.
Kumar ging es immer noch nicht gut. Als ich ins Zelt kam, rieb er sich mit den kalten, trockenen Händen die Zehen. Doch wir konnten es uns nicht leisten, einen weiteren Tag zur Erholung zu opfern. In jener Nacht schrieb er in sein Tagebuch: »Harte Tage seit Korzok, Situation bedenklich, da Wetter wesentlich schlechter, Landkarten fehlen und Füße schmerzen. Wir sind an unsere Grenzen gestoßen, doch vor uns liegt noch die übermenschliche Anstrengung, den Parang La zu überqueren, ohne unsere Skifelle. Noch ein Fehler, und wir werden kaum überleben. Nur unsere Willenskraft treibt uns vorwärts.«
Am 17. März machten wir uns auf den Weg Richtung Süden. Nach etwa einer Stunde erreichten wir das Ende des Sees, wo er sich zu einem Tal verengte, und dann sahen wir im Windschatten des Berges eine schier endlose, etwa einen Kilometer breite Eisfläche vor uns, die vielleicht größte Natureisbahn der Welt. Es war fast unmöglich, darauf zu gehen. Ich bewegte mich mit kleinen Schritten vorwärts und rammte dabei die Skistöcke ins Eis, um Halt zu finden, nach Möglichkeit ohne mich selbst aufzuspießen. Am anderen Ende dieser Eisbahn befand sich ein hoher Steinhügel. Das musste Norbu Sumdo sein – die Grenzmarke.

Zum Parang La

Dort steht, als traurige Erinnerung an die glanzvolle Vergangenheit des »freien Handelsweges«, eine verfallene Hütte. Norbu Sumdo verband Kulu und Lahaul mit den entfernten Gebieten Zentralasiens. Im Jahr 1867 war Sir Douglas Forsyth der Vertreter der britischen Kolonialregierung für einen Bezirk, der unter anderem Kangra, Kulu und Lahaul umfasste. Er ließ den Handel mit Turkestan wieder aufleben und richtete eine jährliche Handelsmesse in Palumpur ein, zu der alle eingeladen wurden, die bereits Geschäftsbeziehungen mit Yarkand pflegten. Mit der Zeit nutzten immer mehr Karawanen diese Route, und den Gebieten im Norden kam dieser rege Handel sehr zugute, doch im Jahr 1877 wurde Turkestan erneut von den Chinesen besetzt, worauf die Handelstätigkeit erheblich zurückging.

Dem Lauf des aus Südwesten kommenden Parang Chu folgend, stiegen wir durch eine lange Schlucht auf, deren steile Felswände an manchen Stellen so eng beieinander standen, dass nur für den Fluss Platz war. Mit leerem Magen und 100 Kilogramm Gewicht auf den Skoddys war dieser Aufstieg die wahre Folter. Mittlerweile befanden wir uns auf 4485 Metern und mussten bis zum Pass noch weitere 1090 Höhenmeter überwinden.

Wir biwakierten auf einer flachen Anhöhe, die den Namen Phalung-Phara oder »Steine, wo Wolle geschoren wird« trug. Hier trafen sich früher die Leute von Spiti und Rupshu einmal im Jahr, um Tauschhandel zu treiben; Erstere boten Getreide und Nahrungsmittel an, Letztere Wolle. Sie kamen auf einem Weg, der, wie es aussah, noch schwieriger zu begehen war als der, dem wir bisher gefolgt waren, nämlich über zerklüftete, steile, schneebedeckte Felsen.

Der Wind hatte zugenommen, und es war eisig kalt. Da wir unsere Tagesrationen halbiert hatten, konnten wir buchstäblich zusehen, wie unsere letzten Reserven an Körperfett dahinschmolzen. Trotz unseres INMARSAT-Telefons konnten wir keinen Kontakt zu unserem Hauptquartier aufnehmen, denn die Batterie, die normalerweise achtzig Minuten hält, lieferte in dieser Kälte nur zwölf Minuten Energie und war schon längst leer.

»Morgen ist der letzte Tag«, bemerkte Kumar, als ihm einfiel, welches Datum wir hatten, »...dann werden sie mit der Suche nach uns beginnen.«
Zum Frühstück wollten wir die Nudelreste, die vom Abendessen übrig geblieben waren, aus unseren Blechnäpfen kratzen, doch sie waren am Aluminium festgefroren. Ranjit weigerte sich, den Primus-Kocher anzufeuern, um das Essgeschirr zu wärmen, denn auch der Brennstoff war streng rationiert. Mir gelang es dank meines Schweizer Armeemessers, ein paar Nudeln abzuschaben. Sie schmeckten erstaunlich gut.
Wir mühten uns weiter die Schlucht des Parang Chu hinauf. Der Hunger zwang uns häufig zu Pausen, und dennoch litten am Nachmittag alle an Flüssigkeitsmangel. »Vielleicht sollten wir hier Rast machen«, schlug Tashi vor, als wir an eine flache Stelle kamen. Ich musste ihn nur an unser kärgliches Proviant erinnern, und er setzte sich wieder in Bewegung.
Einige Zeit später erreichten wir Kangmoche, wo die Schlucht des Nishing sich zu einem Tal erweitert, das wir durchqueren mussten, ehe wir in die Schlucht des Tarang-Yongma einstiegen. Inzwischen war unser Energieaufwand für die zurückgelegte Entfernung unverhältnismäßig hoch. Ein Stück weiter, bei Phuktok, auf einer ebenen Stelle, übersät mit Gesteinsbrocken, die wahrscheinlich mit dem Schmelzwasser in den Sommermonaten herunterkamen, schlugen wir unser Lager auf. Rundum erhoben sich zerklüftete Felsen; ein kegelförmiger, genau gegenüber von unserem Lagerplatz, an die 450 Meter hoch, hatte derart steile Wände, dass sicher niemand hinaufgekommen wäre.
»Unser Proviant reicht nicht einmal mehr für zwei Tage«, verkündete Dhan Singh, als wir uns für die Nacht einrichteten.
»Und wie sieht es mit Brennstoff aus?«, fragte ich.
Als wir alle Brennstoff-Flaschen überprüft hatten, stellte sich heraus, dass wir insgesamt noch eine volle und eine etwas mehr als halb volle hatten.
»Nimm die halbe Flasche und spare den Rest für morgen auf«, sagte ich und vermied, ihm dabei in die Augen zu sehen.
»Aufsparen? ... Wie denn? Wir brauchen schon eine halbe Flasche, um das Abendessen zu kochen, Trinkwasser nicht mitgerechnet, vom Tee ganz zu schweigen. Dabei sind wir ohnehin schon völlig ausgetrocknet«, entgegnete Dhan Singh und wedelte aufgeregt mit den Händen.

Damit hatte er natürlich Recht, deshalb meinte ich, dass wir auf gekochtes Essen auch verzichten könnten, wenn die Flasche nicht reichte. Wasser war am wichtigsten und Nahrung von jetzt an nur noch zweitrangig. Am Abend ging während dem Kochen tatsächlich der Brennstoff zu Ende, so dass wir das Essen halb gar hinunterwürgen mussten.

Kumar und ich wachten spät auf, erst gegen sieben Uhr. Ich hatte schlecht geschlafen, denn es war elend kalt gewesen in der klaren Nacht. Draußen war alles ruhig. Als ich den Reißverschluss der Zeltklappe aufmachte, sah ich Tashi, Dhan Singh und Ranjit um ein flackerndes Feuer sitzen und kleine Stückchen Holz brechen, die sie gesammelt hatten. Die Sonne versteckte sich noch hinter dem Berg, unter dem wir biwakiert hatten, doch zum ersten Mal seit Tagen blickte ich in einen türkisblauen Himmel.

Nach einem schnellen Tee mit ein paar Keksen packten wir unsere Zelte zusammen und zogen in ein weites Tal hinein, in dem frischer Schnee lag. Die Skoddys zu ziehen war ermüdend, und der Gedanke, wie wir den Pass ohne unsere Skifelle bewältigen sollten, beunruhigte uns mit jedem Schritt mehr. Wir gingen zehn Schritte, hielten an und machten dann, nicht weniger erschöpft, wieder zehn Schritte. Und so ging es weiter. Die Gurte drückten auf meinen leeren Magen, deshalb zog ich sie über die Schultern und versuchte, alles Gewicht auf sie zu verlagern. Doch sie schnitten mir bald ins Fleisch, so dass ich mir die Schultern mit einem Extrapaar Handschuhe abpolsterte.

Nach Nordwesten hin öffnete sich ein weiteres Tal, Taklangla Nullah, das zum Pass Taklang La führt. Es war ebenso groß wie das Parang-Tal; in zwei Marschtagen konnte man den Pass überwinden und im Pang-Tal sein.

»Kennen wir den nicht?« fragte mich Kumar und wies auf einen Berg vor uns. »Für mich sieht er aus wie der Kailash«, antwortete ich. Kumar nannte einen anderen Berg, fand jedoch auch, dass er dem Kailash von der Form her sehr ähnelte.

Wir konnten den Berg ständig sehen, während wir das Tal hinaufzogen, doch schließlich verschwand er aus unserem Blickfeld. Das Tal wurde immer enger, und wir hatten von weitem den Eindruck, als ginge es am Ende nicht weiter. Doch es gab einen schmalen Pfad zwischen den beiden

Bergketten, wie wir schließlich feststellten, und auf der Nordseite entdeckten wir sogar einen schönen Lagerplatz. Von dieser Stelle aus hatte man einen wunderbaren Ausblick auf das weite Tal, das den italienisch klingenden Namen La Sumdo trug.

»Wann erreichen wir den Pass?«, fragte Kumar.

»Morgen … aber wir gehen noch nicht rüber«, erwiderte ich.

»Warum?«

»Weil er sehr steil ist; weil jede Minute eine Lawine abgehen kann und wir erst auf der anderen Seite an seinem Fuß einen Platz für unser Biwak finden.«

Ich schlug vor, uns am folgenden Tag so weit wie möglich an den Pass heranzuarbeiten und ihn dann am nächsten Tag in den frühen Morgenstunden zu überschreiten, so dass wir bis zum Abend einen sicheren Lagerplatz finden konnten.

»Aber unser Proviant und der Brennstoff reichen nur noch für einen Tag«, warf Kumar sichtlich beunruhigt ein.

»Dann müssen wir die Rationen eben noch mal halbieren«, entgegnete ich nüchtern.

Mir tat vor allem Tashi Leid, unser Jüngster, der wahrscheinlich den größten Appetit hatte. Seit er zu uns gestoßen war, hatten wir ihm bei den Mahlzeiten stets einen Teil von unseren Portionen abgegeben, doch inzwischen blieb für jeden so wenig übrig, dass es schon an die Substanz ging. Wir hatten zwar alle Hunger, doch Kumar, Pun und ich waren inzwischen sehr geschwächt, da wir von Anfang an dabei waren. Ich fragte mich, wie lange wir bei diesen kargen Rationen noch durchhalten würden. Doch Tashi war ein so lieber Kerl, dass ihm sogar unter diesen Umständen jeder ein wenig von seinem Essen abgab, und er genoss diese Extraportionen mehr denn je.

Am nächsten Tag ging es gemächlich bergauf, aber die starke Sonne schmerzte in den Augen. Der Schnee war anders, so dass es einem vorkam, als bewege man sich auf feinem Zucker. Da die Luft in dieser Region sehr trocken ist, fällt nachts kein Tau, und die Oberfläche verharscht nicht, weshalb der Schnee trotz der klaren Nacht unangenehm weich und weder zu Fuß noch auf Skiern leicht zu gehen war – vor allem ohne Felle.

Wir bauten unsere Skoddys ab, denn sie waren bei diesen Schneeverhältnissen kaum zu ziehen. Ab sofort musste jeder seinen Rucksack wieder selbst tragen. Zuerst kamen sie uns tonnenschwer vor. Bei meinem ersten Versuch fuhren die Skier vorwärts, ich kippte rückwärts und landete auf dem Hosenboden, was die anderen sehr amüsierte.
Zum Glück hatte ich die Bindung noch nicht geschlossen, sonst hätte ich mich wahrscheinlich verletzt, und das wäre in unserer momentanen Lage verhängnisvoll gewesen. Wir hatten schon seit längerem keinen Kontakt mehr zur Unterstützergruppe, und kein Mensch hätte so viel Kraft, jemand auf seinem Rücken über den Pass zu tragen. Das Team hätte unter diesen Umständen keine andere Wahl gehabt, als mich zurückzulassen und bis Kibbar weiterzugehen, eine Strecke von zwei bis drei Tagen. Ich weiß nicht, wer schneller bei mir gewesen wäre – der Hilfstrupp oder ein Rudel Wölfe.
Der Marsch war ermüdend, und wir kamen nur langsam voran. Wir hatten in der Nachmittagssonne stark geschwitzt, obwohl die Temperatur bei –10 °C lag, und viel Flüssigkeit verloren. Mir schwanden allmählich die letzten Kräfte, meine Schultern brannten und mein leerer Magen knurrte unaufhörlich.
Wir erreichten den Fuß des Passes relativ früh, schlugen in einer Senke unser Lager auf und hofften, uns vor der großen Attacke am nächsten Tag noch ausreichend erholen zu können.
Das Geheimnis des Sieges liegt bei jedem Kampf in der gründlichen Vorbereitung des entscheidenden Angriffs. In unserem Fall, bei der Überquerung des Passes am nächsten Tag, würde es auf geistige Stärke, Mut und Willenskraft ankommen. Ich wollte noch den Weg zum Pass erkunden, und Pun, Thapa und Tashi begleiteten mich ein Stück. Der Schnee war nach wie vor zuckerfein, und ich wusste, dass wir einen schweren Tag vor uns hatten. Selbst ohne Rucksack kostete jeder Schritt unendliche Mühe. Unsere Skier sanken gut einen halben Meter ein, und wir mussten mehrmals kräftig ziehen, ehe wir sie wieder freibekamen. Wir brauchten für jeden Schritt mindestens zwei bis drei Minuten und mussten bald umkehren, weil wir einfach nicht vorankamen.
Im Camp bei Kharsa Kongma waren alle zuversichtlich gestimmt, denn

immerhin hatten wir einen guten Lagerplatz gefunden. Während wir vor dem Küchenzelt auf unsere halbe Essensration warteten, besprachen wir das Programm für den nächsten Tag.

»Morgen werden wir alle unser Bestes geben und den Pass schaffen«, sagte Tashi und starrte in seinen leeren Blechnapf. »Danach geht es nur noch abwärts.«

»Genau! Das ist die richtige Einstellung!«, rief Ranjit aus dem Küchenzelt. »Dann serviere ich euch das, was ihr eigentlich heute zum Abendessen bekommen solltet.«

Ranjit hatte aus irgendwelchen Resten, die er in seinem Rucksack gefunden hatte, eine Suppe improvisiert und sie so scharf gewürzt, dass wir die Zutaten nicht identifizieren konnten. Doch sie schmeckte gut, und Tashi bekam sogar noch einen Nachschlag.

Ich dachte daran, welche Schwierigkeiten wir am nächsten Tag zu bewältigen hatten, behielt meine Gedanken jedoch für mich, denn unsere kärgliche Mahlzeit war schon entmutigend genug. Sie werden es noch früh genug merken, wenn sie am Pass stehen, dachte ich, und ging zurück in mein Zelt in der Hoffnung, trotz des ziemlich leeren Magens ein wenig Schlaf zu finden.

Im Zelt durchwühlte Kumar sein Gepäck nach irgendetwas Essbarem und zog schließlich hocherfreut zwei Riegel Schokolade hervor, die wir gemeinsam vertilgten. Ich wusste noch gut, wie lange Kumar und ich in Delhi darüber diskutiert hatten, was wichtiger sei für die Überquerung eines Passes: Proviant oder medizinische Ausstattung. Kumar fand die medizinische Ausrüstung wichtiger und wollte unbedingt ein Sauerstoffgerät mitnehmen, wogegen ich energisch Einspruch erhob. Meiner Meinung nach sollten wir die medizinische Ausstattung eher reduzieren und für das eingesparte Gewicht lieber Nahrungsmittel mitnehmen. Die Kompromisslösung sah dann so aus, dass wir an Stelle eines Sauerstoffgeräts Reserveproviant für zwei Tage mitnahmen. Bei diesem Pass war das Essen wichtiger gewesen, bei einem anderen brauchten wir vielleicht den Sauerstoff. Es ist für eine gründliche Planung sehr wichtig, sich zu überlegen, wer in welcher Phase der Expedition woran leiden könnte. Ein gut eingespieltes Team unterstützt den Leiter sowohl bei der Vorbereitung als auch unterwegs in seinen Entscheidungen, was an Ausrüstung und Proviant erforderlich ist.

Meiner Meinung nach gelingt eine Trekking- oder Skitour dann am besten, wenn man möglichst wenig Gewicht mit sich schleppt. Die meisten Abenteurer machen sich viel zu viel Kopfzerbrechen über alle möglichen Notfälle, die unterwegs eintreten könnten, und treffen deshalb zusätzliche Vorsichtsmaßnahmen, was natürlich zusätzliches Gewicht bedeutet. Es liegt in der Natur der Sache, dass Trekking- und Skitouren oder ein vergleichbares Vorhaben mit einem etwas größeren Risiko verbunden sind als andere Reisen. Und zwar vom ersten Tag an.

Als wir aufwachten, hatte Neuschnee unsere Spuren vom Vortag verwischt. Am Morgen bildete sich darauf eine papierdünne Kruste, die jedoch beim Gewicht unserer Skier sofort einbrach, und der zuckerfeine Schnee darunter sog alles in sich auf. Dieser Treibschnee konnte, ähnlich wie der Treibsand in der Wüste, einen Mann mit Leichtigkeit nach unten ziehen und dann genüsslich sein Blut lecken.

Kharsa Kongma, wo wir biwakiert hatten, könnte man durchaus als Tor zum Parang La bezeichnen. Von hier führte der Weg ein bis zwei Stunden in zahlreichen Biegungen und Windungen weiter, stieg dann an und verlief direkt über die Gletscherzunge bis zum Pass. Nach etwa 20 Minuten waren wir völlig erschöpft. Ohne Felle zu steigen erfordert enorm viel Kraft. Wir hatten zwar die Skier mit Seilen von den Zelten umwickelt und so provisorisch für etwas Haftung gesorgt, aber wir rutschten trotzdem ständig rückwärts. Wir mussten den 480 Meter langen Anstieg also im Grätenschritt hinter uns bringen und fühlten uns wie mittendurch gerissen, als wir endlich oben waren.

Auf Skiern ohne Felle einen Gletscher zu ersteigen ist ungefähr so, als würde man in Schuhen mit Ledersohle eine Glaswand hinauflaufen wollen. Es war dermaßen anstrengend und frustrierend, dass ich es mit Worten nicht beschreiben kann – es würde alles viel zu harmlos klingen.

Wir legten eine kurze Rast ein und setzten uns auf einen großen Felsbrocken, der als weithin sichtbare Wegmarke in der Mitte des Gletschers lag, um den in der Nachmittagssonne weicher werdenden Schnee von unseren Skiern zu wischen. An den Seilen, mit denen wir die Skier umwickelt hatten, blieb inzwischen ziemlich viel Schnee hängen, was uns das Steigen wiederum auch erschwerte. Vielleicht hätte ich diese Situation doch voraussehen und bei der Planung berücksichtigen müssen. Nur Tashi hatte seine Skifelle dabei und war bereits oben am Pass, wo er seit einiger Zeit auf uns wartete.

Die letzten 50 Meter ging es sehr steil hinauf, und ich musste etliche Male stehen bleiben, um Kraft zu schöpfen. Auf der Passhöhe befand sich ein großer Steinhügel, über dem tibetische Gebetsfahnen flatterten, und mitten unter ihnen steckte seltsamerweise eine dicke Eisenstange von etwa fünf Zentimeter Durchmesser. Wer sie wohl hier heraufgetragen hatte und warum? Als ich den Pass 1982 überquerte, war sie noch nicht hier; sie musste also später hierher gekommen sein. Fast 170 Jahre vor mir, 1812, hatte Dr. William Moorcroft diesen Pass überschritten und das Erlebnis wie folgt festgehalten:

> Der Sattel des Parang La sowie der Abstieg auf der Südflanke waren schneefrei. Die Berge zu beiden Seiten des Passes ragten nicht höher als 150 Fuß auf. Der Abstieg war sehr steil, und der Pass insgesamt einer der schwierigsten, die wir zu bewältigen hatten. Wir schlugen unser Lager in einer Schlucht auf, die in der Breite keine 25 Fuß maß.[2]

Und ich selbst schrieb, zwei Tage nachdem wir den Parang La überquert hatten, in mein Tagebuch:

> Am 20. März überquerten wir den Parang La. Der Aufstieg, obzwar über einen Gletscher, war wegen des lockeren Tiefschnees schwierig und äußerst anstrengend. Wir hatten durch die starke Sonne an diesem Tag sehr viel Flüssigkeit verloren, und ich erreichte den Pass nur mit großer Willenskraft. Wir benötigten fast den ganzen Tag für den Aufstieg und erreichten die Passhöhe gegen 15.00 Uhr. Der Steinhügel dort oben ist, seit ich das letzte Mal hier war, wesentlich größer geworden. Ein seltsamer Zufall, dass ich diesen Pass fast an demselben Tag wie vor 13 Jahren überquere, am 6. April, wenn auch aus einer anderen Richtung kommend.

Wie die anderen Pässe im Hohen Himalaya fällt auch der Parang La zur tibetischen Seite sanft ab, ist jedoch auf der Südseite sehr steil. Es wehte

2 Moorcroft and Trebeck, *Travels in Hindustan*

ein starker Wind, die Sonne berührte bereits die Berge im Südwesten und würde bald untergehen. Ich betrachtete die Hänge ringsum, die mir sehr lawinengefährdet schienen, und hatte das Gefühl, dass wir vor Einbruch der Nacht kaum noch einen sicheren Lagerplatz erreichen würden.

»Wenn wir uns beeilen, schaffen wir es noch bis zu der Schlucht unterhalb des Passes«, schrie ich gegen den Wind an.

»Aber ich sehe weit und breit keinen Platz, wo wir biwakieren könnten«, schrie Kumar zurück.

»Vier Kilometer bergab, in der Schlucht, gibt es einen Platz.«

»Ist er sicher?«

Die Abfahrt erschien zu riskant. Unter normalen Umständen hätten wir es schaffen können, aber wir hatten mit allen möglichen Schwierigkeiten zu kämpfen.

Jetzt, am späten Nachmittag, war die Lawinengefahr besonders groß. Wir stiegen durch eine enge Schlucht ab und kamen bei einem Grat zwischen zwei gleichermaßen steil abfallenden Hängen heraus. Nun mussten wir uns entscheiden, und keiner wusste so recht, was wir tun sollten, um sicher hinunterzukommen. Wir versuchten einzuschätzen, ob die eine Route gefährlicher war als die andere, aber das führte zu nichts. Also schalteten wir unsere Lawinenpiepser ein, öffneten die Skibindung und die Sicherungsriemen. (Beides kann Verletzungen verursachen oder die Rettung erschweren, wenn man in eine Lawine gerät.) »Na dann, Hals- und Beinbruch«, sagte ich bei mir und fuhr in den Hang zu meiner Linken ein. Mein Herz hämmerte bei der kurzen Traverse wie eine Maschine. Auf der anderen Seite blieb ich stehen, sog tonnenweise Luft ein und versuchte mir einzureden, dass alles in Ordnung sei.

In diesem Augenblick löste sich mit ohrenbetäubendem Donnern auf dem rechten Hang eine Lawine. Es folgte eine Druckwelle wie bei einer Atomexplosion, als hätte sich seit Millionen von Jahren aufgestaute Luft plötzlich Bahn gebrochen. Dann setzte sich der Hang in Bewegung, grollend und schnaubend wie ein zorniges Ungeheuer, dessen Schlaf gestört wurde. Es brüllte ein paar Mal, so laut, dass man es noch in vielen Kilometern Entfernung hören konnte, bewegte sich noch ein wenig und dann, ebenso plötzlich, wie es aufgewacht war, schlief es wieder ein.

Es gibt Situationen, in denen man nicht recht weiß, wie man sich entscheiden soll. Das liegt nicht etwa daran, dass die betroffenen Menschen so unentschlossen wären, sondern weil bestimmte Faktoren gewissermaßen einen dicht gewebten Vorhang schaffen, durch den man schwer hindurchschauen kann. Sind die realen Gegebenheiten nicht klar erkennbar, lassen sie sich nur schwer einschätzen. In solchen Situationen, die im Alltagsleben ebenso häufig sind wie bei abenteuerlichen Unternehmungen wie dem unseren, meldet sich oft wie eine innere Stimme ein sechster Sinn. Manche Menschen nennen das »Intuition«. Doch es ist etwas anderes als der eigentliche Urinstinkt, nämlich das Ergebnis von Wissen, Klugheit und Erfahrung. Die intuitive Reaktion ist eigentlich eine Schlussfolgerung, ein Resultat verschiedenster Berechnungen, nicht in Zahlen, sondern figurativ, biologisch, physisch oder chemisch.

Ranjit wollte den Hang ebenfalls möglichst rasch queren, stürzte jedoch und verlor dabei einen Ski, der bergab raste. Zum Glück blockierte eine Eiswand die Spalte, und Tashi, der inzwischen dort angelangt war, fuhr noch ein Stück tiefer hinunter, um den Ski zu holen. Das nahm etwa eine Stunde in Anspruch, doch es musste sein, denn im »Treibschnee« zu Fuß vorwärts zu kommen war nahezu unmöglich. Ein Mann auf Skiern ohne Felle ist immer noch besser als ein Mann ohne Skier. Ich ließ das restliche Team die Eiswand queren und bat sie, mit Dhan Singh weiterzufahren, während ich noch auf Ranjit und Kumar, unseren Schlussmann und »Aufpasser«, wartete. Mittlerweile waren Wolken aufgezogen, und bald würde es dunkel werden. Tashi hatte Ranjits Ski inzwischen geborgen und fuhr schon vor, denn ihm war klar, dass er den Tod riskierte, wenn er auf die Nachzügler wartete. Während ich allein in den dichter werdenden Wolken umhertappte, dachte ich an den Aufstieg während meiner *Trans-Himalaya-Expedition*. Ich hatte nach der Überquerung des Passes 1982 in meinem Tagebuch notiert:

> Wer den Pass schon einmal von dieser Seite aus begangen hat, weiß, wie anstrengend diese Route ist. Sie führt von einem Bachlauf durch eine enge Schlucht steil nach oben. Wir querten die steile Passwand etliche Male, ehe wir den Sattel erreichten. Als wir es endlich geschafft hatten, waren wir zu keinem Schritt mehr fähig, und so biwakierten wir auf dem Pass selbst.

Das war also der Anstieg zum Pass von dieser Seite. Langsam hatte ich das Gefühl, dass ich halluzinierte. Ich spürte, dass irgendetwas nicht stimmte. Um mich herum war vollkommene Stille. Ich rief nach Kumar und Ranjit, aber es kam keine Antwort. Ich rief wieder und wieder, doch es war nichts zu hören. Der Himmel wurde dunkler, die Wolken zogen vorbei und rissen gelegentlich auf, so dass ich ein Stück weit sehen konnte. Plötzlich entdeckte ich Kumar, der sich, bis zur Brust im Schnee versunken, verzweifelt in meine Richtung kämpfte. Ich wollte zu ihm hin und hatte noch keine drei Schritte getan, als ein Knall wie von einem Schuss zu hören war, und dann donnerte eine weitere Lawine talwärts.
Ich stieß einen Schrei aus und rief voller Angst und halb unter Tränen nach Kumar. Vor einer Stunde noch waren wir alle zusammen gewesen, die Sonne hatte geschienen, und jetzt war ich auf einmal allein, nichts war mehr wie zuvor. Wie war das geschehen? Als ich erneut nach Kumar rief, antwortete statt seiner Ranjit, aber mit so schwacher Stimme, dass ich ihn kaum hörte. Er hatte auch seinen zweiten Ski verloren und watete nun unter großen Mühen durch den tiefen Schnee. Er befand sich ein Stück weiter unten und deutete auf die Stelle, wo er Kumar unter der Lawine vermutete.
»Ich habe gesehen … ich habe gesehen, wie er verschüttet wurde«, stammelte er.
Wir bemühten uns, möglichst schnell zu Kumar zu gelangen. Mittlerweile war es dunkel, es konnten jederzeit neue Lawinen abgehen, aber was hätten wir sonst tun sollen? Wir mussten ihn retten, ehe es zu spät war. Da die anderen schon vorausgefahren waren, würden wir beide allein im vielleicht meterhohen Schnee nach Kumar graben müssen.
Die tiefblauen und schwarzen Berge unter dem Mond, durch den aufstiebenden Schnee noch düsterer, kamen uns vor wie Teufel, die am Friedhof auf Seelen lauern. Schon ging donnernd die nächste Lawine ab, ein Geräusch, bei dem es uns kalt über den Rücken lief. Und gleich darauf die nächste, diesmal etwas weiter entfernt.
Dank des Lawinenpiepsers wussten wir sehr schnell, wo Kumar verschüttet lag, und bald hatten wir mit unseren Händen so viel Schnee weggeschaufelt, dass er wenigstens atmen konnte. Ich legte mich auf den Bauch,

um mich durch das Atemloch mit ihm unterhalten zu können, und war heilfroh, dass ihm nichts weiter passiert war. Er müsse nur noch ein wenig aushalten, sagte ich, es werde nicht lange dauern, bis wir ihn herausholten. Doch Kumar meinte, dass wir so schnell wie möglich weiterfahren sollten.

»Macht euch um mich keine Sorgen. Seht zu, dass ihr euch in Sicherheit bringt, es könnte wieder eine Lawine abgehen«, sagte er.

Ich war vollkommen perplex. Wie kann ein Mensch noch an andere denken, wenn er weiß, dass er die Nacht im Schnee nicht überleben wird? Aber so ist Kumar. Ich habe noch keinen großartigeren Menschen kennen gelernt – weder unter Bergsteigerfreunden noch sonst wo – als diesen selbstlosen, engagierten und aufrechten Mann.

Wir brauchten zwei entsetzlich lange Stunden, um Kumar aus der Lawine zu holen. Seine erste Reaktion war ein Freudenschrei. Er dankte Gott, dass der ihn leben ließ, doch als er einen Schritt zu machen versuchte, versank er wieder bis zur Brust im Schnee. Es gelang ihm nicht, sich zu befreien, sosehr er sich auch anstrengte. Unsere Versuche, ihm zu helfen, blieben ebenfalls erfolglos, denn wir steckten selbst bis zur Mitte im Schnee, und unsere ausgestreckten Hände erreichten ihn nicht. Schließlich nahmen Ranjit und ich zwei Skier zu Hilfe und zerrten so lange, bis wir Kumar endlich herausgezogen hatten. Seine Hände, mit denen er nun die unseren ergriff, waren bleich und runzlig von der Nähe des Todes.

Die Nacht verbrachten wir unter einem Felsen, zitternd vor Kälte und Verzweiflung. Ich zog einen Schokoriegel hervor, den ich mir als Notration aufgespart hatte, und teilte ihn mit Kumar und Ranjit. Dann fielen wir, über uns den sternenklaren Himmel, in einen tiefen Schlaf.

6
Das Land des Steinbocks und des Schneeleoparden

> Nichts bringt uns die Dinge zurück, die wir lieben:
> die fernen, klaren Tage, die blauen Eiskappen der Berge …
> Nichts bringt uns zurück … den wundervollen, harzigen Geruch eines Feuers mit Himalaya-Zeder, die Spuren eines Schneeleoparden auf 14 000 Fuß Höhe.
> Niemals. Niemals. Niemals.
>
> Bruce Chatwin,
> Einleitung zu Robert Byrons *The Road of Oxiana*, 1980

Der Morgenstern leuchtete hell. Im Osten zeigte sich ein Lichtschimmer, der die Konturen der Eiszacken über uns noch schärfer hervortreten ließ. Von unserem Hang aus konnten wir zwei Lawinen bewundern, die in der Nacht von 5750 Meter hohen Gipfeln abgegangen waren und unsere geplante Route unter Bergen von Schnee begraben hatten. Wir verließen unsere schützende Felsnische und fuhren in die Schlucht ein. Großen Abstand zwischen uns lassend, querten wir einen Steilhang; die Schneedecke hielt unserem Gewicht zum Glück stand.

Kurz darauf entdeckten wir die Skispuren unserer Teamgefährten, die sie am Abend zuvor hinterlassen hatten. Doch als wir um eine Biegung kamen, sahen wir eine Spur, die in einer tiefen Senke endete. Wir wussten sofort, was sich hier abgespielt hatte: zwei Skier, die einen Spagat machen, ein Mensch, der kopfüber im Schnee landet – wahrscheinlich mit verdrehtem Hals. »Der arme Kerl!«, rief Ranjit aus, als ihm auch schon das Gleiche passierte. Ich stoppte, stemmte meine Skier gegen die seinen und hielt ihm meine Hand hin, die er so fest umklammerte, als würden wir Tauziehen spielen. »Autsch! Das ist doch kein Seil!«, schrie ich auf. Er zog sich langsam hoch, bis er mit gespreizten Beinen auf seinen Skiern stand. Sein Rucksack lag noch dort, wo er hingefallen war. »Ich Armer«, sagte er und wischte sich den Schnee vom Bart. »Wir Armen«, korrigierte ich ihn und machte vorsichtige Kreisbewegungen mit meiner Hand, um festzustellen, ob noch alle Knochen heil waren.

Wir stiegen einen Felsvorsprung hinauf und betrachteten staunend die Wunder der Natur, die sich uns darboten. Durch den zinnoberroten Himmel drang ein Sonnenstrahl, der die Berggipfel in honiggelbes Licht tauchte. Eine Wolke, durchscheinend wie Alabaster, ließ sich in der tiefblauen Schlucht nieder, wo eine große Steinbockherde am zugefrorenen Rug Lungpa darauf wartete, trinken zu können.

Auf einer Anhöhe stand das stärkste Männchen und hielt Wache. Den Hals Richtung Norden gereckt, nahm es mit seiner feinen, empfindsamen Nase Witterung auf, dann wanderte es auf und ab, um die Tiere in Schach zu halten, die sich von der Herde entfernen wollten. Der Steinbock hatte gewaltige, nach hinten gekrümmte Hörner und sehr zierliche Ohren. Schließlich lief er zum Rug Lungpa hinüber und strich mit der Nase über das Eis, bis er auf eine Stelle stieß, an der es bereits sehr dünn war. Da sprang er mit den beiden Vorderbeinen darauf und stampfte und kratzte so lange herum, bis er eine Öffnung geschaffen hatte, und die Herde leckte das Wasser auf, das daraus hervordrang.

Der Steinbock trank mit der diesen Tieren eigenen Anmut, als Letzter der Herde, während die anderen ihn beobachteten und er gelegentlich aufsah, um sich ihrer Anwesenheit zu versichern. Dann sprangen die Tiere mit einer erstaunlichen Leichtigkeit über eine sechs Meter breite Felsspalte, kletterten in fünf Minuten an die 300 Meter höher und waren jenseits der Bergkette verschwunden.

Wir zogen unsere Jacken enger um uns und sahen zu, dass wir den Berg hinunterkamen. Plötzlich begriffen wir, was die Strapazen der letzten

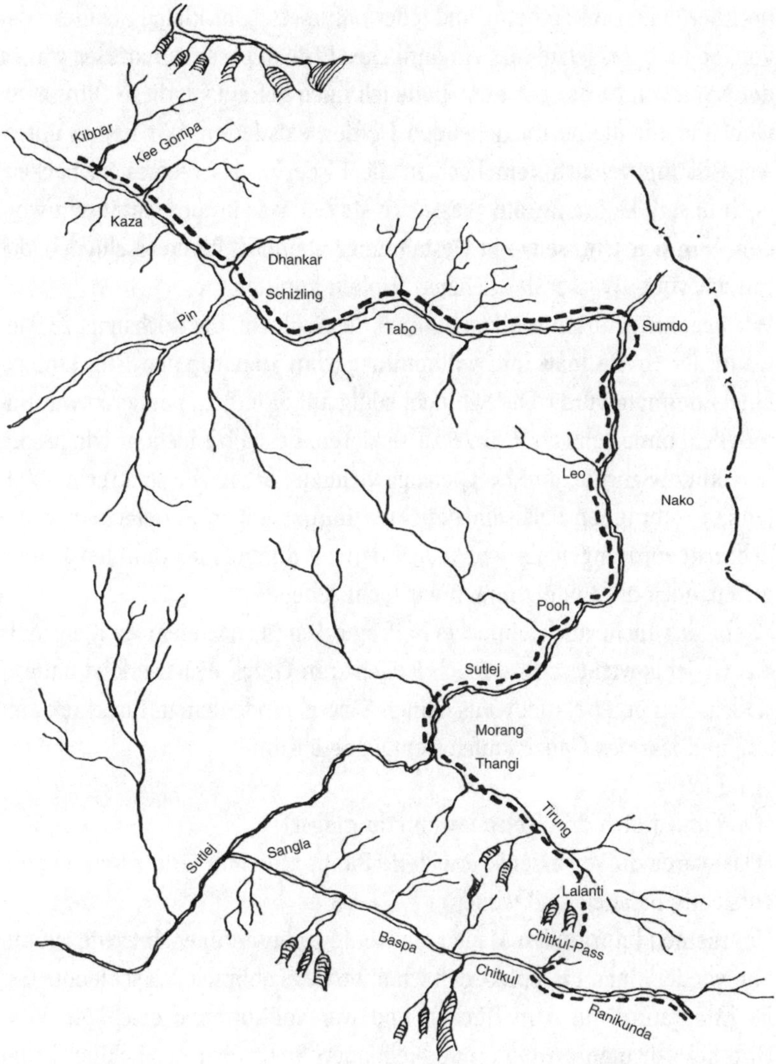
Kibbar
Kee Gompa
Kaza
Dhankar
Schizling
Pin
Tabo
Sumdo
Leo
Nako
Pooh
Sutlej
Morang
Thangi
Tirung
Sutlej
Sangla
Lalanti
Baspa
Chitkul-Pass
Chitkul
Ranikunda

Nacht zu bedeuten hatten. Die Natur will dir nichts nehmen … Sie hat dir immer etwas zu geben, wenn du für die Erfahrung reif bist.
Ranjit füllte seine Wasserflasche an derselben Stelle, an der die Steinbockherde getrunken hatte, und jeder nahm ein paar kleine Schlucke davon. Seit ich das letzte Mal ein ähnliches Eisloch gesehen hatte, es war in der Nähe von Burtse gewesen, hatte ich mich gefragt, ob diese Öffnungen wohl nur für die herumziehenden Herden existierten. Wir hatten unterwegs häufig versucht, ein Loch in die Eisdecke des Flusses zu hacken, doch unsere Hoffnung, auf Wasser zu stoßen, war immer enttäuscht worden. Nun war Gott selbst in Gestalt einer Steinbockherde erschienen, damit wir vom »Wasser des Lebens« trinken konnten.
Wir begannen unseren Marsch durch die Schlucht, die höchstens 25 Meter in der Breite maß und vollkommen vom zugefrorenen Rug Lungpa eingenommen wurde. Die Schlucht zügig auf Skiern zu passieren war unmöglich, ohne schwere Stürze zu riskieren, deshalb machten wir besonders kurze Schritte, um das Gleichgewicht zu halten. Die senkrecht abfallenden rotbraunen Felswände rückten immer näher, je tiefer wir in die Schlucht vordrangen. Es war, als würden wir durch einen dunklen Tunnel gehen, doch am Ende konnten wir Licht sehen.
»Geht das nicht auch einfacher?«, fragte Ranjit, nachdem er mehrmals das Gleichgewicht verloren, sich jedoch zum Glück nicht verletzt hatte.
»Doch! Bau einen Skoddy aus deinen Skiern, binde deinen Rucksack darauf, und lass das Ganze laufen«, entgegnete Kumar.
»Und ich?«
»Du kannst dich draufsetzen, wenn du magst.«
»Das würde dir so passen!«, erwiderte Ranjit mit einer Grimasse und ging vorsichtig balancierend weiter.
Um meinen knurrenden Magen ein wenig zu besänftigen, lutschte ich hin und wieder einen Eiszapfen, den ich unterwegs abbrach. Ich schleppte fast 28 Kilogramm auf dem Rücken und war vollkommen erschöpft. Vom Himmel sah man nur einen dunkelblauen Spalt über der Schlucht, und die Sonne drang überhaupt nicht so weit vor. Gegen Mittag machten wir im Schutz eines Felsens am Zusammenfluss mit dem Puri Lungpa Rast. Kumar ließ seinen Rucksack auf den Boden fallen und setzte sich dann

sehr langsam, ohne seine Skier abzunehmen, hin, so dass er sich anlehnen konnte. »Dieses Tal hat vielleicht noch nie die Sonne gesehen«, sagte er, als er sich endlich doch entschloss, aus seinen Skiern zu steigen.

»Ein Tal des Todes … zumindest im Winter«, pflichtete ich ihm bei.

»Ich habe Hunger … hast du noch irgendetwas in Reserve?«, fragte er unvermittelt.

»Tut mir Leid. Ich hatte nur noch den einen Riegel Schokolade, den wir gestern Abend zusammen gegessen haben«, antwortete ich bedauernd. Er blickte mich fast vorwurfsvoll an, als hätte ich eine Sünde begangen.

»Ob wir heute Abend Kibbar erreichen?«, dachte Ranjit laut nach.

»Eigentlich sollten wir es schaffen«, erwiderte ich und streckte mich auf dem Boden aus.

Über uns kreiste ein Adler, als hoffte er auf fette Beute. »Sogar der Adler denkt, wir sind tot, weil wir so still sind«, bemerkte Ranjit.

Ich machte mir Sorgen um die Teamgefährten, die vorausgefahren waren. Hoffentlich hatten sie das gefährdete Gebiet vor dem erneuten Lawinenabgang in der Nacht passieren können. Aber wo waren sie jetzt?

»Vielleicht sind sie nach Kibbar, um Hilfe zu holen … sie wissen, dass wir keinen Proviant mehr haben«, wollte Kumar mich beruhigen. Doch die Stunden vergingen, ohne dass wir eine Spur von ihnen entdeckt hätten.

Am Abend sahen wir in einiger Entfernung einen Felsen, bei dem sich etwas bewegte. Als wir näher kamen, liefen Dhan Singh und Tashi auf uns zu, schüttelten uns freudestrahlend die Hand und klopften uns auf den Rücken. Sie nahmen uns die Rucksäcke ab, und ich sah mich nach den anderen um. Schließlich nahm ich allen Mut zusammen und fragte:

»Wo sind Pun und Thapa?«

»Runter nach Kibbar, um Hilfe zu holen. Wir haben uns Sorgen um euch gemacht!«, rief Dhan Singh.

»Habt ihr gedacht, dass wir tot sind?«, fragte Kumar.

»Eigentlich nicht … aber das Hauptquartier muss informiert werden, und das Proviant-Team in Kibbar hat ein Funkgerät.«

In diesem Augenblick erschienen über uns in dem schmalen Himmelsspalt zwei Hubschrauber.

»Charlie One, over«, rief der Einsatzleiter den Piloten des zweiten Helikopters.
»Charlie One, ich höre, over.«
»Haben Sie jemanden entdeckt?«
»Bis jetzt nicht.«
»Folgen Sie der Rug-Lungpa-Schlucht zum Pass.«
Die Hubschrauber flogen Richtung Parang La, und dort bemerkte der Einsatzleiter Skispuren, die sich vom Pass entfernten, doch sie waren aus dieser Höhe so schlecht zu erkennen, dass er tiefer gehen musste. »O Gott!«, rief er aus, »die Spuren enden in einer Lawine!«
Er drehte eine Runde und fand seinen ersten Eindruck bestätigt. Als er zur Sicherheit noch einmal über der Stelle kreiste, kam er zu dem Schluss, dass das Team den Lawinenabgang nicht überlebt haben konnte, und erklärte die Mission für beendet. »Die armen Kerle«, funkte er an das Kontrollzentrum, »sie sind offenbar verschüttet worden.« Die Nachricht wurde sofort ans Hauptquartier durchgegeben und von dort zur Proviantstation in Kibbar weitergeleitet.
»Skispuren des restlichen Teams am Parang La gesichtet, enden bei einer Lawine, zwei Kilometer unterhalb des Passes, over.«
»Verstanden, over«, bestätigte Pritam Singh, unser Proviantmeister in Kibbar.
»Rettungsaktion am Boden einleiten, Helikopter bleibt in Position … Abmarschzeit durchgeben, over.«
»Die Rettungsmannschaft verlässt Kibbar um eins sieben drei null Uhr [17.30 Uhr], over.«
»Viel Glück … Ende.«
Pritam gab die traurige Nachricht an Pun und Thapa weiter, die inzwischen in Kibbar eingetroffen waren. Sie ging wie ein Lauffeuer durchs Dorf. Innerhalb weniger Minuten hatten sich die Dorfältesten versammelt, um zu beraten, was zu tun sei. Phuntsok, der mich während der *Trans-Himalaya-Expedition* einmal gerettet hatte, war vollkommen panisch. Ein Mann aus Kibbar, der ebenfalls Tashi hieß und sich während unserer Erkundungstour mit uns angefreundet hatte, wollte sofort zur Unglücksstelle aufbrechen. Die anderen jungen Männer aus dem Dorf

boten sich als Träger für Proviant und Ausrüstung an. Doch die Dorfältesten erklärten einstimmig: »Ihr seid alle unsere Söhne und macht euch Sorgen um eure Freunde, doch das Gebiet ist zu gefährlich. Wir können nicht zulassen, dass um diese Stunde jemand dorthin geht.« Pun und Thapa protestierten und sagten, sie wollten Dhan Singh und Tashi, die in wenigen Kilometern Entfernung warteten und seit zwei Tagen nichts in den Magen bekommen hatten, wenigstens etwas zum Essen bringen. »Dieses Gebiet ist das Reich des Schneeleoparden, nach fünf Uhr abends geht niemand dorthin«, lautete die endgültige Entscheidung des Dorfvorstehers.

Zum Spiti-Tal

Gegen fünf Uhr abends begannen wir den Aufstieg vom Rug Lungpa in Richtung Kibbar. Von der Schlucht und entlang der Ostflanke führte der Weg 800 Meter in die Höhe. Unter der Schneedecke konnte man noch den steinigen Sommerpfad spüren. Er wand sich wie eine Schlange von einem Felsvorsprung zum anderen und zog sich schließlich einen steilen Buckel hinauf. Nachdem wir etliche Male Halt gemacht hatten, erreichten wir endlich die Anhöhe, wo uns eine wundervolle Aussicht erwartete.

Vor uns breitete sich ein Wolkenmeer aus, und durch diesen Schleier sah ich die Berggipfel im hellen Sonnenlicht wie den Schuppenkamm eines Krokodils glänzen. Das Meer war ruhig, das Krokodil schlief; nur die goldene Sonnenscheibe sank langsam tiefer, als könne sie der Schwerkraft nicht länger trotzen.

Nicht weit von uns sprang eine Herde Steinböcke mit langen Sätzen vorbei. Auf einmal blieben sie stehen, die kleinen Schwänze zitterten ängstlich, und sahen sich um in die Richtung, aus der sie gekommen waren, als warteten sie auf einen Nachzügler. Wir setzten uns auf den Boden, um die Herde zu beobachten.

Die unruhigen Tiere liefen wieder ein Stück, dieses Mal nicht weit, blieben erneut stehen und blickten sich um, doch nichts tat sich, es herrschte vollkommene Stille. Plötzlich entdeckten wir im Vordergrund die Spur eines großen Schneeleoparden. Offenbar waren wir fast Zeugen des ewigen

Naturgesetzes geworden, dass nur der Stärkste überlebt. Es schien, als würden die Tiere um einen Gefährten trauern, der verzweifelt versucht haben musste, den Krallen des Feindes zu entkommen. Schließlich begriffen sie, dass alles Warten umsonst war, und akzeptierten die traurige Realität. Sie gingen ein paar Schritte, drehten sich noch ein letztes Mal um, und dann setzten sie in langen Sprüngen über die Kuppe des Hügels und verschwanden.

Die Sonne versank langsam hinter den Krokodilbergen, doch ihre Strahlen reichten weit in den Himmel hinauf. Im Abendlicht verließen wir unseren Beobachtungsposten und machten uns wieder auf den Weg durch das Land des Steinbocks und des Schneeleoparden.

An demselben Platz hatten wir 14 Jahren zuvor, während der *Trans-Himalaya-Expedition*, Zuflucht gesucht. Damals saßen wir in Kibbar fest, weil das Wetter sich verschlechtert hatte und wir den Pass nur überqueren konnten, wenn wir unsere Ausrüstung vorher hinüberbringen ließen. Zu der Zeit wollten wir den Parang La aus der Gegenrichtung überschreiten. Als wir zu dieser Stelle gekommen waren, hatten wir auf dem gegenüberliegenden Bergrücken eine Familie von Schneeleoparden miteinander spielen sehen. Die Tiere hatten weder uns noch irgendetwas anderes außerhalb ihrer unmittelbaren Umgebung wahrgenommen.

Wir stolperten durch die Dunkelheit, stürzten immer wieder in den tiefen Schnee und riskierten dabei verstauchte Knöchel - und mehr - in der Hoffnung, bald etwas zum Essen zu bekommen. Dhan Singh meinte, wir kämen vielleicht besser voran, wenn wir unsere Skier trügen. »Hast du die Kraft, sie zu tragen?«, gab Ranjit zurück. »Ich nicht.«

»Manchmal sind wir oben, manchmal die Skier, so ist das Leben«, philosophierte Dhan Singh und versank im nächsten Moment in einem Schneeloch, worüber wir trotz allem herzhaft lachten. Allerdings tat bei leerem Magen sogar das Lachen weh.

Vier Tage lang hatten wir uns mit gekürzten Rationen über Wasser gehalten und am Abend zuvor den letzten Riegel Schokolade geteilt. Mittlerweile waren wir seit 36 Stunden unterwegs, doch noch immer gab es keine Anzeichen menschlichen Lebens. Wir stapften durch die Wolken und hielten uns immer südöstlich, aber nichts wies darauf hin, dass wir

Auf dem Weg zum Lamkhaga-Pass eröffnete sich vor uns eine weite Hochebene; Entfernungen ließen sich hier kaum realistisch einschätzen.

Wir zogen unsere Skoddys, die mit annähernd 120 Kilo Gepäck beladen waren, über den gefrorenen Tsomo-Riri-See.

Lamkhaga-Pass: Das Wetter an jenem Morgen war herrlich – kalt, aber klar. Wir hatten das Gefühl, wirklich auf dem Dach der Welt zu stehen.

Unsere Route führte über den 20 Kilometer langen Chaturangi-Gletscher. Eine durchgängige Schneedecke verbarg seine tückischen Spalten.

Der Shivling, mit seiner unverkennbar phallischen Form der wohl markanteste Berg im indischen Himalaya, ist eine Wohnstätte des Gottes Shiva.

Minimal gesichert, gelangten wir an das andere Ufer des durch die Schneeschmelze bedrohlich angeschwollenen Gonkha Gad Nullah.

Im Kumaon Himal: Jenseits dieses von tiefen Spalten durchzogenen Gletschers entdeckten wir einen bislang unbegangenen Pass.

Von unserem Lagerplatz aus überblickten wir rechts das Zaskar-Gebirge mit seinen zahllosen Gipfeln – rechts der Ski-Himalaya-Pass.

in der Nähe eines Dorfes sein könnten. Deshalb machten wir Halt, um vielleicht anhand der Beschaffenheit des Geländes Anhaltspunkte zu gewinnen.
»Kannst du dich an irgendetwas erinnern?«, fragte Kumar.
Ich gab erst keine Antwort. Es ist 14 Jahre her, dass ich hier war, dachte ich, und selbst wenn ich mich an etwas erinnern könnte, würden wir es nicht finden, weil es stockdunkel ist!
Doch dann fiel mir der Bach ein, dessen Wasser die Dorfbewohner nach der Schneeschmelze zur Bewässerung nutzen. »Wenn wir diesen Bachlauf finden«, antwortete ich, »müssten wir zum Dorf gelangen.«
Wir konnten im dichten Nebel weder den Bachlauf noch die Lichter des Dorfes oder die Skispuren unserer Teamgefährten entdecken, die vorausgefahren waren. Doch wir hatten Glück, denn wir stolperten zufällig über eine betonierte Rinne – wohl der inzwischen ausgemauerte Bachlauf. Es erschien uns wie ein Wunder und flößte uns sofort neue Zuversicht ein. Allerdings war es nicht einfach, dieser Fährte zu folgen, denn die Rinne verschwand stellenweise unter tiefem Schnee, tauchte dann wieder auf, einmal links, einmal rechts, bis wir sie schließlich überhaupt nicht mehr fanden.
Nach langem Herumstolpern und etlichen Verwünschungen sahen wir in der Ferne einige schwache Lichter, die uns wieder Hoffnung schöpfen ließen. Wir marschierten eine Weile darauf zu und stellten dann fest, dass sie zu einem Dorf auf der anderen Talseite gehörten. Doch wir hatten nicht das Gefühl, dass wir uns dem Dorf näherten, denn es ging lange Zeit flach dahin. Und dann geschah das nächste Wunder. Wir stießen auf die Skispuren unserer Teamgefährten.
Die Rettungsmannschaft in Kibbar hatte sich schlafen gelegt, war aber jederzeit aufbruchbereit. Jede Stunde kletterten zwei Wachtposten auf eine Anhöhe im Dorf, gaben Lichtsignale und spähten in die Dunkelheit, ob irgendwo unsere Taschenlampen blinkten.
»Nichts zu sehen«, berichteten die Posten Pritam, als sie um 23.00 Uhr von ihrem stündlichen Kontrollgang zurückkehrten.
Pun und Thapa, die das gehört hatten, drehten sich in ihren Betten um und blickten sich schweigend an. Sie dachten an das Tal des Todes, und

wie sie selbst der Lawine nur um Haaresbreite entgangen waren. Dann versuchten sie wieder zu schlafen.
Um Mitternacht gaben die Wachtposten wieder Lichtsignale – es kam keine Antwort. Daraufhin beschlossen sie, die Anhöhe hinter dem Dorf noch ein Stück weiter hinaufzusteigen. Wenige Minuten später entdeckten sie in der Ferne unsere schwach blinkenden Taschenlampen und rannten unter aufgeregten Rufen: »Licht auf dem Berg! Licht auf dem Berg!«, zur Unterkunft zurück.

Das Spiti-Tal

Wir ließen uns auf den Boden fallen, als wäre kein Funken Leben mehr in uns, und doch lag das Dorf nicht mehr als 250 Meter entfernt. Die Batterien unserer Taschenlampen waren durch die Kälte inzwischen vollkommen leer, die Lampen nützten uns nichts mehr. Bestenfalls wird man dadurch unsere Leichen eher finden, dachten wir. Plötzlich sahen wir Lichter, hörten wir Geräusche. Blitze zerrissen die Dunkelheit, begleitet von einem lauten Knall.
Wir rappelten uns mühsam auf und stolperten weiter, bis wir zu den ersten Häusern kamen. Das ganze Dorf war auf den Beinen, um uns willkommen zu heißen. Die Mädchen tanzten, Feuerwerkskörper wurden angezündet. Jeder brachte etwas zu trinken mit, wir ließen die Flaschen kreisen und feierten fröhlich bis zum frühen Morgen.
Im Dorf hatte man mich als den »Helikopter-Mann« in Erinnerung. Wie es der Zufall wollte, war es nämlich auch bei meinem ersten Besuch in diesem Dorf, während der *Trans-Himalaya-Expedition*, recht dramatisch zugegangen. Wir waren auf den Berg über dem Kloster Kye gestiegen. Es war Winter, das Tal lag tief verschneit, und so beschlossen wir, die Strecke auf Skiern zurückzulegen. Als wir in Richtung Kibbar abfuhren, begann der Berg plötzlich zu grollen, und mein Gefährte Chow und ich wurden unter einer Lawine begraben. Die Dorfleute, die den Lärm gehört hatten, eilten uns zu Hilfe. Während ich verzweifelt kämpfte, um mich aus dem Schnee zu befreien, kam als Erster Phuntsok bei mir an und holte mich heraus, aber Chow war noch immer verschüttet. Dann trafen die anderen

Dorfbewohner ein, und gemeinsam gelang es uns, Chow auszugraben. Wir hatten fast unsere gesamte Ausrüstung verloren, deshalb landete am nächsten Tag ein Helikopter im Dorf, der uns neues Material und Proviant brachte.

Und nun hatten die Menschen hier annehmen müssen, dass wir erneut Opfer einer Lawine geworden waren. Der Helikopter war gekommen und wieder fortgeflogen, und man hatte ihnen gesagt, die Männer seien umgekommen. »Er ist wie ein Sohn für uns«, hatten die Dorfältesten gesagt, und in einigen Häusern hatte man, wie ich später erfuhr, zum Zeichen des Respekts nicht einmal Essen gekocht.

Als ich aufwachte, früh wie neuerdings immer, schmerzte mein ganzer Körper. Dann erinnerte ich mich, wo ich war, und schlief wieder ein. Als ich zum zweiten Mal aufwachte, knackten meine Knochen mit jeder Bewegung so laut, dass ich gut die Rhythmusbegleitung zu einem Musikstück hätte übernehmen können. Mittlerweile stand die Sonne hoch am Himmel, und Kumar badete seine Füße in einem Bottich mit heißem Wasser.

»Wie geht's ihnen?«, fragte ich.

»Sie tun wieder weh«, antwortete er.

»Das ist ein gutes Zeichen«, sagte ich. »Wenn es prickelt und sticht, werden sie heilen.«

Die Zehennägel hatten sich schwarz verfärbt, doch es hatte sich bereits neue Haut gebildet, und Kumar war recht zuversichtlich. Helles Sonnenlicht strömte durch das Fenster, Gelächter und begeisterte Schreie drangen herein. Wie sich herausstellte, betätigte sich Tashi als Skilehrer, und die Kinder genossen es sehr.

»Findest du, dass sie gut Ski fahren können?«, fragte mich Phuntsok, als er hereinkam.

»O ja, aber woher haben sie die Skier?«

Phuntsok lächelte und zog mich am Arm nach draußen. »Bei deinem letzten Besuch hast du großen Eindruck auf die jungen Leute gemacht. Du erinnerst dich vielleicht an die Kunststücke, die du vorgeführt hast, nachdem wir dich aus der Lawine geholt hatten. Allerdings hattest du damals schon ordentlich gebechert«, zog er mich auf.

»Natürlich erinnere ich mich, aber was hat das damit zu tun?«
»Sehr viel … sehr viel«, erwiderte er. »Schau dir mal ihre Skier an.«
Ich war verblüfft, welches Improvisationstalent die Kinder und Jugendlichen an den Tag legten. Sie hatten aus Plastikschläuchen, wie sie zum Wasserholen am Bach oberhalb der Felder benutzt wurden, etwa einen Meter lange Stücke geschnitten und an ihre Plastikstiefel genagelt. Es machte ihnen einen Heidenspaß, auf diesen genialen »Brettern« die steilen Hänge herunterzurutschen.
Etwas später ging ich zu ihnen hinaus. »Eines Tages werde ich reich sein«, dachte ich bei mir, »und ihnen richtige Skier kaufen … oder vielleicht eine Skischule eröffnen, oder ihnen zumindest einen Skikurs bezahlen, oder was auch immer … damit sie das tun können, was sie gerne tun möchten. Wenn sie eine vernünftige Ausbildung bekommen, werden sie unserem Land eines Tages bestimmt viel Ehre machen.«
Wir übernachteten beim Lehrer Tsering, einem freundlichen Mann mit dickem Bauch. Als ich zurückkam, saß er vor dem Haus und aalte sich in der Sonne. »Heute ist ein schöner Tag, hell und klar«, meinte er, während ich meine Skier an die Wand lehnte. Ich setzte mich neben ihn, um mich auch ein wenig in der Sonne aufzuwärmen. »Tee?«, fragte er. Als ich nickte, rief er einen Jungen herbei und sagte etwas zu ihm.
Als der Tee gebracht wurde, umschloss er die Blechschale eine Weile mit beiden Händen, um sie zu wärmen. Dann wurde sie ihm offenbar zu heiß, denn er wechselte die Teeschale von einer Hand zur anderen, hielt sie einmal nur mit den Fingern, stellte sie dann wieder auf die Handfläche und blies kräftig in die heiße Flüssigkeit, ehe er sie mit Genuss zu schlürfen begann. Ich selbst goss den Tee in meinen Plastikbecher und trank ihn geräuschlos.
Auf dem Felshang gegenüber spielten einige junge Männer *kho,* ein tibetisches Spiel, bei dem mit zwei Würfeln und viel Lärm auf dem Boden gewürfelt wird. Zwei kleine Jungen standen daneben und sahen zu. Der eine trug ein Wickelkind auf dem Rücken und hatte dicken Backen mit einer Haut wie verschrumpelte Äpfel.
Drei junge Frauen, vielleicht etwas über zwanzig, mit leeren Benzinkanistern in der Hand gingen vorbei und begannen zu kichern, als einer der

jungen Männer, die am Boden würfelten, ihnen eine Bemerkung zurief. Sie trugen *salwar-kameez*, lange Wollmäntel, und Tücher auf dem Kopf. Eines der Mädchen hatte sehr helle Haare, fein geschnittene Gesichtszüge und schmale, gerade Augenbrauen über tiefschwarzen Augen.

Der Bergrücken gegenüber leuchtete in der Sonne. Zwei Männer kamen herabgestiegen und hinterließen tiefen Spuren im lockeren Schnee. »Sie kommen aus Lato«, erklärte mir der Lehrer. »Das ist das höchstgelegene Dorf in dieser Gegend.« Ich hätte gerne gewusst, was sie dort, auf einer Höhe von über 4500 Metern, gemacht hatten. Doch eigentlich sind es immer die wirtschaftlichen Bedingungen und der Mangel an Land, der die Menschen in die Ferne treibt.

Die Landverteilung im Spiti-Tal ging vergleichsweise problemlos vonstatten. Nach dem dort geltenden Gewohnheitsrecht durfte nur der älteste Sohn in der Familie heiraten und die Vorteile von Land und Besitz genießen. Seine jüngeren Brüder wurden in eine Gompa verbannt, um dort in Ehelosigkeit als Mönche zu leben. Sie erhoben weder Anspruch auf Land noch auf eine Frau, und die von frühester Kindheit an geübte religiöse Hingabe tötete schließlich ihr Verlangen ab und ließ sie Enttäuschungen gleichmütig ertragen. Sie brachen alle familiären Beziehungen ab und verzichteten auf Besitz, der als Ursache allen Leids betrachtet wird. Dadurch blieb das Land einer Familie stets in einer Hand, und die Bewohner des Tales konnten in – wenn auch bescheidenem – Wohlstand leben. Doch die Zeiten ändern sich, und inzwischen weigern sich immer mehr junge Männer, Mönch zu werden. »Nur Kinder armer Eltern gehen heute noch ins Kloster«, erklärte mir Kanchen Lama, einer der ältesten Lamas im Spiti-Tal. »Es wird nicht mehr lange dauern, dann wird die neue Zeit Schmerz, Leid und Not in dieses glückliche Tal bringen – zumindest bis der Buddha wieder geboren wird.«

Phuntsok gesellte sich wieder zu uns und erzählte, dass für den Abend ein kleines Programm uns zu Ehren vorbereitet würde. Wir unterhielten uns über das Leben im Tal. Es habe sich nicht viel verändert in den letzten 14 Jahren, meinte er. Während der acht Wintermonate gebe es nach wie vor nichts zu tun, tagsüber werde das Leben von der Gompa bestimmt, und abends sitze man bei *chang* und *arak* zusammen.

Diese abendlichen Treffen hatten den Rang eines gesellschaftlichen Ereignisses, auf das niemand verzichten wollte. Bei schönem Wetter versammelten sich die Dorfbewohner auf einem der Flachdächer; die Männer setzten sich im Kreis auf den Boden, und die Frauen brachten ihnen zu trinken und zu essen. Bei meinem letzten Besuch hatte man mich ebenfalls eingeladen, und ich hatte ihre Gastfreundschaft überaus genossen.

Die drei jungen Frauen kehrten vom Dorfbach zurück, auf dem Rücken die mit Wasser gefüllten Benzinkanister. Der Aufstieg dauerte fast 20 Minuten. Als sie sich der Stelle näherten, wo ich stand, blieben sie stehen und stellten die Kanister auf einem Mäuerchen ab. Dann kicherten sie verlegen, wurden rot und baten mich um Medizin.

»Wofür?«, fragte ich.

»Bauchschmerzen«, antworteten alle drei wie aus einem Mund.

Es erstaunte mich, dass sie trotz Bauchschmerzen mit den vollen 20-Liter-Kanistern den Aufstieg schafften, deshalb fragte ich nach: »Habt ihr jetzt Bauchschmerzen?«

»Nein … aber bald wieder.«

»Woher wisst ihr das?«

»Wir bekommen jeden Monat Schmerzen, und dann können wir kein Wasser holen, und das Essen wird später fertig«, erklärte die Dunkelhäutigere. Sie blieben abwartend stehen, während ich in mein Zimmer ging, um nach ein paar bunten Pillen für sie zu suchen.

Zu Mittag gab es *dal bhat*, Reis mit Linsen. Pritam steuerte Büchsenfleisch bei. Wir nahmen uns reichliche Portionen und hatten zur Überraschung aller großen Appetit. Phuntsok und Tsering aßen mit den Händen. Sie vermischten den Reis mit Soße und formten daraus mit den Fingern kleine Bällchen, die sie mit Hilfe des Daumens geschickt in den Mund beförderten. Zwischen den einzelnen Bissen leckten sie sich genüsslich die Finger sauber. Es war unsere erste richtige Mahlzeit seit Daulat Beg Oldi.

Am nächsten Tag studierte ich die Landkarten, die Pritam mitgebracht hatte, und wechselte die Batterien in unseren Taschenlampen, den GPS- und INMARSAT-Geräten aus. Dann verstärkte ich meine Handschuhe an den Stellen, die durch das Halten der Skistöcke besonders beansprucht

wurden, mit einer Extralage Gore-Tex – vorsichtshalber doppelt genäht, damit sie länger hielten.
Ranjit und Tashi packten ihre Rucksäcke aus, inspizierten jedes einzelne Stück des Inhalts, sortierten ein paar Kleinigkeiten aus und packten den Rest wieder ein. Dann hoben sie ihre Rucksäcke prüfend hoch, fanden sie immer noch zu schwer für ihren Geschmack, packten sie erneut aus und fingen von vorne an. Dieses Mal legten sie alle Plastikbeutel und sonstige Verpackungen beiseite, doch das Endresultat schien im Wesentlichen unverändert. Sie mussten sich wohl damit abfinden, dass ihre Rucksäcke nicht leichter wurden.
Meine Socken, die ich am Morgen gewaschen und draußen aufgehängt hatte, waren inzwischen steif gefroren, deshalb holte ich sie in die Küche, wo eine Frau mit dürren Wacholderzweigen, die sie im Sommer gesammelt hatte, ein kleines Feuer unterhielt.
In einer Ecke des Hauses betete die Mutter des Lehrers vor einem Schrein, auf dem ein Foto Seiner Heiligkeit des Dalai Lama und eine Buddhafigur standen. Die Menschen im Spiti-Tal sind überwiegend Buddhisten, und zwar Anhänger des Gelukpa- oder Gelbmützenordens.

Wir ließen uns auf einem kleinen Teppich nieder, den man in der Gemeinschaftshalle auf dem Lehmboden ausgebreitet hatte. Eine einzige Glühbirne an der Decke spendete trübes Licht. In der Ecke stand ein Holzschränkchen, in dem ein Fernsehgerät und ein Videorecorder weggeschlossen waren. Fünf Männer traten ein und begrüßten uns. Zwei von ihnen waren Lehrer aus Manali, das jenseits des Kunzum- und Rohtang-Passes im Südwesten liegt. Der Jüngere der beiden erzählte mir, dass die Kinder zwar intelligent seien, zu Hause jedoch so viel mitarbeiten müssten, dass sie kaum Zeit zum Lernen hätten.
Nun schleppten vier Jungen Plastikkanister mit Selbstgebrautem und -gebranntem herein. Es gab zwei Sorten. Das eine war eine milchig weiße Flüssigkeit, aus Gerstenextrakt hergestellt und in der Wirkung ähnlich wie Bier; die Himalayavölker nennen es *chang*. Das andere war *arak*, eine Art Schnaps, in Aussehen, Geruch und Geschmack vergleichbar mit Wodka.

In einer Ecke spielten die Kinder miteinander. Inzwischen kamen auch die Frauen, die wohl zuerst mit Mann und Kindern gegessen und dann die Küche gefegt hatten. Sie hatten dreieckige Umschlagtücher aus dicker Wolle umgeschlungen, die vorne eine Brosche zusammenhielt. Einige trugen darin ihre Säuglinge auf dem Rücken, deren schläfrige Gesichter unter bunten Mützchen hervorlugten. Fast alle hatten Schmuck aus Halbedelsteinen und silberne Ohrringe mit filigranen Mustern angelegt. Das traditionelle schwarze Wollgewand, das inzwischen immer mehr vom *salwar-kameez* verdrängt wird, trugen nur noch die alten Frauen. Die Männer erschienen in Hose und Hemd, mit Plastikschuhen an den Füßen.
Bald herrschte in der Halle drangvolle Enge. Die Mädchen tanzten zu den langsamen rhythmischen Trommelschlägen von Musikern, die einer niederen Kaste entstammten. Mit Musik und Tanz ging es weiter bis in die Nacht, und die Leute amüsierten sich prächtig. Wir hingegen gähnten bereits verstohlen, doch unsere Müdigkeit war sofort verflogen, als das schöne hellhaarige Mädchen auf die Bühne kam, das wir bereits gesehen hatten. Inzwischen spürte ich auch die Wirkung des Alkohols ziemlich deutlich.

Am Morgen weckten mich laute Trommelschläge und scheppernder Beckenklang. Dann gesellte sich eine Trompete dazu, deren höher werdende Töne der Wind von einer Gompa oben auf dem Berg heruntertrug. Die flatternden Gebetsfahnen zeichneten sich scharf gegen den tiefblauen Himmel ab.

Ich ging durch die stillen Gassen und stieg, die Mani-Mauer stets zu meiner Rechten, den Weg zur Gompa hinauf. Einige Male blieb ich stehen, um tief Luft zu holen, und blickte auf das Dorf hinunter. Nicht eine einzige Rauchfahne war zu sehen. Wo steckten nur all die Leute?

Aus dem Kloster drang das Gemurmel der Mönche, die ihre Mantras rezitierten; es hörte sich an, als würden tausend Katzen schnurren. Das vielstimmige Gebet stieg zum Himmel empor, brach dann plötzlich ab und begann von neuem. Eine endlose Wiederholung rhythmischer Anrufungen, die ein Gefühl der Leere hervorriefen – einer schöpferischen Leere jedoch, aus der neue Energie entstehen konnte.

Ich stand allein im Hintergrund und wiederholte das einzige Mantra, das ich kannte; jenes, das auf zahllosen Mani-Steinen überall im Himalaya eingemeißelt ist, das auf den im Wind der Bergeshöhen flatternden Gebetsfahnen geschrieben steht, das Abermillionen von Buddhisten bei jeder Drehung der Gebetsmühle sprechen: *Om mani padme hum.*

Oft wird diese Anrufung übersetzt als »O Kleinod in der Lotosblüte«, doch Austin Waddell erläutert in seinem Buch *Buddhism and Lamaism in Tibet,* dass »*manipadme* ein Wort ist und ›sie, die ein Lotosblüten-Kleinod hat‹ bedeutet«. Die Anrufung richtet sich seiner Meinung nach an eine weibliche Gottheit und »besitzt eine tiefer gehende Bedeutung. Der Klang der ersten Silbe symbolisiert die Erleuchtung, die wichtigste aller Silben, und die letzte die Erlösung. Zwischen beiden liegt, wie in einer Samenkapsel, die Keimsilbe *manipadme,* was übersetzt tatsächlich ›Kleinod in der Lotusblüte‹ heißt, jedoch ›*lingam* in der *yoni*‹ bedeutet, also die mystische und sexuelle Vereinigung der Polaritäten, von *yab* und *yum,* von *Shiva* und *Shakti.*[1]

In diesem Augenblick öffnete sich die Tür der Gompa, und die Dorfbewohner stimmten in das Mantra ein, sprachen die Geschichte nach, wie der Bodhisattva, nun im Besitz des Mantras, zum Buddha zurückkommt, und siebenhundertsiebzig Millionen Gläubige sich versammelten und seine Worte wiederholten.[2]

Als wir Kibbar verließen, erschien fast das ganze Dorf und überreichte uns zum Abschied Geschenke. Die Frau, in deren Haus ich bei meinem ersten Besuch übernachtet hatte, brachte einen Topf Quark, den wir uns zum Frühstück schmecken ließen. Das hellhaarige Mädchen schenkte Pritam ein Paar handgestrickte wollene Socken, und von Phuntsok bekamen wir eine Flasche *arak* mit auf den Weg.

Wir fuhren auf unseren Skiern die schneebedeckte Straße entlang, die ins Kaza-Tal hinunterführt, vorbei an einem pyramidenförmigen Hügel, auf dem das Kloster Kye steht. Die Aussicht von dort auf die Landschaft des Himalaya ist überwältigend. Jedes Mal, wenn ich es sehe, staune ich wieder über das wechselvolle Panorama und seine stille Abgeschiedenheit

1 vgl. Charles Allen, *A Mountain in Tibet,* S. 31–32
2 vgl. Gopal Das Khosla, *Himalayan Circuit,* S. 72

weitab von allem Getümmel. Das tibetische Wort Gompa (Kloster) bedeutet eigentlich »einsamer Ort« oder Einsiedelei, und die meisten Klöster liegen, wenn nicht an einsamen Orten, dann zumindest ein gutes Stück von Dörfern entfernt. Andere wiederum waren ursprünglich Einsiedeleien, um die herum im Laufe der Zeit Dörfer entstanden.
Das Spiti-Tal wurde für die Errichtung einer Gompa gerade wegen seiner isolierten Lage gewählt; es bot Abgeschiedenheit und förderte die geistige Sammlung – »Flucht« war kaum möglich. Selbst in guten Zeiten gelangte man nur unter großen Mühen in das Tal. Inzwischen führt allerdings eine ausgebaute Straße bis nach Kibbar hinauf. Der Lama des Klosters Kye sagte zu mir: »Die Welt wird sich nicht von uns zurückziehen, also müssen wir uns zurückziehen, wenn nicht im physischen, dann wenigstens im spirituellen Sinn.«
»Gompas sind keine Gebäude wie alle anderen«, fuhr der Lama fort. »Es sind Stätten mit zentripetaler Kraft, wo die Energie nach innen und nicht nach außen strömt. Die Ortswahl erfolgt nach eingehender Begutachtung der natürlichen Gegebenheiten und energiespendender Objekte in der unmittelbaren und näheren Umgebung.« Austin Waddell führt aus, dass eine Gompa freien Ausblick nach Osten haben sollte, um die ersten Strahlen der aufgehenden Sonne zu empfangen. Sie sollte auf der Längsachse des Berges errichtet werden, und davor sollte ein See liegen, auch wenn er einige Meilen entfernt ist.[3]
Vom Kloster Kye blickten wir in das Tal hinein, das sich auf 800 Meter Breite erweiterte, mit dem zugefrorenen, in der Sonne glitzernden Fluss Spiti und schneebedeckten Bergen im Süden. Jenseits dieser Berge, sagte man mir, liege ein See.
Wir wurden zum Kanchen Lama geleitet, dem mit 98 Jahren ältesten Mann des Tales. Er wird als Inkarnation des Buddha verehrt. Er trug eine Brille mit sehr dicken Gläsern, konnte aber, wie es hieß, mit geschlossenen Augen die Zukunft sehen. Auf eine Demonstration dieser Fähigkeit mussten wir nicht lange warten, denn bald zog er einige Würfel hervor und warf sie auf einen Teller, der vor ihm stand. Zuerst dachte ich, er wol-

3 vgl. Austin Waddell, *Buddhism and Lamaism in Tibet*

le mit mir um etwas wetten, doch stattdessen stellte er mir einige Fragen, und seine Antworten waren so treffend, klug und klar, als könne er meine Zukunft sehen. »Deine Mission wird erfolgreich sein, aber es wird Schwierigkeiten geben auf deinem Weg ... Je näher du deinem Ziel kommst, umso vorsichtiger musst du sein«, sagte er.

Kaum jemand käme auf die Idee, dass das Spiti-Tal einmal Meeresboden war, doch Wissenschaftler haben herausgefunden, dass es noch zu Beginn des Tertiär zu einem Festlandsockel gehörte, der 1000 Meter tief unter dem Tethysmeer lag, dem zentralen Mittelmeer zwischen den Kontinenten. Heute ist das Tal mindestens vier Monate im Jahr vom Rest der Welt abgeschnitten. Von Ende Oktober an sind die Pässe, über die man nach Spiti gelangt, wegen der Schneemassen nicht mehr passierbar. Frühestens Anfang März kann man sie wieder gefahrlos überschreiten.

Im Sommer zeigt das Spiti-Tal das ganze Spektrum des Regenbogens – Violett und Blau, Gelb, Grün und Rot in allen Schattierungen. Schon viele Schriftsteller haben versucht, seine einzigartige Schönheit, die weniger von den Farben der Flüsse, Felsen oder Vegetation herrührt als vielmehr von der Luft. Gopal Das Khosla erklärt das Phänomen so: Die Transparenz der dünnen Luft und die Brechung der UV-Strahlung in dieser großen Höhe stellen mit dem Sonnenlicht seltsame Dinge an, und so wie die Pracht des Tages sich gegen Mittag zur Fülle steigert und dann allmählich zum abendlichen Zwielicht verblasst, so verändern sich von Stunde zu Stunde die Farben der Landschaft, über die ganze Breite des Spektrums.[4]

Spiti (von den Einheimischen »Piti« ausgesprochen) oder »Land der Mitte« – wegen seiner Lage zwischen Tibet und der Indischen Tiefebene – ist eines der wenigen Täler im Himalaya, das von Osten nach Westen verläuft. Dank dieser Ausrichtung gibt es lange, sonnige Tage im Winter und einen kurzen, aber warmen Sommer, der immerhin für eine Ernte im Jahr ausreicht und damit den Menschen das Überleben sichert. Die durchschnittliche Höhe beträgt etwa 4570 Meter, die Berge rings um das Tal ragen über 6000 Meter empor. Durch seine jahrhundertelange Isolation hat sich Spiti eine eigenständige Kultur bewahrt, deren Mittelpunkt die Klöster sind.

4 Gopal Das Khosla, *Himalayan Circuit*, S. 72

Regiert wurde Spiti über Jahrhunderte von einem Wesir, der dieses Amt jeweils von seinem Vater erbte und *nono* genannt wurde. Im Jahr 1837 geriet das Tal in Bedrängnis. Damals wohnten im Dorf Tabo überwiegend Lamas, die auch den Boden bebauten. Ihre Häuser wurden niedergerissen; ihre Götterstatuen wurden in den Fluss geworfen, nachdem man ihnen Nasen und Hände abgehackt hatte. Durch die Dogra-Invasion in Ladakh und den anschließenden Krieg mit Tibet von 1841/42 kam der Handel in dieser Region fast völlig zum Erliegen. Unter britischer Oberhoheit erlebte das Land dann ab 1846 eine lange, relativ friedliche Phase in weit gehender Unabhängigkeit. Sir Douglas Forsyth bemühte sich, den Handel mit Turkestan durch den Ausbau des »freien Handelswegs« wieder in Gang zu bringen. Doch dem machte dann Mitte des 20. Jahrhunderts die erneute Besetzung der Region durch die Chinesen ein Ende; der indisch-chinesische Grenzkonflikt rückte die geopolitische Bedeutung dieser einstmals weltfernen Gegend wieder ins öffentliche Bewusstsein.[5]

Wir arbeiteten uns am Rand eines schmalen, steil zum Fluss hin abfallenden Plateaus entlang; die zahlreichen in den Fluss mündenden Bäche waren unter der winterlichen Schneedecke verschwunden. Im Norden zogen sich Geröllhänge bis zu senkrechten Felswänden und zerklüfteten Bergkämmen hin, die wie die Türme einer gigantischen Festung aussahen.

Bei Kaza war das Tal etwa 500 Meter breit. Wir schlugen unser Lager am Rand des Dorfes auf, wo gerade Häuser aus Beton hochgezogen wurden. Überall sah man Wellblechdächer, und Rauch aus den Kohleöfen verschmutzte die reine Luft. Deshalb falle auch jedes Jahr weniger Schnee, sagten die Leute. Manche sahen darin einen Vorteil. »Wir verlieren nicht mehr so viele Männer im Schneesturm«, erklärte mir der Sekretär der Bezirksverwaltung, räumte jedoch ein, dass die Umweltverschmutzung die Lage der Bauern, die vom Ertrag ihrer Felder lebten, nicht gerade verbesserte.

Heute ist Kaza eine Stadtgemeinde und ein Stützpunkt der Armee. Die oberste Verwaltungsbeamtin des Tales war in diesem Bezirk geboren und aufgewachsen. Das kulturelle Erbe ihrer Heimat schien ihr zwar am Her-

5 vgl. Projektbericht über »Frühe indo-tibetische buddhistische Klosterkunst im westlichen Himalaya, 10.–13. Jh.« der Universität Wien

zen zu liegen, aber es stand offenbar nicht in ihrer Macht, bereits begangene Fehler zu korrigieren.

Ich hatte auf der Suche nach frischer Unterwäsche gerade meinen Rucksack ausgeräumt und vollführte nun, da ich tatsächlich fündig geworden war, die abenteuerlichsten Verrenkungen, um mich im Zelt umzuziehen. Die Haut in der Leistengegend war durch die notgedrungen mangelhafte Körperhygiene bereits aufgescheuert, und das war äußerst unangenehm. Inzwischen hatte ich eine ausgesprochene Abneigung gegen unser Zweimann-Zelt entwickelt, denn es war einfach zu klein. Jeden Morgen rieselte Raureif auf mich herab, der sich in der Nacht an der Innenwand des Zeltes gebildet hatte. Tagsüber musste ich es auf dem Rücken schleppen und abends im Küchenzelt warten, bis Kumar seine Füße versorgt und sein vegetarisches Essen zubereitet hatte, weil es zwei Leuten nicht genug Platz bot.

Ich bin zwar nicht in einem Zelt auf die Welt gekommen, wie ich aus zuverlässiger Quelle weiß, habe jedoch einen Großteil meines Lebens in einem solchen verbracht, vor allem während meiner Zeit bei der Armee. Nun fand ich ein Zelt zum ersten Mal unbequem, denn es war zu niedrig, und ich konnte nicht aufrecht darin sitzen. Zu Hause hatte ich noch ein anderes; es war zwar etwas größer und schwerer, doch Kumar und ich hatten beschlossen, uns beim Tragen abzuwechseln, falls es uns nachgeschickt werden konnte. Ich rief über INMARSAT beim Hauptquartier in Delhi an und bat, mir das Zelt zur nächsten Proviantstation zu senden.

Wir mussten unterwegs jede Gelegenheit nutzen, um an Strom für unsere Batterien zu kommen. In Kaza gab es ein kleines Wasserkraftwerk, so dass ich unsere leere INMARSAT-Batterie aufladen konnte. Später, während das Abendessen gekocht wurde, saß ich über der Landkarte und gab neue Koordinaten in den GPS-Empfänger ein.

Inzwischen bekamen wir wieder richtige Mahlzeiten, doch Tashi wartete noch immer, bis alle fertig waren, kratzte dann jeden Topf mit dem Löffel aus und leckte ihn zum Schluss noch sauber. »Wir können es uns nicht leisten, Essen zu verschwenden«, argumentierte er. Nur wer wirklich einmal Hunger gelitten hat, weiß, wie wichtig Essen für Körper und Seele ist.

Am nächsten Morgen war es bewölkt, und ein leichter Wind wehte durch das Tal. Die mit Benzin, Holz und Kohle beheizten Öfen schickten lange, sich kräuselnde Rauchfahnen in den Himmel, und die Luft wurde dunkel vom Ruß, sobald der Wind ihn herunterdrückte. Anders als am Tag zuvor waren nun die Fenster geschlossen, und die Gassen lagen verlassen da.

Wir packten zusammen und machten uns auf den Weg, ehe das Dorf aufgewacht war. An der Wegbiegung am Rand des Dorfes blieben wir noch einmal stehen und blickten zu den stillen Häusern zurück. Die Fenster waren blind vom Ruß, doch bei einem, an dem jemand mit der Hand ein Guckloch freigewischt hatte, drückte sich nun ein kleiner Junge die Nase an der Scheibe platt. Vielleicht wollte er mitkommen, die weite Natur und das freie Leben kennen lernen, das wir führten. Ich winkte, er lächelte und winkte zurück, und wir gingen weiter.

Gegen Nachmittag wurde die Wolkendecke immer dichter; ein starker, lästiger Wind kam auf, der den Schnee in die Luft wirbelte. Im März 1982, als wir dieses Tal durchquerten, waren zwei Einheimische aus einem Dorf auf der anderen Talseite nach Kaza aufgebrochen. Sie gingen einen Weg, den sie seit ihrer Kindheit kannten, gerieten jedoch unterwegs in einen Schneesturm. Nachdem sie ständig im Kreis gelaufen waren, setzten sie sich nieder, um ein wenig auszuruhen, und standen nie mehr auf. Zehn Tage später fand man ihre Leichen.

Ähnliche Bedingungen herrschten auch jetzt, doch ich hatte unsere aktuellen Koordinaten im GPS gespeichert und war deshalb zuversichtlicher als am Tsomo-Riri-See. Von diesem Instrument hing nun unser Leben ab.

Zum Glück lagen die Dörfer, meistens nur Weiler mit 20 bis 30 Häusern, nicht mehr als 10 bis 15 Kilometer weit auseinander, und wir konnten unsere Orientierungspunkte unterwegs leicht ausmachen. In den ersten drei Stunden kamen wir schnell voran, dann machte der Fluss eine Biegung, und eine Wand aus großen Eisblöcken links von uns verengte sein Bett. Am Fuß der Wand hatte der Wind eine Unmenge Schnee zusammengetrieben.

Wir stiegen höher, ließen den Sturm unter uns und wurden mit einer schier grenzenlosen Sicht auf ferne Berge belohnt. Von Zeit zu Zeit blieben wir stehen, um tief Luft zu holen. Zwei Stunden gingen wir so weiter, dann öffnete sich das Tal. Am anderen Ende konnte ich einen Felsrücken ausmachen, einen Ausläufer der südlich verlaufenden Bergkette. Dort fließt von Südwesten der Pin in den Spiti, beide ungefähr gleich große Flüsse. Als wir den Bergkamm erreicht hatten, erblickten wir zwischen den Wolken eine Anhöhe aus lockerem Felsgestein, auf der die Festung Dhankar steht – richtiger »Trankar«, wie die Einheimischen sagen.[6]

Die Festung sah wie ein typisches Wohnhaus dieser Gegend aus, nur dass sie größer war, strategisch klug und fast unzugänglich angelegt. Die schmalen, steilen Pfade zur Festung ließen sich leicht blockieren, wenn man Felsbrocken hinunterrollte. Heute führt ein breiter Weg hinauf, so dass mutige Autofahrer nicht einmal mehr zu Fuß gehen müssen.

Dhankar war einmal die Hauptstadt der Provinz Spiti. Ende des 18. Jahrhunderts wurde sie von Aufständischen des Stammes der Bushairi eingenommen und zwei Jahre lang gehalten. Nach der Annexion durch die britische Regierung im Jahr 1849 wurde die Region von Major Hay, dem stellvertretenden Gouverneur von Kulu, verwaltet. Er verbrachte jenen Winter in der Festung und schrieb einen Bericht über seinen Aufenthalt.

Im Jahr 1955 hatte Chhewang Tobge, Nachkomme des nominellen Oberhauptes von Spiti, die Stellung des *nono* inne, und er soll ein strenger Richter gewesen sein.

> Nach der Verurteilung wurden die Übeltäter in einem schrecklichen Verlies in Dhankar verwahrt, einem winzigen Raum oben auf einem Felsenturm. Zwei Wände dieser Zelle bildete ein natürlicher Steilhang, der 700 Meter in die Tiefe führte; die anderen beiden Wände bestanden aus massiven Steinmauern. Es gab keine Tür zu diesem Raum, und nur ein kleines Loch auf der Seite des Steilhangs ließ ein wenig Licht und Luft hinein. In dieses dunkle Verlies wurde der Gefangene durch eine kleine Öffnung im Dach hinabgelassen, die sofort mit einer Steinplatte verschlossen wurde, und in diesem Kerker verbüßte er seine Strafe – allein, ohne jeden Kontakt. Für seine Verpflegung sorgte der Kläger, der ihm einmal am Tag durch die Öffnung im Dach etwas zum Essen hinunterließ.[7]

6 vgl. Moorcroft and Trebeck, *Travels in Hindustan,* Bd. II, Kap. IX
7 Gopal Das Khosla, *Himalayan Circuit,* S. 125

Wir biwakierten unterhalb von Dhankar, in einem Obstgarten nahe dem Dorf Schizling. Ich machte gerade Fotos von der Festung, als drei kichernde Mädchen vorbeigingen. Einige Zeit später sah ich sie wieder, und sie kicherten noch immer. Als wir uns erneut begegneten, gingen sie ein wenig zur Seite, um uns nicht zu nahe zu kommen, und begannen wieder zu kichern. Mir scheint, dass Mädchen – große Mädchen, kleine Mädchen, gute Mädchen, böse Mädchen – immer kichern. Männer lächeln und lachen, laut oder leise, aber hat man schon jemals einen Mann kichern hören?

Am Abend tauchte bei unserem Camp ein Junge mit seinen beiden kleinen Schwestern auf. Sie trugen Wollhosen, dicke Mäntel und Plastikstiefel, die aussahen, als wären sie schon seit Generationen geflickt und gestopft worden. Von ihren triefenden Nasen hingen kleine Eiszapfen, und ihre Gesichter waren von Kälte, Wind und Sonne stark gerötet. Sie spähten in unser Zelt und zogen dann Ammoniten aus den Manteltaschen, die sie uns zum Kauf anboten. Ich nahm einen in die Hand, bewunderte seine vollkommene Form und fragte: »Wo habt ihr sie her?« Sie lachten nur, doch als ich noch einmal fragte, erzählten sie, dass am Ufer des Spiti viele davon lägen. Kumar erstand das schönste Exemplar für 40 Rupien.

Ich bot ihnen Bonbons an, die sie widerstrebend nahmen, auswickelten und prüfend ableckten. Dann sahen sie sich an, spähten wieder in das Zelt und lächelten anerkennend. Ich sollte unbedingt auch einen Ammonit kaufen, doch ich lehnte erneut ab, denn ich wollte kein Gramm mehr in meinen ohnehin schweren Rucksack packen.

Auf einmal stand ein alter Mann, vermutlich der Großvater, vor dem Zelt, gehüllt in einen langen, weiten, vorne übereinander geschlagenen Schaffellmantel, den eine vielfach um die Taille geschlungene Schnur aus dicken Wollfäden zusammenhielt. Er fragte, was wir hier machten und wohin wir wollten. Sein grimmiges Gesicht ließ erkennen, dass unsere Antworten mehr neue Fragen aufwarfen, als die bereits gestellten zu klären.

Es stürmte den ganzen Abend und die Nacht über. Als wir aufwachten, tropfte es von den bereiften Zeltwänden, und es wurde noch schlimmer, als Kumar den Kocher anzündete. Nun sammelte sich auch noch Wasser auf dem Zeltdach und sickerte durch, so dass alles nass wurde. Wir blieben im Zelt, bis es hell wurde, und machten uns dann fertig. Ein weiterer strapaziöser Marschtag lag vor uns.

Nach Spiti führen nur zwei Wege: Im Westen über den Pass Kunzam La, auf dessen anderer Seite Lahaul liegt. Von dort aus gelangt man über den Rohtang La nach Manali und bis in die Indische Tiefebene. Der zweite Weg, auf der Ostseite des Tales, war unsere Route. Er führt über Tabo und Sumdo, und im Sommer ist auch die Zufahrt über die Straße von Shimla in Himachal Pradesh möglich.

»Eine Genehmigung für das Spiti-Tal erhält man auf Antrag von der indischen Botschaft im jeweiligen Land, jedoch nur für Gruppen ab vier Personen«, hatte mir die Oberste Verwaltungsbeamtin des Tales in Kaza erklärt. »Da es keine Hotels gibt und die Infrastruktur schlecht ist, sollten die Anträge über eine Reiseagentur gestellt werden, die die Planung und administrative Abwicklung der Reise übernimmt.«

Wir kauften grundsätzlich keine Nahrungsmittel oder andere Dinge von den Einheimischen, die sie selbst nur unter Schwierigkeiten beschaffen konnten. Deshalb hatten wir in Kibbar eine Proviantstation eingerichtet. Das Versorgungsteam hatte alles Notwendige bereits im Vorjahr hingebracht und in der Obhut meines Freundes Phuntsok zurückgelassen.

An diesem Tag ging es immer den Fluss entlang, der fast durchgängig zugefroren war. Schon nach wenigen Stunden begannen meine Schultern zu schmerzen, denn der Nylongurt schnitt tief ins Fleisch. Als ich den Gurt zwecks Gewichtsverlagerung um die Hüfte legen wollte, rutschte er ab, denn dort gab es nichts mehr, wo er Halt hätte finden können. Es half auch nichts, dass ich den Gurt so weit zur Brust hochschob, dass ich fast erstickte. Langsam begriff ich, dass 37 Tage Schwerarbeit bei beschränkter Nahrungszufuhr ihre Spuren hinterlassen hatten, denn ich hatte praktisch kein Gramm Fett mehr am Körper. Meinen Teamgefährten ging es natürlich nicht anders. Ich würde auf jeden Fall versuchen, beschloss ich, ein Essen mit allem Drum und Dran zu organisieren, ehe wir die nächste Etappe in Angriff nahmen.

Kumar schien mit seinem Rucksack ebenfalls Schwierigkeiten zu haben. Zwar hätte er von seinem Körperbau her das Gewicht besser von den

Schultern auf die Hüfte verlagern können, aber offenbar klappte es auch bei ihm nicht mehr.

Wir hatten dieses Problem bereits in der Planungsphase vorhergesehen. Meine größte Sorge war immer das Gewicht gewesen, doch es gelang uns einfach nicht, unter 30 Kilogramm zu kommen. Um ein solches Gewicht tragen und trotzdem Ski fahren zu können, hatte ich einen stabilen Rucksack mit Rückenverstärkung ausgesucht, allerdings ohne Gestell, damit wir uns nicht das Rückgrat brachen, falls wir stürzten. Doch es blieb eine Quälerei, trotz dicker Schulterpolster und verstellbarem Hüftgurt, weil wir einfach erschöpft und ausgehungert waren.

Vor uns lag Tabo, nach Tholing in Tibet das bedeutendste buddhistische Kloster und das älteste im Spiti-Tal. Es besitzt einige der größten Kunstschätze der Welt, prächtige Wandgemälde und Skulpturen aus Stuck, in denen sich die kunstreiche Ikonografie dieser Region offenbart. Seit mehr als zehn Jahrhunderten wird mit unendlicher Hingabe und Sorgfalt immer wieder daran gearbeitet.

Das Kloster Tabo beherbergt nicht nur großartige Kunstschätze, sondern nimmt aufgrund seiner wichtigen Rolle bei der Verbreitung des indotibetischen Buddhismus und seiner Kultur im 10. und 11. Jahrhundert auch einen zentralen Platz in der Geschichte ein. Es ist das älteste durchgängig bewohnte buddhistische Heiligtum in Indien und im Himalaya, das noch in seiner ursprünglichen Ausgestaltung erhalten ist.

Kunstwerke von Lahaul bis Kinnaur belegen, dass das 11. und 12. Jahrhundert die produktivste Phase in der Geschichte der buddhistischen Kunst dieser Region waren. Das Kloster Tabo besitzt die meisten und besterhaltenen Zeugnisse in Himachal Pradesh, darunter Gemälde aus dem 10. bis 12. Jahrhundert, und beherbergt außerdem wertvolle Manuskripte und Bücher. Die Bildnisse aus der Zeit der Restauration um 1042 n. Chr. sind vollständig erhalten. All die Malereien, Inschriften und Texte an den Wänden und Skulpturen bieten eine einzigartige Gelegenheit, die Beziehung zwischen Kunst und Ritus im ursprünglichen Zusammenhang zu sehen.

Vor tausend Jahren begegneten sich in Tabo zwei Kulturen, der Süden und der Norden, Indien und Tibet. Indische *pandits* kamen nach Tabo, um die tibetische Sprache zu erlernen. Indische wie tibetische Schüler fertigten sorgsam Übersetzungen an und widmeten sich religiösen Studien. Die hier als Ausdruck der neuen Religion entstandene Kunst, in der sich indische Ornamentik und tibetische Wandinschriften verbinden, wird gewöhnlich als indo-tibetische Kunst bezeichnet.

Aus den alten Handschriften – dem so genannten Tabo Kanjur – geht hervor, dass es in Tabo im Laufe seiner langen Geschichte zu einigen gewaltsamen Auseinandersetzungen gekommen sein muss. In den Inschriften sind jedoch nur zwei derartige Ereignisse festgehalten: das erste einige Zeit vor 1042, das zweite im Jahr 1837. Die Beschädigungen bei Letzterem sind heute noch im entsprechenden Teil des Klosters zu sehen.[8]

In den 1990er Jahren wurde in Tabo, nach wie vor der größte Klosterkomplex in Spiti, unter fachmännischer Leitung von Archäologen umfangreiche Renovierungsarbeiten eingeleitet. Der allgemein verbesserte Lebensstandard im Tal und die Weihung des Klosters durch Seine Heiligkeit den Dalai Lama haben Spiti wieder zu einem Zentrum spirituellen Lebens gemacht.

Die Lamas von Spiti sind dem Dalai Lama zur Treue verpflichtet, und die Gompas unterliegen seiner Kontrolle. Emotionell ist Lhasa das Zentrum für alle Buddhisten. Der Lamaismus in Spiti ist allerdings wie in anderen Regionen auch schon immer stark von lokalen Legenden, abergläubischen Vorstellungen und dem Dämonenglauben der Bergbewohner geprägt worden. Es gibt zahlreiche gute Geister und böse Dämonen, die in Bäumen, Felsen und auf Berggipfeln wohnen sollen und denen die Buddhisten Spitis Schafe und Ziegen opfern. Sie glauben an Hexen, Hexer und den bösen Blick.[9]

Eigentlich hatten wir im Gästehaus neben dem Kloster übernachten wollen, aber dort war es nicht nur kalt, sondern es roch auch ausgesprochen unangenehm, weil die Abflüsse der Toiletten verstopft waren. Deshalb nächtigten wir lieber in unseren Zelten unter dem nun wolkenlosen Himmel.

8 vgl. Projektbericht über »Frühe indo-tibetische buddhistische Klosterkunst im westlichen Himalaya, 10.–13. Jh.« der Universität Wien

9 vgl. Gopal Das Khosla, *Himalayan Circuit,* S. 105

Im Zelt bastelte ich mir zusätzliche Polster für meine Schultern. Ich wickelte jeweils einen Socken in einen Plastikbeutel, der zuvor für Proviant gedient hatte, und befestigte diese provisorischen Polster mit Klebeband an den Schultergurten. Kumar hatte eine bestechende Idee. »Am meisten wiegt doch das Essen, oder?«, meinte er. »Also weg damit.« Er holte sein Proviantpaket für den nächsten Mittag heraus, und wir knabberten Schokolade, während das Abendessen zubereitet wurde. »Morgen«, sagte ich, »teilen wir uns meine Ration.«

Wir gingen ins Küchenzelt hinüber, wo Ranjit und Dhan Singh die einzige warme Mahlzeit des Tages zubereiteten. Kurz darauf erschien Tashi mit dem gewohnten spitzbübischen Lächeln im Gesicht und trommelte mit einem Löffel ungeduldig auf seinen Blechnapf. Thapa und Pun hatten eine andere Philosophie. Sie waren überzeugt, dass sie sich im Schlaf am besten regenerierten und verbrachten deshalb möglichst viel Zeit in diesem Zustand, wenn wir nicht unterwegs waren.

Mitten in der Nacht sprang ich unter Schmerzensschreien aus meinem Schlafsack. Ich hatte Krämpfe. Durch mein Jammern wachte auch Kumar auf. Er begann meine Wadenmuskeln zu massieren, während ich mich hin und her wälzte und alles Mögliche versuchte, um den Schmerz erträglicher zu machen. Nach etwa einer halben Stunde mit scheußlichen Krämpfen, außerdem müde von meinen Verrenkungen, lag ich endlich wieder entspannt da, erst schwitzend und dann frierend.

Am Morgen weckte mich das klatschende Geräusch einer Zeltklappe, die im kalten Wind flatterte. Wolkenfetzen zogen rasch über den Himmel, und immer wieder folgten neue Wolken nach. Es ging ein leichter Wind, der nur hin und wieder an Intensität zunahm. In der Nacht hatte es geschneit, und ich klopfte gegen die Zeltwände, um sie von der Schneelast zu befreien. Dann zog ich unter Verrenkungen meine Stiefel an und schlüpfte hinaus. Nachdem ich mit meinen Handschuhen den restlichen Schnee vom Zeltdach gewischt hatte, half mir Kumar den Rucksack packen und reichte mir meine Sachen heraus.

Wir begannen den Tag mit einem Besuch im Kloster. Tabo (auch Tabo Choshkhor – »Kreis der Lehre« oder »Enklave der Lehre« genannt) wurde vermutlich 996 n.Chr. erbaut. Der Gebäudekomplex umfasst neun Tempel, 23 Chörten sowie Zellen für Mönche und Nonnen. Die Kernzone, eine Fläche von 6300 Quadratmetern, ist von einer Lehmmauer umschlossen. Der Renovierungsinschrift im Haupttempel zufolge wurde Tabo vom »Urbuddha, dem Bodhisattva«, d. h. dem König von Guge und Purang, Yeshes-'od, in einem Jahr des Affen gegründet, und 46 Jahre später ließ der königliche Nachkomme, der mächtige Byang-chud-'od, in der Hoffnung, dadurch Erleuchtung zu erlangen, diesen Tempel renovieren.

Zentrum des Klosterkomplexes ist die Versammlungshalle oder »Tempel der erleuchteten Götter«. Beherrschende Figur ist hier der vierköpfige Vairocana, der im Vajrayana-Buddhismus als einer der fünf geistigen Söhne des Adibuddha, des aus sich selbst existierenden Urbuddha, betrachtet wird. Er ist sitzend dargestellt, das Rad des Gesetzes drehend, und über zwei Meter hoch.

Auf Kragsteinen entlang der Wände stehen 33 lebensgroße Stuckfiguren des so genannten Vajradhatu-Mandala. Jede ist von einem stilisierten Flammenkranz umgeben. Die reichen Wandmalereien zeigen Szenen aus dem Leben des Buddha und sind im rein indischen Stil ausgeführt, weshalb Tabo manchmal auch als »Ajanta des Himalaya« bezeichnet wird.[10]

Auf der anderen Seite der Straße, die wir nun auf unseren Skiern entlangfuhren, lagen die Klostergebäude aus heutiger Zeit. Die glatte Felswand dahinter wies eine Reihe von Höhlen auf, in denen vor langer Zeit Mönche lebten, und es gab auch eine »Versammlungshalle«. Früher einmal war der Felsen mit Bildnissen von männlichen und weiblichen Gottheiten geschmückt. Spuren dieser Malereien sind heute noch zu sehen.

Den Neuschnee empfand ich als angenehm, doch der Wind hatte meine Lippen aufspringen lassen, obwohl ich reichlich vom Fettstift Gebrauch machte. Wenn ich an der Unterlippe saugte, begann sie zu bluten, und ich genoss den Geschmack. Mein hungriger Bauch freute sich über alles, sogar über Blut.

Ein wenig Schutz bot der ausgetrockneten Haut mein Vierwochenbart, weiß vom Alter und vom Schnee. Alle anderen hatten größere Probleme

10 Projektbericht über »Frühe indo-tibetische buddhistische Klosterkunst im westlichen Himalaya, 10.-13. Jh.« der Universität Wien

mit der Haut als ich – Pun und Thapa mit ihren Stoppelbärten, Tashi mit seinem Flaumbart, selbst Kumar mit seinem Gestrüpp im Gesicht.

Das Sutlej-Tal

Bei Sumdo fließt der Spiti in den Sutlej, der in dem See Rakas Tal südlich des Kailash entspringt. Die alte Karawanenroute von Hindustan nach Tibet, die an diesem Fluss entlangführt, verlief im Gegensatz zur heutigen Straße weiter oben in den Bergen. Diesen Weg nahm im Jahr 1933 die Expedition von Tucci und Ghersi; ihre Reise von Manali nach Shimla über das Spiti-Tal dauerte fast fünf Monate, vom 21. Juni bis zum 2. November. Heute kann man diese Strecke bequem in etwa drei Tagen bewältigen.

Am nächsten Tag kamen wir in das Durchbruchstal des Sutlej. Im Norden ist das Tal breit, verengt sich jedoch weiter südlich zu einer tiefen Schlucht. An den Talrändern ragen gefährlich instabil wirkende, aufeinander getürmte Felsblöcke empor, Zeichen der Bewegungen im Erdinnern. Diese Formation verläuft als unregelmäßige Linie quer durch den Himalaya und bildet bei Rampur, etwa 60 Kilometer flussabwärts, die Grenze zwischen dem Hohen und dem Niederen Himalaya.

Wir folgten dem direkten Weg nach Pooh. Auf der Straße lag zwischen einem halben und einem Meter Schnee. Eine derart tiefe und wilde Schlucht hatten wir noch nicht passiert. Es war geradezu lebensgefährlich, doch die Schönheit der Landschaft entschädigte uns reichlich. Die Straße führte etwa 300 Meter über dem Fluss an der Felswand entlang, stellenweise auch durch Tunnels – eine technische Meisterleistung. Falls unsere Skier beschließen sollten, sich selbständig zu machen, hätten wir nicht die geringste Chance und würden in den reißenden Fluss tief unter uns stürzen.

Morang am Ufer des Sutlej war schneefrei. Mit einer Höhe von 2500 Metern war es der zweitniedrigste Punkt auf unserer Route. Bei einer Durchquerung des Himalaya stößt man häufig auf Quertäler, die sehr tief sein können. Sie lassen sich manchmal umgehen, wenn man den Weg über die Höhenzüge wählt. Da der Sutlej den ganzen Himalaya in Nord-Süd-

Richtung durchschneidet, folgten wir zunächst dem Verlauf des Tals in südlicher Richtung.

Wir durchquerten den Fluss, machten früh Rast und folgten dann dem Shurtingting Khad. Meine provisorischen Schulterpolster verursachten inzwischen ebenfalls Probleme, denn die Haut konnte wegen der Plastikhülle nicht atmen und fing durch die ständige Reibung an zu brennen. Da war mir der gewohnte Schmerz doch lieber, und so entfernte ich sie wieder.

Vor mir ging jemand, der seinen Rucksack auf höchst ungewöhnliche Weise trug – nämlich umgekehrt. Thapa hatte ähnliche Probleme gehabt wie ich und war, nachdem er alles Mögliche ausprobiert hatte, auf eine geniale Lösung gekommen: Er polsterte den Hüftgurt des Rucksacks mit einer Jacke ab und legte ihn sich als Tragegurt um die Stirn. Schwere Lasten werden in Nepal von alters her auf diese Weise getragen, und es schien ziemlich bequem zu sein. Zumindest kamen von ihm keine Klagen mehr.

Abends schlugen wir bei Lambar unser Lager auf. Am nächsten Tag ging es zuerst bei mittlerer Steigung einen Bach entlang nach Charang, von dort an wurde es steiler. Am späten Abend würden wir Lalanti erreichen, wo im Sommer Abertausende von Hochgebirgsblumen blühen. Es gab ein paar Hütten dort, was darauf schließen ließ, dass diese Route im Sommer genutzt wurde, doch sie waren halb verfallen und nicht zu bewohnen, deshalb biwakierten wir neben ihnen.

Der nächste Marschtag war anstrengend, denn wir mussten eine Unmenge riesiger Felsblöcke überwinden. Doch wir hatten ausgezeichnetes Wetter, und die Passhöhe des Chitkul La bot eine herrliche Aussicht auf eine bewaldete, mit Schnee verbrämte Bergkette in der Ferne und ein langes Tal, das sich von Osten nach Westen erstreckte. Der Hang lud geradezu zu einer Abfahrt ein, wie überhaupt das ganze Tal, eines der schönsten, die ich gesehen hatte, ein ideales Skigebiet zu sein schien. Unten im Tal erwarteten uns sieben neue Teammitglieder aus Australien, Großbritannien und den USA, die uns bis zu unserem nächsten Etappenziel begleiten würden.

7
Beißende Kälte, sengende Sonne

> Begraben im Schnee, überrascht vom Sommer
> Blickt groß dieses Land der Sonne entgegen
> Und wiederholt endlos, was wir nicht hören können.
>
> F.R. Scott, *Laurentian Shield*, 1954

Das Sangla-Tal

Der nächste Morgen brachte heiteres, mildes Wetter bei 4 °C, für den Himalaya eine fast tropische Wärme. Allerdings hatte man uns darauf aufmerksam gemacht, dass ein Tiefdrucksystem mit regenschweren Wolken im Anzug war, und das bedeutete, dass es in den nächsten Tagen schneien würde. Um diese Jahreszeit – mitten im Winter – verläuft das Wetter in Wellen: Auf schlechtes Wetter folgt gutes, auf sonnige Tage folgen Nächte mit Schneefall. Doch egal, in welcher Gestalt das schlechte Wetter kommt, man darf immer hoffen, dass die darauf folgende Gutwetterphase mindestens ebenso lange anhält, wenn nicht sogar länger.

Im Gästehaus des *Public Works Department* in Chitkul roch es penetrant nach alten Strümpfen, verschwitzter Kleidung, Zigarettenrauch und ungewaschenen Körpern. Bei unserer Ankunft am Tag zuvor hatten saubere Leintücher auf den Betten bereitgelegen, doch Kumar meinte, wir sollten sie erst mal beiseite tun, bis wir uns richtig gewaschen hätten. Deshalb galt mein erster Gedanke am Morgen der Dusche, damit ich das Bett frisch beziehen und mich auf dem blütenweißen Leintuch ausstrecken konnte.

Unser Proviantmeister Pritam Singh, auch für den Abschnitt Chitkul zuständig, brachte mir ein Paket von meinem *sahayak* in Delhi, auf dem »Persönlich« stand. Zum Glück war ich allein, als ich es öffnete, sonst wäre es mir doch ein wenig peinlich gewesen. Es enthielt zwei neue Garnituren Unterwäsche, einen Kamm, eine Flasche Haaröl, ein Stück Seife, einen Tiegel Feuchtigkeitscreme, eine Dose Talkumpuder und ein Handtuch. Eine Garnitur Unterwäsche und das Handtuch behielt ich für mich, den Rest teilte ich mit den anderen.

Als ich aus der Dusche kam, frisch gepudert und gecremt, bezog ich mein Bett und legte mich hinein, genau wie ich es geplant hatte, mit einem Bier in der einen und einem Buch in der anderen Hand. Es war der pure Luxus, vollkommenes, höchstes Wohlbehagen. Oft sind es die einfachen Dinge im Leben, die uns am meisten Freude bereiten. Und fast immer kommen sie im Wechsel mit harten Zeiten, ähnlich wie beim Wetter auf ein Tief irgendwann ein Hoch folgt.

Hier stießen die Australier, Amerikaner und Engländer zu unserem Team. HIMEX hatte nämlich, als sich zeigte, wie gut unsere *Ski-Himalaya-Expedition* lief, anderen Staaten angeboten, dass sich Angehörige ihrer Armeen uns anschließen könnten, falls Interesse bestand. Wir hatten davon nichts gewusst, aber es war eine schöne Geste. Ich bin ohnehin der Meinung, dass wir die internationalen Kontakte zwischen den Streitkräften fördern sollten. Dann begreifen wir vielleicht besser, dass alle Soldaten gleich, dass wir alle Menschen sind. Solche Verbindungen, auch im Kleinen, können sich ergänzen und gegenseitig fördern und damit wesentlich zur Sicherung des Friedens beitragen.

Im Laufe des Tages trafen wir uns zum Kennenlernen. Es gab insgesamt sieben neue Mitglieder, das heißt ein fast völlig neues Expeditionsteam. Aus den USA waren Jonathan Fox und Frederick Poirier gekommen, zwei kräftige, laute Amerikaner, die ständig Tabak kauten. Da sie in Alaska lebten, waren sie Kälte gewohnt.

Jonathan Fox und Frederick Poirier waren nicht nur äußerlich sehr verschieden, sondern auch vom Charakter her. Der schlaksige Fred, 1,88 Me-

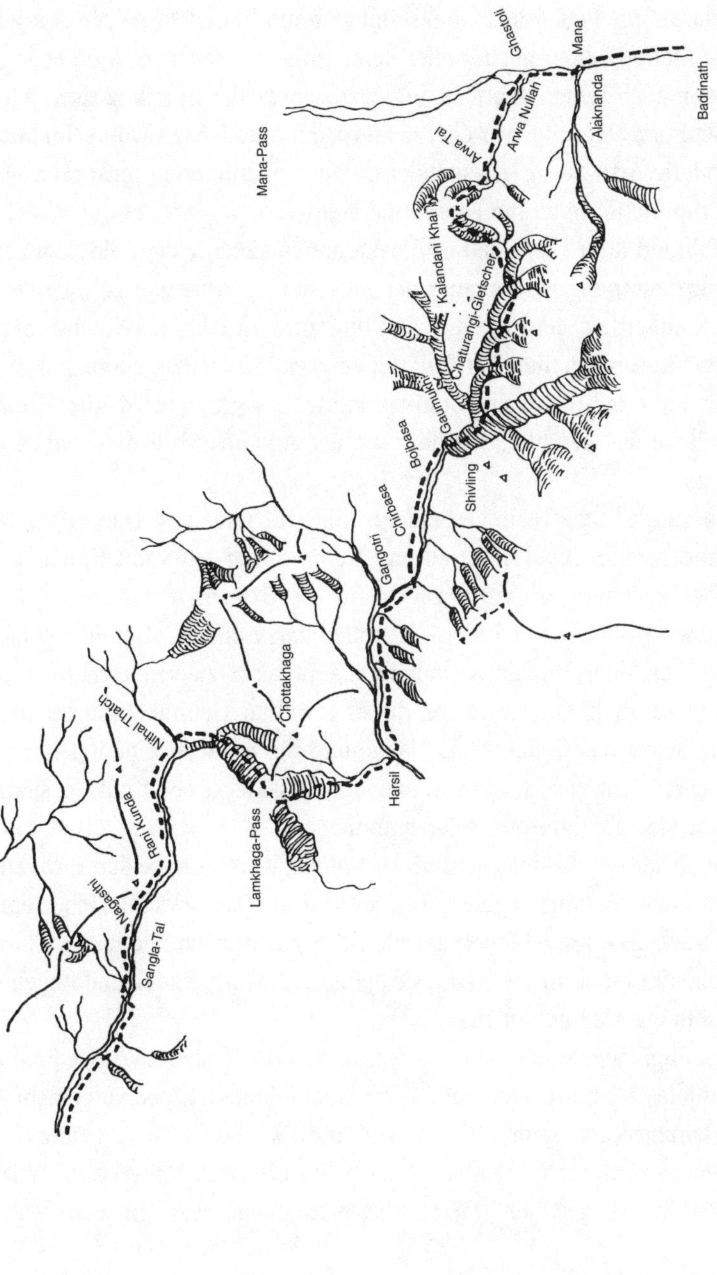

Badrinath
Mana
Ghastoli
Alaknanda
Arwa Nullah
Arwa Tal
Mana-Pass
Kalandani Khal
Chaturangi-Gletscher
Gaumukh
Bojbasa
Shivling
Chirbasa
Gangotri
Chottakhaga
Harsil
Lamkhaga-Pass
Nihal Thatch
Rani Kunda
Nagasthi
Sangla-Tal

ter groß, war ein bescheidener Typ mit hellem Kopf, mehr ein Einzelgänger, den so leicht nichts aus der Ruhe brachte. Nur wenn Johnny ihm zu sehr auf die Pelle rückte und ständig an ihn hinredete, wurde er knurrig. Gab Johnny dann noch immer keine Ruhe, schnauzte er ihn gehörig an, wenn auch freundschaftlich, und zog sich wieder in sich zurück. Johnny, klein und stämmig, war eher der Typ, der alles wissen wollte. Ihr Humor und die Art, wie sie miteinander umgingen, erinnerten mich sehr an das berühmte Komikerduo Laurel und Hardy.

Während ihrer Dienstzeit in Alaska hatten sie an einem Ski-Zehnkampf teilgenommen, der als einer der härtesten Wettkämpfe galt. Beide gingen außerdem gern auf die Jagd und zum Skifahren. »Wir haben nicht beschlossen, an der *Ski-Himalaya-Expedition* teilzunehmen, weil wir der Kälte in Alaska entkommen wollten«, sagte Fred zu mir, »sondern weil wir das Gefühl hatten, dass wir hier grandiose Erlebnisse haben würden.«

Das australische Team bestand aus Mike Kilcullen und Tom Foster. Mike hatte bereits Himalaya-Erfahrung, denn er war 1985 mit Kumar unterwegs gewesen. Als Vorbereitung für die Expedition hatten sie in den Snowy Mountains in Südost-Australien hart trainiert. »Die Snowy Mountains und der Himalaya sind überhaupt nicht zu vergleichen«, meinte Tom, »deshalb konnte ich mir dieses gewaltige Gebirge gar nicht vorstellen. Selbst das Gelände, die Hänge und die Schneebedingungen sind so anders«, fuhr er fort, »dass meine Langlaufskier absolut nutzlos sind. Ich habe sie völlig umsonst mitgenommen.«

Im Gegensatz zu den meisten Australiern waren die beiden recht ruhig, machten aber bei jedem Spaß gerne mit. Das erkannte ich ziemlich schnell, als wäre es ihnen auf die Stirn geschrieben. Sie hatten dieselbe unbekümmerte Art, wie man sie bei Indern häufig findet, und fügten sich gut in die Mannschaft ein.

Die Engländer waren anders - wen wundert's? Die drei - Clive Poultney, der älteste, Jimmy Green und Colin Gent - kamen direkt von einem Auffrischungskurs in den Alpen, und die Skilehrerin, eine Brünette aus Deutschland, hatte offenbar einen tiefen Eindruck hinterlassen. Wie erfolgreich sie gewesen waren, wusste ich nicht, aber ein paar deutsche

Wörter hatten sie gelernt, denn sie murmelten ständig »beugen, beugen, Knie beugen«, manchmal sogar im Schlaf.
Mein eigenes Team bestand überwiegend aus Skilehrern. Ratna Mani Rai und sein Freund Pritam Singh beeindruckten alle mit ihrem Lebenslauf – die beiden hatten bereits an mehreren internationalen Wettkämpfen und Olympischen Spielen teilgenommen – und dürften bei den Zuhörern Bilder vom kraftvollen Nashorn und der beharrlichen Schildkröte wachgerufen haben. Om Prakash, Hira Singh, Karna Bahadur Subba und Til Bahadur Burathoki waren alle Ausbilder bei den Gebirgsjägern in Gulmarg.
Wie wir mit unseren schweren Rucksäcken Ski fahren konnten war eine Frage, die unsere ausländischen Gäste sehr beschäftigte. Sie hatten schon auf dem kurzen Fußweg von der Straße her Schwierigkeiten gehabt. »Unsere Rucksäcke wogen 40 Kilo, und wir mussten Träger engagieren, sonst hätten wir es nie geschafft«, berichtete Clive. Und er erzählte, wie es ihnen an ihrem ersten Tag bei dem Marsch nach Chitkul ergangen war:
»Einmal bin ich bis zu den Eiern im Schnee versunken. Jimmy ging direkt hinter mir und war nicht besonders erfreut, als mein Rucksack auf seine Beine fiel. Ich steckte total fest. Unser Aussie Tom war ungefähr so hilfreich wie eine besoffene Giraffe. Er machte sich fast in die Hosen vor Lachen. Nach ein paar Minuten spürte ich meinen Hintern nicht mehr vor Kälte, aber inzwischen hatte sich Tom wieder einigermaßen gefangen und half mir aus dem Schnee, und dann brüllten wir alle vor Lachen, was richtig anstrengend war, weil wir dabei nicht mehr vernünftig atmen konnten. Ich kann es schwer beschreiben, wie strapaziös der Marsch körperlich war. Nie in meinem Leben war ich so kaputt, und ich habe schon ein paar schwierige Sachen gemacht. Ich brauchte meine ganze Energie, um einen Fuß vor den anderen zu setzen und um zu atmen.«
Während alle noch lachten, holte Tom seinen Rucksack, um mir zu demonstrieren, wie viel er wog. Ich war sprachlos, als ich sah, welches prall gepackte Monstrum er da hochwuchtete.
»Siehst du, Mann«, sagte Tom, »mit dem Gewicht kann ich nicht einmal richtig stehen. Wie soll ich da Ski fahren?«
»Was hast du da alles drin?«, fragte ich.
»Seil, Jumar, Sitzgurt, Felshaken, Hammer und Karabiner … alles, was

auf der Liste eures Hauptquartiers stand ...Nur keine Nuggets!«, schloss er grinsend.

Die meisten Bergsteiger schleppen bei Trekking-Touren im Himalaya oder anderen Gebirgen eine Menge an Ausrüstung mit, wie Tom sie beschrieb, und fast immer zu viel, so dass sie schon beim Anblick ihres Rucksacks zu zittern beginnen. Ich verteile die Ausrüstung lieber auf das ganze Team und setze sie sparsam ein, bei Notfällen oder wirklich schwierigen Passagen.

Um die Diskussion darüber, was mitgenommen werden sollte, möglichst abzukürzen, bat ich jeden, seinen Rucksack vollständig auszupacken. Ich war ehrlich gesagt sehr erstaunt, was sie alles mitgenommen hatten; jemand anderer musste nun Zeit und Mühe investieren, damit alles Überflüssige zurückgeschickt wurde.

Es ist unbedingt nötig, zwischen Wichtigem und Unwichtigem zu unterscheiden. Dazu muss man auf jeden Fall erst einmal eine klare Vorstellung davon haben, wie es um die körperliche Fitness steht (Vergangenheit), wissen, was einem zur Verfügung steht (Gegenwart), und erkennen, was auf einen zukommt (Zukunft). Schätzt man einen dieser Faktoren falsch ein, bedeutet das immer, dass man zu viel mitnimmt, wodurch man langsamer vorankommt und sich leichter verletzt.

Ich persönlich mische Vergangenheit und Zukunft zu einem Cocktail, den man »Gegenwart« nennen könnte, und eben darum geht es. Bei mir kommen weder Ersatzkleidung noch -ausrüstung in den Rucksack, nicht einmal ein Reiskorn mehr als notwendig. Als ich nun ihr Gepäck begutachtete und alles Überflüssige aussortierte, erntete ich etliche böse Blicke, aber ich wusste sehr gut, was ich tat.

Die gesamte Kletterausrüstung bis auf die wenigen wirklich unentbehrlichen Dinge wurden beiseite gelegt. Ebenso Clives Extrasocken und Schnürsenkel; Jimmys Baumwollunterhemden und die neueste Ausgabe des *Playboy;* Colins gut sortierte Erste-Hilfe-Tasche; Mikes zusätzliche Hose und der Pullover; Johnnys Regenumhang und Unterwäsche; und schließlich auch Freds Lektüre für unterwegs, *A Dangerous Fortune* von Ken Follett.

An diesem Abend schrieb Clive in sein Tagebuch: »Harry hat uns klar gemacht, dass wir unser Gepäck drastisch verringern müssen, weil es viel zu viel wiegt und wir damit unmöglich vorankommen. Er hat alles begutachtet und dann gesagt, welche Sachen wir zurücklassen sollen, was uns ehrlich gesagt ziemlich erschreckte. Die gesamte Kletterausrüstung und eine Menge Kleidung wurden aussortiert, und ein kleiner Erste-Hilfe-Kasten sollte für das ganze Expeditionsteam reichen. Wir hatten unsere Zweifel, ob wir wirklich so viel zurücklassen sollten, und die Amerikaner machten ein großes Geschrei deswegen, aber Harry wusste schließlich am besten Bescheid. Damit war die Sache erledigt.«

Man muss wissen, was einen erwartet, wenn eine Ski- oder Bergtour gelingen soll, das ist der ganze Trick. Die meisten packen einfach die Sachen ein, die der Veranstalter aufgelistet hat, ohne zu überlegen, ob sie wirklich von Nutzen sind. Nicht Ausrüstung für die Ausnahmesituationen mitnehmen, sage ich immer, sondern für die Normalsituation.

Einer der wichtigsten Punkte bei der Planung einer Expedition im Himalaya ist die Vorbereitung auf die Kälte. Meiner Erfahrung nach kommt es entscheidend auf das »Mikroklima« des Körpers an – die Schicht warmer, »toter« Luft direkt auf der Haut –, wenn man bei kaltem Wetter nicht auskühlen will. Solange das Mikroklima intakt ist, fühlen wir uns auch wohl. Meistens tragen wir mehrere Schichten Kleidung übereinander, damit die kalte Luft nicht durchdringt, aber das schränkt die Bewegungsfreiheit ein und führt zu Wärmeverlust, wenn der Wind sich legt und die Temperatur steigt (im Himalaya kann sie manchmal innerhalb weniger Minuten von –18 °C auf +18 °C steigen).

Ich habe mir viele Gedanken über die Kleidung gemacht und schließlich meine aus drei Schichten bestehende Himalaya-Extremkälte-Überlebenskluft entwickelt. Das ist zum einen Unterwäsche aus Polypropylen, die Feuchtigkeit aufsaugt und nach außen transportiert, so dass der Körper selbst bei großer Anstrengung trocken bleibt. Dann kommt eine superleichte, schnell trocknende und windundurchlässige Fleece-Jacke aus Polyester, und darüber als äußerste Schicht ein Parka und Hosen aus atmungsaktivem Material. Eine geradezu revolutionäre Entwicklung für Abenteuersportler war die Erfindung der Gore-Tex-Textilmembran mit 58 Milliarden mikroskopisch kleiner Poren pro Quadratzentimeter. Jede

Pore ist 20 000-mal kleiner als ein Wassertropfen, jedoch 700-mal größer als ein Wasserdampfmolekül.
Die Membran funktioniert genauso wie die menschliche Haut, das heißt, sie lässt die Körperfeuchtigkeit in Form von Wasserdampf entweichen, umgekehrt aber weder Wind noch Schnee oder Regen durch und wirkt damit der Gefahr einer Unterkühlung entgegen. Bekleidung dieser Art ist fast 40 Prozent leichter als die üblichen Jacken und Hosen. Wir konnten daher mehr Dinge mitnehmen, die für ein erfolgreiches Gelingen unserer Expedition wirklich unentbehrlich waren.
Welche Art von Polypropylen-Bekleidung man bevorzugt, ist eine Frage des persönlichen Geschmacks, in Indien war diese hochwertige Ausstattung für Bergsteiger und Skifahrer jedoch überhaupt nicht zu bekommen. Deshalb blieb nur eines übrig: sie zu importieren. Allerdings musste dafür eine Genehmigung des Finanzministeriums eingeholt werden, und die Mühlen der indischen Bürokratie mahlen äußerst langsam, wie jeder weiß. Die einzige Alternative war, unsere Ausstattung von Nepal nach Indien zu schmuggeln. Dort ist die Auswahl jedoch gering, und das meiste gibt es nur gebraucht.
Angesichts dessen beschloss ich, lieber neue Bekleidung und Ausrüstung in guter Qualität zu beschaffen, denn ich wusste, was ich aufs Spiel setzte – mein eigenes Leben. Ich wollte in den Himalaya, wo die Temperatur bis auf –54 °C fallen kann und der schneidende Wind bis auf die Knochen geht.
Auseinandersetzungen mit der Bürokratie gehörten bisher eher zu meinen weniger schönen Erfahrungen. Doch ich ging mit größerem Vertrauen in das System an die Sache heran als die meisten Menschen. Indien war dabei, sich dem Weltmarkt zu öffnen, und hatte bereits viele Wirtschaftsbereiche liberalisiert; außerdem hatte der Sport hohe Priorität. So wurde denn mein Antrag, die notwendige Ausrüstung mit Devisen zu importieren – was vor ein paar Jahren noch kategorisch abgelehnt worden wäre –, innerhalb einer Woche genehmigt, und zwar von niemand Geringerem als dem damaligen Finanzminister Dr. Manmohan Singh persönlich. Erstaunlich war vor allem, dass nicht ich hinter den zuständigen Beamten herlaufen musste, sondern umgekehrt sie hinter mir.

Die Zustimmung des Ministers brachte die höheren Ränge im Regierungsapparat in Verlegenheit. Wir standen unter Zeitdruck, unsere Gelder waren noch nicht freigegeben, und mein privates Bankkonto hatte auch nicht mehr viel aufzuweisen. Dann saß ich eines Tages vor Russi Mody, dem Vorsitzenden von *Air India*, und P.J. Crasta, Geschäftsführer von *Indian Airlines*. Mit diesem Treffen waren all meine finanziellen Sorgen Vergangenheit, denn sie sagten zu, unsere Expedition zu sponsern.

Meine Zuversicht schwand vorübergehend, als ich in einer Ecke des Gästehauses zwei Paar schmale Langlaufskier liegen sah. Sie gehörten den beiden Australiern, die damit allen Ernstes losfahren wollten. »Du lieber Himmel«, rief ich, »die sind doch nach fünf Minuten kaputt!« Wenn ein Unternehmen wie das unsere gelingen soll, braucht man nicht nur die beste Ausrüstung, sondern auch die richtige. Und in einer gottverlassenen Gegend wie dem Himalaya lässt sich schwer Ersatz finden.

Wir selbst fuhren Tourenskier, Dynastar Extreme mit Emery-Bindung, und hatten nie die geringsten Probleme damit. Sie waren schwer, breit und robust genug, um unser Gewicht samt Rucksack auszuhalten, wenn wir über ebenes, von Spalten durchzogenes Gelände fuhren, und auch sehr stabil bei Abfahrten. Außerdem musste man die Felle einfach nur überstreifen. Die Amerikaner und Engländer hatten ganz ähnliche Skier mitgebracht, doch es gab einen Nachteil. Die Felle der Engländer mussten aufgeklebt werden. Das bedeutete, dass sie jedes Mal, wenn sie die Felle abzogen, zuerst den Klebstoff entfernen und ihre Skier dann neu wachsen mussten. Die Amerikaner hatten Felle wie wir, die man nur anzuklippen brauchte, aber sie waren nicht besonders fest. Die Voraussetzungen waren also nicht ideal, und ich konnte nur hoffen, dass alles gut gehen würde.

Unser Unterstützerteam hatte sich etwa einen Tagesmarsch entfernt am Ende der Straße eingerichtet, und dort fragte ich nun an, ob sie ein Paar Tourenskier für uns übrig hätten. Sie hatten zwei, aber einmal für kleinere und einmal für größere Skistiefel. Trotzdem bat ich, uns die Skier heraufbringen zu lassen.

Fred saß da wie ein Buddha und verschlang im Schein seiner Stirnlampe Ken Folletts Buch *A Dangerous Fortune*. Ich würde ihm auf keinen Fall erlauben, es mitzunehmen, deshalb wollte er es unbedingt fertig lesen, ehe wir aufbrachen. Sein Freund Johnny versuchte ständig, ihn mit witzigen Bemerkungen abzulenken, doch Fred las unbeirrt weiter, bis er endlich zur letzten Seite kam.

Am nächsten Morgen wachte Jimmy mit Ohrenschmerzen auf. Er hatte eine Zyste hinter dem Ohrläppchen, die über Nacht eitrig geschwollen war. Noch hatten wir einen Arzt in der Nähe, auch wenn er nur über eine bescheidene medizinische Ausstattung verfügte. Die Zyste musste aufgeschnitten werden, und der Arzt bot Jimmy Morphin an, denn er hatte kein anderes Schmerzmittel. Doch Jimmy lehnte lachend ab und meinte, das sei doch nur ein winziger Knubbel, was denn da wehtun solle?

Colin hielt Jimmy an den Armen fest, Fred hielt seinen Kopf. Dann machte der Arzt mit der Klinge eines Skalpells einen etwa zwei Zentimeter langen Schnitt in die Zyste, und Jimmy schrie auf. Gelber Eiter gemischt mit Blut spritzte heraus, und der Arzt drückte immer weiter, um die Zyste ganz zu entleeren. Uns kamen fast die Tränen, als wir sahen, wie der arme Jimmy sich quälte.

Dann nahm der Arzt ein zangenartiges Instrument, ging damit in die Wunde und holte die Gewebehülle der Zyste heraus. Als wir dachten, die Operation sei endlich vorbei, begann er die Wunde zu nähen, und das war offenbar nicht weniger schmerzhaft als alles Vorangegangene.

Am Nachmittag kam Pritam auf die Idee, einen Hammel zu kaufen. Er machte sich mit dem *chowkidar* (Hauswart) des Gästehauses im Dorf auf die Suche, und zwei Stunden später kamen sie schließlich mit einem Tier zurück, das sie für 200 Rupien erstanden hatten. Man ging sofort daran, das Festessen vorzubereiten, dem alle mit sichtlichem Appetit entgegensahen.

Ranjit zog sein Schweizer Armeemesser heraus und stach damit langsam und tief in den Hals des Tieres. Als es seine letzten Zuckungen getan hatte, enthäutete und zerlegte er den Hammel ebenso geschickt wie ein Metzger.

Nichts wurde weggeworfen, denn jedes Stück hatte seinen Wert. Füße und Eingeweide bekamen Subba und Til Bahadur, die mitgeholfen hatten, und Ranjit durfte als übliche Belohnung für gute Arbeit den Kopf und

die Hörner behalten. Der Kopf wurde über die Flammen gehalten, bis die Haare zu zischen begannen, sich kräuselten, verkohlten und abfielen. Aus den Füßen wurde eine Suppe gekocht, den Darm füllte man mit Blut und machte Würste daraus.
Während das Essen zubereitet wurde, gingen wir ins Dorf. Clive und Johnny kauften sich typische Ladakhi-Mützen, und dann sahen wir einer Gruppe von Kindern beim Kricket zu. Fred gab eine erheiternde Vorstellung, denn er wollte unbedingt mitmachen, hatte aber noch nie Kricket gespielt und hielt das Schlagholz wie beim Baseball. Er traf zwar den ersten Ball, den ein Junge warf, schlug ihn jedoch in das Fenster eines kleinen Ladens, was bei den Dorfleuten erheblichen Aufruhr verursachte. Das Spiel wurde für beendet erklärt, und Fred musste als Entschädigung 50 Rupien zahlen. Trotzdem hatten alle ihren Spaß.
Als Mike und ich mit unseren Blechnäpfen wartend vor der Küche standen, kamen allmählich auch die anderen. Die Australier stellten mir alle möglichen Fragen, vielleicht aus einer leisen Angst und Unsicherheit heraus, was vor Beginn einer Expedition durchaus normal ist.
»Welche Strecke schafft ihr am Tag?«, wollte Mike wissen.
»Etwa 25 bis 30 Kilometer, allerdings auch nicht immer«, antwortete ich. »Aber den Rückstand holen wir wieder auf, wenn es abwärts geht.«
»Und wie viel habt ihr schon hinter euch?«
»Ziemlich genau die Hälfte, rund 1000 Kilometer in 42 Tagen … vier Tage früher als geplant.«
»Gibt es unterwegs genug zu essen?«
»Es reicht zum Überleben. Wir machen es wie die Kamele mit dem Wasser: An den Rasttagen essen wir, so viel wir können, und die gespeicherte Energie wird unterwegs verbraucht, bis wir zur nächsten Proviantstation kommen, wo es hoffentlich wieder genug Essen gibt. Nur so schaffen wir diese hohen Pässe.«
In der Zwischenzeit widmeten sich die Herren Ranjit und Dhan Singh mit der Genialität von Meisterköchen der Zubereitung des Essens. Sorge machte mir nur, welche Mengen ihres geliebten Chilipulvers sie hineingeben würden. Sie fanden zwar, ein scharfes Essen bringe einen erst richtig in Gang, doch schließlich vertrug es nicht jeder fremde Magen, und bei

unseren knappen Rationen unterwegs Probleme zu bekommen, hätte gerade noch gefehlt.
»Wie viel habt ihr denn diesmal genommen?«, fragte ich.
»Ganz wenig … Willst du probieren?«, antwortete Ranjit verlegen lächelnd und schöpfte für mich etwas Brühe in eine Schale. Ich kostete und reichte sie dann an Mike weiter, den es nach dem ersten Mund voll einen Meter in die Luft hob, doch dann machte er ein zufriedenes Gesicht – unser Chefkoch allerdings nicht.
»Bei dieser Dosis kommen wir nur im Schneckentempo vorwärts«, meinte Ranjit und wiegte bedenklich den Kopf. »Für den Lamkhaga-Pass empfehle ich mindestens die vierfache Menge.« Ich gab ihm kopfschüttelnd zu verstehen, dass er das lieber bleiben lassen sollte. Er warf mir einen leicht gekränkten Seitenblick zu, schlug ein paar Mal auf den Deckel des Kochtopfs und rief, so laut er konnte: »Das Essen ist fertig!«
Wir hatten lange warten müssen, doch nun drängten wir uns um die Durchreiche der Küche wie Bienen um einen Honigtopf. Zum Essen setzten wir uns draußen in der Sonne auf den fest gewordenen Schnee. Niemand sagte ein Wort, jeder konzentrierte sich auf die wenigen Fleischstücke in seinem Blechnapf. Wir schlangen das Essen hinunter und liefen mehrmals zur Küche, um Nachschlag zu holen. Man hätte denken können, es sei die erste anständige Mahlzeit seit Ewigkeiten, die wir bekamen. Eigentlich stimmte es auch.
Beim Trekking im Himalaya wird das Gepäck nach Möglichkeit mit Lasttieren oder Trägern befördert. Bei einer Skitour hingegen trägt jeder einen Teil der Gesamtlast selbst, und diese umfasst die kompletten Vorräte für zehn oder zwölf Tage einschließlich des Zeltes samt Zubehör, Koch- und Essgeschirr, Brennstoff und Proviant.
Den größten Teil des Gewichts machten die Nahrungsmittel aus, grob geschätzt etwa ein Kilogramm pro Person und ein Dreiviertelliter Brennstoff zum Kochen pro Tag. Insgesamt hatte jeder von uns als Verpflegung für acht Marschtage und Reserve für zwei Tage etwa zehn bis zwölf Kilogramm zu tragen, zusätzlich zu seiner Ausrüstung. Unser bescheidenes Frühstück bestand aus Milchreis und einem Becher Kakao oder Kaffee. Am meisten störte mich, dass der Proviant so viel Platz beanspruchte.

Wir verbrachten den ganzen Nachmittag damit, unsere Ausrüstung zu sortieren und neu zu packen. Bei einem Zelt und Colins Hose waren Nähte aufgegangen, deshalb gingen Clive und Jimmy damit ins Dorf zum Schneider, der sie mit seiner alten Tretnähmaschine im Handumdrehen reparierte und nur fünf Rupien dafür verlangte.

»Mir ist in diesem Dorf einiges klar geworden«, schrieb Clive in sein Tagebuch, »und es ist ganz erstaunlich, wie sehr sich die Lebensbedingungen hier in den Bergen von denen im Tiefland unterscheiden. Fast alle Häuser sind aus Holz, nur wenige aus Stein, und sie sind äußerst sparsam, nur mit dem Nötigsten eingerichtet. Die Menschen gehen alle ähnlich gekleidet, tragen handgewebte Kleidung und traditionelle Kopfbedeckungen und sehen sehr mongolisch aus.«

Auf dem Rückweg kamen sie an Häusern vorbei, vor denen Frauen beim Spinnen saßen. Man kam ins Gespräch, und Jimmy wagte zu fragen, welche der Frauen noch nicht verheiratet sei. »Zum Glück hat Jimmy noch rechtzeitig gemerkt«, erzählte Clive später, »dass er am nächsten Tag verheiratet sein würde, wenn er nicht sofort einen Rückzieher machte.«

Es hatte den ganzen Tag geschneit. Wir gingen alle hinaus und bauten einen großen Schneemann, und die Dorfkinder waren begeistert. Doch bald hörten wir in den angrenzenden Tälern Lawinen abgehen; es klang wie ferner Donner.

Angst stand in den Gesichtern. Unser aller Albtraum war, in eine Gletscherspalte zu stürzen oder unter Tonnen von Schnee begraben zu werden. Doch selbst ein verstauchter Knöchel konnte für eine Expedition das vorläufige Aus bedeuten oder im schlimmsten Fall sogar den Tod, wenn nicht rechtzeitig Hilfe kam. Bis vor kurzem hatten nicht einmal internationale Telekommunikationsfirmen ein zuverlässiges Netz für Menschen aufbauen können, die längere Zeit in abgelegenen Gebieten unterwegs waren. Zum Glück hatten wir das INMARSAT-Telefon, und das beruhigte uns einigermaßen.

Was treibt uns dazu, solche Strapazen auf uns zu nehmen, solche Risiken einzugehen? Bei jedem Schritt ist der Tod gegenwärtig, und dennoch versuchen wir uns einzureden, wir seien im Namen des wahren Abenteuergeistes unterwegs. Natürlich hat der technische Fortschritt dazu beigetragen, dass Abenteurer sich heute sicherer fühlen können und bessere Überlebenschancen haben, aber es bleibt ein gewisses Gefahrenelement, die Möglichkeit einer unvorhersehbaren Katastrophe. Einem Menschen mit anderem Naturell ist schwer begreiflich zu machen, dass die Liebe zum Abenteuer stärker sein kann als die Liebe zu einer Frau.

»Ich glaube, wir haben ein ernstes Problem«, sagte Kumar in den frühen Morgenstunden.

»Was ist?«, fragte ich zurück. Eigentlich wollte ich mich an Rasttagen lieber erholen, als ständig irgendwelche Probleme zu lösen.

»Die Australier haben keine Skifelle.«

»Frag das Unterstützerteam … sie haben sicher auch Skifelle mitgebracht«, erwiderte ich.

»Habe ich schon getan, sie haben keine.«

»Das bedeutet, dass wir jemand bis nach Delhi schicken müssen.«

Ich erinnerte mich an unsere Erlebnisse am Parang La, und mir wurde Angst bei dem Gedanken, jemand anderem könnte es genauso ergehen. Als ich gerade überlegte, wen ich nach Delhi schicken könnte, und unseren Aufbruch schon verschieben wollte, kam Johnny mit zwei Paar Fellen hereingerannt. Unsere amerikanischen Freunde hatten sie für sich selbst mitgenommen und damit den Tag, wenn nicht die ganze Expedition gerettet.

»Wir gehen heute los«, verkündete Kumar. Kaum wussten alle Bescheid, da wurde es im Gästehaus lebendig: Steigeisen klirrten, Skier klapperten und dicksohlige Stiefel stapften über die Holzdielen, dass es klang wie gedämpfte Trommelschläge. Jimmy nahm zwei Stufen auf einmal und fiel die Treppe hinunter. Sein Blechnapf, den er in der Hand gehalten hatte, flog in hohem Bogen davon, überschlug sich und prallte dann auch noch gegen Johnnys Kopf.

Im Flur herrschte ein Gedränge wie auf einer belebten Straße, so dass ich mich mühsam durchquetschen musste. Ich trug meinen Rucksack ebenso sorgsam nach unten wie ein Mann seine schwangere Frau in den Kreißsaal. Draußen legte ich meine Skier auf den schneebedeckten Boden und darauf, sehr behutsam, meinen Rucksack. »Bin gleich wieder da, Liebling«, sagte ich zu ihm, »ich hole mir nur etwas zu essen.«

»Du wirst uns fehlen«, schmeichelte ich Ranjit in der Hoffnung auf eine größere Portion überbackene Bohnen.

»Porridge oder Reste vom Abendessen?«, fragte er.

»Porridge, bitte.«

Die Portion war klein, nicht mehr als ein Appetithappen für einen leeren Magen, also ging ich erneut zur Durchreiche.

»Bohnen, bitte.«

»Die Bohnen sind aus … du kommst zu spät«, erwiderte Ranjit und streckte mir seine leeren Hände entgegen, als könne er die Bohnen mit irgendeinem magischen Trick herbeizaubern. Ich bemühte mich, meine Enttäuschung zu verbergen, zuckte gleichgültig die Schultern und versuchte zu lächeln.

»Kein Problem«, sagte ich und wandte mich zum Gehen. »Ich mochte überbackene Bohnen sowieso noch nie, wenigstens nicht zum Frühstück.«

»Ach, wirklich … seit wann?«, rief Ranjit mir überrascht hinterher.

»Seit der Militärakademie.«

Der Aufenthalt in Chitkul war angenehm. Aus Notwendigkeit schließen wir Freundschaften, verlieben uns manchmal sogar und vergessen, dass immer irgendwann die Zeit zum Abschiednehmen kommt. Die Augenblicke des Glücks, die wir begonnen hatten zu genießen, werden uns entrissen. Jeder Tag, jede Stunde und Minute unseres Aufenthalts dort trägt uns in die Zukunft, fort von Gegenwart und Vergangenheit. Dann kommt die Stunde der Wahrheit, des Abschieds, wenn Worte nicht ausreichen, um die Gastfreundschaft und Herzlichkeit, die uns entgegengebracht wurden, zu vergelten.

Was bleibt, ist die Erinnerung an entlegene Täler, durch die wir gegangen sind, an den raunenden Wind und die zerklüfteten Felsen, die unser Ego klein werden lassen und unser Vertrauen stärken. Die Zuneigung der Dorfbewohner, die uns zu neuen Menschen gemacht hat, hinterlässt noch viele Tage ihre Spuren, bis wir unser nächstes Ziel erreichen und uns erneut verlieben.

Zum Lamkhaga La

Der Morgen war heiter und sonnig, geradezu ideal, um endlich aufzubrechen. Weit hinten im Tal zeichneten sich die Berge scharf gegen den strahlenden Himmel ab. Auf der anderen Seite stand eine Gruppe hoher Kiefern, so klein aus der Entfernung, dass sie wie Pilze im Schnee wirkten. Durch das Tal schlängelte sich ein Fluss, der Baspa, und wir folgten seinem Lauf bis Nagasthi, dem letzten Dorf im Sangla-Tal. Wir waren erst zwei Stunden unterwegs und suchten auf dem offenen Schneefeld schon nach Schatten. Die Sonne brannte erbarmungslos auf helle Haut, die sich allmählich karottenrot färbte. Johnny und Fred stellten fest, dass ihre Schuhsohlen an einigen Stellen Buckel bildeten. Ich blieb stehen, um meine Schuhe zu inspizieren, und sah, dass sich an den Fersen Wülste zusammenschoben.

»Versuch's mal damit«, sagte Johnny und hielt mir ein Fläschchen mit einer dunklen, stark riechenden Flüssigkeit hin.

»Was ist das?«

»Benzoetinktur«, antwortete er und bestrich damit die Fußsohlen. »Das macht die Haut härter.«

Die Route hatte auf der Landkarte so einfach ausgesehen und erwies sich nun als äußerst schwierig. Den härtesten Job bei dem lockeren Schnee hatte der Mann an der Spitze, der für die anderen spurte, aber wir wechselten uns immer wieder ab.

Unser Ziel, das wir rechtzeitig erreichen mussten, waren ein paar verlassene Häuser. Es kam uns vor, als wären wir schon seit einer Ewigkeit unterwegs, doch als Colin unseren Standort per GPS überprüfte, stellte er fest, dass wir kaum vorangekommen waren, was uns einen kleinen Dämpfer versetzte. Dann begann es zu allem Überfluss auch noch heftig zu schneien, und das machte jeden Schritt noch schwerer. Vielleicht hätten wir damit rechnen müssen; schließlich waren wir ausgerechnet am 1. April gestartet.

Die ersten paar Kilometer waren nicht allzu anstrengend, denn der Schnee war ziemlich kompakt, doch bei dem vielen Neuschnee kamen wir nur langsam und mit Mühe voran. Alle fünf bis zehn Schritte versanken wir bis zu den Knien oder sogar bis zur Hüfte, und es war ungeheuer mühsam, die Skier wieder herauszuziehen. Kaum hatten wir ein Bein aus dem Schnee befreit, sanken wir beim nächsten Schritt gleich wieder ein.

Gegen Ende des Marschtages waren alle vollkommen erschöpft, die Rucksäcke schienen eine Tonne zu wiegen, und die Beine fühlten sich an wie Gelee. Außerdem spürten wir deutlich die Auswirkungen der großen Höhe.

Dichter Schnee fiel, als wir uns bei Rani Kunda einem verlassenen Polizeiposten näherten – früher einmal eine mustergültige Kaserne, heute nur noch eine Ansammlung verfallener Gebäude, denen sogar die Holzdächer fehlten. Es musste einen guten Grund gegeben haben, diesen Standort aufzugeben. Offenbar hatten Dorfbewohner das Holz gestohlen, und nun stürzten die Wände allmählich ein. An manchen Stellen bildete zusammengewehter Schnee eine Art Decke, und im Innern hingen lange Eiszapfen, die wie Schwerter glänzten, von den verbliebenen Dachsparren.

In einem der Gebäude ließen wir uns nieder, um unser Abendessen zu kochen, denn wir zogen das Risiko, dass uns Eiszapfen auf den Kopf fallen könnten, dem Schneesturm draußen in jedem Fall vor. Auf dem Boden hockend, wischten wir hastig den Schnee fort, und Johnny versuchte, den Primus-Kocher in Gang zu bringen. Der Rest des Teams stand herum und stampfte mit den Füßen wie Bergziegen, die sich gleich ein Duell liefern werden. Nach ein paar Fehlstarts sprang der Kocher schließlich an und brannte sehr schön, bis die Flamme plötzlich ausging, als wäre ihr die Luft weggeblieben. »Uff, bin ich jetzt erschrocken«, sagte Johnny und sprang auf. Pritam meinte, es liege wohl am Brennstoff, doch es war trotzdem rätselhaft.

»Wo hast du das Kerosin gekauft?«, wollte Pritam von Johnny wissen.

»In irgendeinem Dorf unterwegs.«

»Was? In irgendeinem Dorf … bist du verrückt?«

»Warum? Was stimmt denn damit nicht?«

»Es ist stinknormaler Brennspiritus, in dieser Höhe nicht zu gebrauchen.«

»Was verwendet ihr dann? Benzin?«

»Wir verwenden Flugzeugkraftstoff, hochwertiges Kerosin, und trotzdem

hustet der Kocher auf einer Passhöhe schlimmer als wir«, erwiderte Pritam und sah dabei zu mir, als hätte ich schon eine Lösung parat.
Dass wir plötzlich nur noch halb so viel Brennstoff hatten, war ein ernstes Problem. Das Team zählte inzwischen 15 Mitglieder, eine Mannschaft wie zur Besteigung eines Achttausenders. Wir konnten nur noch zwei Primus-Kocher benützen, und diese beiden mussten Überstunden machen. Auf dem einen schmolzen wir Schnee für Teewasser, auf dem anderen wurde Essen gekocht.
Um fünf Uhr früh weckte mich das Heulen des Windes. An den Zeltwänden hatte sich Raureif gebildet, der wie Schnee auf meinen Schlafsack rieselte. Wir benutzten inzwischen ein anderes Zelt, das geräumigere Drei-Mann-Zelt »Eureka«, das ich bei der *Trans-Himalaya-Expedition* dabeigehabt hatte. Die wind- und wasserdichte Schutzschicht hatte sich allmählich gelöst, wie die Haut hinter meinen Ohrläppchen. Die Zeltklappen waren stellenweise ausgefranst, so dass wir sie mit doppeltem Faden hatten festnähen müssen. Die vier Stützstangen waren schon viele Male gerade gebogen worden und würden sich bei starkem Wind oder schwerer Schneelast wieder verbiegen. Doch dieses Zelt war mir 475 Tage lang Heim und Heimat gewesen, es hatte mich glücklich und verzweifelt gesehen, und ich hing daran.
Obwohl ich meine Stiefel jeden Abend mit alten Zeitungen ausstopfte, waren sie am nächsten Morgen, wenn ich sie wieder anzog, immer feucht. Ich hatte sie mir sogar schon als Kissen unter den Kopf gelegt – in der Hoffnung, dass sie warm und trocken blieben. Aber die Kälte dringt in jede kleinste Ritze, da kann man tun, was man mag. Die erste Tat des Tages war stets ein einfaches Gebet, doch dann mussten die Skistiefel gründlich gesäubert und trockengerieben werden, damit wir unterwegs keine Probleme mit den Füßen bekamen. Als Nächstes kam die Kamera an die Reihe, die meistens nicht richtig funktionieren wollte, obwohl einer von uns die Batterien abends immer in seiner Brusttasche verstaute, damit sie über Nacht nicht zu stark auskühlten.
Als wir uns auf den Weg machten, blies uns der Wind Schnee ins Gesicht. Eine senkrecht abfallende Felswand im Osten ließ stundenlang keinen Sonnenstrahl zu uns durchdringen. Ich hielt an, um Atem zu schöpfen,

und blickte zurück auf das Tal und die lange Skispur hinter uns. Rai und Pritam wechselten sich mit mir beim Spuren ab. Südlich des Baspa machte der Weg eine Biegung, und nun kamen wir auch in den Genuss der Sonne, die über dem fernen Berggipfel stand. Es war totenstill. Warum setzen wir Stille eigentlich immer mit Tod gleich, wo sie doch viel mehr mit Leben zu tun hat?

Bis auf das Knirschen unserer Skier im Schnee und das geräuschvolle Atemholen von Rai, Pritam und mir hörte man keinen Laut. Der Tag war klar und heiter, und die Sonne wärmte unsere erschöpften Körper. Zweifellos hatten die Götter unsere Gebete erhört. Doch innerhalb einer Stunde wurde die Sonne so kräftig, dass die Temperatur auf 14 °C stieg.

In großer Höhe ist die Sonne so intensiv, dass die Haut verbrennt und der Körper viel Flüssigkeit verliert. Je höher man steigt, umso stärker wird die UV-Strahlung, und da nützt auch kein noch so guter Sonnenschutz mehr viel. Da wir heftig schwitzten, entledigten wir uns Stück um Stück unserer Kleidung, bis wir nur noch unsere Thermo-Unterwäsche am Leib hatten. Der Abstand zwischen den Teammitgliedern vergrößterte sich ständig, und die Schlusslichter kamen nur noch im Schneckentempo voran. Unsere Verschnaufpausen wurden mit jedem Halt länger und unsere »Arbeitsstunde« immer kürzer.

»Tom und Colin sind vollkommen k.o.«, rief jemand irgendwo weit hinten. Die Botschaft wurde von einem zum anderen nach vorne weitergegeben. Bis sie zu dem Mann in der Mitte kam, war sie so verstümmelt, dass es schon einen versierten Kode-Knacker gebraucht hätte, um sie zu dechiffrieren. Als sie bei mir an der Spitze eintraf, war nur noch »k.o.« übrig geblieben.

Doch inzwischen hatte uns das schlechte Wetter eingeholt, und die Temperatur fiel innerhalb von genau 20 Minuten auf –14 °C. In diesem Tal konnte man sich an einem Tag sowohl Sonnenbrand als auch Erfrierungen holen.

Wolken jagten über den Himmel. Vor uns lag Hilap Thach, eine breite Ebene mit Steilhängen an der Seite und einem Berggipfel dahinter. Wir beschlossen, auf einem Flachstück neben einem Bach, der sich durch die

schneebedeckten Felsen wand, unser Lager aufzuschlagen. Es schien weit und breit der einzige Platz, an dem wir vor Lawinen sicher waren.
Am Abend ging ich ein Stück den Bach hinauf, um seinem Geplätscher zu lauschen. Auf einem Felsbrocken am Ufer sah ich einen Vogel sitzen, kleiner als ein Sperling, mit rötlich brauner Brust, der immer wieder ruckartig die Schwanzfedern bewegte. Zuerst saß er nur da. Dann machte er ein paar kurze Ausflüge in die Luft, tauchte in das eiskalte Wasser, lief bachaufwärts und pickte dabei nach Larven, ehe er sich wieder auf seinem Plätzchen niederließ. Er bewegte erneut mehrere Male die aufgestellten Schwanzfedern, gab einen eigenartigen, leisen Click-Click-Laut von sich und bezog dann wieder seinen Beobachtungsposten.
Dass wir nahe am Bach biwakierten, erleichterte uns die Zubereitung des Abendessens, denn wir mussten weder Zeit noch Brennstoff zum Schneeschmelzen verschwenden. Trotzdem dauerte es Stunden. Als ersten Gang gab es eine doppelte Portion Suppe, die sofort ausgeteilt wurde, damit die von der vorhergehenden Heiß-Kalt-Behandlung ausgetrockneten Körper schnell wieder Flüssigkeit bekamen. Bis das restliche Menü fertig war, hatten sich die Esswerkzeuge so weit warm gelaufen, dass sicher kein Bröckchen übrig bleiben würde.
Johnny erzählte mir beim Essen, dass es in den USA einen ähnlichen Vogel gibt. Er sitzt wartend auf einem Felsen, schlägt ein paar Mal mit den Schwanzfedern und taucht dann im Bach nach Larven. Bei ihnen nennt man diesen Vogel »Amerikanischer Taucher«, worauf wir unseren kleinen Freund gleich »Indischer Taucher« tauften.
Fred und Johnny, unsere Amerikaner, waren eigenwillige Menschen. Beide gingen gern auf die Jagd. »Meistens jagen wir Karibus«, erzählten sie, »und hier im Himalaya sieht es nicht viel anders aus als in der Gegend, aus der wir kommen.« Dann begann Fred in allen Details ihre Jagdabenteuer zu schildern, und Johnny steuerte eine Menge witziger Bemerkungen bei. Es war ein vergnüglicher Abend.
Johnnys lockere Sprüche blieben nur aus, wenn ihm etwas wehtat. »Harry, kann ich Pflaster haben?«, rief er dann aus seinem Zelt und verfluchte seine Blasen.
Einmal zog ich ihn wegen seiner viel gepriesenen Benzoetinktur auf und

sagte, alles Pflaster sei bei Jimmy, der auch gerade seine Füße versorge. Trotzdem bestrichen wir unsere Fußsohlen damit und klebten sie anschließend mit Pflaster ab. Das half recht gut, zumindest einen halben Tag, und später waren ohnehin alle zu müde, um die Schmerzen, die ihre Blasen verursachten, überhaupt noch wahrzunehmen. Nicht lösen ließ sich hingegen das Problem mit Toms Skistock, der ihm an diesem Tag gebrochen war. Er musste sich bis auf weiteres mit einem Stock behelfen.

»Die Australier und Colin finden die Tour sehr hart«, berichtete mir Kumar im Zelt, als ich mich zum Schlafengehen fertig machte. »Ich glaube, du solltest das Tempo zurückschrauben.«

»Ich kann sie gut verstehen, aber dann kommen wir nie an«, entgegnete ich, während ich meine Socken unten in den Schlafsack stopfte, damit die Füße warm blieben.

»Ja, aber wenn sie krank werden auch nicht.«

»Einerseits heißt es, dass man sich auf großer Höhe niemals überanstrengen soll, andererseits sagt man aber auch, dass Trägheit ansteckend ist … Wie würdest du dich entscheiden, wenn du bedenkst, dass wir noch ungefähr 1000 Kilometer vor uns haben und nur knapp in der Zeit sind?« Mit diesen Worten schlüpfte ich in meinen Schlafsack und schlief fast augenblicklich ein.

Mitten in der Nacht wachte ich auf; mein Kopf war hellwach und stellte Berechnungen an. Wir waren seit 45 Tagen unterwegs und legten ein gutes Tempo vor. Doch wir hatten kein Zeitpolster für schlechtes Wetter, wie es für den kommenden Monat zu erwarten war, sondern lediglich eineinhalb Marschtage Reserve gegenüber unserem Zeitplan. Das reichte jedoch nicht aus, falls jemand erkrankte oder sich das Wetter verschlechterte. Wir mussten Nithal Thach unbedingt am nächsten Tag erreichen. Ich warf einen Blick zu Kumar hinüber, der sich in seinem Schlafsack zusammengerollt hatte wie ein Kind im Mutterleib. Ich versuchte ebenfalls zu schlafen, doch mein Kopf weigerte sich, und so lag ich weiter wach und grübelte.

Am nächsten Morgen war der Schnee hart gefroren, wir hatten gutes Wetter, und es ging kein Wind. Zwei Stunden lang kämpften wir uns auf einem Bergrücken südlich des Baspa voran, um den Schneegrat von Dhauli

Dhang zu umgehen. Auf den ersten paar hundert Metern ging es fast senkrecht nach oben, bis auf eine Höhe von 4200 Metern. Der Hang war so steil, dass wir uns nicht einmal auf einem kleinen Absatz umzudrehen wagten. Kumar zum Beispiel nahm bei jeder Kehre seine Skier ab, wendete und schnallte sie dann wieder an. Das war natürlich anstrengend, aber sicherer, als einen bösen Sturz zu riskieren, und leichter, als wieder hochzuklettern.

Tom hatte eine andere Methode. Er setzte zuerst den linken Fuß vor und stieß ihn ein paar Mal in den Schnee, um einen festen Halt zu schaffen. Dann stellte er die Skier im Winkel gegeneinander. Schließlich setzte er den rechten Ski vor und machte eine schnelle Drehung um 180 Grad. Dabei hielt er sich mit großem akrobatischen Geschick – und dem einen verbliebenen Skistock! – in der Balance. Gerade als ich Tom bewundernd zusah, rutschte sein linker Ski weg, und er stürzte samt Rucksack den Hang hinunter. Er griff schnell nach seinem Skistock, den er unter sich begraben hatte, streckte ihn mit einem Jubelruf gen Himmel – aus Freude darüber, dass er sich nicht verletzt hatte, nehme ich an – und machte sich sofort wieder an den Aufstieg.

Die Engländer mussten immer wieder ihre Skier überholen, denn der Klebstoff, mit dem die Felle befestigt wurden, hielt den Temperaturschwankungen nicht stand. Die größten Probleme mit ihren Fellen hatten jedoch die Amerikaner und Australier.

Tom und Mike hatten für ihre geliehenen indischen Skier von Johnny und Fred Felle aus amerikanischen Armeebeständen bekommen, die sich jedoch für das hiesige Gelände als ungeeignet erwiesen. Sie gingen beim Skifahren buchstäblich in Stücke und mussten ständig repariert werden, was die ohnehin anstrengende Tour noch mühsamer machte.

Johnny band seine Felle zusätzlich mit einer Schnur fest, damit sie nicht verrutschten und er einen festeren Stand hatte, aber dadurch blieb auch mehr Schnee an den Skiern hängen. Auf diese Weise arbeiteten sie sich mit einigen Stürzen voran und ließen sich, als sie oben angekommen waren, erschöpft zu Boden fallen.

Der wunderbare Blick in das schneeglitzernde Tal, ein Bild wie auf einer Weihnachtskarte, war das Einzige, was mich aufmunterte. Etwa gegen

Mittag stapften wir an Khana Dunti vorbei, wo wir eigentlich schon am Vortag sein wollten, und hofften, die restlichen neun Kilometer bis Nithal Thach noch vor Einbruch der Dunkelheit zu schaffen. Doch diese Hoffnung schwand zusehends.

Die Sonne brannte vom Himmel, während wir auf unseren Skiern dem Lauf des Baspa folgten, und da wurde uns klar, dass sie unser größter Feind sein würde. Jede Stunde legten wir eine Rast von fünf Minuten ein, um etwas zu trinken und einen Teil unseres Mittagessens zu verspeisen – ein Päckchen Kekse, einen Riegel Schokolade und eine Hand voll Nüsse oder Rosinen, nicht gerade üppig bei der Schwerarbeit, die wir den ganzen Tag leisteten. Doch mehr als der Hunger quälte uns nun der Durst.

In der Ferne tauchte eine einsame Hütte auf, deren Anblick unser Häufchen Fußkranker aus seiner Lethargie riss und mit neuer Kraft vorwärts trieb. Vor uns lag eine ebene Schneefläche, und Fred erklärte, er werde die Strecke »in null Komma nichts« schaffen. Johnny versuchte mitzuhalten, stellte aber bald fest, dass es doch wesentlich länger dauerte als erwartet, und legte eine Rast ein. Auch Rai und Pritam mussten eine Pause machen, ebenso Om Prakash und Til Bahadur. Schließlich holte ich meinen GPS-Empfänger heraus und stellte fest, dass wir nicht 125 Meter von der Hütte entfernt waren, wie wir gedacht hatten, sondern ganze zwei Kilometer. Auf halbem Weg trafen wir wieder auf Fred, der auf seinem Rucksack saß und meinte: »Harry, das ist heute wirklich gemütlich.«

An jenem Abend schrieb Clive in sein Tagebuch: »Es ist schwer zu erklären, aber nach einer Pause von 20 Sekunden konnte ich wieder normal atmen; allerdings musste ich 20 Sekunden später wieder stehen bleiben, weil ich kaum Luft bekam. Die Höhe, der Flüssigkeitsmangel und die starke Sonne machen einem sehr zu schaffen.«

Die Wellblechhütte war vollkommen zugeschneit, und es dauerte einige Zeit, bis wir die Tür fanden und den Schnee vom Dach geräumt hatten. Die Hütte sah aus, als würde sie jeden Moment zusammenbrechen. Auf dem Boden hatte vom Dach tropfendes Schneewasser, das über Nacht gefror, eine dicke Eisschicht gebildet. Es gab Platz für vier, höchstens sechs Leute, wenn sie eng zusammenrückten. Kumar und ich beschlossen, im Zelt zu schlafen, ebenso die Amerikaner; alle anderen wollten sich in der Hütte einrichten. Wenig später sah es aus wie in einer chinesischen Wäscherei: In der einen Ecke stapelten sich die Schlafsäcke, in der anderen wurde gekocht und gegessen, und überall hingen nasse Sachen herum.

Pritam war gerade dabei, mit einigen Spänen zum Feueranzünden, die er in der Hütte gefunden hatte, Toms Skistock zu reparieren, als Fred mit einem seiner Stöcke hereinkam, der an diesem Tag ebenfalls gebrochen war. »Wie hast du denn das geschafft?«, fragte ich erstaunt. Freds Skistöcke stammten aus Beständen der US-Armee und waren die stabilsten, die ich jemals gesehen habe. Ich hatte sogar schon überlegt, sie für künftige Ski-Expeditionen im Himalaya zu empfehlen. Wenn er diese Stöcke kaputtmachen konnte, dann würde ihm das bei anderen Dingen wohl auch gelingen – zum Beispiel bei seinen Skiern. Ich sandte ein Stoßgebet zum Himmel und bat die Götter, das zu verhindern.

In der vierten Ecke waren Johnny und Mike damit beschäftigt, ihre inzwischen reichlich ramponierten Felle zu reparieren. Sie begradigten die Ränder am hinteren Ende, die bereits stark ausgefranst waren, und umnähten die Kanten mit Schnur. Mit den übrig bleibenden Flecken wurden die Felle von Tom und Fred verstärkt.

Am Abend erstattete Kumar Bericht: »Also, wir hatten bisher vier kaputte Felle und zwei zerbrochene Skistöcke. Acht Männer haben Blasen und wunde Stellen an den Füßen; bei zweien haben sie sich bereits entzündet. Sechs Leute leiden unter schwerer Höhenkrankheit, zwei davon sind im ersten Stadium der Unterkühlung, und nahezu jeder ist durch Flüssigkeitsmangel stark geschwächt. Alles andere«, fuhr er mit bewundernswerter Gelassenheit fort, »ist unter Kontrolle.« Er vergaß zu erwähnen, dass der Expeditionsleiter inzwischen deutliche Symptome von Bluthochdruck zeigte.

Am Morgen begann es zu schneien, und es sah ganz nach schlechtem Wetter aus. Als ich ins Küchenzelt zum Frühstücken ging, fand ich dort Jimmy vor, der noch mit seinen inzwischen leicht entzündeten Blasen beschäftigt war. Bis er einen Arzt aufsuchen konnte, blieb ihm nichts anderes übrig, als sie reichlich mit Benzoetinktur zu bepinseln. Besonders beunruhigend war jedoch, dass Tom und Fred die Höhe sehr zu schaffen machte. Die beiden hatten zwar in Chitkul das komplette Akklimatisationsprogramm durchgemacht, bevor wir zu ihnen gestoßen waren, doch selbst das schützte offenbar nicht hundertprozentig vor der Höhenkrankheit, wenn es noch weiter hinaufging.

Im Himalaya, wie in allen extrem kalten Regionen, kann die Kombination von Kälte und Wind zu Schmerzen, Erkrankungen und körperlicher Schwäche führen. Erschwerend kommen im Himalaya jedoch die Auswirkungen der großen Höhe auf das Gehirn hinzu, die so genannte Höhenkrankheit, deren Folgen Kopfschmerzen, Halluzinationen, Denkstörungen und Gleichgültigkeit sind. Der Betroffene ist dann natürlich nicht mehr in der Lage, klare und vernünftige Entscheidungen zu treffen. Und das kann den Tod bedeuten. Noch gefährlicher wird es, wenn körperliche und geistige Beeinträchtigungen zusammenkommen. Ich wollte solche Probleme natürlich unter allen Umständen vermeiden, und am sichersten war ein Aufstiegstempo, bei dem Körper und Geist folgen konnten.

Gefährlich sind auch die Gletscherspalten. Skitouren im Himalaya können nur während eines kleinen Zeitfensters im Winter – zwischen Mitte Januar und Mitte April – durchgeführt werden. Danach beginnt die Schneeschmelze, und Skifahren wäre auf den letzten Etappen unserer Route praktisch unmöglich gewesen. Wir waren zwar fast 30 Tage später als geplant gestartet, doch wir hatten das Glück, dass die Schneefälle später als üblich einsetzten – und das Pech, dass es der schlimmste Winter seit 20 Jahren war. Da wir trotz allem noch einigermaßen im Zeitplan waren, konnte ich den kranken Teammitgliedern ruhig eine Erholungspause zugestehen.

Der Tag verging mit Schlafen und Ausrüstung reparieren, denn alle Sachen zeigten inzwischen mehr oder weniger Verschleißerscheinungen. Zum Frühstück gab es wenig, nur wässeriges Porridge. Danach erboten sich Clive und Jimmy, vom nahen Bach einen Eimer Wasser zu holen. »Das war vielleicht eine Aktion!«, erzählte Clive hinterher. »Jimmy ging zehn Schritte mit dem Eimer und musste stehen bleiben, weil er vollkommen erledigt war. Dann trug ich den Eimer zehn Schritte weit, bis ich auch stehen bleiben musste. Für die 250 Meter und zurück haben wir ungefähr eine Dreiviertelstunde gebraucht!«

»Wisst ihr übrigens, wie weit wir von der Grenze entfernt sind?«, fragte ich.

»Nein.«

»Nur einen Katzensprung.«

Clive starrte mich mit offenem Mund an, als ihm bewusst wurde, dass sie fast über die Grenze spaziert waren.

Draußen herrschte dichtes Schneetreiben. Weiter oben am Berg schneite es sicher noch viel stärker, und das bedeutete Lawinengefahr. Wir hatten April, und in diesem Monat kommen ohne jede Vorwarnung Tonnen von angewärmtem Schnee die Hänge herunter. Meine Erfahrung sagte mir, dass wir lieber erst in ein paar Tagen aufbrechen sollten, wenn sich der Schnee nach einigen Lawinenabgängen wieder gesetzt hätte. Doch dann würde unser Proviant knapp werden, und das konnten wir nicht riskieren. Ich wischte diesen unerfreulichen Gedanken fort und holte mir aus dem Proviantpaket für den nächsten Tag etwas zum Knabbern.

Bei Kumars kleinem Zeh löste sich der Nagel, und es gab Zeichen der Besserung. Doch obwohl er alles tat, was er konnte, schmerzten seine Zehen noch immer, ebenso wie meine Finger, wenn sie der Kälte ausgesetzt waren.

Am Morgen war der Himmel bedeckt, und im Westen ballten sich dunkle Wolken, doch im Osten zeigte sich ein schwacher goldener Schein. Vom Pass her wehte ein leichter Wind, und ich war zufrieden. »Wir müssen das Eisen schmieden, solange es heiß ist«, meinte Kumar und fing an, das Zelt zusammenzupacken.

Bis zum Baspa-Bamak-Gletscher, an dessen Fuß wir uns zweieinhalb Stunden später nach Süden wandten, erstreckte sich flaches Gelände. Trotz des tiefen Schnees, der unsere Beine zu umklammern schien, legten wir ein gutes Tempo vor. Dann kam plötzlich ein steiler Anstieg, was besonders Tom und Fred erschreckte, die noch mit akuter Höhenkrankheit kämpften. Ansonsten hatten alle die gleichen Schwierigkeiten: nämlich genügend Luft zu bekommen und rasende Kopfschmerzen.

»Harry, du gehst zu schnell, die Leute ganz hinten haben ein Problem«, rief Rai mir nach vorne zu. »Ich glaube, es sind wieder die Skier.«

Inzwischen hatten sich die Abstände in der Gruppe erneut vergrößert,

denn die Felle begannen sich wieder aufzulösen. Clive wurde langsam zu unserem Schneidermeister.
»Hol Tom und Fred nach vorne«, sagte ich zu Kumar.
»Sie sind erschöpft.«
»Ich weiß, aber ein kranker Mann vorne ist besser als ein demoralisierter Mann hinten.«
Wir warteten, bis alle aufgeholt hatten. Freds Skistock, den Pritam sorgfältig repariert hatte, war inzwischen wieder gebrochen, aber Tom hielt seinen noch fest in der Hand, als wäre der Stock nicht nur eine Stütze für seinen Körper, sondern sein ganzes Leben.
»Was gibt es zum Mittagessen?«, erkundigte sich Kumar, die Arme entspannt auf die Skistöcke gestützt.
»Nichts«, erwiderte ich laut in der Hoffnung, jemand würde es hören und einen Teil seiner Ration anbieten.
Kumar und ich hassten den Tag nach einem Rasttag. Er war immer besonders anstrengend, weil wir regelmäßig gedankenlos unseren Proviant für den nächsten Tag vertilgten und dann mit leerem Magen marschieren mussten. Normalerweise spendierten uns die anderen aus Mitleid ein oder zwei Stückchen Schokolade, aber an diesem Tag aß niemand etwas, zumindest nicht vor unseren Augen. Wir fragten vorsichtig nach.
»Wir haben unseren Mittagsproviant gestern schon gegessen, genau wie ihr«, erwiderte Johnny und blinzelte Fred zu.
»Und die anderen?«
»Dasselbe«, antwortete Fred grinsend.
Kumar und ich wechselten einen Blick und marschierten mit zusammengebissenen Zähnen weiter.
Das Wetter begann sich zu verschlechtern, Wind und Schneefall nahmen zu, deshalb schlugen wir etwa eineinhalb Kilometer vom Pass entfernt unser Lager auf. Das Zelt stand noch kaum, als sich bei Clive zusätzlich zu den unangenehmen Kopfschmerzen Schwindelanfälle und Übelkeit einstellten. Er verkroch sich in seinen Schlafsack und wollte nicht einmal zum Essen aufstehen.
Den anderen ging es nicht viel besser. Jimmy und Colin sahen aus, als könnten sie jeden Moment zusammenbrechen. Tom und Fred waren er-

schöpft, weil sich die Felle ständig von den Skiern lösten, und heilfroh, dass sie sich etwas ausruhen konnten. Wer schon einmal versucht hat, einen Berg ohne Felle an den Skiern zu besteigen, wird nachvollziehen können, welche Schwerarbeit man leisten muss. Die Felle der beiden bestanden fast nur noch aus Fetzen, die mit allen möglichen Schnüren gehalten wurden. Mein Taschentuch hat sich schon in vielen Lebenslagen bewährt – um einem schönen Mädchen Schnee von den rosigen Wangen zu tupfen, zum Beispiel –, doch heute wurde es schändlich missbraucht, um ein Skifell festzubinden.

»In Alaska ist es genauso schön wie hier, und genauso kalt«, bemerkte Johnny im Küchenzelt beiläufig.

»Aber die Berge sind nicht so hoch, und es gibt keine Probleme mit Höhenkrankheit«, erwiderte ich.

»Stimmt! Aber dafür andere, Grizzlybären zum Beispiel … die sind wild und gefährlich.«

Während wir uns die Hände an Bechern mit Kaffee wärmten, unterhielten wir uns über Alaska. Nach ihren Schilderungen musste es ein faszinierendes Land sein: wilde Tiere, herrliche Landschaft, Freiheit. Eine Expedition durch Alaska wäre nicht übel, dachte ich.

Nun kam Mike ins Küchenzelt, das inzwischen von den Herren Rai und Pritam geführt wurde und nach der täglichen Schwerarbeit mein Zufluchtsort war, bis ich mich schlafen legte. Dort redete man über alles Mögliche, über die jeweiligen Zipperlein und die Stimmungslage. Der ideale Ort für den Leiter einer Expedition, um sich ein Bild zu machen.

»Wie weit ist es noch bis zum Pass, Harry?«, fragte Mike.

»Ungefähr eineinhalb Kilometer, aber die Strecke sieht ziemlich steil aus, es könnte also dauern.«

»Es ist gut gelaufen heute«, meinte Mike. Immerhin hatten wir, obwohl einige krank waren, ein gutes Stück an Höhe gewonnen.

»Das stimmt. Und wenn wir die Passhöhe frühzeitig erreichen, können wir vielleicht eine schöne Abfahrt bis zum nächsten Etappenziel machen.« Ich wollte ihm damit zu verstehen geben, dass dies die letzte anstrengende Nacht sei.

»Vorausgesetzt, wir haben die Kraft dazu«, entgegnete er lachend.

Am nächsten Morgen brachen wir früh zum 5280 Meter hohen Lamkhaga-Pass auf. Jeder Schritt kostete enorme Anstrengung, und das Atmen fiel uns immer schwerer, je höher wir kamen. Wir erreichten den Fuß des Passes ziemlich schnell, doch dann wurde der Anstieg so steil, dass er mit Skiern nicht mehr zu bewältigen war. Also stiegen wir aus den Bindungen und banden die Skier an unseren Rucksäcken fest. Zu Fuß kamen wir nur sehr langsam voran, meistens führten Pritam und ich die Gruppe an. Dann ging es fast senkrecht hinauf, und das war ungeheuer mühsam. Alle zehn oder fünfzehn Schritte mussten wir stehen bleiben, um ein paar Mal tief Luft zu holen. In dieser kurzen Zeitspanne hatten sich die Abstände derart vergrößert, dass zwischen dem vordersten und dem hintersten Mann fast eine Stunde lag. Die Formation bekam den treffenden Namen »Schweif des Kometen Harry«.

Unseren ausländischen Freunden war nicht bewusst, dass der Lamkhaga La, ebenso wie die anderen Pässe auf unserer Route, im Winter niemals begangen wird. Wir waren die Ersten, die ein solches Unternehmen wagten, wenn der normale Weg nicht mehr zu erkennen war und überall Lawinen abzugehen drohten. Da das Tal unter einer dicken Schneedecke liegt, sind markante Orientierungspunkte gleich welcher Art praktisch nicht auszumachen. Landkarten verlieren jeden Nutzen, und selbst auf den Karten der Armee sind die Berge nächst dem Pass nicht in allen Einzelheiten verzeichnet. Hat man mit viel Glück die richtige Route gefunden, können einem Wolken, die wie Engelsgewänder vom Himmel sinken, schnell einen Strich durch die Rechnung machen und jede Sicht nehmen. So schön das aussehen kann, so verwirrend ist es auch. Am Ende hilft nichts als Selbstvertrauen, und man kann nur aus seiner Erfahrung heraus eine Entscheidung treffen.

Für den Höhenzug quer zum Tal hatte ich mir zwei mögliche Routen überlegt. Die eine, in geringerer Höhe, verlief südlich und hieß Chhota Khaga oder »kleiner Pass«; die andere, der Lamkhaga La oder »langer Pass«, verlief südwestlich, lag höher und war vergleichsweise länger. Ich entschied mich für die längere und höhere Route, weil ich annahm, dass sie weniger steil und mit Skiern besser zu befahren sein würde. Dadurch konnten wir in kurzer Zeit eine längere Strecke bewältigen.

Oben auf der Passhöhe blies ein schneidend kalter Wind, und es war eine Qual, dort auch nur kurz stehen zu bleiben, um ein Foto zu schießen. Da man wegen der dichten Wolken kaum etwas sah, hätte es ohnehin jeder beliebige Pass sein können. Trotzdem machten einige schnell ein Foto, und dann begannen wir den Abstieg auf der anderen Seite. Anfangs ging es sehr steil bergab, deshalb blieben die Skier an den Rucksäcken. Nach etwa 100 Metern wurde der Hang etwas flacher; wir machten Halt, um auf die anderen zu warten, und nutzten die kurze Pause, um etwas zu trinken und zu essen. Als wir wieder alle beisammen waren, konnte es weitergehen, diesmal jedoch auf Skiern ohne Felle.

Über den Lamkhaga-Pass

Dieser Abschnitt war etwas gefährlich, denn wir fuhren über einen Gletscher ab und mussten ständig mit Spalten rechnen. Die Abfahrt machte großen Spaß, obwohl wir mit schöner Regelmäßigkeit Stürze hinlegten. Eine besonders spektakuläre Darbietung lieferte Colin, als er in hohem Tempo auf einen halb im Schnee verborgenen Felsblock zufuhr, nicht mehr rechtzeitig abdrehte, einen Purzelbaum schlug und sechs Meter tief stürzte. Er hätte sich sämtliche Knochen brechen können, aber wir mussten trotzdem schallend lachen. Zum Glück hatte er sich nicht verletzt und stand, als er sich von dem Schock erholt hatte, von selbst wieder auf und fuhr weiter. Der Preis für die meisten Stürze hätte ohne Zweifel Jimmy zugestanden, der es schaffte, alle 200 bis 300 Meter auf die Nase zu fallen, natürlich nicht ohne kräftig zu fluchen.

Die Abfahrt war derart unterhaltsam, dass wir für kurze Zeit sogar unsere rasenden Kopfschmerzen und unsere Erschöpfung vergaßen. Als wir unter 5000 Meter kamen, ließen die Kopfschmerzen ein wenig nach, und im selben Maß hob sich unsere Stimmung.

Langsam zog dichter Nebel auf, in dem man sich leicht verirrte. Deshalb beschlossen wir, an Ort und Stelle zu biwakieren, damit uns nicht das Gleiche passierte wie am Parang La. Als wir unsere Zelte aufbauten, begann es zu schneien, und nach dem Abendessen legten wir uns sehr bald schlafen.

Das Wetter am Morgen war herrlich – kalt, aber klar –, und die Landschaft atemberaubend schön. Kumar schrieb in sein Tagebuch: »Wir hatten das Gefühl, wirklich auf dem Dach der Welt zu stehen. Vor uns breiteten sich Bergketten aus, so weit wir sehen konnten, ein märchenhafter Anblick.«

Auch an diesem Tag war die Abfahrt sehr ereignisreich, und es gab wieder etliche spektakuläre Stürze. Jimmy meinte, er komme bergauf besser zurecht als bergab, und dafür lieferte er genügend Beweise.

Anfangs mussten wir etliche Steilhänge bewältigen, von denen häufig Lawinen abgingen, oft so nah neben uns, dass wir sogar ein anständiges Foto schießen konnten. Je weiter wir hinunterkamen, umso flacher wurden die Hänge. Zuerst waren sie vollkommen schneebedeckt, ohne Vegetation oder sichtbares Felsgestein, später mit Gruppen von Kiefern und Sträuchern bestanden, durch die wir, wie beim Slalom, unseren Weg suchen mussten.

Es war eine aufregende, unvergessliche Abfahrt. Alle hatten gute Laune, worüber ich nach allem, was die Einzelnen in den letzten Tagen durchgemacht hatten, sehr froh war. Rundherum sah ich nur lachende Gesichter, und auch die Motivation war wieder da.

Fred und Johnny bekamen den ersten Preis für besonders forsche Fahrweise. Wenn es um eine Abfahrt ging, richteten sie ihre Skier einfach hangabwärts aus, und wenn jemand sie fragte, wohin es genau gehen solle, antworteten sie regelmäßig »zur Hölle«. Doch obwohl die beiden teuflisch schnell fahren konnten, wirkten sie eher wie freundliche Nikoläuse, die unterwegs waren, um großzügige Geschenke zu verteilen.

Nun weitete sich das Tal mit großartigen Skihängen auf beiden Seiten. Ein Flachstück, das Kiarkoti genannt wurde, bot einen ausgezeichneten Lagerplatz. Im Sommer brauchte man von unserem letzten Biwak bis hierher sicher nur einen halben Tag. Nicht weit vor uns traf unsere Route mit dem vom Chhota Khaga kommenden Weg zusammen. Der Hang wurde wieder steiler und schmaler und mündete schließlich in eine Schlucht, aus Skifahrersicht ein weniger genussvolles Erlebnis. Unterhalb von Kiarkoti zeigte sich der Hang wieder sanfter.

Vor uns erstreckte sich eine unglaublich lange Piste. Es sah aus, als würde sie niemals enden, als könnten wir nun immer nur bergab fahren. Tatsächlich legten wir die mehr als 20 Kilometer bis nach Harsil auf Skiern zurück und mussten nur ein kurzes Stück gehen, als die Schneedecke bereits zu dünn wurde. Bei dieser Abfahrt überwanden wir immerhin 1930 Höhenmeter.

Wir marschierten durch Birkenhaine und Kiefernwäldchen, deren Zweige sich unter der Schneelast bogen und ihn auf uns abluden, sobald wir daran streiften. Vor uns tauchte ein Bach auf, dem wir einige Zeit folgten, bis wir zu einer hölzernen Brücke kamen und sie überquerten. Auf der anderen Seite öffnete sich eine weite Fläche, und in der Ferne, hoch oben auf unzugänglichen Felsen, konnte ich mehrere Adlerhorste ausmachen.

Am Ufer des Baches legten wir eine Rast ein, und während wir mit Genuss vertilgten, was sich an Essbarem in unseren Rucksäcken noch gefunden hatte, gaben die Adler eine kurze, aber beeindruckende Vorführung ihrer Flug- und Fangtechnik.

Ein Stück weiter vorne ging es plötzlich wieder steil bergab, in einen Kiefernwald hinein, und dort stießen wir erneut auf Spuren, die wohl von einem Schneeleoparden stammten. Dann führte der Weg zum Gangnani hinauf und hinter diesem Ausläufer schließlich hinunter nach Harsil am Ufer des Ganges, Indiens heiligstem Fluss. An jenem Tag legten wir rund 45 Kilometer zurück und kamen gerade rechtzeitig zu einem großen Empfang, den ein dortiges Armeebataillon gab.

Für uns waren Zimmer in einem komfortablen Gästehaus reserviert, so dass wir endlich wieder einmal in den Genuss einer warmen Dusche kamen. Außerdem gab es immer frischen Tee und Kaffee. Abends beim Bankett wurde ein üppiges Drei-Gänge-Menü mit indischen Gerichten serviert, von denen wir lange nur hatten träumen können; für unsere ausländischen Freunde war es eine kulinarische Entdeckung. Als ersten Gang gab es verschiedene Suppen, die wir aus großen Tassen schlürften. Als Hauptgang wurde Huhn, Lamm und Fisch gereicht, alles auf dreierlei Art zubereitet – gebraten, gebacken und als Currygericht –, mit ofenwarmen *naans* und *basmati pulao* als Beilage.

Nachdem 15 ausgehungerte Männer sich satt gegessen hatten, war kein Bissen mehr übrig von dem Festmahl, das (wie ich später erfuhr) für 45

Personen ausgerichtet war. Trotzdem saßen wir nach dem Hauptgang alle da, als hätte es noch gar nichts gegeben. Zum Glück kam noch die Nachspeise; Obstsalat, Soufflé und *gulab jamun*, eine indische Spezialität. Nur einer war noch nicht ganz befriedigt – Johnny. Er vermisste ein Dessert namens Wanda.

Später am Abend wirkte das Camp wie ausgestorben. Ich ging in Richtung Dorf auf der Suche nach meinem Team und traf kurz darauf Hira Singh von der Proviantmannschaft, der auf einem Felsbrocken saß und den Sonnenuntergang betrachtete.

»Wo sind denn alle geblieben?«, fragte ich.

»Alle fort.«

»Wohin?«

»Ich weiß nicht ... irgendjemand hat etwas von einer Blondine gesagt.«

»Eine Blondine?«, fragte ich erstaunt nach.

»Ja, Fred hat gesagt, blond wie Golden Horn, oder so ähnlich.«

Der Abend war schon weit fortgeschritten, als uns zwei Lehrer aus den USA zusammen mit einer schönen blonden Frau besuchten. Sie hatten mit Schülern der Woodstock School in Mussoorie, wo sie unterrichteten, eine Exkursion nach Harsil gemacht. Die blonde Dame in ihrer Begleitung könnte die »Goldie Hawn« gewesen sein, von der Hira gesprochen hatte. Vielleicht auch die Frau mit Namen Wanda, die Johnny, wie er steif und fest behauptete, im Traum erschienen war. Jedenfalls umschwärmten meine Teamgefährten sie plötzlich wie Drohnen ihre Bienenkönigin.

Johnny saß direkt neben ihr und nannte sie ständig »meine wundervolle Wanda«. Die beiden unterhielten sich angeregt. Alles schien sich prächtig zu entwickeln, bis Johnny in seinem Überschwang mit einer ausholenden Bewegung den Becher Kaffee neben sich auf dem Tisch umwarf, so dass sich der Inhalt über ihr Kleid ergoss. Die Dame verließ fluchtartig den Raum, und Johnnys Träume fanden ein jähes Ende.

8
Pilgerreise zum Haus der Götter

Könnte der Mensch die Gefahren sehen,
die vielen Krankheiten, die ihm täglich auf seinem Weg begegnen; die nach ihm greifen, doch ihn nicht erreichen, ihn nur im Vorbeigehen streifen.
Dann wüsste er: Das Leben ist ein einsamer Pilger,
der kämpft, unbewaffnet, mit tausend Soldaten.
Thomas Lovell Beddoes, *Death's Jest Book*, iv.v

Harsil, »Gott aus Stein«

Durch die Schneefelder vor uns schlängelte sich ein Bach. Die Kiefern auf den steilen Berghängen zu beiden Seiten des Tales schliefen noch im morgendlichen Dämmerlicht. Hinter einem Gipfel im Osten zeigten sich die ersten Sonnenstrahlen. Eine Lerche flog vorüber, eine Krähe krächzte, und Sperlinge flatterten von Fels zu Fels. Plötzlich tauchte von irgendwo her ein Eichhörnchen auf. Offenbar interessierte es sich für meinen Rucksack, den ich zum Trocknen draußen gelassen hatte. Es kam näher, ohne sich durch meine Anwesenheit stören zu lassen, entdeckte etliche Nussstücke, die ich wahrscheinlich aus dem Zelt gewischt hatte, setzte sich auf die Hinterbeine und begann eifrig zu knabbern. Anschließend untersuchte es meinen Rucksack, fand ihn leer und nahm seine Suche nach Brotkrumen, Nüssen oder was ihm sonst noch schmecken mochte, wieder auf.

Die Berggipfel im Westen glänzten, als hätte man sie mit flüssigem Gold übergossen. Weiter unten im Tal standen hohe, schneebedeckte Farne, die einen Schatten warfen wie breitkrempige Sombreros. Im Süden stürzte ein stiller Bach in eine dunkle Felskluft und ergoss sich wenig später in den glitzernden Bhagirathi. Vereint zogen sie durch die Dörfer Harsil und Suki, zwängten sich dann durch eine tiefe, 50 Kilometer lange Schlucht, die den Hohen Himalaya durchschneidet, und flossen weiter zu dem Dorf Batwari.

Hier standen am 27. April 1808 auch Leutnant William Webb und sein Begleiter Hyder Jung Hearsey, die eine Forschungsreise zur Quelle des Ganges machten. Sie hatten den schmalsten aller Pfade nehmen müssen, der hoch über dem Fluss in die steile Wand der Schlucht gehauen war. Als es ihnen zu gefährlich erschien, beschlossen sie umzukehren. Seit der Zeit des Großmoguls Akbar, der von 1556 bis 1605 das nördliche Indien regierte, hatten viele Forscher, die zur Quelle des Ganges vorstoßen wollten, vor dieser Schlucht kapitulieren müssen.

Webb und Hearsey gehörten zu einer Expedition, die von Robert Colebrook, dem damaligen britischen Gouverneur von Bengalen, angeführt wurde. Offenbar war Colebrook den Strapazen der langen Reise nicht gewachsen, denn er erkrankte unterwegs. Da ihm jedoch sehr am Erfolg der Expedition gelegen war, beauftragte er Leutnant Webb, den Ganges zwischen Haridwar und Gangotri zu erforschen. Gemäß der damaligen Vorstellung entsprang der Ganges im heiligen Manasarowar-See, bahnte sich unterirdisch seinen Weg durch den Himalaya und trat an dieser Stelle wieder an die Oberfläche.

Ich holte tief Atem und füllte meine Lunge mit frischer Waldluft, mit Leben spendendem Sauerstoff. Auf den Steinen lagen Schlafsäcke und Kleidung in leuchtendem Rot, Orange, Blau und Lila in der Sonne ausgebreitet. Ich spazierte herum, schüttelte ein Stück nach dem anderen aus und legte es umgekehrt wieder hin. Auch mein Rucksack war darunter, den ich freundlich tätschelte und ihm dankte, dass er alle Last so geduldig trug.

Am Ende der Wiese stand schläfrig mein Zelt und ruhte sich vom tapferen Kampf gegen Wind und Kälte aus. Ich ging hinüber, um seine Wunden und die langen Risse zu inspizieren, die genäht werden mussten. Wir verbrachten den ganzen Tag mit Reparaturarbeiten, zuerst an unserer Ausrüstung, dann bei uns selbst. Colin half mir, unseren GPS-Empfänger mit den neuen Koordinaten für die nächste Etappe zu füttern. Rai, Pritam und Kumar kümmerten sich um die Proviantpakete. »Wie viele Tagesrationen brauchen wir für die nächste Etappe?«, rief Kumar aus seiner Ecke, die wir »Proviantladen« getauft hatten.

»Sieben Tagesrationen für elf Leute … aber mit eiserner Reserve für drei Tage«, rief ich zurück.

»Warum nur elf? Was ist mit den anderen?«

»Die Amerikaner und Australier gehen nicht mehr weiter.«

»Ach, das ist aber schade. Können sie wirklich nicht länger mitgehen? Sie waren immer so lustig«, meinte Pritam bedauernd.

»Ja, aber ihre Flüge sind gebucht, und sie haben Verpflichtungen zu Hause«, erwiderte ich.

Wir waren mit zwei Tagen Verspätung in Harsil angekommen. Wenn unsere ausländischen Freunde die nächste Etappe noch mitmachten, würden sie ihre bereits reservierten Rückflüge nicht mehr erreichen. Sie mussten sich also entscheiden: Entweder war die Expedition hier für sie zu Ende, und sie machten sich auf den Weg nach Delhi; oder sie buchten um und gingen mit uns weiter bis nach Mana.

Clive telefonierte über INMARSAT mit dem Militärattaché des Britischen Hochkommissariats und erfuhr, dass die Flüge ohne weiteres umgebucht werden konnten. Unsere Engländer hatten also grünes Licht. Die Australier und Amerikaner jedoch mussten wie geplant nach Hause fliegen, weil dort unaufschiebbare Verpflichtungen auf sie warteten.

Colin und ich besprachen die Route durch das »Land der Götter« und studierten die Karte, um herauszufinden, wo wir mit Gletscherspalten oder Lawinen rechnen mussten und welche Plätze sich zum Biwakieren eigneten. Als wir fertig waren, ging im Westen bereits die Sonne unter, und die Bergkette gegenüber von Harsil erstrahlte in goldenem Abendlicht, das sich im kristallklaren Bhagirathi spiegelte.

Harsil liegt am Ufer des Bhagirathi, dort, wo er sich mit dem Kakora Gad (auch Vishnu Ganga genannt) und dem Jalandhari Gad vereint. Im

Vishnupurana (einer heiligen Schrift der Hindus) wird von Rani Vrinda erzählt, Gattin des Raja Jalandhar, eines *rakshkas* (Dämon), die eine Anhängerin Vishnus war. Sie bat Vishnu, ihren Gatten mit so großer Macht zu segnen, dass er alle Völker erobern könne. Vishnu willigte ein, ihre Bitte zu erfüllen, jedoch unter einer Bedingung: Raja Jalandhar würde sich nur so lange seiner Macht erfreuen, wie Rani Vrinda ihrem Gatten treu blieb.
Dank Vishnus Beistand gelang es Raja Jalandhar, den ganzen Erdball in seinen Besitz zu bringen, und er begann darüber nachzudenken, wie er *Devokla* (die Götterwelt) erobern könne. Dies beunruhigte die Götter, deshalb gingen sie zu Vishnu und baten ihn um Hilfe. Vishnu sandte seinen Schüler Narad zu Raja Jalandhar; er sollte ihn dazu anstacheln, sich mit dem Gott Shiva zu messen und dessen Gemahlin Parvati zu gewinnen. Raja Jalandhar ließ sich verleiten und forderte Shiva zum Kampf. Während die beiden kämpften, erschien Vishnu, als Jalandhar verkleidet, bei Rani Vrinda und verführte sie. Shiva tötete Raja Jalandhar im Kampf, und sein Kopf fiel in den Schoß von Rani Vrinda. Als diese erkannte, dass sie getäuscht worden war, verfluchte sie Vishnu, auf dass er sich in Stein verwandle. Vishnu nahm den Fluch an unter der Bedingung, dass Vrinda in Gestalt einer *Tulsi* (Pflanze, die von den Hindus wegen ihrer Heilwirkung verehrt wird) bei ihm bleibe.
Seither nannten die Menschen diesen Ort »Har-Shila«, das bedeutet »Gott aus Stein«, und dieser Name wandelte sich im Laufe der Zeit zu Harsil.

Das Bhagirathi-Tal

Der nächste Morgen war traurig. Unsere Teamgefährten aus den USA und Australien kehrten nach Delhi zurück, und wir mussten uns von ihnen verabschieden. Dieses Mal ging mir der Abschied noch mehr zu Herzen als sonst, weil wir wirklich gute Freunde geworden waren.
Wir marschierten schweigend, und jeder vermisste die witzigen Bemerkungen der vier abgereisten Kameraden. Nicht einmal die Bogenbrücke, die sich in Bhaironghati über eine tiefe, enge Schlucht spannt, konnte uns so sehr beeindrucken, dass wir sie vergessen hätten. Erst als wir nach fast

14 Kilometern Lanka erreichten, machte jemand den Vorschlag, eine Rast einzulegen.
Unser Gespräch drehte sich fast ausschließlich um Tom, Mike, Johnny und Fred, doch es herrschte keine bedrückte Stimmung; auf gewisse Weise gedachten wir einfach unserer neu gewonnenen Freunde. Der Tag endete in Gangotri, einem der bedeutenden Pilgerorte, die jeder Hindu einmal in seinem Leben aufsuchen möchte.
In Gangotri steht eine große Tempelanlage, errichtet über einem kleinen älteren Tempel. Der Legende nach verbrachte hier König Ayodhaya, genannt Bhagirathi, zehntausend Jahre in tiefer Meditation. Von seiner Hingabe angerührt, gab Gott ihm den Ganges zum Geschenk. Der Fluss gilt deshalb als heilig, und gläubige Hindus befreien sich durch ein Bad im Ganges von ihren Sünden. In der ersten Maiwoche jedes Jahres, wenn die Sterne und andere Himmelskörper in einer bestimmten Konstellation zueinander stehen, beginnt die Pilgerfahrt, und Menschen aus nah und fern machen sich auf den Weg zum Ganges, um in sein heiliges Wasser einzutauchen. »Der 2. Mai ist mein Hochzeitstag«, sagte Clive und freute sich, dass er nicht nur diesen heiligen Ort kennen gelernt, sondern auch etwas über Sternenkonstellationen erfahren hatte.
Zur Zeit unseres Besuches hielten sich keine Pilger in Gangotri auf, doch es lebten einige Einsiedler im Umkreis, in versteckten, abgelegenen Winkeln. Nicht weit von unserem Lagerplatz stießen Hira und Om Prakash auf die bescheidene Hütte eines solchen Eremiten. Er war Elektroingenieur, erfuhr ich, hatte sich jedoch von seinen weltlichen Verpflichtungen und dem Streben nach materiellen Werten losgesagt, um die heiligen Schriften zu studieren. Lange vor der christlichen Zeitrechnung entstanden, behandeln die *Veden* und *Upanischaden* in aller Ausführlichkeit jeden Aspekt des Lebens. Um diese uralten Texte zu verstehen, braucht es Zeit, Intelligenz und Konzentration. Die *Upanischaden* enthielten über 100 000 *shlokas,* erklärte uns der Einsiedler, von denen sich 80 000 mit *karan kant* (dem Alltagsleben) befassten, weiterhin 4000 *Vedantas* für diejenigen, die Kenntnis des *karan kant* besitzen und das Gelübde des *san yas* (der Enthaltsamkeit) abgelegt haben. Baba Brahm Chetan, wie er sich inzwischen nannte, studierte diese Schriften mit dem Ziel, sie mit der

heutigen Wissenschaft und dem modernen Leben in Zusammenhang zu setzen. Er wusste über Carl Sagan und Stephen Hawking ebenso Bescheid wie über Krishnamurti und andere Denker. Jeder von uns verfolge seinen Weg mit Hingabe, bemerkte er, doch es sei unmöglich, seinen Sinn zu ergründen, denn dieser gehe tiefer, als man erfassen könne. Der Mensch habe das »Wie« und »Was« des Lebens entschlüsselt, doch das »Warum« bleibe uns weiterhin rätselhaft.

Unterwegs nach Bhojbasa (»Birkenwäldchen«) begegneten wir einigen heiligen Männern, so genannten Sadhus. Sie leben in Höhlen oder anderen einfachen Behausungen, und ihre einzige Nahrung sind die milden Gaben von Pilgern.

Wir waren etwa zwei Kilometer marschiert, als wir erneut einen Sadhu trafen, und Jimmy wollte von ihm wissen, warum er dieses asketische Leben gewählt hatte.

»Wir glauben, dass wir in diesem Leben Buße tun müssen für die Sünden, die wir in einem früheren Leben begangen haben«, erklärte der Sadhu.

»Wenn unsere *Ski-Himalaya-Expedition* auch als Pilgerfahrt zählt, dann sind unsere Seelen am Ende mehrfach gereinigt«, bemerkte Jimmy.

»Aber ihr führt kein einfaches Leben«, entgegnete der Sadhu.

»Unser Leben ist voller Schmerz, wir schlafen in undichten Zelten ohne jeden Komfort, wir essen wenig und beten morgens und abends. Ist das kein einfaches Leben?«

»Nein, denn Einfachheit erreicht man nicht, indem man sich eine einfache Umgebung oder Situation schafft. Einfachheit entsteht aus der Art, wie man auf Situationen reagiert, sie entsteht im Denken, im Geist.«

Er selbst hatte große Qualen erduldet, 30 Jahre lang in einer Höhle meditiert und im Licht brennender Kiefernnadeln die heiligen Schriften studiert. Nun war er vom vielen Rauch und dem schlechten Licht blind geworden, doch Gott hatte ihm ein drittes Auge gegeben.

Eine Weile sprach er noch zu uns in Hindi. Er sagte, das Leben sei wie ein Baum und wir wie Vögel aus einem fremden Land. Wir würden ein wenig auf dem Baum sitzen bleiben und am nächsten Morgen weiterziehen. Da spürten wir, dass es Zeit war zu gehen. Er segnete uns, und wir verließen ihn.

Wir marschierten das Bhagirathi-Tal hinauf, unserem nächsten Etappenziel entgegen, und machten am Nachmittag in Chirbasa (»Kiefernwald«) Rast. Das Tal war wunderschön. Der auf der Karte verzeichnete Gletscher hatte sich bis Gaumukh (»Kuhmaul«) zurückgezogen und dabei eine fantastische Landschaft mit Hügeln aus Schutt und Geröll hinterlassen.

Ein Felssturz zwang uns, schnell in Deckung zu gehen. Als keine Steine mehr herunterpolterten, wagten wir einen Blick nach oben und bemerkten eine Herde Bergziegen, die wohl die Flucht ergriffen hatten, als sie uns näher kommen sahen. Ein Stück weiter entdeckten wir im Schnee die Spur eines Bären und folgten ihr. Sie führte zu einer einsamen Hütte mit einem großen Loch auf der Seite, vielleicht das Winterquartier des Bären, der auf der Suche nach Futter durch dieses Loch herausgeklettert war. Am Himmel zog ein großer Adler vorbei. Als wir schließlich Bhojbasa erreichten, fiel unablässig Schnee und von dem Birkenwäldchen war nichts zu sehen, nur eine kahle Landschaft – eine der vielen Wunden, die der Mensch dem Gesicht der Natur zugefügt hat. Wir fanden ein Rasthaus, das zwar etwas heruntergekommen war, uns aber immerhin die Mühe ersparte, unsere Zelte aufzubauen.

Es schneite die ganze Nacht hindurch und hörte auch am nächsten Tag nicht auf. Ein Marsch im dichten Schneetreiben, wenn man kaum die Hand vor den Augen sah, war eine beunruhigende Vorstellung. Wir hatten zwar unseren GPS-Empfänger, mussten aber trotzdem den Boden sehen, um die Rippen im Schnee umgehen zu können, die auf Spalten hinweisen, oder um einen weniger lawinengefährdeten Weg zu finden.

Am nächsten Tag machte der Wind, der an Stärke zunahm, unsere Hoffnungen auf besseres Wetter zunichte. Ich ging hin und wieder hinaus, um den Schnee zu prüfen, kehrte jedoch stets mit noch besorgterem Gesicht zurück. Clive amüsierte sich über meine Ruhelosigkeit. »Wir wissen doch alle, dass es draußen schneit«, sagte er zu Kumar, »warum läuft er dann ständig hinaus, um nachzusehen?«

»Weil es nicht nur wichtig ist, wie viel Schnee tagsüber herunterkommt, sondern auch, wie er fällt«, erklärte Kumar. »Wenn die Schneeflocken in einer Richtung fallen, bindet der Schnee gut über Nacht, und wir haben am nächsten Tag eine stabile Schneedecke. Fällt er aus unterschiedlichen Richtungen, bindet er nicht so gut, und das bedeutet eine erhöhte Lawinengefahr. Ein simples Naturgesetz, das ebenso für die Menschen gilt: Einigkeit macht stark.«

Das Wetter wurde nicht besser. Jeder Tag, an dem wir festsaßen, kostete uns Proviant, ohne dass wir einen Schritt getan hatten. Doch die Nacht war klar, und der Mond schien.

»Dieser Mond ist seltsam, findet ihr nicht?«, sagte Clive plötzlich.

»Wieso? Was ist daran seltsam?«, fragte ich.

»Er hängt falsch herum. In England sind die schattigen Partien an den Seiten, nicht unten.«

Als wir am Morgen aufwachten, war das Wetter gut, so dass wir gleich ohne Frühstück aufbrachen. Wenig später schlug das Wetter jedoch wieder um, als wüsste es nicht recht, was es wollte. Innerhalb kürzester Zeit hatten wir starken Wind, grellen Sonnenschein, Wolken und Schnee und konnten kaum die Gletscherzunge vor uns sehen. Dies ist die Stelle, die mit dem Kopf einer Kuh verglichen wird, eines Tiers, das die Hindus als heilig verehren.

Als erste Europäer kamen, nach Abertausenden von Pilgern, Hauptmann John Hodgson von der Großen Vermessungsexpedition und sein Assistent, Hauptmann James Herbert, in diese Region. Sie trafen im Juni 1817 in Gangotri ein und wären an diesem Abend fast von Felsbrocken erschlagen worden, denn es gab ein Erdbeben. Am nächsten Morgen folgten sie dem Flusslauf durch eine enge Schlucht, zuerst nach Osten, dann nach Südosten, und stiegen weiter, bis sie sich an einem gigantischen, von schneebedeckten Bergen umringten Talschluss wiederfanden. Nachdem sie über zahllose Felsblöcke geklettert waren, gelangten sie schließlich zur Quelle des Ganges, einem Ort, den sie auf ihrer Karte als Gaumukh verzeichneten. Es war die Schnauze eines gewaltigen Gletschers, eines glitzernden Eiswalls, der mehr als 30 Kilometer weit in die Berge hineinreichte. »Eine erhebende Landschaft«, schrieb Hodgson in seinem Bericht.

Links und rechts engen hohe Schneewälle und Felsen den Fluss ein, doch davor steigt eine Wand aus vereistem Schnee fast senkrecht empor – es

mögen 90 Meter vom Flussbett bis zum Gipfel sein –, an deren Fuß aus einem sehr niedrigen Tor der Bhagirathi oder Ganges entspringt.
Die Sichtverhältnisse verschlechterten sich im Laufe des Tages, doch wir fuhren weiter, obwohl wir kaum einen Meter weit sehen konnten. Das Gelände wurde zusehends schwieriger, und als sich der dichte Nebel hob, stellten wir fest, dass wir ein ernstes Problem hatten. Wir standen am Rand einer tiefen Schlucht mit einer steil abfallenden Westwand; nach Osten erstreckte sich ein wüstes Schneefeld voller Spalten. Bei dem Gedanken, dieses gefährliche Stück queren zu müssen, verließ uns der Mut.
Colin hatte sich schon morgens nicht besonders gut gefühlt, und es ging ihm im Laufe des Tages zusehends schlechter. Kopfschmerzen quälten ihn, die Augen tränten, und er war vollkommen erschöpft, hielt aber trotz allem durch. Kurz vor unserem Lagerplatz verließen ihn jedoch die Kräfte, und wir mussten ihn zum Zelt tragen, in dem er bis zum nächsten Morgen blieb.
Die Nacht war sternenklar. Als ich einmal aus dem Zelt blickte, spiegelte sich das Mondlicht auf den eisbedeckten Flanken eines gewaltigen Berges im Westen. Es war der Shivling, das »indische Matterhorn«.
Über dem Gletscher ragten vier markante Gipfel empor. Doch der Berg, der sich über der Gletscherzunge selbst erhob, war noch wesentlich beeindruckender. Von Norden gesehen erinnerte er an einen Dreizack oder, mit etwas mehr Fantasie, an einen Kuhkopf mit Hörnern, gebildet von den beiden seitlichen Ausläufern. Von Osten gesehen ist seine Form jedoch unverkennbar phallisch. Die Inder nannten den Berg früher Mahadeo-ka-linga, geläufiger ist heute allerdings der Name Shivling. Er ist nicht der Hauptsitz Shivas – das ist der Kailash, der 200 Kilometer entfernt liegt, jenseits der letzten Himalaya-Kette –, doch sicherlich die prächtigste seiner bescheideneren Wohnstätten.[1]

1 vgl. Charles Allen, *A Mountain in Tibet*, S. 73

Zum Kalandani Khal

Unsere Route führte über den 20 Kilometer langen Chaturangi-Gletscher, einen Ausläufer des Gangotri-Gletschers. Seine trügerischen Spalten verbarg eine durchgängige Schneedecke. Die Hänge fielen stellenweise so steil ab, dass wir das Gefühl hatten, schon die Schwingungen unseres Herzschlags könnte eine Lawine auslösen. Sehr oft gab die Decke aus Eis und Schnee, die wir querten, unter unserem Gewicht nach, und das krachende Geräusch wurde von den Talwänden zurückgeworfen. Wir bewegten uns derart langsam, dass uns das Herz schon in die Hosen fiel, noch ehe die Skier einsanken.

Am nächsten Tag stiegen wir über eine Moräne auf, und es ging fünf Kilometer lang stetig aufwärts, bis wir zu einem Seitengletscher gelangten, den wir überqueren mussten. Die Route verlief kreuz und quer, wie bei einem Puzzle, und wir benötigten fast drei Stunden, um die tiefen Spalten zu umgehen. Bei einer der Spalten waren sowohl Bergsteigerqualitäten als auch die Beweglichkeit eines Skifahrers vonnöten. Sie war breit, doch nicht zu breit, um sie auf Skiern zu überwinden. Allerdings war der jenseitige Rand höher. Das bedeutete, dass man das eine Bein samt Ski auf diese Höhe anheben, es auf die andere Seite stellen, dort einen festen Stand finden und gleichzeitig das zweite Bein nachziehen musste.

Auf der anderen Seite der Gletscherspalte angelangt, stieg ich noch ein Stück höher und wartete dann auf die anderen. Als Nächster versuchte es Clive, und er hatte es fast geschafft, als seine Skier Richtung Spalte zurückrutschten. Der Absturz schien unvermeidbar, und Kumar, der hinter ihm gegangen war, setzte hastig seinen Rucksack ab, um ihm zu Hilfe zu kommen. Mit den Händen erreichte er Clive nicht, deshalb schnallte er eilig seine Skier ab und schob sie über den Graben, gerade noch rechtzeitig, denn Clive rutschte zwar noch ein Stück zurück, kam jedoch kurz vor dem Rand der Gletscherspalte zum Stehen, als er gegen Kumars Skier stieß.

»Nimm deinen Rucksack ab«, rief Kumar, weil er dachte, dass Clive sich dann leichter aus seiner misslichen Lage befreien könnte.

»Ich kann nicht«, schrie Clive verzweifelt und schwitzend vor Angst.
»Dann zieh dich hoch! Hinter dir ist eine Gletscherspalte!«
»Ich weiß, aber ich kann nicht«, schrie Clive wieder.
»Weißt du, wie tief die Spalte ist?«, rief Kumar zurück.
»Nein!«
»Ziemlich tief, der Boden ist nicht zu sehen«, war Kumars trockene Antwort, und in diesem Moment nahm Clive all seinen Mut zusammen und katapultierte sich geradezu den Hang hinauf.
Nun war Jimmy an der Reihe. Er kam sicher über die Spalte und wollte auf der anderen Seite gerade den Hang hinaufklettern, als er plötzlich stolperte und sich fast überschlug. Glücklicherweise fand er schnell festen Halt, sonst wäre er abgestürzt.
»Das war knapp«, sagte ich.
»Aber wirklich! Ich werde es meiner Mutter erzählen«, erwiderte er und bekreuzigte sich.
Da wir diese Herausforderung erfolgreich gemeistert hatten, beschloss ich, unmittelbar nach dem Aufstieg zum gegenüberliegenden Bergrücken auf einer Höhe von fast 5100 Metern zu biwakieren. Als wir sicher in unseren Zelten saßen, erleichtert und erschöpft, wurden wir richtig übermütig, und jeder schilderte seine persönliche Erfahrung beim Überqueren der gefährlichen Gletscherspalte.
Mein Zelt war so alt, dass die Bodenbeschichtung nicht mehr dicht hielt und die Schlafsäcke durch die eindringende Nässe ständig feucht waren, ein äußerst unangenehmer Zustand. Kumar und ich legten deshalb den Boden, so gut es ging, mit Plastikbeuteln aus, die wir der größeren Fläche wegen aufschnitten. Dann rollten wir uns zufrieden in unseren Schlafsäcken zusammen.
In der Nacht brach ein überhängender Gletscher an einem Grat des Berges Vasuki Parvat ab. Hunderte von Tonnen schwere Eisblöcke donnerten in die Tiefe; sie stürzten in einen kleinen Gebirgssee, nicht weit von unserem Camp. Das Spektakel dauerte die ganze Nacht, und keiner von uns machte ein Auge zu.
Rai und ich brachen früh auf, um die Route zu erkunden, und führten dann den Rest des Teams, das in sicherem Abstand folgte. Wir irrten

durch ein Labyrinth riesiger Eisblöcke, die auf dem Gletscher verstreut lagen, und gerieten häufig an einen Punkt, wo es nicht weiterging. Als die anderen nach mehr als einer Stunde schließlich zu uns stießen, befanden wir uns immer noch ganz in der Nähe unseres Lagerplatzes.

Der Tag brachte abwechselnd sengende Hitze und eisige Kälte, wie in der Sahara. Wenn es uns zu heiß wurde, machten wir nach und nach unsere Kleidung auf. Bei Jacken und anderen Oberteilen war das kein Problem, bei der Skihose jedoch schwieriger, denn wenn man sie am Bund ein wenig lockerte, rutschte sie bis zu den Knöcheln hinunter. Doch es fand sich eine Lösung: Wir öffneten den Reißverschluss hinten über dem Gesäß und ließen den Latz herunterhängen, wodurch unsere Hinterteile Luft bekamen. Es sah nicht besonders elegant aus, war aber schön kühl.

Colin machte die Höhenkrankheit wieder zu schaffen. Wir alle spürten die Auswirkungen der Höhe, doch Colin litt besonders stark darunter. Wir verteilten sein Gepäck auf das restliche Team, und ohne diese Last auf dem Rücken ging es besser.

In der Zone, wo Seiten- und Hauptgletscher aufeinander trafen, wurde das Gelände noch schwieriger, denn die Spalten waren breiter. Hier eine sichere Route zu finden, war ein Geduldsspiel. Manchmal kam man 50 Meter weiter, musste dann aber doch umkehren. Wieder brach die Schneedecke unter unserem Gewicht ein. Bei jedem Schritt sahen, spürten und hörten wir, wie der Boden in einem Radius von 100 Metern nachgab. Ein alarmierendes Zeichen, aber wir hatten keine andere Wahl, als weiterzugehen.

Unsere Aktion vom vergangenen Abend mit den Plastikbeuteln erwies sich als vergebliche Mühe. Die Schlafsäcke wurden noch feuchter als am Tag zuvor, weil sich durch den großen Temperaturunterschied zwischen innen und außen reichlich Kondenswasser bildete. Am nächsten Tag wollten wir unsere Plastikabdichtung versuchsweise unter dem Zeltboden auslegen. Vielleicht isolierte sie dann besser gegen die von unten aufsteigende Kälte.

An jenem Tag biwakierten wir auf 5240 Meter Höhe. Kumar und ich machten uns große Sorgen um Colin, deshalb kamen wir zu dem Schluss, dass wir am nächsten Tag auf jeden Fall über den Kalandani Khal mussten. Das bedeutete zusätzliche harte Arbeit für Pritam, Rai und mich selbst, weil wir uns als Pfadfinder betätigten. Auf Gletschern, wo man nicht von einer »Route« sprechen kann, war das sehr hilfreich. Mit etwas Glück fanden wir meistens einen guten Weg und ersparten dem Team dadurch überflüssiges Herumsteigen, aber für den Leiter war es ein verdammt schwieriger Job.

Das Wetter am Morgen verhieß nichts Gutes, denn es war stark bewölkt und windig. Doch anfangs kamen wir gut voran und erreichten den Gletscher noch vor Mittag. Inzwischen hatten wir das Geröllfeld hinter uns gelassen, und die Traverse wurde einfacher. Der zuvor so bedrohlich wirkende Wind flaute ab, stattdessen brannte nun die Nachmittagssonne gnadenlos auf uns herab und nahm uns alle Energie. Doch es dauerte nicht lange, bis wieder dichte Wolken aufzogen und die Kälte uns überfiel.

Der Anstieg wurde steiler. Einmal verlor Jimmy durch den starken Wind den Halt und schlitterte abwärts. Zum Glück war Om Prakash dicht hinter ihm, bekam Jimmy zu fassen und half ihm wieder auf die Beine. Andernfalls hätte es einen bösen Unfall geben können. Auf dem Kalandani Khal war man den Elementen schutzlos ausgeliefert, und wir konnten dort nicht biwakieren, schon gar nicht mit dem höhenkranken Colin. Gegen Höhenkrankheit half nur, tiefer hinabzusteigen, und der einzige Weg führte über den Pass und auf der anderen Seite hinunter.

Wenig später gerieten wir in einen Schneesturm. Wir kamen nur langsam und unter großen Mühen vorwärts und mussten nach jedem Schritt stehen bleiben, um Luft zu holen. Dank unseres GPS-Empfängers, von dem wir reichlich Gebrauch machten, gelangten wir immerhin zum Pass, wo der Sturm noch heftiger tobte. Der Aufstieg war anstrengend, doch stehen zu bleiben und zu warten, bis die anderen aufgeholt hatten, war noch anstrengender. Das wirbelnde Weiß rundherum war derart undurchdringlich, dass man kaum etwas sah, und Rai musste wieder ein Stück absteigen, um sich dem Rest der Gruppe bemerkbar zu machen. Wir warteten unruhig, bis endlich alle, einschließlich Colin und Jimmy und unser Schlussmann Kumar, auf der Passhöhe angelangt waren und kurz Atem geschöpft hatten.

Auf der anderen Seite fiel der Gletscher steil ab, ein deutliches Zeichen für Spalten, und mir lief es kalt über den Rücken bei dem Gedanken, dort hinüber zu müssen. Das GPS gibt nur die allgemeine Richtung an; es kann einem keine sicheren Umwege um Gletscher- und Randspalten suchen. Horizontale Spalten finden sich vor allem dort, wo ein Gletscher am steilsten abfällt. Sie sind in der Regel sehr tief und können über 50 Meter lang sein. Im Winter liegt oft eine Schneebrücke von fünf Metern oder mehr darüber. Wie hungrige Haie mit aufgesperrten Mäulern lauern sie hier auf unachtsame Bergsteiger.

Über den Kalandani Khal

Hin und wieder haben auch andere Leute aus dem Team die Gruppe angeführt, doch unter diesen Umständen wollte ich nicht das Geringste riskieren. Inzwischen herrschte derart dichtes Schneetreiben, dass wir nicht einmal mehr die Spitzen unserer Skier erkennen konnten. Ich bewegte mich mit größter Vorsicht und prüfte den Untergrund ein paar Mal, ehe ich den nächsten Schritt machte. Es kam mir vor, als wäre diese Passüberquerung die Feuerprobe meiner 30 Jahre Expeditionserfahrung im Himalaya. Rückblickend müssen wir ein sehr komisches Bild abgegeben haben, doch damals war die Situation mit dem unsicheren Boden unter den Füßen und all dem Schnee, der uns wie spitze Sandkörner ins Gesicht wehte, alles andere als spaßig. Wir hatten es mehr dem Glück als unserem Sachverstand zu verdanken, dass wir die gefährlichsten Spalten umgehen konnten.

Das Wetter verschlechterte sich weiter, sofern man das überhaupt sagen konnte. Es schien mir äußerst riskant, unter diesen Umständen weiterzugehen. Als wir etwa 300 Meter abgestiegen waren – wofür wir fast eine Stunde brauchten – und einen sicheren Lagerplatz entdeckten, beschlossen wir, dort zu biwakieren, obwohl wir uns noch auf großer Höhe befanden.

»Colin geht es nicht gut«, bemerkte Kumar knapp, als wir in unserem Zelt lagen. »Die Hitze auf dem Gletscher in den letzten zwei Tagen, und heute die Höhe … das war einfach zu viel für ihn. Ich habe ihm Electrol gegeben, aber es scheint nicht zu helfen. Wir müssen morgen unbedingt tiefer hinunter.«

»Aber er hat wirklich Mumm«, erwiderte ich und nickte anerkennend. »Wenn er sich geweigert hätte weiterzugehen, hätten wir in der Falle gesessen«, fuhr ich mit einem Blick zu Kumar fort. Er meinte, wir sollten am besten eine Suppe zu Abend essen, damit vor allem diejenigen möglichst viel Flüssigkeit bekamen, denen es schlecht ging.

Die Operation »Trockener Schlafsack« misslang zum zweiten Mal, und zwar noch mehr als beim ersten Versuch. Es wurde mit jeder Nacht schlimmer. Mir graute davor, in meinen klammen Schlafsack zu steigen. Als Nächstes dichtete ich alle Ränder im Zelt mit Plastik ab, um eine Trennung zwischen den drei Flächen - Schnee, Zelt und Schlafsack - zu schaffen. Dann zog ich meinen Schlafsack zu der Stelle, die am trockensten aussah, und rollte mich zitternd darin zusammen.

In der Nacht heulte der Wind wie ein Rudel Schakale, die den Mond anbellen. Das Zelt flatterte und schwankte in den Sturmböen, die sicher Windstärke 8 übertrafen, doch es hielt stand. Kumar meinte, wir könnten leicht fortgeweht werden, wenn der Sturm noch stärker würde. Deshalb holten wir so viel Gepäck wie möglich herein, um es schwerer zu machen, und Kumar verstaute es entlang der Seiten, wo ich eigentlich hatte schlafen wollen.

So schrecklich die Nacht war, so wunderbar war die Szenerie, die uns am Morgen erwartete. Wir befanden uns auf einer Höhe von 5600 Metern, um uns herum fantastische Berge. Der Himmel war strahlend blau, und im Osten ragten Eisriesen wie der Kamet, Abi Gamin und Mana empor. Nach Norden hin begrenzte ein langer Gebirgszug die weite Schneefläche vor uns, und im Süden erhob sich in einsamer Pracht ein herrlicher Gipfel mit rund 6500 Meter Höhe.

Am schönsten jedoch war der Blick hinauf zum Kalandani Khal, den wir am Vortag überquert hatten. Hohe Gipfel flankierten ihn auf beiden Seiten, und in der Mitte zog sich ein Gletscher herab. Der Hang sah sehr steil aus und fiel rechts von uns extrem steil ab; die breiten Spalten dort machten jedes Fortkommen unmöglich. Die linke Seite des Gletschers hatte ein weniger starkes Gefälle, doch zwei horizontal verlaufende Spalten am oberen Ende blockierten den weiteren Weg. An einigen Stellen überspannten schmale Schneebrücken ihre klaffenden Münder, und über diese zogen sich nun in Form eines riesigen Z unsere Skispuren durch den unberührten Schnee.

Wir starrten alle ergriffen nach oben, denn wir hatten ungeheures Glück gehabt und irgendwie, wundersamerweise, ohne uns dessen bewusst zu sein, die gefährlichsten Stellen umgangen. Ein denkwürdiger Augenblick. Wir schüttelten uns erleichtert die Hände, machten Fotos und dankten den Göttern. Die Freude über die erfolgreiche Bewältigung dieser Herausforderung blieb noch lange als Lächeln auf den Gesichtern zurück.

Tief empfundenes Glück setzt sich selten in Szene; vielmehr wächst es langsam und macht sich nur dezent bemerkbar. Aus großem Leid erwachsenes Glück lässt sich nicht mit anderen teilen, ebenso wie tiefe Trauer nur für den unmittelbar Betroffenen wirklich spürbar ist. Colin und Jimmy mussten ihre Hochstimmung gar nicht in Worte fassen. Ich konnte sie auf ihren Gesichtern sehen. Es war ein sehr glücklicher Tag nach einer sehr schlimmen Nacht, und umso mehr genossen wir nun die unberührte Schönheit des Himalaya.

Das weite Schneefeld vor uns erstreckte sich etliche Kilometer Richtung Osten, und der Schnee war so locker und pulverig wie in den besten Skigebieten der Welt. Nach ein paar schmerzhaften Stürzen kamen wir schnell wieder in den richtigen Rhythmus. Da wir uns mittlerweile an das Gewicht unserer Rucksäcke gewöhnt hatten, machte das Skifahren auf dieser Höhe großen Spaß, und die langen, sanft abfallenden Hänge waren geradezu ideal geeignet. Später, als wir uns schon dem See Arwa Tal näherten, wurden die Hänge wieder steiler.

Am Nachmittag verschlechterte sich das Wetter zusehends, bis wir wieder mitten in einem heftigen Schneesturm steckten, der dem vom Vortag in nichts nachstand. Am schwersten hatten es die Männer an der Spitze, die spuren mussten und die volle Wucht des Sturms abbekamen, ganz zu schweigen von der Verantwortung, die sie trugen. Die anderen folgten mit tief gesenkten Köpfen, immer darauf bedacht, die Skier des Vordermannes nicht aus den Augen zu verlieren.

Der Arwa Tal war natürlich zugefroren und schneebedeckt. Von hier aus

führte der Weg nach Ghastoli, unserem nächsten Etappenziel, durch eine enge Schlucht den Fluss Arwa entlang. Jede Überlegung, hier zu biwakieren, erübrigte sich, denn von den umliegenden Hängen donnerten immer wieder Lawinen in die Tiefe.
Gegen Abend, als wir schon fast am Ende unserer Kraft waren, erreichten wir ein weites Schneefeld, das etwa zwei Kilometer lang und ebenso breit sein mochte. Es zu queren würde anstrengend werden. Nachdem wir uns eine Stunde abgemüht hatten, stellte Colin plötzlich fest, dass wir exakt 180 Grad in die falsche Richtung gingen, also genau entgegengesetzt. Und das trotz GPS und Kompass. Offenbar wollten unsere Gehirne nicht mehr recht funktionieren.

Das Mana-Tal

Nach zehn äußerst strapaziösen Stunden erblickten wir ein Zeichen menschlichen Lebens, als wir um eine Biegung kamen. Es war ein Außenposten der Armee. Wie wunderbar, dass wir heute nicht kochen müssen und kein Zelt aufbauen, dachten vor allem Kumar und ich, denn unsere Schlafsäcke wurden inzwischen tropfnass. Auch wir waren durchweicht und müde und froren, doch es gab einen Grund zum Feiern: Wir hatten erstmals einen über 6000 Meter hohen Pass überquert.
Hier in diesem Tal fand im Jahr 1624 die erste schriftlich dokumentierte Bergbesteigung im Himalaya statt. Die beiden mutigen Männer waren Pater Antonio de Andrade, Leiter der Jesuitenmission am Hof des Großmoguls, und sein Stellvertreter, ein jüngerer portugiesischer Laienbruder mit Namen Manuel Marques.
Sie hatten sich von Delhi auf den Weg gemacht, um nach dem legendären untergegangenen christlichen Reich des Priesterkönigs Johannes zu suchen. Gekleidet wie Einheimische, schlossen sie sich einer großen Gruppe von Hindus an, die zum Pilgerort Badrinath im Himalaya unterwegs waren. Sie folgten dem Fluss Alaknanda durch die tiefen Schluchten, bis sie auf die Nordseite des Hohen Himalaya gelangten und Gangotri erreichten, den am leichtesten zugänglichen Pilgerort im Himalaya unweit der Gangesquellen.

Andrade fasste den Entschluss, den Pass Mana La zu ersteigen, und nahm sich einen Bhotia-Führer aus dem nahe gelegenen Dorf Mana. Doch es war noch zu früh im Jahr; der Pass war noch nicht frei. Drei Tage lang kämpften sie sich trotz heftiger Stürme durch tiefen Schnee aufwärts. Sie litten zunehmend unter Höhenkrankheit, einem Phänomen, das sie noch nie erlebt, von dem sie noch nicht einmal gehört hatten. Es war ihnen ein Rätsel, warum sie bei jedem Schritt nach Luft ringen mussten, und Andrade notierte später: »Man mag es nicht glauben, doch Menschen, die bei guter Gesundheit sind, werden plötzlich krank und sterben innerhalb einer Viertelstunde.« Die schlimmen Auswirkungen dieser bislang unbekannten Krankheit konnte er sich nur durch »die übergroße Kälte und den Mangel an Fleisch« erklären.

Die letzte Strecke des Aufstiegs gestaltete sich dramatisch. Als sie die Passhöhe erreichten, überfiel sie ein schrecklicher Schneesturm, und es war bitterkalt. Pater Andrade berichtet: »Unsere Füße waren erfroren und so stark geschwollen, dass wir es später nicht einmal spürten, als man sie mit einem glühenden Eisen berührte.« Der Schneeblindheit trotzend kämpften sie sich weiter, bis sie endlich doch den Sattel des Mana La erreichten und nach Tibet hinunterschauen konnten. Und sie gingen weiter bis zum Gipfel des Berges, »wo«, wie Andrade schrieb, »aus einem großen Felsbecken der Fluss Ganges geboren wird, und wo ein anderer Fluss entspringt, der das Land Tibet bewässert«.[2]

Dieses Felsbecken hatten wir auch während der *Trans-Himalaya-Expedition* besucht, als wir auf dem Weg zum Mana La waren. Von Ghastoli aus, wo wir in dieser Nacht unser Lager aufschlugen, war es einen Marschtag entfernt. Der große Gletschersee, von den Einheimischen Deo Tal (»See Gottes«) genannt, liegt am Ende des Mana-Tales, direkt unter dem Pass. Da dieser See die Quellflüsse des Saraswati speist, der wiederum unmittelbar oberhalb von Badrinath in den Alaknanda fließt, hatten Andrade und Marques in Wirklichkeit nicht die Quelle des Ganges, sondern eines seiner wichtigsten Nebenflüsse erreicht. Einen Monat später gingen sie auf die andere Seite und stiegen in ein karges, von Schluchten

2 vgl. Charles Allen, *A Mountain in Tibet*, S. 37

und tiefen Tälern durchzogenes Land hinab, Teil des alten Königreichs Guge.

> Nahezu sieben Jahrhunderte waren seine alte Hauptstadt Tsaparang und das nahe gelegene Kloster Totling das politische und religiöse Zentrum Westtibets, und sein Einfluss reichte bis in den entferntesten Winkel des Hochplateaus. Nun stand es am Rand des Untergangs. Andrade und sein Begleiter erlebten seine letzten ruhmreichen Tage und trugen, ohne es zu wissen, zu seiner endgültigen Auflösung bei.[3]

Unser Aufenthalt in dem Armeeposten gestaltete sich überaus angenehm. Wir bekamen Tee angeboten und unterhielten die Soldaten mit Erlebnissen von der Expedition, an die wir nun mit ausgelassener Erleichterung zurückdachten. Am Abend setzte sich der Dienst habende Offizier im Schein einer Lampe mit uns zusammen, und wir besprachen den weiteren Verlauf der Route. Als letzten Ratschlag gab er uns mit auf den Weg: »Folgt dem Gebirgszug zu eurer Rechten, auf keinen Fall, ich wiederhole, auf keinen Fall dem Fluss.«

Doch als wir am nächsten Morgen aufbrachen, nahmen wir den für Skifahrer geeigneten Weg – und fuhren in die Schlucht ein. Unberechenbare Menschen lassen sich in zwei Kategorien einteilen. Die einen sind einfach verrückt, und sie bremsen zu wollen ist verlorene Liebesmühe. Die anderen sind die Skifahrer; sie bremsen zu wollen macht einen selber verrückt. Wir gehörten zur zweiten Sorte, wie die folgende Episode zeigt.

In der ersten Stunde ging es auf langen, sanft abfallenden Hängen gemütlich dahin, doch bald kamen wir in ein Tal mit steilen Seitenwänden. Die Abfahrt machte ungeheuer Spaß, und wir waren überhaupt nicht mehr zu bremsen, bis wir uns unversehens auf dem Grund einer Schlucht wiederfanden, die durch einen Felssturz und riesige Schneemassen vollkommen blockiert war.

Die Schneedecke auf den steilen Seitenwänden war sehr instabil, und sogar während wir dastanden und überlegten, was wir tun sollten, gingen mehrmals kleine Lawinen ab. Wir beschlossen, auf der rechten Seite hochzusteigen, obwohl wir keine Kletterausrüstung bei uns hatten, ange-

3 vgl. Charles Allen, *A Mountain in Tibet*, S. 37

sichts der steilen Wand ein gefährliches und nervenaufreibendes Unterfangen. Unsere Hände fanden kaum Halt, und zudem schleppten wir hinten an unseren Rucksäcken noch unsere Skier mit.

Der Steilhang, den wir uns emporarbeiteten, hatte ein Gefälle von 60 Grad. Wir glitten ständig aus. Rai verlor den Halt und schlitterte hinab, fing sich wundersamerweise jedoch wieder, kurz bevor er einen Überhang hinunterstürzte. Ich bewegte mich mit äußerster Vorsicht und setzte langsam einen Fuß vor den anderen, wobei ich meine Skier als Gehstöcke benützte, als sich der Hang unter mir plötzlich in Bewegung setzte. Zum Glück kam er bald wieder zur Ruhe, denn sonst hätte es eine Katastrophe geben können. Doch einen anderen Weg gab es nicht. Die Route war zwar gefährlich, aber meiner Einschätzung nach die vergleichsweise beste.

Nach einigen weiteren äußerst heiklen Situationen kamen wir zu einem Felsvorsprung und dachten, das Gelände sei nun so sicher, dass wir auf die Skier umsteigen könnten – mit dem Ergebnis, dass wir uns in der Schlucht wiederfanden. Wir hatten drei Stunden für eine sehr kurze Strecke gebraucht und dadurch zwar den besonders lawinengefährdeten Hang umgangen, steckten jedoch noch immer in der tiefen Schlucht fest.

Während der nächsten beiden Stunden donnerten ständig Lawinen talwärts und ließen uns zusammenzucken. Manchmal schoben sich die Schneemassen direkt vor uns vorbei, wenn wir gerade einen bestimmten Hang queren wollten. Ein anderes Mal begrub die Lawine unsere Spuren unter sich, kaum dass wir sie in den Schnee gezogen hatten – so nah, dass sie uns, wären wir Katzen gewesen, eines unserer neun Leben gekostet hätte. Doch wir hatten das Glück auf unserer Seite und gelangten ohne größere Zwischenfälle zum Ende der Schlucht.

Hier entsprang der Saraswati mit einem herrlichen Wasserfall, der in einem tiefen, dunklen Loch verschwindet und, der Legende nach, in Allahabad wieder hervortritt. Die Schlucht war an dieser Stelle so schmal, dass wir sie mühelos auf einer natürlichen Brücke – einem zwischen die Seitenwände verkeilten Felsblock – überqueren konnten. Wir blieben kurz stehen und blickten auf den Wasserfall hinunter, der gar kein Ende zu nehmen schien.

Vor uns lag das Dorf Mana, wo Andrade und Marques ihren Führer zum

Mana-Pass gefunden hatten. Um diese Jahreszeit war das Dorf verlassen, alle Häuser waren verriegelt. Aus dem in der Gegend verfügbaren Stein gebaut, sahen sie fast wie Ferienhäuser aus, in die sich die Menschen für einige Monate zurückziehen, wenn die Indische Tiefebene unter glühender Sommerhitze liegt. Zur Zeit von Pater Andrade wird es hier nicht viel anders ausgesehen haben.
Wir bauten unsere Zelte auf und gingen dann das Tal hinunter zur nächsten Siedlung, nach Badrinath. Hier gibt es eine Thermalquelle, aus der dichter, stark nach Schwefel riechender Dampf aufsteigt. Das Wasser ist so heiß, dass man sich daran verbrennen würde, deshalb wird kaltes Wasser aus einer anderen Quelle zugegeben. In dem dadurch entstehenden kleinen See baden Pilger beiderlei Geschlechts in verschiedenen Bereichen. Der Haupttempel in Badrinath ist Vishnu geweiht, und der Ort steht seit uralter Zeit in dem Ruf der Heiligkeit und Gelehrsamkeit.
Die Bedeutung des Garhwal-Himalaya für die indische Religionsgeschichte beruht vor allem darauf, dass hier die Pilgerorte Badrinath und Kedarnath mit Tempeln von Vishnu und Shiva liegen, den beiden für die große Mehrheit der Hindus wichtigsten Göttern. In fast allen religiösen Werken finden sich Hinweise auf den Himalaya, und in jedem Tempel werden Kedarnath und Badrinath gerühmt. Jedes Jahr pilgern Tausende von Hindus zu diesen heiligen Orten – für viele der Höhepunkt eines frommen Lebens –, um sich von den Sünden früherer Leben zu reinigen und aus der Metempsychose (der Seelenwanderung) befreit zu werden. Diese Pilgerfahrt ist ein Beweis ihres Glaubens, der »große Weg« zur Befreiung.

Am nächsten Tag verabschiedeten wir uns von Clive, Jimmy und Colin, die nach Josimath gehen und von dort nach Delhi fahren würden. Für uns gab es reichlich Beschäftigung: Wir mussten unsere Ausrüstung sichten, den GPS-Empfänger mit den Daten für die nächste Etappe füttern, Landkarten studieren, das Proviantteam instruieren, alles Mögliche reparieren und natürlich unsere lädierten Rücken und die Blasen an unseren Füßen behandeln.
Die Hitze tagsüber machte uns schlapp und schläfrig, und wir verloren viel Flüssigkeit. Bis jetzt hatten wir alle brenzligen Situationen relativ un-

beschadet überstanden, doch man kann sich nicht immer nur auf sein Glück verlassen. Wir mussten einen klaren Kopf bewahren. Der Planung der Route bis zum nächsten Etappenziel kam stets eine besondere Bedeutung zu. Nun stellte sich heraus, dass wir östlich von Mana einen weiteren großen Gebirgszug überwinden mussten, die so genannte Zaskar-Kette, eine im Gegensatz zur Zanskar-Kette in Ladakh noch gewaltigere Barriere als der Hohe Himalaya, weil sie keine Quertäler besitzt. Wir würden uns mit Eisriesen wie der Nanda Devi und dem Panchulli-Massiv konfrontiert sehen. Doch um sie herum gab es eine Reihe von Pässen, und über einen von ihnen wollten wir ins Johar-Tal im Osten gelangen.

Zu Beginn des 19. Jahrhunderts machten sich Leutnant Webb und Hyder Jung Hearsey zur Quelle des Alaknanda in Badrinath auf. Sie lieferten den Beweis, dass von den Quellflüssen des Ganges der Alaknanda wesentlich mehr Wasser führt als der Bhagirathi, der von alters her als sein wichtigster Quellfluss gilt. Dennoch könnte diesen Rang mit Fug und Recht der Alaknanda für sich in Anspruch nehmen. Ermutigt von dieser Entdeckung, marschierten sie nach Norden weiter, passierten die Schlucht des Alaknanda und gelangten schließlich zum Tempel von Badrinath.

Nach wenigen Kilometern talaufwärts erreichten sie Mana, doch statt dem Hauptstrom nach Norden zu folgen, wandte sich Webb nach Westen. Hearsey berichtet:

> Wir machten Halt gegenüber einem Wasserfall von etwa 200 Fuß [60 Meter] Höhe – zwei Bäche stürzen vom Berg, die der Wind in feinen Sprühnebel verwandelt und gefrieren lässt. Kein Strauch, kein Grashalm weit und breit, nichts als Schnee und geborstene schwarze Felsen. Nie habe ich ein erhabeneres Bild des Winters erblickt.[4]

Wovor die beiden damals staunend standen, dürften die heute unter dem Namen Vasundhra-Fälle bekannten Wasserfälle gewesen sein.

4 Charles Allen, *A Mountain in Tibet*, S. 65

9
Blumen im Eis

> Jetzt wissen wir nichts, doch nichts ist jetzt mehr als alles, was er hat. O Freund, den wir geliebt, muss es wirklich so sein? Und wenn es so sein muss, wie kann der Mensch die Mühsal des Lebens ertragen?
>
> Frances Cornford, *Rupert Brooke,* 1915

Eine Weile folgten wir dem Alaknanda flussabwärts, bis wir ihn bei Govind Ghat auf einer Seilbrücke überquerten. Dann gingen wir auf einem schmalen Fußweg weiter, der sich über einem Dorf mit eigener Satellitenschüssel einen felsigen Hang hinaufzog. Der Pfad war gut gekennzeichnet, denn diesen Weg nehmen die Pilger, die sich nach der Schneeschmelze zu einem Gletschersee namens Guru Hem Kund Sahib aufmachen. Vor uns verengte sich das Tal zu einer Schlucht mit Felswänden und hohen Bäumen auf beiden Seiten, die keinen Sonnenstrahl durchließen. Wir gingen weiter, bis wir zu einem Seitental gelangten, an dessen Ende der Hathi Parbat emporragte.

Er wirkte gewaltig, dieser beeindruckende Berg mit seinen Steilwänden. Der Tag war ungewöhnlich klar und sonnig, so dass der Berg magisch leuchtete. Wir lehnten uns gegen die geschlossenen Türen eines Ladens am Weg, um diesen herrlichen Anblick eine Weile zu genießen.

Im Jahr 1977 brach ich mit einer amerikanischen Gruppe zum Nanda-

Devi-Heiligtum auf, und meine Mutter entschloss sich, mit uns zu kommen. Sie wollte jedoch nicht die Nanda Devi besteigen, sondern unternahm eine Pilgerfahrt zu den drei heiligen Orten in dieser Region – Gangotri, Kedarnath und Badrinath. Danach stieg sie zum heiligen Tempel von Hem Kund Sahib hinauf, auf demselben Weg, den ich nun ging. Sie war damals Mitte sechzig, ein Alter, in dem viele Menschen das Bedürfnis verspüren, eine Pilgerfahrt zu unternehmen. Mit meinem alten Schlafsack unter dem Arm wanderte sie dahin. Oft musste sie sich eine Weile am Wegrand ausruhen und sich dann beeilen, um die anderen einzuholen. Man sollte meinen, diese Strapazen müssten bei ihrer Gebrechlichkeit doch eine Tortur für sie gewesen sein – doch sie empfand es überhaupt nicht so. Sie tat Buße, mehr für ihren Ehemann und ihre Kinder als um ihrer selbst willen. Für mich war es nur ein sportliches Vergnügen, diese heiligen Orte während unserer Skitour zu besuchen, für sie bedeutete es viel, viel mehr.

Auf der anderen Seite des Tales stehen oberhalb und unterhalb einer Felsbank zahlreiche Birken. Frank Smythe entdeckte dieses Tal im Jahr 1931 und schrieb darüber:

> … Unser Lager fand sich inmitten von Blumen gebettet: schneeweiße Anemonen, goldgelbe, lilienähnliche *nomocharis,* Ringelblumen, Trollblumen, Rittersporn, Veilchen, *eritrichium,* blauer *corydalis,* … viele von ihnen tragen heimatlich klingende englische Namen. Keiner von uns hatte je ein schöneres Tal als das Bhyundar-Tal gesehen. Wir kampierten dort zwei Tage und erinnerten es forthin als Tal der Blumen.[1]

Im Jahr 1937 kehrte Frank Smythe in das Tal zurück und hielt sich dort sechs Wochen auf, um Samen, Zwiebeln und Knollen von Blumen und Pflanzen zu sammeln.

Gegen zwei Uhr nachmittags schlug das Wetter um. Der Wind blies stärker, und es schneite. Der Schnee war nass, so dass wir unser Lager wegen der Lawinengefahr an einem kleinen Bach aufschlugen, was uns außerdem Brennstoff sparen helfen würde.

Es schneite den ganzen Tag und die ganze Nacht. Da es auch am nächsten

1 Frank S. Smythe, *The Valley of Flowers,* S. 14

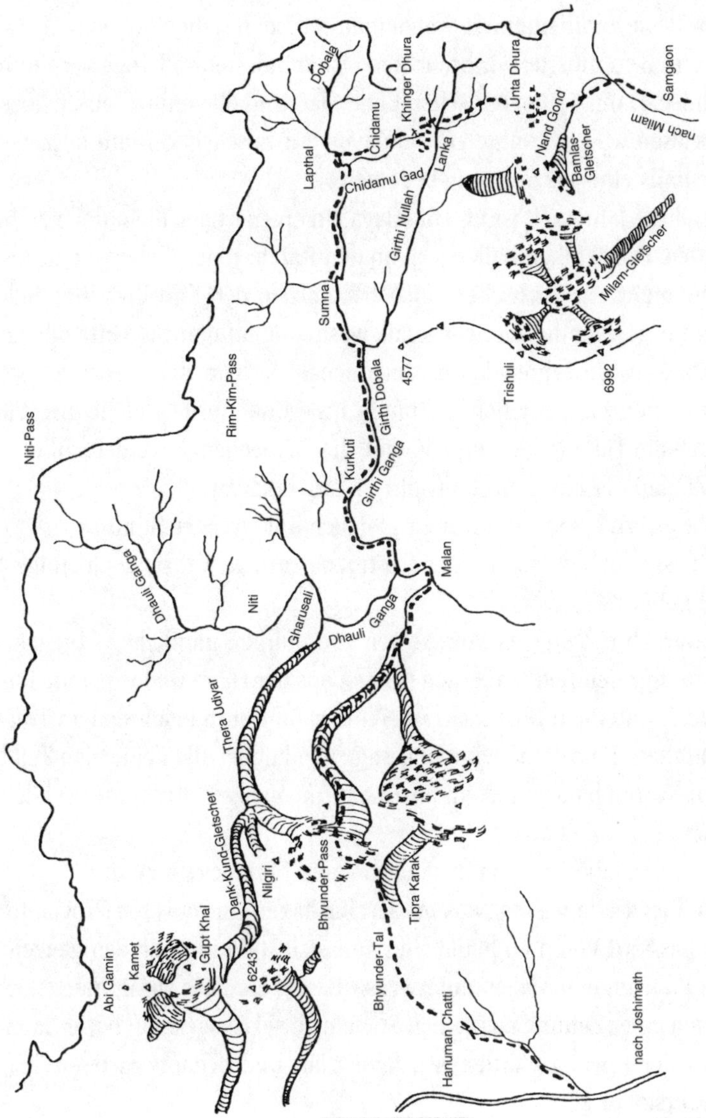
Niti-Pass
Rim-Kim-Pass
Dobala
Lapthal
Chidamu
Chidamu Gad
Khinger Dhura
Unta Dhura
Lanka
Girthi Nullah
Nand Gond
Bamlas-Gletscher
Samgaon
nach Milam
Milam-Gletscher
Sumna
Girthi Dobala
4577
Trishuli
6992
Kurkuti
Girthi Ganga
Malan
Dhauli Ganga
Niti
Gharusali
Dhauli Ganga
Thera Udiyar
Dank-Kund-Gletscher
Nilgiri
Bhyunder-Pass
Tipra Karak
Bhyunder-Tal
Gupt Khal
Kamet
Abi Gamin
6243
Hanuman Chatti
nach Joshimath
nach Badrinath und Mana

Morgen nicht danach aussah, als würden wir bald aufbrechen können, zog ich mich fluchend in meinen Schlafsack zurück. Wir hatten noch etwa fünf Pässe zu überqueren, wobei man für jeden sieben bis zehn Marschtage ansetzen musste; wir brauchten also mindestens 35 Tage vernünftigen Schnee. Dann hätten wir schon Ende Mai. Und obwohl wir auf Schnee angewiesen waren, konnte zu viel davon zur falschen Zeit am falschen Ort ebenfalls eine Verzögerung bedeuten.

Um diese Jahreszeit ist im Himalaya ein eigenartiges Phänomen zu beobachten. Die Wolken ballen sich an den Rändern der Gebirgskette zusammen, mehr zur tibetischen Hochebene als zu den Shivaliks hin, und sorgen für gelegentlichen Schneefall, weshalb man hier bis Mitte oder sogar Ende Mai Ski fahren kann. Doch sobald sich in der Tiefebene höhere Temperaturen einstellen – Anfang bis Mitte April –, zieht die Wärme durch die Täler in die Berge hinauf, die Schneehänge werden äußerst instabil, und die Lawinengefahr nimmt erheblich zu.

»Hör auf zu essen«, rief Kumar plötzlich mit strenger Stimme.

»Ich esse doch gar nicht«, gab ich trotzig zurück, während ich einige Nüsse knabberte.

»Natürlich isst du, das Mittagessen von morgen nämlich«, entgegnete er, nahm mir den Beutel mit den Nüssen aus der Hand und verstaute ihn tief unten in meinem Rucksack. »Weißt du«, fuhr er in belehrendem Ton fort, »Abraham Lincoln hat einmal gesagt: ›Du kannst alle Leute eine Zeit lang zum Narren halten, und ein paar Leute die ganze Zeit; aber nicht alle Leute die ganze Zeit.‹«

»Na schön, aber was hat das mit meinem Mittagessen zu tun?«

»Weil jetzt alle wissen, was an den Rasttagen mit unseren Proviantpaketen passiert! Wenn du heute alles aufisst, bist du morgen den ganzen Tag mit knurrendem Magen unterwegs.« Er zog ein paar zusammengeknüllte Seiten einer Zeitung aus seinen Stiefeln, die er ausgestopft hatte, damit sie schneller trocken wurden, strich sie glatt und begann zu lesen. Ich sah ihm erstaunt zu.

»Was machst du da?«, fragte ich.

»Ich lese Zeitung.«

»Wozu soll das gut sein? Die ist doch uralt«, gab ich zurück. »Eine Zeitung

liest man doch wegen der Neuigkeiten. Und überhaupt: Wenn das, was drin steht, keine Neuigkeiten mehr sind, ist es automatisch keine Zeitung mehr.«
»Falsch!«, entgegnete er, nachdem er eine Weile nachgedacht hatte. »Es ist doch eine Zeitung, weil sie vom 26. März ist, und alles nach dem 17. Februar ist noch neu … Außerdem ist ein Dennis-the-Menace-Comic drin, und der wird nie alt. Hast du ihn gelesen?«
»Was? Nein!« Ich sprang wie elektrisiert auf und fragte, ob ich die Hälfte haben könne.
»Nein, kannst du nicht, weil ich den Comic gerade lese.«
»Bitte!«, bettelte ich.
Im Grunde hatte alles, was nach dem 8. Februar geschehen war, Neuigkeitswert für uns, und da Kumar sich diese Zeitung in Mana besorgt hatte, lieferte sie uns tatsächlich die neuesten Nachrichten.
Unterwegs ist der Kopf mit den unmittelbaren Problemen beschäftigt, und am Ende eines langen Tages zu Fuß oder auf Skiern sind noch eine Menge anderer Sachen zu tun, ehe wir zu Abend essen können. Später, wenn alles Notwendige erledigt ist und wir in einem Zelt zusammensitzen, unterhalten wir uns über dies und das – unsere Art der Entspannung. Ich persönlich spreche dann nicht gerne über Dinge, die die Expedition betreffen. Vielmehr ist das die Zeit, wenn langsam der Bengel Dennis in uns zum Vorschein kommt.
Am nächsten Morgen war das Wetter heiter und der Himmel türkisblau, nirgendwo zeigte sich ein Wölkchen. Wir waren zwar um sieben Uhr schon abmarschbereit, mussten jedoch warten, bis unsere Zelte in der Sonne trockneten, denn sie waren in den letzten beiden Tagen vollkommen durchgeweicht und in nassem Zustand sehr schlecht zusammenzupacken. Unsere Route führte an diesem Tag den Bergrücken zu unserer Linken hinauf, doch wir hielten uns lieber in der Mitte des Tals, in sicherem Abstand von den Lawinen, die immer wieder bergab donnerten. Ihr Getöse jagt jedem, der es zum ersten Mal hört, einen gehörigen Schrecken ein, doch wir hatten schon einiges durchgemacht und nahmen es deshalb gelassener. Gegen elf Uhr dreißig stießen wir an einer Biegung auf einen kleinen zugefrorenen Bergsee, der nicht auf der Karte verzeich-

net war, wohingegen wir denjenigen, der auf der Karte stand, nicht finden konnten.
Am Ende des Bhyunder-Tals, zwischen dem Rataban und einem kleineren, namenlosen Gipfel weiter nördlich, öffnete sich gegen Osten ein beeindruckender Pass. Während wir noch die Szenerie bewunderten, setzte sich der Steilhang an dem namenlosen Berg in Bewegung.
Plötzlich war ein dumpfes Dröhnen zu hören, wie von einer unterirdischen Explosion, das von allen Seiten zu kommen schien. Dann setzte der Wind ein und fegte mit solcher Kraft über den Grat, dass wir Angst hatten, er würde uns fortwehen. Auf der gegenüberliegenden Seite rollte eine riesige Lawine talwärts. Tonnen von Schnee wälzten sich mit enormer Geschwindigkeit vom Rataban in die Schlucht hinab und wirbelten dabei Schneefontänen auf, die Hunderte von Metern in den Himmel reichten. Es hatte den Anschein, als wäre ein riesiger Berg aus Schnee ins Wanken geraten und würde nun auf uns herabstürzen. Selbst den Himmel verhüllte der dichte weiße Vorhang, als sich die Lawine über eine Distanz von etwa einen Kilometer auf uns zuschob, recht langsam, wie es uns vorkam, doch mit voller Wucht. Wie ein weißer Drache schnappte sie mit entblößten Fangzähnen nach uns, während wir hypnotisiert und hilflos dastanden. Der Schnee floss wie nasser Beton auf uns zu, packte unsere Skier und stieg langsam bis zu den Knien.
Wir warfen unsere Rucksäcke ab und begannen zu rudern, versuchten verzweifelt, den Klauen des Drachen zu entkommen, doch er war stärker als wir. Wirbelndes Weiß hüllte uns ein, der Schnee stieg und stieg, so dass wir schließlich bis zur Hüfte begraben waren. Dann hörte ich jemand rufen: »Sie hat gestoppt, sie hat gestoppt.« Noch nie habe ich bei diesen Worten eine solche Erleichterung verspürt.
Der Schreck saß uns nach diesem Erlebnis noch eine ganze Weile in den Knochen. Es dauerte lange, bis wir uns auch nur aus den Schneemassen befreit hatten, und wir brauchten ein paar Stunden, um unsere Ausrüstung aufzuspüren. Doch am Ende des Tages hatten wir das Erlebnis verdaut und waren bereit für die nächste Herausforderung.

Zum Bhyunder-Pass

Wir biwakierten auf einer kleinen Anhöhe. Was wir an diesem Tag erlebt hatten, wirkte doch noch ein wenig nach. Der Eisfall in der Nähe ließ immer wieder ein Krachen und Knacken hören, das uns aufschreckte. In der Kluft zu seiner Linken gingen in regelmäßigen Abständen kleinere Schneelawinen ab. Fast ununterbrochen polterte Geröll in die Tiefe, ab und zu übertönt vom lauten Donnern einer größeren Lawine. Der Pass selbst versteckte sich weiter hinter Wolken, wir bekamen ihn nicht zu sehen.

Der Eisfall hätte selbst im Sommer einer direkten Besteigung widerstanden. Dann konnte man ihn allerdings seitlich umgehen, indem man über einen Felsvorsprung aufstieg und nach Südosten zu dem über ihm liegenden Schneefeld querte. Doch der Hang war steil und gefährlich.

Ein vorspringender Pfeiler westlich des Eisfalls ermöglichte einen guten Zugang zu einem steil abfallenden Felsvorsprung, den wir queren mussten, ehe wir direkt zum Bhyunder-Pass aufsteigen konnten. Auf Skiern war die Route jedoch um diese Jahreszeit zu gefährlich. Ein falscher Schritt auf diesem Steilhang, und wir würden über den Überhang in seiner Mitte in die Tiefe stürzen.

Deshalb entschied ich, den Weg über eine schneegefüllte Rinne zu nehmen, die durch die Felsen zum Grat oberhalb des Überhangs führte. Unangenehm an dieser Rinne war eine Randspalte an ihrem Fuß, denn die einzige Möglichkeit, sie zu überwinden, war eine Schneebrücke mit einem Eisüberhang. Die Falllinie zu queren schien bei dem extremen Gefälle sehr riskant; außerdem bestand Lawinengefahr. Wir beschlossen, am nächsten Morgen früh aufzubrechen, um der Nachmittagshitze zu entgehen.

Um fünf Uhr morgens lag der blaue Himmel hinter einer Schicht dunkelgrauer Wolken verborgen. Es war kalt, und die Sonne schien uns keine Schwierigkeiten machen zu wollen. Wir warteten erst gar nicht ab, bis unsere Zelte trockneten, sondern rollten sie zu dicken Würsten zusammen und brachen auf.

Etwa 500 Meter weiter oben überragte ein großer Gletscher die Route.

Selbst kleine Eisbrocken konnten, wenn sie direkt auf uns herabstürzten, schlimme Verletzungen verursachen. Wir wollten zwar möglichst schnell vorankommen, doch auf dieser Höhe und mit 30 Kilogramm auf dem Rücken war es nur vernünftig, alle zehn Schritte eine kurze Pause einzulegen. Je höher wir stiegen, umso länger wurden die Pausen, doch wir hatten keine andere Wahl – die verfügbare Atemluft diktierte das Tempo.

Das Gefälle ließ sich zwar nicht genau messen, doch ich schätzte, dass es mehr als 75 Grad betrug. Das sagte mir zum einen mein geübtes Auge, zum anderen die Tatsache, dass meine Schultern die Eiswand berührten, in der ich gut eineinhalb Meter tiefer meine Füße platziert hatte. Schon ein Blick auf die andere Seite vermittelte einem das unangenehme Gefühl, bei einer Drehung des Kopfes unweigerlich abzustürzen.

»Wenn der Gletscher bricht, kommen Tonnen von Eis herunter, und von uns bleibt nicht mehr viel übrig«, bemerkte Rai, der unmittelbar hinter mir ging. In diesem Moment schien es, als käme nun doch die Sonne hinter den Wolken hervor, und dann würde der Schnee instabil werden. Die Wolken rissen tatsächlich auf, wie ich kurz darauf mit einem sorgenvollen Blick feststellte.

Der Anstieg über den Gletscher ließ sich nur bewältigen, indem wir auf den Kanten unserer Skier im Zickzack gingen, in langen Traversen, an deren Ende wir eine riskante Kehre machten. Wer das schon einmal in flachem Gelände versucht hat, wird nachvollziehen können, wie einem Skifahrer bei einem solchen Manöver auf einem extrem steilen Hang und mit einem schweren Rucksack auf dem Rücken zu Mute ist.

Auf Hängen wie diesem durfte man sich nicht den geringsten Fehler erlauben. Kumar und den beiden neuen Teammitgliedern Kamal Singh und Gulab Singh war eine Kehrtwendung mit Skiern an den Füßen zu riskant, deshalb schnallten sie ihre Bretter jedes Mal mühsam ab, ehe sie sich langsam umdrehten und die Skier wieder anschnallten.

Bald wurden die Wolken dichter, und es begann leicht zu schneien. Wir waren froh, denn die niedrigere Temperatur machte den Aufstieg sicherer. Doch innerhalb kurzer Zeit herrschte ein derart heftiges Schneetreiben, dass wir uns überhaupt nicht mehr orientieren konnten.

Gegen Mittag hatten wir den Hang endlich bezwungen, doch als wir oben standen, wurde uns bewusst, dass auch der Abstieg auf der anderen Seite schwierig sein würde. Unser GPS-Empfänger zeigte an, dass wir uns ein gutes Stück über dem Pass befanden, aber der Schnee fiel so dicht, dass man kaum die Hand vor Augen sah. Nach einem kurzen Abstieg, bei dem es mehrmals zu bösen Stürzen kam, beschloss ich jedoch, dass wir erst weitergehen würden, wenn sich die Wolken gelichtet hatten. Eigentlich ist es unsinnig, bei schlechtem Wetter abzufahren, denn es bringt vergleichsweise wenig. Selbst wenn wir schon am Nachmittag unser Biwak aufschlugen, was wir schließlich auch taten, würden wir am nächsten Tag immer noch eine größere Strecke zurücklegen können, wenn sich das Wetter besserte.

Hinter all diesen Argumenten verbarg sich jedoch ein anderes Motiv, nämlich mein brennender Wunsch, wann immer möglich auf einer Passhöhe zu biwakieren. Kumar kommentierte solche Vorschläge meinerseits immer nur mit der Feststellung: »Du bist ja vollkommen verrückt!«

Worauf ich stets lächelnd entgegnete: »Habe ich je das Gegenteil behauptet?«

Schließlich gab er doch nach, und ich muss sagen, von allen Biwaks waren diejenigen oben auf den Pässen am reizvollsten, in gewisser Weise die Krönung unserer Expedition. Außerdem hatte ich das Gefühl, dass wir nur ein wenig höher steigen müssten, dann wären wir im Himmel.

Am Abend erlebten wir einen herrlichen Sonnenuntergang. Von unserem Lagerplatz aus konnten wir tief ins Bhyunder-Tal hineinsehen, auf die Berge von Joshimath und den Kuari-Pass. Über den Ausläufern der Berge lag eine breite Wolkenbank, und die Wolken leuchteten derart intensiv, dass die im Schatten liegenden Hänge auf unserer Seite noch ein schwaches Schimmern reflektierten. Kumar kam und setzte sich neben mich, um den Blick auf die golden glänzenden Gipfel und die Wolkenberge zu genießen, doch leider war das beglückende Erlebnis von kurzer Dauer. Eine halbe Stunde später brach die Nacht herein.

Der nächste Morgen war ebenso schön. Rai, Pritam und ich gingen ein Stück den Grat entlang; von dort konnten wir die Route sehen, die wir am Vortag genommen hatten – einen Steilhang mit einem überhängenden

Gletscher. Uns wurde im Nachhinein schwindelig. Auf der anderen Seite, etwa 240 Meter unter uns, lag der Bhyunder-Pass. Wir waren, ohne es zu bemerken, in dem heftigen Schneetreiben höher gestiegen als beabsichtigt und hatten auf einem Hang oberhalb des Passes biwakiert. Der Pass selbst, von hohen Felszacken flankiert, war etwa 20 Meter breit. Vor einigen Jahren wurde unser Freund Rustomji, der im Sommer eine Trekkingtour gemacht und auf dem Pass kampiert hatte, hier von einer Lawine begraben.

Über den Bhyunder-Pass

Dieser Pass war der erste, zu dem wir hinunterfuhren, statt zu ihm hinaufzusteigen. Rechter Hand wies der Gletscher zahlreiche Spalten auf, doch mit der gebotenen Vorsicht wurde es eine interessante Abfahrt. Für den Skifahrer besonders erfreulich ist, dass die Hänge im Hohen Himalaya, zumindest auf der Nordseite, abgesehen von kurzen steilen Passagen, sanft abfallen. Der Schnee hat im Allgemeinen eine harte Kruste, auf der lockerer Pulverschnee liegt. Der Schnee vom Vortag war jedoch noch nicht hart geworden, so dass wir durch 30 Zentimeter Neuschnee waten mussten.

Mit einem schweren Rucksack auf dem Rücken lassen sich kaum schöne S-Schwünge fahren, doch Rai, Pritam und ich bemühten uns nach Kräften. Rai und Pritam waren die stärksten in meinem Team – körperlich wie mental. Obwohl sie die schwersten Lasten trugen, waren sie immer die Ersten, auch wenn ich ihnen auf dem Fuß folgte. Erst als der Hang steil wurde, wenige Meter vor dem Pass, gelang es mir, sie zu überholen. Sie grinsten und klopften mir auf die Schulter. Wohlverdiente Anerkennung, wie ich meine. Schließlich war ich der Älteste der Gruppe.

Wir fuhren in großen Schwüngen den Pass hinunter und sausten dann etliche Kilometer am Bank-Kund-Gletscher entlang talwärts, immer geradeaus. Ich wäre fast eingeschlafen, wie es einem passieren kann, wenn man auf einer schnurgeraden Autobahn unterwegs ist. Plötzlich verlor mein Vordermann das Gleichgewicht und stürzte kopfüber in den Schnee. Ich konnte nicht mehr bremsen und stürzte ebenfalls. Keiner erkannte den anderen, als wir aus unseren Schneekratern auftauchten, und wir mussten derart lachen, dass unsere Schläfrigkeit sofort verflogen war.

Gegen Mittag stießen wir auf ein Flüsschen, das hier den Namen Amrit Ganga trägt. Wir ließen uns am Ufer nieder, bereiteten Saft mit dem eiskalten Wasser und begannen, unseren Proviant zu verzehren, während wir auf die anderen warteten. Wenig später kamen sie, ließen erleichtert ihre Rucksäcke fallen, nahmen gewaltige Schlucke aus unseren Feldflaschen und machten sich dann über unseren Proviant her. Als sie wieder zu Kräften gekommen waren, holten sie ihre eigenen Essenspakete hervor und teilten mit uns.

Vor uns lag offenes, flaches Gelände mit sanft abfallenden Hängen. Eigentlich sollten wir die neun Kilometer bis Ghamsali in drei Stunden schaffen. Doch drei Kilometer vor dem Dorf blockierte eine Gerölllawine das Tal, und wir brauchten eine ganze Stunde, bis wir sie von Felsblock zu Felsblock springend überwunden hatten.

Ghamsali ist ein Bhotia-Dorf und, ebenso wie Mana, im Winter verlassen. Ende Mai kehren seine Bewohner zurück, um Kartoffeln und Bohnen anzubauen. Sie lebten in Häusern aus Stein – das Material lieferte der nahe gelegene Steinbruch –, deren Holztüren herrliche Schnitzereien im nepalesischen Stil aufwiesen. Die Häuser waren größer als in Mana und besaßen kleine, vorspringende Balkone, die im Allgemeinen zum Trocknen von Erbsen und anderen Feldfrüchten genutzt wurden.

Wir übernachteten in einem leeren Krankenhaus jenseits des Flusses im Dorf Bampa. Auf einer freien Fläche davor machten wir ein Feuer, um das wir nun herumsaßen und unseren Tee schlürften, während sich die Wolken allmählich verzogen und den Blick auf eine wunderbare Landschaft freigaben. Eingezwängt zwischen hohen zerklüfteten Felsen lag im Norden ein Tal. Auf dieser Route gelangt man ins Niti-Tal, das etwa 20 Kilometer östlich vom Mana-Tal verläuft.

Am Morgen überzogen die Strahlen der Sonne das ganze Tal mit einem goldenen Schimmer. Rechter Hand führte eine dunkle, enge Klamm in die Dhauli-Schlucht, und in sie stiegen wir nun ein. Nach etwa sechs Kilometern erreichten wir ein malerisches Dorf mit schneeverbrämten Steinhäusern, doch kein einziger Hund kündigte unser Kommen an. Aus einer

Fensterhöhle spähte ein Mann und beobachtete uns misstrauisch. Als ihm bewusst wurde, dass wir zu acht waren, er aber allein, zog er sich blitzschnell zurück, wie ein Murmeltier in seinen Bau, verriegelte die Tür und weigerte sich, sie zu öffnen.

»Was wollt ihr?«, rief er, als wir klopften.

»Wir sind hier zu Besuch. Können wir uns ein wenig unterhalten?«, rief Kumar zurück.

»Besuch? Um diese Jahreszeit? … Da kommt niemand zu Besuch, höchstens Räuber.«

»Sehen wir wie Räuber aus?«, entgegnete Kumar.

»O ja, das tut ihr«, entgegnete der Mann wie aus der Pistole geschossen.

Wir mussten lachen, denn unser Aussehen bot sicher Grund genug für diese Bemerkung: wettergegerbte Gesichter mit eingefallenen Wangen, aufgesprungene Lippen, struppige Bärte, zotteliges Haar, schmutzige Fingernägel und ein hungriger Blick.

»Aber wir sind keine Räuber, und wir wollen Ihnen nichts Böses. Würden Sie nun bitte herauskommen?« Kumar sprach langsam und freundlich, wie mit einem Kind.

»Wer seid ihr und was wollt ihr?«

»Wir sind Soldaten und hier zu Besuch«, erwiderte Kumar, um einen amtlich klingenden Ton bemüht, denn er wusste, dass Soldaten bei den Bergbewohnern noch immer großen Respekt genießen.

»Wirklich? Warum habt ihr das nicht gleich gesagt!«

Die Tür öffnete sich, der Mann trat heraus und nannte verlegen lächelnd seinen Namen. Dann reckte und streckte er sich in der Sonne, kletterte schließlich auf das Hausdach und betrachtete prüfend den Horizont. »Ich muss den Schnee fortschaffen, ehe die Leute wiederkommen«, murmelte er, verschwand im Haus und kehrte mit einer Schaufel zurück. Er stellte uns weiter Fragen, doch unsere Antworten konnten sein Misstrauen offenbar nicht beseitigen. Schließlich machte ihm Rai ein Geschenk – eine Tüte Nudelsuppe aus seinem Proviant. Der erste praktische Effekt war, dass all seine Vorbehalte plötzlich weggewischt schienen, welchen Grund auch immer sie gehabt haben mögen; der zweite, wesentlich erleichtert durch eine Flasche selbst gebrannten Schnaps, eine Fülle hilfreicher Hinweise. »Man muss vorsichtig sein«, sagte er mit einem entschuldigenden Lächeln. »Letztes Jahr im Winter kam eine Räuberbande und stahl alles Gold und Silber aus dem Dorf.«

Die Räuber waren auf demselben Weg gekommen wie wir – von Süden her, die Niti-Schlucht herauf. Der alte Mann hatte allen Grund, misstrauisch zu sein, denn es war der einzige Zugang zum Dorf, das rundum von schneebedeckten Pässen umgeben war. Im Westen lag der Bhyunder-Pass, und etwas weiter, ein Stück den Gletscher entlang, der Gupt Khal. Über den Niti-Pass im Norden führte ein alter Pilgerweg nach Daba und Manasarowar, und auf der dritten Seite, im Osten, versperrte der Rim-Kim-Pass den Zugang, der im Sommer die Verbindung zu Lapthal darstellt.

Im Jahr 1812 kamen zwei Kaufleute namens Deb und Bir Singh Rawat, die wohlhabendsten und einflussreichsten Bhotia in der Gegend, vom benachbarten Johar-Tal über den Rim-Kim-Pass ins Niti-Tal. Fast zur gleichen Zeit zogen zwei Europäer von Süden her die Dhauli-Schlucht hinauf mit dem Ziel, den Niti-Pass zu überqueren und nach Tibet weiterzureisen.

Hyder Jung Hearseys neuer Reisegefährte bei diesem Himalaya-Abenteuer war der Tierarzt William Moorcroft – ein ungemein wissbegieriger Mann, dessen Forscherdrang es ihm unmöglich machte, sich auf seinen Beruf zu beschränken. Die beiden beabsichtigten, nach Tibet vorzudringen, damals ein weißer Fleck auf der Landkarte. Hinduistischen Überlieferungen und zeitgenössischen Karten zufolge sollte aus den heiligen Seen südlich des Kailash der Ganges entspringen. Der Rest der Welt war begierig darauf, die Wahrheit zu erfahren, die Tibeter mochten jedoch keine Fremden in ihr Land lassen. Erwartungsgemäß verweigerte der Statthalter von Westtibet Hearsey und Moorcroft die Erlaubnis zur Einreise, und um seiner Entscheidung Nachdruck zu verleihen, entsandte er Truppen zur Bewachung aller wichtigen Pässe, über die man nach Tibet gelangte. Die beiden warteten drei Wochen und ließen einheimische Bhotia mit den Tibetern verhandeln, doch ohne Erfolg.

Eines Tages ergab sich eine glückliche Wendung in Gestalt eines kleinen Jungen, der medizinischer Hilfe bedurfte. Moorcroft behandelte das Kind, das wieder gesund wurde, und versicherte sich damit der Dankbarkeit seines Vaters, Deb Singh Rawat. Um sich erkenntlich zu zeigen, schlugen Deb und Bir Singh Rawat den beiden Europäern vor, mit ihnen über den Niti-Pass zu gehen, und das taten sie am 29. Juni 1812.

Als Pilger verkleidet reisten sie unter den Namen Mayapori und Haragiri zum heiligen Manasarowar-See und kamen auch durch Daba, inzwischen an Stelle von Tsaparang die Hauptstadt jenes Bezirks in Westtibet. Der Name Guge war schon seit langem nicht mehr gebräuchlich; die Region wurde nun Hundes genannt, ihre Bewohner Huniyas.

Nachdem sie das Gebiet zwei Monate lang erkundet hatten, kehrten sie am 3. September nach Niti zurück. Es war ihnen gelungen, das große Rätsel jener Zeit zumindest teilweise zu lösen. »Er [Moorcroft] wies nach, dass der Ganges nicht aus den heiligen Seen entsprang, sehr wohl jedoch der Sutlej. Und in einem jungen Fluss weiter nördlich, der nach Nordwesten in Richtung Ladakh fließt, erkannte er zutreffend den Hauptzufluss des Indus. Manche Geografen betrachten diese Reise als seine größte Leistung.«[2]

Im Winter lebt der *chowkidar* (Verwalter) allein im Dorf, und die Bewohner sorgen gemeinsam für seinen Unterhalt, während sie in tiefer gelegenen Regionen ihren Geschäften nachgehen. Sogar seine Familie zieht im Herbst auf der Suche nach besseren Weiden fort. Meiner Meinung nach nimmt jemand dieses einsame Leben nur dann freiwillig auf sich, wenn er dem lokalen Schnaps verfallen ist, von dem ihm die Dorfleute so viele Flaschen überlassen, dass er sicher bis zum Frühjahr reicht.

Wir erkundeten die Gegend, verzehrten am Mittag unseren Proviant und gingen dann auf demselben Weg nach Ghamsali zurück, den wir gekommen waren. Der Rim-Kim-Pass im Osten sah zwar verlockend aus, doch uns blieb nichts anderes übrig, als die längere Route nach Lapthal zu nehmen, denn wir mussten nach Malari, um unsere Vorräte aufzustocken.

2 John Keay, *When Men and Mountains Meet*, S. 22

Nach Malari

Der Weg von Ghamsali zum Bhotia-Dorf Malari war landschaftlich sehr reizvoll. Wir stiegen in die enge Dhauli-Schlucht ein, die sich im weiteren Verlauf zu einem weiten, teilweise vergletscherten Tal mit vielen hohen Himalaya-Zedern verbreiterte. Mitten hindurch schlängelte sich der Amrit Ganga.

Die meisten Bewohner von Garhwal und Kumaon gehören zum Volk der Khasia. Früher stellten sie den Großteil der Bevölkerung im Bergland von Kashmir bis Nepal, waren aber auch in einigen Regionen der Tiefebene verbreitet. Heute wird ihnen jedoch nur in Kumaon der Status eines eigenständigen Volkes zuerkannt, obwohl sich ihre Herkunft von den Quellen des Flusses Kabul in Afghanistan bis zum Teesta in Sikkim nachweisen lässt.

Die Khasia sind Arier und eng verwandt mit jenen Völkern, die in vedischer Zeit in Indien einwanderten und sich in der Ganges-Ebene wie auch an anderen Orten niederließen. Die religiösen Schriften der Hindus sprechen mit Geringschätzung von ihnen, weil sie nicht alle brahmanischen Rituale übernehmen wollten und auch das komplizierte Kastensystem ablehnten, das diese heiligen Bücher propagieren. Dennoch gibt es keinen Zweifel an ihrer ethnischen Zugehörigkeit zur indoiranischen Sprachfamilie. Heute leben die Khasia über ganz Indien verteilt. In manchen Gegenden sind sie Buddhisten, in anderen Regionen Muslime und in einigen Teilen Indiens praktizierende Hindus.

In Malari standen wir auf einem Stück Land, nicht größer als ein Quadratkilometer, das seit den Tagen der Pandavas – der mythischen fünf Krieger – bebaut wird; dort wuchs auch ein einzelner Walnussbaum, der ebenfalls aus dieser Zeit stammen soll. Der Legende nach handelt es sich um den Baum, in dem die Pandavas ihre Waffen versteckten, als sie sich in Verkleidung vor Krishna verborgen hielten.

Den Winter über bleibt nur Chet Singh in dem Bhotia-Dorf, weil er sich um seinen Gemischtwarenladen kümmern muss. Er erzählte mir, dass diese Waffen heute noch im Pandava-Tempel in Malari aufbewahrt und einmal im Jahr – anlässlich des Dushera-Festes, bei dem der Sieg der

»Wahrheit über das Böse« gefeiert wird – öffentlich zur Schau gestellt werden.

Zu den eigenartigsten Göttern, die hier verehrt werden, zählt Ghantakaran, der Glocken-Gott. Auf einem Bergrücken oberhalb des Dorfes, vor dem Narashima-Tempel, steht eine Art Gerüst aus zwei Pfosten mit einem Querbalken, an dem Hunderte von Glocken in allen möglichen Größen hängen. Der Glocken-Gott wird mit drei weiteren Göttern in Verbindung gebracht, nämlich Kailash, der tibetischen Gottheit Kumer und der Hindu-Göttin Nanda Devi. Kailash heißt auch der heilige Berg nahe dem Manasarowar-See, und die Nanda Devi ist der höchste Berg in dieser Region.

Überall in diesen Bergen leben Khasia, jenseits des Hohen Himalaya Tibeter und dazwischen die Bhotia, eines der interessantesten der zahlreichen Himalayavölker. Als Händler stellten sie von alters her das Verbindungsglied zwischen Indien und Tibet dar.

Manche Ethnologen sehen bei den Bhotia von Garhwal und Kumaon eine Verwandtschaft mit den Menschen in Bhutan, andere betrachten sie als individuelle Volksgruppe, die in verschiedenen Gegenden des Himalaya verstreut lebt. Mir scheinen beide Annahmen hinsichtlich ihrer Herkunft falsch. Es kann doch sein, dass sie alle ein und dasselbe Volk sind, nämlich die echten »Himalaya-Hochländer«.

Ich bin auf meinen Touren durch den Himalaya vielen Bhotia begegnet und zu dem Schluss gekommen, dass sie die ursprünglichen Hirtennomaden des Changtang sind. Die Kargheit des Landes, dem das massive Bollwerk des Himalaya im Süden jede Feuchtigkeit vorenthielt, zwang sie, die höchsten Pässe der Welt zu überqueren, um Salz gegen Produkte aus dem Süden einzutauschen. Im Laufe der Jahrhunderte gründeten sie entlang der Handelsrouten zwischen den beiden Ländern feste Siedlungen, die jedoch so abgelegen und schwer zugänglich waren, dass ihre Bewohner von allen Einflüssen aus Tibet oder Indien unberührt blieben.

Früher verlief durch das Chumbi-Tal eine der wichtigsten Handelsrouten von Tibet nach Sikkim und Bhutan, bis die Chinesen im Jahr 1957 alle Verbindungswege schlossen. Als Zwischenhändler beim Handel zwischen Sikkim und Tibet fungierten die Tomo, ein Mischvolk aus Tibetern und

Bhutanesen, dessen Eigenart sich durch Heiraten mit anderen Völkern im Laufe der Jahrhunderte verloren hat.

Die Drokpa von Tibet treiben noch immer Handel mit den Dolpopa, ihren inzwischen jenseits der Grenze in Nepal, im Dolpo, ansässigen Verwandten. Für ihre Handelsgüter – Salz, Käse, Schafe, Wolle, chinesischen Tee, Stoffe, Borax und Porzellanschalen – wurden ihnen Gerste und Mais, Kartoffeln, Buchweizen, Rüben und ein paar ausländische Waren aus Kathmandu angeboten.

Auf dem Changtang-Plateau in Ladakh entlang der tibetischen Grenze leben die Changpa, deren Ziegen das berühmte *Pashmina* liefern. Dort sind auch verschiedene Stämme der Bhotia zu Hause, die sich mit der heimischen Bevölkerung vermischt und die hier vorherrschende Religion, den Buddhismus, übernommen haben.

Die Bhotia im Dharma-Tal unweit der Grenze zu Nepal jedoch haben sich mit der hinduistischen Bevölkerung vermischt und bezeichnen sich auch selbst als Hindus. Zwar gibt es hier weder Gompas noch Lamas, was auf die Präsenz des Buddhismus hinweisen würde, noch Buddha- oder Bodhisattva-Statuen, doch die Götterwelt der Hindus scheint ihnen auch nicht vertraut. Sie betrachten die Lotosblüte nicht als heilig, noch ist die Gebetsmühle bei ihnen in Gebrauch, und auf den Türen ihrer Häuser habe ich Holzschnitzereien von Ganesh, dem elefantenköpfigen Gott der Weisheit, gesehen. Manche Abbildungen erinnern auch an Hanuman, den Affengott, und an vielen Orten stehen phallusförmige Steine, die den *lingam* darstellen.

Charles Tsering schreibt in *Western Tibet,* dass die Bhotia Tibet etwa 650 v. Chr. verließen. Sie besaßen ihm zufolge immer eine eigene Sprache, sehr ähnlich dem Tibetischen. Manche haben diese Sprache vollkommen vergessen, andere können sich darin nur mit größter Schwierigkeit verständlich machen. Es ist traurig, dass dieses Volk, das den Unbilden der Witterung und den Gefahren der Berge trotzte, das den Lebenskreislauf im Himalaya aufrechterhielt, indem es unentbehrliche Güter über die Pässe trug, nun offenbar langsam ausstirbt.

Wir biwakierten oberhalb von Malari am Rand eines Kiefernwaldes, der das Tal zum Süden hin begrenzte. Wir träumten von einem üppigen Essen und einer heißen Dusche – ein Luxus, von dem uns noch Hunderte von Kilometern trennten. Ich hatte Probleme in der Leistengegend, die sich, ihrer natürlichen Schutzhülle teilweise beraubt, entzündete und schmerzte, obwohl ich hin und wieder mit einem Handtuch für ein wenig Hygiene zu sorgen versuchte. Kundan, bisher als Proviantmeister bekannt, erwarb sich nun den Spitznamen »Patenonkel«, denn er rührte für mich eine antiseptische Salbe an, die ich in der Hoffnung, bald von meinen Schmerzen erlöst zu werden, äußerst großzügig auftrug.
Til Bahadur und Om Prakash litten seit zwei Tagen an Durchfall und fühlten sich sehr schwach. Nicht, dass es den anderen viel besser gegangen wäre: Unsere Abwehrkraft war stark beeinträchtigt, so dass uns selbst die kleinsten Infektionen und Beschwerden ernsthaft zu schaffen machten. Wir hatten in den vergangenen beiden Monaten fast 25 Prozent unseres Körpergewichts verloren, und es kostete uns immer mehr Mühe, weiterhin so schwere Lasten zu tragen wie zu Beginn unserer Expedition.
In Malari saß ich mehrere Stunden über den Landkarten, daneben mein Plan für die nächsten beiden Etappen. Bei einer Durchquerung der Antarktis folgt man einer fast geraden Route, und die einzigen Hindernisse sind die so genannten »Zonen mit bewegtem Eis«. In unserem Fall gab es noch viele andere Schwierigkeiten zu bedenken: Gletscher, Spalten, Lawinen, die Höhe und natürlich extreme Gefälle wie Fels- oder Eiswände.
Ein besonders wichtiger Teil der Planung war, die Route mit den jeweiligen Proviantstationen zu koordinieren, das heißt, der Endpunkt einer Etappe sollte automatisch der Ausgangspunkt für die nächste sein. Außerdem mussten die Proviantstationen von der nächsten Straße aus leicht zugänglich sein, damit der Nachschub reibungslos klappte. Um eine genaue Planung machen zu können, musste man alle in Frage kommenden Routen kennen, die horizontal und vertikal durch das Gebirge führen. Das war nicht immer möglich, deshalb musste ich mich eingehend mit den Karten beschäftigen, um die beste Route auszuarbeiten.
Am Abend trafen wir Blon, der zusammen mit Sagar Rai wegen Erfrierungen von Daulat Beg Oldi evakuiert worden war. Blon kam mit dem

Proviantteam, die Ärzte hatten ihn als geheilt entlassen. Sagar Rai hatte nicht so viel Glück gehabt. Wie wir erfuhren, hatten ihm wenige Tage zuvor sieben Finger amputiert werden müssen.
Ich kann mich noch ganz genau an den Tag erinnern, an dem Sagar Rai sich die Finger erfror. Es war der 17. Februar. Der Eisschnee peitschte uns ins Gesicht, dass er wie Glassplitter in die trockene Haut schnitt. Unser Thermometer zeigte –48 °C an, doch durch den Wind lag die gefühlte Temperatur wohl bei –78 °C. Sagar Rai hatte das äußere Paar Handschuhe ausgezogen, um die Batterie seiner Kamera zu überprüfen. Dieser kleine Handgriff hatte ihn sieben Finger gekostet. War es das wert gewesen, fragte ich mich?
Doch es ist schwierig, den Wert einer Handlung zu bemessen, denn sie ist wie der Pulsschlag für den menschlichen Körper. Sie für sich allein zu verstehen ist, als wollte man den Sinn eines einzigen Herzschlags verstehen. Die Bedeutung liegt nicht in der individuellen Handlung, sondern in ihrer Rolle im Zusammenhang mit dem großen Ganzen: das heißt, was ihren Erfolg oder Misserfolg bestimmt. Die Handlungen eines Abenteurers sind wie sein Herzschlag: Sie sind sein Leben.
In Leh hatte Sagar Rai *Ski-Himalaya* auf unsere Zelte gemalt. Er hatte dazu keine Schablone gebraucht, nur sein künstlerisches Auge und seine Hände. Doch der Schriftzug sah aus wie gedruckt. Sagar Rai war ein Naturtalent und sprach oft davon, ins Bhyunder-Tal – das Tal der Blumen – zu wandern und dort zu malen. Er kam nicht einmal in seine Nähe. Als wir in dieses Tal kamen, fanden wir alle Blumen erfroren, ebenso wie seine Finger.

10
In den Fußstapfen großer Forscher

> Abenteuer hat nichts mit Romantik zu tun, wie manche Menschen glauben. Man kann es sich nicht aus Büchern holen. Ein Abenteuer muss man immer selbst durchleben, muss es zu einem Teil seiner selbst machen. Und, am allerwichtigsten: Man muss sich als würdig erwiesen haben, es zu erleben, und zwar ohne Angst.
>
> Ella Maillart, *Turkestan Solo*

Der Tag begann zur Abwechslung damit, dass wir eine aus Holzstämmen und Mauerwerk improvisierte Brücke überqueren mussten. Der Weg hatte durch Kirkuti und dann östlich in eine sehr tiefe Schlucht geführt. Etwa 300 Meter von der Brücke entfernt ragte ein Gewirr von Stahlteilen aus dem Fluss, eine eindringliche Mahnung, was eine Flut aus Schmelzwasser im Himalaya anrichten kann. Wir marschierten eine Schotterstraße am Nordufer des Flusses entlang, als nach etwa 100 Metern ein schmaler Weg abzweigte, der in ein stilles, einsames Tal hinaufführte. Eine kleine Gruppe Kiefern – leiser Protest der endlosen Nadelholzregimenter nahe gelegener Baumpflanzungen – ließ die weitere Umgebung noch schroffer wirken.

Der Weg zwischen nun felsigeren Hängen hindurch verengte sich zu einem Trampelpfad. Inzwischen gingen wir am Südufer des Flusses, im Schatten eines hoch über uns aufragenden Berges.

Eine weitere Brücke brachte uns wieder auf die Nordseite. Dort führte nordöstlich ein Pfad das Tal hinauf, der mit der Zeit immer anstrengender wurde und, wenn Schnee auf den Hängen lag, auch nicht sicher war. Als wir tiefer in das Tal vordrangen, erweiterte er sich wieder zu einem breiteren Weg, der schließlich in eine herrliche Schlucht von 16 Kilometern Länge hineinführte.

In Girthi Dobala, wo sich der Fluss in zwei Arme teilte, wandten wir uns nördlich Richtung Sumna. Der starke Wind und der schmale Pfad, der alle Konzentration verlangte, hatten auf uns eine Wirkung wie mehrere Gläser Alkohol. Eine Windbö hätte genügt, und wir wären mehrere Hundert Meter in die Schlucht hinabgestürzt. So manches Maultier und sein Treiber werden hier schon ausgeglitten oder vom Wind in die Tiefe gerissen worden sein und im reißenden Fluss den Tod gefunden haben.

Wir setzten behutsam einen Fuß vor den anderen und klammerten uns mit unseren schmutzigen Fingernägeln an der Felswand fest. In der kahlen, ausgedörrten Landschaft hoben sich die Berge in den Himmel wie die Wogen des Meeres bei Sturm. Sie trugen ihre schönsten Farben: bräunliches Ocker, Goldgelb, Orange. Die wilde Schönheit dieses abgelegenen Tales, sichtbarer Beweis göttlicher Schöpferkraft, ließ mich nicht mehr los. Selten habe ich etwas Schöneres gesehen.

Die Abendsonne breitete einen rötlichen Schimmer über die Landschaft, und die Felsen spiegelten sich im Fluss unter uns. Bis wir Sumna erreichten, war er zahm geworden und floss ruhig in seinem breiten Bett dahin, bewacht von gewaltigen Felswänden. Wir dankten Gott, dass wir diese Etappe ohne Unfall überstanden hatten.

»Willst du wissen, warum ich unbedingt wollte, dass wir zu acht gehen und nicht zu viert, wie du es ursprünglich geplant hattest?«, fragte mich Kumar, als ich nachdenklich zu dem tiefen Abgrund auf der Seite blickte.

»Ja, warum?«, gab ich zurück.

»Weil wir am Ende froh gewesen wären, noch zu viert zu sein, wenn der Weg auf der ganzen Route wie auf dieser Etappe gewesen wäre.«

Mir sind kleine Teams immer lieber, denn meiner Ansicht nach widersprechen große Mannschaften nicht nur dem Geist, sondern auch dem Zweck einer Expedition. Eine große Mannschaft ist ein Zeichen von

Schwäche – körperlicher Schwäche, weil man Unterstützung braucht, und mentaler Schwäche, weil man ein Versagen fürchtet.

In Sumna trifft sich der Weg vom Dorf Niti über den Rim-Kim-Pass mit der anderen Route. Da die Strecke für unser Proviantteam riskant gewesen wäre, hatte ich trotz des großen Umwegs Malari als Treffpunkt gewählt. Wir biwakierten am Ufer des Flusses unter einem großen Felsüberhang. Am nächsten Tag folgten wir ihm etwa zwei Stunden flussaufwärts einen Bergrücken im Norden hinauf, und nach einer weiteren Stunde standen wir auf einem Felsvorsprung, der uns einen atemberaubenden Blick in die Tiefe bot. Auf der anderen Seite jedoch, Richtung Tibet, noch etwa eine Marschstunde entfernt, fiel das Gelände wieder sanft ab. Dort würden wir wieder unsere Skier anschnallen können.

Wir querten einen Steilhang, an dem noch die Spuren einer Lawine zu sehen waren, die eine Woche zuvor vier Soldaten von einem nahe gelegenen Grenzposten in den Tod gerissen hatte. Wie gefährlich dieser Weg entlang der Grenze zu Tibet war, bezeugten in eindringlicher Weise die Gedenksteine, die wir des Öfteren sahen.

Ebenso wie Niti ist auch Lapthal auf allen Seiten von Pässen umgeben: im Nordwesten der Shelshel-Pass, der nach Daba führt; im Norden der Balchh-Pass; im Osten der Keo und Chitchun und im Süden, jenseits einer tiefen Schlucht, der Khingru Dhura, über den man nach Milam und damit in den Kumaon Himal gelangt. Von hier aus konnte man nach Garhwal, Tibet oder Kumaon gehen.

Der Kompanieführer erzählte mir, dass es in der Gegend von Lapthal eine Unmenge Ammoniten gebe und er schon einige Tüten voll gesammelt habe. Deshalb machten auch wir uns auf die Suche, und unsere Geduld wurde belohnt, denn jeder grub ein Stück aus. Am interessantesten waren die mit allen Schuppen erhaltenen Fische, die zum Vorschein kamen, als wir mit einer Eisaxt vorsichtig an Brocken von Schiefergestein herumkratzten. Ehe der Großkontinent Gondwana vor etwa 50 Millionen Jahren auseinander driftete, war diese Region nämlich vom Tethysmeer bedeckt, das danach austrocknete. Aus dieser Zeit sind in vielen Gebieten des Himalaya noch Fossilien erhalten.

Die Theorie der Plattentektonik, der zufolge die Erdkruste aus Platten besteht, die sich auf dem Erdmantel bewegen, blieb lange Zeit eine Hypothese, bis Geologen in den 1980er Jahren überzeugende konkrete Beweise dafür entdeckten. Da Indien das beste Beispiel dafür ist, dass die Kontinente sich aufeinander zubewegen, wurde der Himalaya gewissermaßen zu einem Labor vor Ort, und gerade die Region um Lapthal lieferte reichlich Anhaltspunkte. Überall stieß man hier auf geheimnisvolle Spuren der Vergangenheit. Die Felsen trugen Abdrücke von Meereswellen, und in Felsnasen fanden wir versteinerte Mollusken eingebettet. Einige nahmen wir als Andenken mit.

Die Sonne war noch nicht aufgegangen, als wir am nächsten Tag aus unseren Schlafsäcken krochen. Wir wussten, dass wir frühzeitig aufbrechen mussten, wenn wir den Khingru Dhura überqueren wollten, ehe es am Nachmittag zu schneien begann.

In grauer Morgenkälte stiegen wir zu einem Felssattel auf, dann schnallten wir unsere Skier an. Ich stieß mich kräftig ab und sauste den Hang hinunter, als mein Blick auf eine Herde Bergziegen fiel, die nach der ersten Kehre unter einem Felsvorsprung auf die wärmende Sonne warteten.

Die Szenerie war überwältigend. Der tiefblaue Himmel verfärbte sich langsam chromgelb, und hinter den Bergen im Osten blitzte der erste Sonnenstrahl auf. Zwischen den Felszacken schwebten federzarte Schleierwolken. Doch faszinierender als alles andere waren die Bergziegen in ihrer sanften Anmut. Ihr umbrafarbenes Fell glänzte in der Sonne, die kurzen dunklen Schwänze zuckten hin und her, und ihre scharfen Augen blickten uns verwundert an.

Plötzlich kollerten Felsbrocken den Hang hinunter. Die Herde, angeführt von einem mächtigen Bock, wechselte vor uns zu einem Bergrücken auf der anderen Seite hinüber. Auf halbem Weg blieben die Tiere stehen und sahen zu uns zurück. Wären nicht die weißen Atemwölkchen gewesen, man hätte sie vor dem felsigen Hintergrund überhaupt nicht wahrgenommen. Als wir uns wieder in Bewegung setzten, begriffen sie wohl, dass wir ihnen nichts Böses wollten, und zogen nach ein paar langen Sprüngen ruhig weiter. Alle paar Meter machten sie Halt, um zu beobachten, wie wir zum Kio Gad, ihrer Tränke, hinunterfuhren.

Der Kio Gad war nur ein kleiner Bach, doch groß genug, um unsere

Skistiefel mit Wasser zu füllen, wenn wir nicht aufpassten. Dank unserer Routine kamen wir jedoch trockenen Fußes hinüber. Der Pfad entlang des Chidamu Gad war schmal und schneebedeckt. Dil Prakash Shreshta und Blon, die in Malari zu uns gestoßen waren, machte die Höhenkrankheit mit hämmernden Kopfschmerzen und Lungen, die schier barsten, immer mehr zu schaffen. Einer ging langsamer als der andere. Es gab immer die gleichen Probleme mit neuen Teammitgliedern, sobald wir in größere Höhen kamen. Mir wäre es lieber gewesen, wenn dieselben Leute die Expedition von Anfang bis Ende mitgemacht hätten, doch nicht jeder ließ sich dazu überreden. Viele können oder wollen den quälenden Hunger, ständiger Begleiter bei einer solchen Unternehmung, nicht aushalten.

Wir wechselten kaum ein Wort. Mit den schweren Rucksäcken auf dem Rücken kamen wir nur mühsam voran und mussten langsam einen Fuß vor den anderen schieben. Wir hofften, dass wir bis Milam nur noch zwei Pässe zu überqueren hätten; die restliche Strecke bis Lipu Lekh, Endpunkt der Expedition, wäre dann ein Spaziergang. Wie ich mich auf diesen Tag freute! Ich träumte schon von Schlemmereien in allen möglichen Restaurants – französischen, chinesischen, italienischen … –, die ich mir gönnen würde, wenn das alles vorbei war.

»Hast du etwas gesagt?«, fragte Rai, der direkt hinter mir ging.

»Habe ich etwas gesagt?«, fragte ich zurück.

»Ja, aber ich habe dich nicht richtig verstanden.«

Ich leckte mit der Zunge über die aufgesprungenen Lippen, schluckte trocken und meinte, er solle es vergessen. »Schätze, ich werde alt.«

Die Schokolade und die Erdnüsse, die wir während unserer kurzen Rast verzehrten, schmeckten schon etwas ranzig, aber es gab nichts anderes zu essen. Wir zwangen sie mit halb gefrorenem Saft aus unserer Feldflasche hinunter. »Das bisschen Körperwärme, das wir haben, brauchen wir zum Wärmen der Flüssigkeit, die wir trinken«, bemerkte Rai.

In der Ferne sahen wir drei winzige Punkte, die sich auf uns zubewegten: Blon und Shreshta, angetrieben von Kumar. Während wir bei einer Verzweigung des Chyadang Nullah auf sie warteten, ballten sich am Himmel die Wolken, der Wind wurde stärker, und es begann zu schneien. Wir

pressten uns an eine alte Steinmauer, die vermutlich noch aus der Zeit von Deb und Bir Singh Rawat stammte, doch sie bot keinen Schutz vor dem schneidenden Wind. Wir hatten nicht weniger unter den Launen des Wetters zu leiden als diese beiden vor über 180 Jahren.
Vor uns lag ein Steilhang. Der Pass würde Blon und Shreshta, die uns noch nicht eingeholt hatten, ziemliche Schwierigkeiten machen. Sie waren erschöpft und brauchten unbedingt eine Erholungspause, deshalb entschied ich, an Ort und Stelle zu biwakieren. Routiniert schlugen wir unser Lager auf. Zuerst wurden die Zelte entrollt: Ich legte das Überdach bereit, und Kumar stellte inzwischen das Innenzelt auf. Dann warf ich das Überdach darüber, sicherte die Ecken, und innerhalb von Minuten hatten wir eine Behausung. Kumar ging als Erster ins Zelt und richtete innen alles ein. Ich packte derweil unsere Rucksäcke aus und warf den Inhalt hinein. Die Rucksäcke wurden seitlich unter der Zeltklappe verstaut, und sobald das getan war, rannte ich zum Küchenzelt, um mich aufzuwärmen.
Unser Primus-Kocher, auf einem flachen Stein postiert, den Rai gefunden hatte, brannte bereits, als ich ins Küchenzelt kam. »In 20 Minuten gibt es Tee«, sagte Rai mit seinem gewohnten breiten Grinsen. Also hatte er Wasser aus dem nahe gelegenen Bach geholt und musste heute keinen Schnee schmelzen.
»Können wir heute Brennstoff sparen?«, fragte ich.
»Ja.«
»Und wie sieht es mit dem Essen aus? Kannst du die doppelte Menge Suppe machen?«
In diesem Augenblick kam Blon fluchend herein und warf seinen Rucksack auf den Boden. Rai sah mich an und nickte, was offenbar bedeuten sollte, dass bei Flüssigkeitsverlust wirklich nur eine Riesenportion Suppe helfe.
Kumar bereitete sich in unserem Zelt seine vegetarischen Instant-Nudeln zu, Blon und Shreshta hatten sich schlafen gelegt. Alle anderen saßen den ganzen Nachmittag über dicht zusammengedrängt im Küchenzelt. Während wir uns beeilten, das Dörrfleisch, das wir in Lapthal besorgt hatten, in eine genießbare Beilage zu verwandeln, erreichte der Essensgeruch wohl Blons Nase, denn er tauchte plötzlich schnuppernd im Küchenzelt

auf. Wir zogen ihn den Rest des Tages ständig damit auf, aber das störte ihn nicht weiter, solange er eine Extraportion Fleisch bekam.
»Nasser Schnee, schrecklich«, rief Rai, als er zum Abendessen Wasser vom Bach holte. Wir hatten inzwischen Mai, und in Zentralindien war es bereits so heiß, dass man in der Sonne Kuchen backen konnte. Selbst im April hatten wir bei Armeeübungen fast immer im Freien gefrühstückt und uns auf der Motorhaube eines Panzers Spiegeleier gebraten.
Es schneite den ganzen Abend und die Nacht hindurch. Kumar und ich fegten abwechselnd den Schnee von den Zelten, doch kurz nach Mitternacht legten auch wir uns schlafen. Der Schnee war nass und schwer; das Zeltdach sackte durch, die Stangen hielten dem Gewicht eine Weile stand, dann kippten sie um, und schließlich lag das Zelt samt Insassen unter dem Schnee begraben. Nur die Zeltstangen ragten noch ein Stück heraus.
Wir froren, als wir aufwachten, und das Team befreite uns, wenige Minuten bevor wir vermutlich erstickt wären, aus unserer misslichen Lage. Wir wurden ins Küchenzelt geschleppt und in jeweils zwei Schlafsäcke gepackt, und die anderen kämpften mit unserem steif gefrorenen Zelt. »Das hat man davon, wenn man in der Nähe von einem Bach biwakiert«, rief Rai aus. »Erst ist es in der Nacht eisig kalt, und dann brechen einem am nächsten Morgen die Finger ab, bis man die Zelte zusammengepackt hat.«
Wir folgten dem zugefrorenen Chidamu Gad, bis wir unweit der tibetischen Grenze auf ein Seitental stießen. Um elf Uhr morgens hatten wir den Fuß des Passes erreicht, der nun deutlich zu erkennen war. Er stand wie eine Verbindungsmauer zwischen zwei Bergrücken, und wir konnten sehen, wie der Wind darüber hinwegfegte. Man hatte mir gesagt, der Khingru und Unta Dhura seien die windigsten Pässe in der Gegend, doch meiner Erfahrung nach weht auf allen Pässen in der Nähe der tibetischen Hochebene ein ziemlich starker Wind.
Zum Khingru und Unta Dhura würden wir von der tibetischen Seite aus aufsteigen. Die Hauptkette des Himalaya lag fast 30 Kilometer Luftlinie weiter südlich. Wir hatten bei dieser Expedition eine entsprechend den winterlichen Gegebenheiten höchstmögliche Route ausgearbeitet und waren ihr dann auch gefolgt.

Auf halbem Weg zum Pass machten wir Halt, um auf Blon und Shreshta zu warten, die noch immer sehr langsam gingen. Blon machte drei Schritte und blieb dann lange stehen, um sechs Mal tief Atem zu holen. Ich selber behielt lieber ein konstantes Tempo bei und konzentrierte mich mit gesenktem Kopf darauf, wie sich die Skispitzen eine vor die andere schoben. Wenn ich müde wurde, hielt ich an, um Luft zu holen; genügte das nicht, atmete ich noch einige Male tief durch und gönnte mir einen Blick auf die Landschaft, ehe ich wieder weiterfuhr. Als ich einige Zeit später wieder einmal stehen blieb, bemerkte ich, dass das Wetter umschlug – Wolken ballten sich zusammen. Der Gedanke, den Pass mitten in einem Schneesturm zu überqueren, gefiel mir gar nicht, doch wir konnten nichts anderes tun, als abzuwarten und ruhig zu bleiben.

Die Leute sagen: Wenn über dem Khingru oder Unta Dhura Wolken aufziehen, kommt bald Schnee. Wir kämpften uns noch immer zum 5244 Meter hoch gelegenen Khingru Dhura hinauf, zu unserer Rechten eine riesige Schneewechte, die anzeigte, dass der Wind hauptsächlich von der anderen Seite kam. Wir beschlossen, uns links zu halten und lieber eine steile Anhöhe in Kauf zu nehmen, um die Wechte zu umgehen. Wir hätten dadurch eine Lawine auslösen können, doch diese Gefahr bestand im Grunde überall: Jede der in Frage kommenden Routen erschien instabil, und es mussten einfach alle Umstände stimmen, damit nichts passierte.

Wir versuchten immer, alle Faktoren sorgfältig abzuwägen, ehe wir uns in eine »Gefahrenzone« begaben: Wir sahen uns das Gelände genau an, berücksichtigten die Schneefälle der letzten 36 bis 48 Stunden, die Temperatur und das Gefälle, und überlegten uns eventuelle Alternativrouten in dem Gebiet. Doch selbst diese umfassende Vorarbeit garantierte noch lange nicht, dass nichts passieren würde. Wir machten das alles wohl in erster Linie zu unserer eigenen Beruhigung.

Bei Hängen, die uns zweifelhaft oder unsicher erschienen, schalteten wir unsere Lawinenpiepser ein, doch was hätten sie uns genützt, wenn es weit und breit niemanden gab, der uns zu Hilfe hätte kommen können? Das ist wie bei dem Patienten, der sich für Notfälle die private Telefonnummer seines Arztes aufschreibt und dann tausend Mal vergebens dort an-

ruft, während der Arzt auf irgendeinem Golfplatz entspannt den Schläger schwingt.
Die Wolken zogen von Osten her auf und ballten sich auf der rechten Seite des Passes, als wollten sie uns zum Kampf herausfordern. Rai, Pritam und ich überlegten, wie wir die Strecke zum Pass bewältigen könnten. Falls das Wetter wirklich umschlug, konnte sich die Sichtweite schnell auf einen Meter reduzieren.
Wir befanden uns auf 5000 Metern und hatten noch 275 Höhenmeter zu überwinden. Jeder Schritt bedeutete einen Gewinn von etwa 30 Zentimetern, was wiederum hieß, dass Blon und Shreshta bis zum Pass ungefähr 900 Schritte machen müssten. Selbst bei sechs Schritten in der Minute würden sie für diese Strecke zweieinhalb Stunden benötigen. Und das war noch äußerst optimistisch geschätzt.
Diesmal setzte sich Rai an die Spitze, um zu spuren, eine sehr anstrengende Aufgabe. Er musste die harschige Schneedecke aufbrechen und eine Spur legen, so dass die anderen trotz des starken Gefälles einen sicheren Stand hatten. Der teilweise überwechtete Pass sah äußerst bedrohlich aus, deshalb machten wir einen weiten Bogen nach links. Das kostete zwar mehr Zeit, aber wir umgingen dadurch die Falllinie der Wechte. Gegen Mittag standen dann die Wolken wie eine Mauer am Himmel, und es begann zu schneien.
Rais Platz hatte mittlerweile Pritam eingenommen, und auch er schien nun müde zu werden. Der Hang war sehr steil, und unsere Skier rutschten immer wieder ab. Wir stemmten uns mit aller Kraft in den Schnee, balancierten oft nur auf den Kanten. Von diesem Balanceakt hing unser Leben ab. Pritam blieb stehen, das Zeichen für mich, nach vorne zu gehen.
In diesem Gelände musste man sich mühsam aneinander vorbeimanövrieren, wenn einer überholen wollte. Um den seitlichen Abstand zu vergrößern, musste man notgedrungen ein Stück auf- oder absteigen, auch wenn es lästig war. Ich stieg vier Schritte nach oben, während Pritam zwei Schritte zurückging. Als ich ihn endlich überholt hatte, war ich bereits völlig erschöpft, und der weitere – schier endlose – Aufstieg bis zur Passhöhe forderte uns das Letzte ab.
Auf dem Pass tobte inzwischen ein Schneesturm. Mein Gesicht war taub

vor Kälte. Ich hatte nicht einmal mehr die Kraft, die Felle von den Skiern abzunehmen, als ich auf die anderen wartete. Die Sichtweite lag unter einem Meter. Um mich herum war nichts als wirbelnder Schnee. »Wenn du noch länger stehen bleibst, bist du bald eine Eismumie«, rief Pritam, als er mich eingeholt hatte, aber ich sagte, er solle weitergehen, ich würde auf den Rest des Teams warten.

Als Gulab und Kamal auftauchten, konnte ich nicht mehr stehen, deshalb stieg ich mit ihnen ab, um irgendwo Schutz zu suchen. Rai und Pritam hatten nicht weit von der Passhöhe eine kleine Mulde entdeckt, in der wir uns nun Wärme suchend zusammendrängten, bis Kumar schließlich mit den Nachzüglern kam.

Ich erinnerte mich noch gut, dass ich vollkommen erschöpft gewesen war, als ich diesen Pass während der *Trans-Himalaya-Expedition* von der anderen Seite bestiegen hatte – ein sehr steiler Anstieg mit 52 Spitzkehren. Obwohl wir früh am Morgen vom Basislager in Topidunga aufgebrochen waren, hatten wir die Passhöhe erst am späten Abend erreicht.

Unsere Route verlief entlang rötlich brauner und bleifarbener Felswände, die so hoch aufragten, dass einem schwindelig wurde, wenn man nach oben sah. Das Besondere in dieser Gegend ist, dass die Nordflanke der Berge, nach Tibet hin, im Allgemeinen sanft abfallende Hänge und ein leichtes Gefälle aufweisen, wohingegen die Südflanke auf der indischen Seite extrem steil abfällt. Der Aufstieg zum Khingru und Unta Dhura auf der Nordseite ließ sich deshalb vergleichsweise bequem bewältigen. Von Süden her war der Aufstieg eine Tortur und das extreme Gefälle stellenweise kaum zu überwinden.

Ein weiteres Phänomen in diesem Teil des Himalaya sind die Schneestürme oder starken Winde auf den Pässen. Die Route zu allen Pässen nahe der Tibetischen Hochebene führt in der Regel durch eine enge Schlucht, nach der sich der Pass zu einer Ebene hin erweitert, und das bewirkt einen Kamineffekt. Daher kommt es zu Turbulenzen, wenn die Temperatur am Nachmittag zu steigen beginnt. Bei Pässen, die zwei Quertäler verbinden, tritt dieser Effekt hingegen nicht auf.

Als wir auf dem geröllbedeckten Boden saßen, schrammten meine Skier über zerbrochene Ammoniten. Überall in dieser Region – in Lapthal,

Chhidamu, Topidunga und selbst auf Pässen wie dem Khingru Dhura – finden sich Fossilien zuhauf, und viele sind unglaublich schön geformt. Kleine Wunder der Natur, die den Blick für anderes schärfen.

Es gibt eine hübsche Geschichte darüber, wie die ersten Shokpa ins Johar-Tal kamen, in dem früher nur Menschen lebten, deren Körper – selbst die Zunge – vollkommen behaart war. Damals hauste auf dem Gori-Gletscher ein riesiger Raubvogel, der jeden Tag einen dieser behaarten Menschen verschlang, bis schließlich nur noch eine Hand voll übrig war. Um die Bewohner des Tales von diesem Fluch zu befreien, schickte ein heiliger Lama, der dank seiner magischen Kräfte fliegen konnte und auf diese Weise Lapthal und andere Orte besuchte, seinen Diener mit Pfeil und Bogen zu ihnen, der das Ungetüm töten sollte; als Führer stellte er ihm einen Mann zur Seite, der fortwährend seine Gestalt veränderte. Unterwegs nahm nun dieser Führer die Gestalt eines Hundes an, deshalb wurde der Pass Kungri Bingri genannt – Kungri bedeutet Hund. Dann verwandelte er sich in einen Hirsch, daher der Name Dol-Dunga; dann in einen Bären, deshalb Topi-Dunga; dann in ein Kamel, weshalb der Pass Unta-Dhura heißt; dann in einen Tiger, daher Dung-Udiyar; und schließlich in einen Hasen, deshalb Samgaon. Auf diese Weise wurde also die erste Route von Indien nach Tibet »entdeckt«, denn bis dahin hatten die Bewohner beider Länder keinen Kontakt miteinander gehabt.

Ein Hinweis auf eine möglicherweise logischere Erklärung könnte sein, dass die Bhotia im Osten ihren Kindern seltsame Namen geben wie Mushiya (Maus), Kukuria (kleiner Hund), Hansu (Schwan), Maina (Vogel), Bandar oder Bandaru (Affe) und Bila (Katze).

Unsere Route sollte weiter den Girthi Ganga entlang und durch eine Schlucht führen, die jedoch aussah, als wäre sie bis oben hin mit Geröll angefüllt. Wir versuchten, aus einiger Entfernung einen gangbaren Weg auszumachen, doch es sah aus, als kämen wir nicht mehr weiter.

»Und wenn die Schlucht versperrt ist?«, fragte ich Rai.

»Dann müssen wir heute Nacht hier biwakieren«, dachte Rai laut nach, »aber das ist nicht ungefährlich, weil von den Bergen immer wieder Lawinen herunterkommen.«

»Irgendeine Möglichkeit muss es doch geben«, erwiderte ich.

»Das denke ich auch«, meinte Pritam und nickte. Und wir machten uns auf den Weg, das Gelände zu erkunden.

Wir fuhren ein Stück ab und entdeckten eine kaum zwei Meter breite Rinne, in die faustgroße Steine wie Kanonenkugeln heruntergeschossen kamen. Der Wasserfall oberhalb war gefroren. Der einzig gangbare Weg führte durch die Rinne, doch herabstürzende Felsbrocken hätten uns erschlagen und Eiszapfen sich wie Pfeilspitzen in unsere Köpfe bohren können. Als ich ungefähr in der Mitte stand, ließ mich irgendetwas stehen bleiben und den Blick nach oben richten. Auch Pritam, der hinter mir ging, blieb stehen, und ich überlegte gerade, ob ich ein Foto machen sollte, als meine Hände auf einmal heftig zu zittern begannen.

»Lauf … schnell … lauf«, hörte ich Rai rufen, und ich konnte gerade noch einen Satz nach vorne machen, als schon eine Lawine aus Geröll und Schnee auf die Stelle herabstürzte, an der ich eben noch gestanden hatte. Weiter vorne öffnete sich die Schlucht, und wir erreichten Topidunga oder »Bärenhöhle«.

Seit zwei Tagen war alles nass. Die Zelte tropften, und die Schlafsäcke wurden immer schwerer, weil sie sich nachts mit Feuchtigkeit vollsogen. Ich beschloss, nach dem Grenzpostenhäuschen zu suchen, das, wie ich wusste, ganz in der Nähe sein musste. Bei der *Trans-Himalaya-Expedition* waren wir nach einem langen Marschtag so erschöpft gewesen, dass wir einfach keine Kraft mehr hatten, lange herumzusuchen. Außerdem hatte es geschneit, und wir ließen uns einfach auf dem erstbesten flachen Stück, das wir entdeckten, zu Boden fallen.

Was nicht heißen soll, dass wir dieses Mal noch viel Kraft hatten. Im Gegensatz zu damals waren wir jetzt allerdings auf Skiern unterwegs, und ich war entschlossen, dieses Häuschen zu finden. Wir erkundeten zuerst den Girthi Nullah, doch unsere Suche blieb erfolglos; weit und breit war im weißen Schnee nichts Auffälliges zu sehen. »Biwakieren wir doch da, wo wir sind«, schlug Kumar vor. Der Platz war nicht schlecht, und der Wind hatte nachgelassen, doch irgendetwas trieb mich weiter. Bald wurde das Schneegestöber wieder dichter und die Sicht entsprechend schlecht, was unsere Suche zusätzlich erschwerte. Schließlich stiegen wir auf einen Bergrücken, und als die Wolken kurz aufrissen, konnten wir in der Ferne

das Postenhaus sehen. Bei der schlechten Sicht schien es uns noch weiter entfernt, als es tatsächlich war.
Ich muss gestehen, dass wir ein Fenster einschlugen, um hineinzukommen, was mir eigentlich zutiefst widerstrebte. Doch wir hätten unter den gegebenen Umständen einfach nicht im Freien schlafen können, wenn gleich in der Nähe ein leeres Haus stand. Wir zwängten uns also wie Einbrecher der Reihe nach durch das Fenster, nur um den Luxus eines Daches über dem Kopf genießen zu können. Für mich war es eine der angenehmsten Nächte auf dieser Tour – was nicht viel heißen will.
Am nächsten Tag gingen wir den Weg, den wir gekommen waren, zurück bis zu dem Tal, das Richtung Osten führte. Rund um den Platz, an dem wir hatten biwakieren wollen, entdeckten wir Spuren eines Bären. Sie schienen ziemlich frisch, und da es erst nach Mitternacht aufgehört hatte zu schneien, konnten sie nur von seinem Morgenspaziergang stammen. Mich beschlich ein äußerst ungutes Gefühl, als mir bewusst wurde, dass wir dieselbe Richtung einschlagen mussten wie der Bär. Keiner wollte einen Schritt weiter tun, Initiative meinerseits war gefordert, also ging ich mutig voran, überzeugt, dass, wenn etwas passieren musste, es heute und vor allem mir passieren würde. Die Spuren waren so frisch, dass ich schon meinte, den Geruch des Bären in der Nase zu haben, doch wenn ich das Tempo drosselte, würden wir es kaum schaffen, den Pass an diesem Tag zu überqueren.
Am Morgen war das Wetter gut, und die Sonne schien. Sorge machte mir der Nachmittag, wenn dicke Schneewolken aufzogen. Im Grunde lief es immer nach demselben Schema ab; wir mussten mit den Wetterkapriolen eben so gut es ging zurechtkommen.
Auch der Unta Dhura war auf unserer Seite stark überwechtet. Wir stiegen über die linke Flanke auf und ruhten uns auf einer Felsnase aus, während Blon und Shreshta sich noch mühsam vorankämpften. Blon rief alle paar Schritte gequält: »Hat bitte jemand ein Stück Schokolade für mich? Morgen bekommt er von mir zwei dafür.« Doch Kumar wollte seine Schokolade erst herausrücken, wenn Blon an unserem Rastplatz angelangt war, der ebenso hoch lag wie der Pass selbst. Alle waren Kumar dankbar dafür, dass er sich so geduldig um Blon kümmerte.

Shreshta achtete klugerweise immer darauf, dass er vor Blon ging, damit er Kumar nicht ständig im Nacken hatte. Beide marschierten im gleichen Tempo, und das bedeutete, dass Blon ihn nie überholen konnte und er andererseits nie zurückliegen würde.

Ich begutachtete den Hang von der Felsnase aus und kam zu dem Schluss, dass es riskant wäre, ihn später am Nachmittag zu queren. Er war ziemlich steil, und die Neuschneedecke schien sehr instabil, zumal der körnige Schnee darunter wie ein Kugellager wirken würde. Rai nahm an verschiedenen Stellen Proben, doch das Ergebnis war entmutigend.

»Wie ist der Hang?«, fragte Kumar, als er endlich angekommen war und sich neben uns auf den Boden fallen ließ.

»Problematisch … es sei denn, die Wolken ziehen weiter, und die Temperatur fällt. Dann wird er stabiler.«

Das nächste Problem war die Wechte.

»Was meinst du, können wir da durch?«

»Das ist extrem gefährlich.«

»Was machen wir dann?«

»Wir müssen Blon und Shreshta so schnell wie möglich auf den Pass hinaufbekommen, das ist die einzige Möglichkeit«, sagte ich. »Wenn die Sonne höher steigt, wird der Hang noch instabiler.«

Wir steckten in einer Zwickmühle. Der Hang war nicht sicher, die hintere Gruppe nicht schnell genug. Das Wetter verschlechterte sich, und es gab keinen geeigneten Platz für ein Biwak. Mehr als unsere Lawinenpiepser einzuschalten konnten wir für unsere Sicherheit nicht tun. Das tat ich, und dann fuhr ich los. Die anderen wurden nach kurzer Zeit müde, so dass ich mich bald an der Spitze beim Spuren wiederfand, obwohl ich als Letzter gestartet war. Als wir über 5000 Meter kamen, tauchte in der Ferne ein neuer Gebirgszug auf.

Westlich von uns, oberhalb des Passes, erhoben der Hardol mit seinen 7151 Metern und der Trishuli, 7074 Meter hoch, ihre schimmernden Häupter, und im Norden glänzte der Khingru Dhura mit seinen 52 Kehren in strahlendem Weiß.

Die Sonne brannte herunter, und die Wärme nahm uns alle Energie. Besonders schlimm war es für Blon und Shreshta, die bereits erste Anzeichen von Erschöpfung zeigten. Blon bemühte sich, ein wenig schneller zu werden, doch das strengte ihn derart an, dass er stürzte. »Bei diesem Tempo kommen wir nie zum Pass«, brummelte Kumar. Als ich zu beschleunigen versuchte, knackte die Schneedecke unter meinen Skiern hörbar, und es klang hohl. Ich erschrak fürchterlich.

Rai, Pritam und ich beschlossen, möglichst rasch zum Pass aufzusteigen und den Hang von dort aus im Auge zu behalten, damit wir den anderen notfalls sofort zu Hilfe kommen konnten. Wir waren gut in Form, und die Höhe machte uns wenig aus. Auch Kumar hatte keine Schwierigkeiten, doch er war der Schlussmann, deshalb würde das Rettungsteam nur aus uns dreien bestehen.

Der Unta Dhura sollte der letzte Pass auf unserer Expedition sein, der sechzehnte auf unserem Weg nach Lipu Lekh. Vor 77 Tagen waren wir aufgebrochen. Manche Pässe waren besonders schwierig gewesen, manche gefährlicher als andere, doch jeder Pass hatte seinen eigenen Charakter, seine eigene Gestalt, seine eigene Art, Besucher zu empfangen oder abzuweisen. Die Bedingungen konnten sich von einem Augenblick zum nächsten ändern, zum Guten oder zum Schlechten, so dass man immer das Gefühl hatte, irgendwo in der Nähe lauere Gefahr.

»Wenn wir den Unta Dhura geschafft haben, geht es geradeaus nach Milam«, sagte Rai und sah dabei schon ein wenig fröhlicher aus.

»Und wenn wir dann dem Pilgerpfad den Kali entlang folgen, kommen wir zum Lipu-Lekh-Pass«, warf Pritam ein. »Dann ist es vorbei mit dem Skifahren, und es wird nur noch gegessen und geschlafen.« Pritam drehte sich nach mir um, um zu sehen, ob ich dem auch zustimmte.

Wir befanden uns auf 5300 Metern, und es gab nur eine einzige Möglichkeit weiterzukommen, nämlich links von uns aufzusteigen und die Wechte zu umgehen. Während ich den Steilhang begutachtete, zogen hinter uns Wolken auf, als wollten sie uns in dem neuen Tal begrüßen, und in ihrem Gefolge kam der Wind, der sich zum Glück jedoch bald legte. Eine dicke Eisschicht bedeckte den Hang, und darauf lagen 15 Zentimeter lockerer Neuschnee. Ich wusste, es war riskant, doch uns blieb nichts anderes übrig.

Oben auf der Passhöhe warteten wir auf den Rest des Teams und drückten die Daumen, dass alles gut ging. Mittlerweile war es zwei Uhr nachmittags, und die Sonne schien bereits zu stark. Die Nachzügler waren so langsam wie immer, und ich war so angespannt, wie man in dieser Situation nur sein konnte. Leider gab es auf dieser Höhe nicht genug Luft, um laut zu schreien; ich konnte also nur dastehen und mir vor Ungeduld die Haare raufen.

Eine Stunde später kamen endlich die Letzten. Ich atmete erleichtert auf und schickte sie sofort weiter zu einem sicheren Platz auf der anderen Seite des Passes, wo die anderen warteten. Dann warf ich einen letzten Blick auf die lange Strecke, die hinter uns lag – fast 1700 Kilometer, seit wir am Karakorum-Pass aufgebrochen waren, und zweieinhalb Monate Schwerarbeit. Als ich meine Skier hangabwärts ausrichtete, kam es mir vor, als würden die Berge Beifall klatschen. Da hörte ich plötzlich ein Donnergrollen, und eine pilzförmige Wolke aus Schneestaub stieg in die Luft. Der Hang, den wir eben gequert hatten, rutschte in die Tiefe, die befürchtete Lawine hatte sich gelöst. Es schien, als hätte sie noch gewartet, bis wir außer Gefahr waren.

Lautlos fuhr ich den Hang hinunter. Unvermittelt weitete sich das enge Tal, und in der Mitte lag ein wundervoller See, einer der schönsten Gletscherseen, die ich je gesehen habe – ein Bild der Ruhe und des Friedens. Bis auf meinen Herzschlag und Eisbrocken, die gelegentlich vom Gletscher brachen und in den See stürzten, herrschte vollkommene Stille.

Der Himmel bezog sich mit Wolken, und leichter Schneefall setzte ein. Als es zu schneien aufhörte, setzte ich mich vor das Zelt, um die Sterne und die herrlichen verschneiten Gipfel zu betrachten, die im Mondlicht glänzten. Über dem See stieg Nebel auf. Es war die schönste Nacht, die ich je erlebt habe. Und ich war zutiefst dankbar dafür, dass wir die gefährlichsten Etappen nun hinter uns hatten und bis Lipu Lekh mit keinen größeren Schwierigkeiten mehr zu rechnen war.

Als wir aufwachten, fühlten wir uns inmitten der hoch aufragenden Berge wie in einem Amphitheater. Zwei von ihnen beeindruckten mich besonders – einer im Nordwesten, der andere unweit unseres Lagerplatzes. Erst schimmerten sie rostfarben, wein-, karminrot und umbrabraun, doch in der aufgehenden Sonne begannen sie wie Gold zu glänzen, bis

sie schließlich selbst Farben zu sprühen schienen. Es war wie im Paradies. Treffenderweise trägt dieser See den Namen Pari Tal, »See der Engel«.
Der Hang vor uns eignete sich hervorragend für eine Abfahrt. Von rechts reichte ein Gletscher in unsere Route herein, doch ein anderer, der Bamras-Gletscher, erstreckte sich nicht bis Lassar Gad, wie auf der Karte verzeichnet. Eigentlich müssten von fast allen Regionen des Himalaya neue Karten angefertigt werden. Die meisten Gletscher, insbesondere in den höheren Regionen, sind nicht mehr so groß wie früher. Vergleiche vor Ort mit gängigen Karten zeigen, dass sie sich in den letzten Jahren stark zurückgezogen und Moränenfeldern Platz gemacht haben.
Es war eine herrliche Abfahrt bis nach Lassar Gad, wo wir auf die Nachzügler warteten. Plötzlich sahen wir, wie jemand einen Purzelbaum schlug, wegen des schweren Rucksacks mit besonders viel Schwung. Er kullerte wie ein riesiger Schneeball den Hang hinunter, prallte gegen einen Felsen und blieb liegen.
»Hoffentlich sitzt sein Kopf noch fest!«, rief Pritam. Rai gab mir einen Schubs, als er sah, wie der Rucksack des unglücklichen Skifahrers ins Tal hinunterhüpfte und einer seiner Skier durch die Luft segelte.
Wir stiegen so schnell wie möglich den Hang hinauf, um zu helfen, und riefen immer wieder, während wir selbst nach Atem rangen, ob alles in Ordnung sei, doch es kam keine Antwort. Wir warteten darauf, dass sich ein Skistock in die Höhe reckte, das übliche Zeichen für »alles o.k.«, aber es tat sich nichts.
»Wir kommen!«, schrie Pritam, und wir stürmten los wie eine Infanteriebrigade. Als wir bei dem Verunglückten eintrafen – es war Gulab, wie sich herausstellte –, wollten wir ihm auf die Beine helfen, aber er rief: »Lasst mich, ich bin nur zu erschöpft, um selbst aufzustehen. Schaut nach meinen Skistöcken!« Gulab konnte alleine aufstehen, doch er humpelte. Sein Rucksack hatte das Weite gesucht; von seinem Inhalt würde sich wahrscheinlich kaum noch etwas finden lassen.
»Du humpelst ja! Hast du Schmerzen?«, fragte ich.
»Eigentlich nicht. Ich fühle mich nur ein bisschen komisch.«
»Wie willst du nach Milam kommen?«

»Solange ich nicht zu Fuß gehen muss, klappt das schon. Ich stelle mich einfach auf die Skier«, erwiderte Gulab grinsend.
»So wie gerade eben«, bemerkte Pritam und lachte.
Wir zogen die Schlucht des Gonkha Gad entlang, vorbei an den alten Lagerplätzen Suntpani und Samgaon, wo von Osten her ein weiterer Fluss kommt. Meinen Informationen nach hatte noch niemand das Tal jenseits erforscht. An dem Tal war überhaupt nichts Besonderes, doch ich saß eine ganze Weile nachdenklich da.
»Was überlegst du?«, wollte Kumar wissen.
»Wohin führt dieses Tal?«
»Nirgendwohin; wahrscheinlich ist der Talausgang blockiert.«
»Woher weißt du das?«
»Ich habe es auf der Karte gesehen.«
»Und wenn wir's riskieren …?«
»Riskieren! Was machen wir denn die ganze Zeit?« Kumar schien nicht gerade erpicht auf unbekannte Täler und fuhr weiter.
An jenem Tag erreichten wir eine Ansammlung verfallener Gebäude. Von den einstmals schmucken Häusern standen nur noch Ruinen am Rand des Johar-Tals, eine traurige Erinnerung an den Mut und die ruhmreichen Taten einiger ihrer Bewohner. Es war Milam, das Dorf von Deb und Bir Singh Rawat und ihren Söhnen, die wir als Kishen und Nain Singh Rawat kennen – die größten Forscher ihrer Zeit.
Hier in diesem Teil des Himalaya ließ sich nach dem großen Exodus der Hindus aus Rajputana, ausgelöst durch das Vordringen von Mohammed Gori im 12. Jahrhundert, ein Stamm der Rawats nieder.
Man erzählt sich, dass etwa im Jahr 1680 ein führendes Mitglied dieses Stammes mit Namen Hiru Dham Singh eine große Pilgerreise zum heiligen Berg Kailash und zum Manasarowar-See unternahm. In Tibet schloss er sich den dortigen Kriegern an, um gemeinsam mit ihnen chinesische Marodeure aus dem Land zu vertreiben. Zum Dank verlieh ihm die Regierung in Lhasa ein Handelsrecht, praktisch das Monopol für den Handel im Grenzgebiet von Indien und Gartok in Westtibet.
Auf dem Rückweg von seiner Pilgerreise gelangte Hiru Dham Singh in ein Tal östlich der Nanda Devi, in dem er sich später niederließ. Es war

das Johar-Tal, das ihm und seinem Stamm zur Heimat wurde. Von hier aus betrieben die Rawats und ihre Nachkommen nahezu 300 Jahre erfolgreich ihre Handelsgeschäfte, bis die Chinesen schließlich zu Beginn der 1950er Jahre die Grenzen schlossen.
Die Rawats vermischten sich mit den bereits in dieser Gegend ansässigen Bhotia oder Shokpa, ohne jedoch ihre beherrschende Position in Handel und Gesellschaft einzubüßen; sie behielten sie auch in der Zeit, als die Gurkhas Garhwal und Kumaon überrannten, und sogar noch nach 1816 unter den Briten.
Als erster Europäer kam Dr. William Moorcroft mit ihnen in Kontakt, als er im Juni 1812 in Niti den kleinen Sohn von Deb Singh Rawat operierte. Damit erwarb sich Moorcroft die Gunst und das Vertrauen dieser Familie und legte den Grundstein für eine bemerkenswerte Verbindung zwischen den Rawats und den Briten.
Einer der ersten Briten, die in das Tal kamen, dürfte der erste Gouverneur von Kumaon, G.W. Traill, gewesen sein, der im Jahr 1830 die heute noch als Traill-Pass bekannte Südostschulter der Nanda-Devi-Gruppe überschritt. Auch ein Verbot der Regierung, in Gebiete jenseits der indischen Nordgrenze zu reisen, konnte die Fremden nicht abhalten. Die heiligen Seen im Norden hatten ihr Interesse geweckt, und britische Offiziere machten sich in die Region auf, um neue Routen zu erkunden.
Im Jahr 1846 kam Henry Strachey, Leutnant des 66. Bengalischen Infanterieregiments, das an der Küste von Chittagong stationiert war, ins Johar-Tal – angeblich zu einem Genesungsurlaub, in Wahrheit jedoch mit der Absicht, die heiligen Seen zu besuchen. Unbeeindruckt vom Verbot der Regierung reiste er nach Milam, wo er Deb Singh Rawat kennen lernte. Strachey versuchte gar nicht erst, über den Unta Dhura nach Tibet zu gelangen, sondern folgte Deb Singhs Rat und wählte einen weniger stark bewachten Pass weiter östlich, den Lampiya Dhura.
Zwei Jahre später, 1848, machte sich sein jüngerer Bruder Richard Strachey auf die Reise nach Kumaon, auch er offiziell auf Genesungsurlaub. Er besuchte ebenfalls den Manasarowar-See und nahm sich als Führer Mani Singh, Deb Singh Rawats Sohn.
Im Jahr 1855 zogen Adolf und Robert Schlagintweit, Geografen aus Bay-

ern, auf Wunsch Alexander von Humboldts ins Johar-Tal hinauf, wo sie Deb Singh Rawats Bekanntschaft machten. Er besaß noch immer einen Dankesbrief von William Moorcroft, der mit den Worten schloss: »Geschrieben am Nordfuß der Himachal-Berge nahe Daba in Chinesisch-Tatarien, 25. August 1812«. Seinem Rat folgend nahmen sie für ihre Expedition drei Mitglieder seiner Familie in ihre Dienste: Mani Singh Rawat und zwei jüngere Cousins, Dolpa und den 25-jährigen Nain Singh, die als »zuvorkommend und intelligent« beschrieben werden.

1861 wurde Edmund Smyth auf den neu geschaffenen Posten eines Inspektors für das Öffentliche Bildungswesen in Kumaon berufen und erhielt den Auftrag, in dieser Region Lehranstalten mit Unterricht in der Landessprache einzurichten. Zum Direktor der ersten Schule ernannte er Nain Singh Rawat, den intelligentesten der drei Brüder.

Mitte des 19. Jahrhunderts trat mit aller Deutlichkeit zu Tage, wie wenig fundierte geografische Informationen es über die Gebiete jenseits der indischen Grenze gab. Dies galt insbesondere für die weiten, unerforschten Regionen Tibets. Dann kam im Jahr 1862 ein junger Technischer Offizier der britischen Armee, der dem Landvermessungprojekt zugeteilt war, auf die Idee, einige handverlesene Einheimische, die besonders geeignet schienen, als Späher auszubilden.

Im Sommer 1863 gelang es dem ersten Kundschafter, über den Karakorum-Pass bis nach Yarkand vorzudringen, worauf man beschloss, sich dieser genialen Strategie auch in Tibet zu bedienen. Für diese Aufgabe wurden zwei Tibetisch sprechende Männer aus den Bergen ausgewählt: Mani Singh, der Sohn von Deb Singh Rawat, und sein 33-jähriger Cousin Nain Singh. Beide kannten sich hervorragend im Bergland aus. Man bildete sie zu Landvermessern und Spähern aus, und dann machten sich die beiden *pandits* (Hindi für »Gelehrte«) im Januar 1865 auf den Weg nach Tibet. Nach einigen Versuchen, die Grenze zu überschreiten, gelangte Nain Singh schließlich über Nepal nach Tibet.

Im April 1866 brach Nain Singh erneut zu der 800-Kilometer-Reise auf dem alten Jong-lam auf, dem großen Handelsweg, der von Osten nach Westen quer durch Tibet führt. Seine Aufgabe hieß, genaue geografische Daten zu sammeln, doch da seine Mission streng geheim bleiben sollte, ging er auf recht ungewöhnliche Weise vor. Er verkleidete sich als Pilger, um als einsamer Wanderer keinen Verdacht zu erregen, und ermittelte die Entfernungen, indem er immer gleich große Schritte machte – genau 2000 per Meile (1,6 Kilometer) –, die er anhand seines buddhistischen Rosenkranzes mit 100 Perlen (statt der üblichen 108) addierte. In seiner Gebetsmühle war ein Kompass versteckt, und sein Reisekoffer hatte einen doppelten Boden, unter dem ein Sextant verborgen war. Er hatte gelernt, die Position der Gestirne zu bestimmen, die Höhe zu ermitteln, indem er die Abweichungen beim Siedepunkt des Wassers bestimmte, und den Kompasskurs festzustellen. Über alles führte er gewissenhaft Buch.

Nain Singh war der erste Fremde, der im Auftrag der britischen Kolonialmacht Lhasa betrat, und er konnte als Erster die exakte Lage der Stadt bestimmen. Als er über den Manasarowar-See nach Indien zurückkehrte, hatte er 2000 Kilometer zurückgelegt, berechnet mit Hilfe von 2,5 Millionen Schritten.

Ein halbes Jahr nach seiner Rückkehr wurde Nain Singh erneut mit einer geheimen Mission betraut. Dieses Mal reiste er mit Mani Singh und einem Begleiter zu den legendären Goldfeldern von Thok Jalung in Tibet. Dabei überquerten sie im Juni 1867 auch den 5660 Meter hohen Mana-Pass.

Nain Singhs Cousin Kishen Singh – Deckname A.K. – betätigte sich fast ausschließlich in Ostturkestan und Tibet. Seine erste Reise unternahm er im Jahr 1871, seine letzte dauerte von 1878 bis 1882, als er von Darjeeling bis nach Lhasa ging und die Kernregionen des westlichen China durchquerte, eine Strecke von 4750 Kilometern.

Kishen Singh und Nain Singh wurden zu Recht als die größten Forscher ihrer Zeit angesehen, nicht nur wegen der unglaublichen Strecken, die sie zurücklegten, und der damit verbundenen Strapazen, sondern vor allem wegen der unschätzbaren Informationen, die sie durch ihre Reisen für das Landvermessungsprojekt der Briten liefern konnten. Unter anderem erbrachten sie den Beweis, dass es sich beim Yarlung Tsangpo und Brahmaputra um ein und denselben Fluss handelt, und bestimmten die genaue Lage der Wasserscheide – einer großen Bergkette nördlich von Lhasa – zwischen den Flüssen Mittel- und Südasiens.

In Milam empfingen uns verlassene Häuser. Die Mauern der alten Dorfschule stehen noch, das Dach aber ist schon längst eingestürzt.
»Früher einmal war dieses Dorf voller Leben«, erzählte uns Dewan Singh, der Hauswart des Gästehauses der Regierung, »und es gab ungefähr 600 Familien hier. Ein frisch vermähltes Paar konnte leicht den Weg nach Hause vergessen.« Heute ist er der Einzige, der ständig hier lebt.
Seine Schilderung bestätigte sich, als wir durch die gepflasterten Gassen gingen. Die Steinhäuser wirkten solide und hatten vorne kleine Küchengärten. Inzwischen nutzt man sie für den kommerziellen Anbau von Kräutern, die dank des günstigen Klimas und guten Bodens in der Region gut gedeihen.
Als ich am Morgen aufwachte, war herrliches Wetter, und ich spürte neuen Tatendurst. »Wir gehen nach Norden«, sagte ich zu Kumar, der mich verblüfft ansah. Alle dachten, dass wir nun durch das Milam-Tal weiter bis nach Lipu Lekh, dem Endpunkt unserer Expedition, gehen würden, deshalb musste ihnen die Idee, uns wieder nach Norden zu wenden, nachgerade absurd vorkommen.
»Hast du ›Norden‹ gesagt? Wohin willst du?«, fragte Kumar, während die anderen neugierig näher kamen.
»Nach Lipu Lekh natürlich«, erwiderte ich lächelnd, »aber durch das Tal nördlich von Samgaon.«
»Klingt interessant, aber wir haben keine Kletterausrüstung dabei für den Fall, dass wir nicht mehr weiterkommen«, bemerkte Rai bedauernd.
Die ursprüngliche Route nach Lipu Lekh sei vergleichsweise einfach, erklärte ich: immer den Fluss Milam entlang, und dort, wo er mit dem Kali zusammenfließt, nach Norden, aber dann müssten wir auf Schnee verzichten. Auf der Route, die mir vorschwebte, gab es noch einige Pässe zu überqueren, ehe sie kurz vor dem Lipu-Lekh-Pass wieder auf die Hauptroute traf. Außerdem führte sie durch unerforschtes Gebiet und hatte sicher reichlich Schnee.
Im Nordosten von Milam liegt, östlich der Nanda-Devi-Gruppe, das bis zu 6866 Meter hohe Panchulli-Massiv. Jenseits seiner fünf Gipfel erheben sich die schneebedeckten Gebirgszüge des Kumaon Himal. Das war die Route, die mich reizte.

Die Strachey-Brüder und die Schlagintweits waren der herkömmlichen Route entlang des Kali gefolgt, um die Pässe zu erreichen, über die sie ins Dharma-Tal gelangten. Die Rawats waren immer über den Unta Dhura gegangen, um ihre Waren in Tibet zu verkaufen, und Nain Singh hatte für seine geheime Mission in Tibet einen Weg durch Nepal gewählt. Wir waren sicher, dass sich noch niemand in das Gebiet gewagt hatte, in das wir nun vordringen wollten. Die einzigen verfügbaren Karten dieser Region basierten auf Luftaufnahmen. Ein weiterer Hinweis, dass noch niemand diesen Weg genommen hatte, würde das Fehlen von Steinhügeln auf den Passhöhen sein. Üblicherweise markieren nämlich Kaufleute und Reisende im Himalaya die Pässe mit solchen Steinhügeln. Tibeter und Bhotia schmücken sie außerdem mit Gebetsfahnen. Gibt es keinen solchen Steinhügel, ist die Schlussfolgerung nahe liegend, dass mit hoher Wahrscheinlichkeit bisher noch niemand den betreffenden Pass überschritten hat.

Wir waren inzwischen ein hervorragend eingespieltes Team, in dem jeder die Schwächen des anderen respektierte und seine Stärken zu schätzen wusste. Ich konnte mich auf meine Teamgefährten verlassen, sie wiederum zweifelten nicht an meinen Fähigkeiten und, was noch wichtiger ist, sie vertrauten mir. Es ging uns nicht um persönlichen Ruhm; uns interessierte die Sache an sich. Wir wollten noch einen Schritt weitergehen, uns unabhängig von dem Ziel, unsere Mission zu erfüllen, noch einmal beweisen. Man sagte uns, was wir vorhätten, sei nicht durchführbar; umso größer war der Ansporn, es doch zu versuchen. Auf uns wartete ein vollkommen unerforschtes Gebiet, eine unwiderstehliche Herausforderung. »Meine Hartnäckigkeit ist kaum weniger groß als mein Enthusiasmus«, schrieb Moorcroft über sich selbst, und genau dies war auch unsere Empfindung an jenem Tag.

Kumar stellte das Team neu zusammen: für Gulab kam Om Prakash, und Shreshtas Platz nahm Angchuk ein, der bereits in Ladakh dabei gewesen war.

Die Route hatte sicher ihre Tücken, musste aber zu bewältigen sein. Ich hatte mich im Zuge meiner *Trans-Himalaya-Expedition* und im Vorfeld der *Ski-Himalaya-Expedition* intensiv mit den verschiedenen Routen be-

fasst. Wenn es ein Gebiet im Himalaya gab, das noch niemand erkundet hatte, dann war es die Region, in die wir jetzt vorstoßen wollten.
Ich glaube, wir waren von demselben Forschergeist erfüllt wie die großen *pandits* Nain Singh und Kishen Singh; er lebte in uns fort.

11

Kumaon – unbekannte Pässe, unbekannte Täler

> Wohl einen kalten Anweg hatten wir,
> War grad die schlimmste Zeit im Jahr
> Für eine Reise, eine so lange Reise:
> Die Wege tief, das Wetter harsch,
> Mitten im tiefsten Winter.
>
> Thomas Stearns Eliot,
> *Die Reise aus dem Morgenland*

Die aufregende Aussicht, Neuland zu entdecken, ließ uns in der Nacht kaum Schlaf finden. Am Morgen dann die übliche Routine: Zelte zusammenpacken, Proviant verteilen, reichlich Tee trinken. Ich legte die Landkarten in meinen Rucksack, überprüfte noch einmal unser GPS-Gerät und den Kompass. Unter den gegebenen Umständen waren diese Dinge unser wertvollster Besitz. Außerdem brauchten wir sehr viel Glück, denn es konnte alles Mögliche passieren. Einige im Team sprachen von einem »Rendezvous mit dem Schicksal«, andere deuteten an, wir müssten uns wohl auf ein »Scheitern« gefasst machen – ein Wort, das ich hasse. Wie würde ich damit umgehen, wenn wir wirklich scheiterten? Würde ich daraus lernen, oder würde ich mich gedemütigt fühlen? Würde mich diese Erfahrung stärker machen oder zerstören? Würde ich über mich hinauswachsen oder als Versager dastehen? Wie auch immer die Sache ausging: Ich war bereit, Risiken einzugehen, etwas Neues zu wagen, mich auf unbekannte Situationen einzulassen.

Der strahlend schöne Tag mit seiner frischen, belebenden Luft war ein erstes Zeichen, dass wir das Glück auf unserer Seite hatten. Ich platzte fast vor Tatendrang, und meine Begeisterung übertrug sich auch auf die anderen. Wir verabschiedeten uns von Dewan Singh, dem letzten Einwohner von Milam, und gingen die vier Kilometer bis zum Lagerplatz Samgaon zurück. Die Schneebrücke über den Gonkha Gad, auf der wir den Fluss hatten überqueren wollen, war eingebrochen; nur noch Eisbrocken tanzten auf dem schäumenden Wasser.

Mit Hilfe einer improvisierten Seilbrücke gelangten wir selbst und unsere Ausrüstung nacheinander von einem großen Felsklotz im Flussbett aus auf die andere Seite. Es war bereits Mittag, als wir den Fluss überquert hatten, und die Sonne brannte herunter, doch aus dem unbekannten Tal wehte uns als Willkommensgruß eine kühle Brise entgegen. Wir stiegen auf einen steil emporragenden Ausläufer, und was wir von dort oben sahen, war nicht besonders ermutigend. Das Tal hatte, soweit ich beurteilen konnte, keinen Ausgang. Die anderen sahen es vermutlich auch, enthielten sich jedoch freundlicherweise jeden Kommentars und beschränkten sich darauf, die Aussicht zu bewundern.

»Mann! Das ist ganz schön steil!«, rief Rai aus.

»Sieht aus wie mit Juwelen besetzt«, bemerkte Pritam beeindruckt.

Vor uns lag der Kwalgang-Gletscher, von einem Eisfall blockiert. Der Karte nach musste er von der rechten Seite her leicht anzugehen sein. Dann allerdings versperrte ein gewaltiger, steil abfallender Grat den Weg. Im Norden zweigte von unserer Hauptroute ein Hängetal ab, im Süden lagen gewaltige Berge aus Fels und Eis wie ein Riegel vor dem Milam-Tal.

»Wir können immer noch umkehren«, sagte Kumar, während wir dasaßen und grübelten, wie wir der Natur ein Schnippchen schlagen könnten.

»Ja, schon«, stimmte ich zu, »aber ich möchte nicht auf die Schnelle eine sachliche Entscheidung treffen, sondern meiner Intuition eine Chance geben.«

Es war eine fremdartige Landschaft mit präglazial anmutenden Felsen und einer unbestimmbar alten Schneedecke, eine wirklich urzeitliche

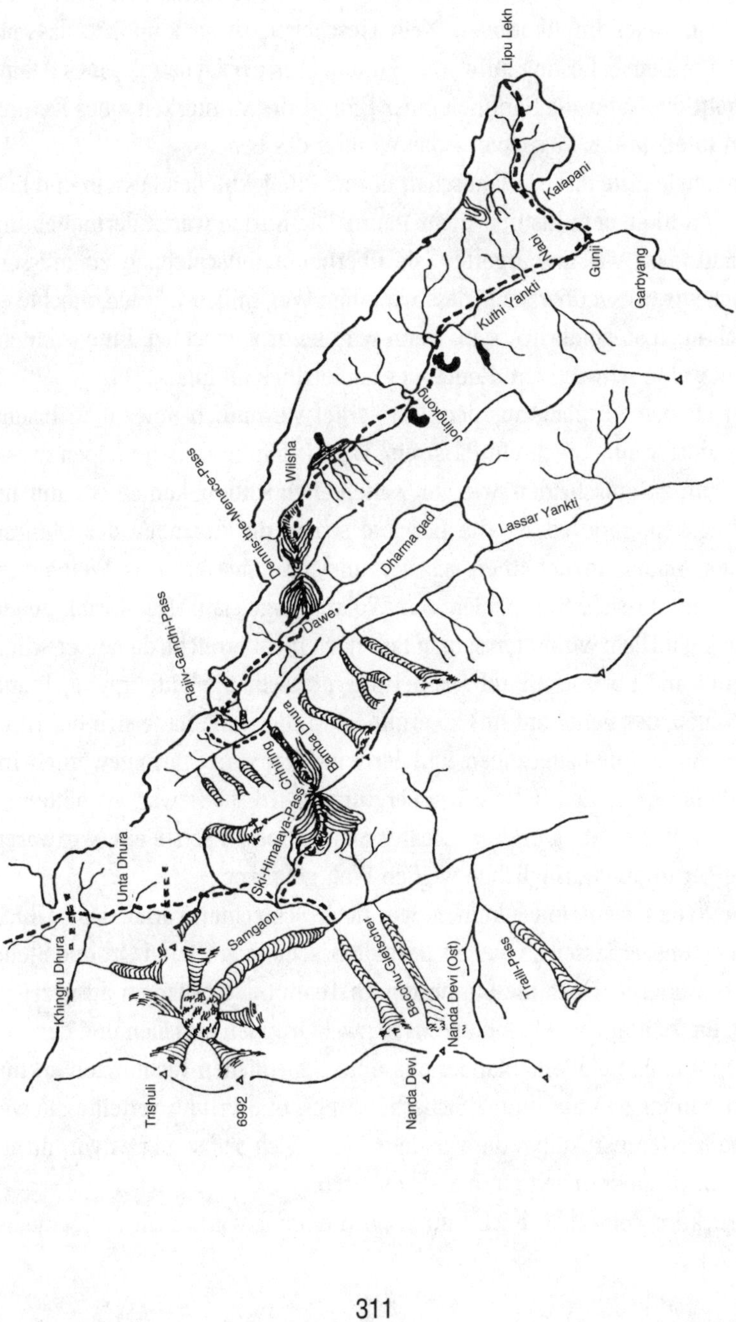
Lipu Lekh
Kalapani
Nabi
Gunji
Garbyang
Kuthi Yankti
Jolingkong
Wilsha
Dennis-the-Menace-Pass
Lassar Yankti
Dharma gad
Dawe
Rajiv-Gandhi-Pass
Chiring
Bamba Dhura
Ski-Himalaya-Pass
Unta Dhura
Samgaon
Khingru Dhura
Bachu-Gletscher
Nanda Devi (Ost)
Traill-Pass
Trishuli
6992
Nanda Devi

Wildnis. Ich glaube, wir können viel von der Natur lernen, denn sie wurde aus kosmischer Kraft geboren und entfaltet sich im Zusammenwirken unendlich vieler Implikationen. Kein Geschehen ist so komplex, dass sie nicht mit einer Lösung aufwarten könnte. Aus der Dynamik eines Atoms schafft die Natur die Sanftheit einer Blume, die Munterkeit eines Delfins, den Intellekt des Menschen – das Wunder des Lebens.

Irgendwie löste diese Urlandschaft unsere intellektuellen Fesseln und ließ der Intuition, dem Instinkt mehr Raum. Die Karten waren dermaßen ungenau, dass wir uns ärgerten, sie überhaupt mitschleppen zu müssen. Doch wir waren überzeugt, dass wir einen Weg finden würden, mochte er auch noch so gefährlich sein, wenn wir es nur versuchten. Eine leichtere Route, eine schwierigere Route – es lag letztlich an uns.

Der einzige Ausgang aus dem Tal verlief vermutlich unter dem Eisfall, und dort konnte auch ein Pass sein. Da wir häufig stehen bleiben mussten, um zu entscheiden, wie wir weitergehen sollten, kamen wir nur im Schneckentempo voran. Die Eiswand schien die Ausmaße der Chinesischen Mauer anzunehmen, als wir uns ihr näherten. Das Wetter verschlechterte sich, Kompanien von Wolken zogen auf. Der Eisfall zeigte sich gefährlich; wir hatten seinen Fuß noch nicht erreicht, da ließ er schon Geröll und Eisbrocken auf uns herunterprasseln, als hätte irgendjemand befohlen, das Feuer auf uns zu eröffnen. Mittlerweile hatte sich der Himmel vollkommen zugezogen, und der Wind war zum Sturm geworden. Innerhalb kurzer Zeit fiel die Temperatur auf –18 °C; es war, als hätte uns die Natur den Krieg erklärt. Dichtes Schneetreiben setzte ein; wir waren in einer undurchdringlichen weißen Welt gefangen.

Durch den Neuschnee kamen wir noch schlechter voran. Das Glück schien uns verlassen zu wollen, deshalb beschlossen wir, an Ort und Stelle zu biwakieren. Doch die Stimmung im Team blieb trotzdem ausgezeichnet. Rai schlug vor, wir sollten uns in zwei Gruppen aufteilen und den Zugang unabhängig voneinander aus unterschiedlichen Richtungen erkunden. Kumar gab uns einige Sicherheitstipps, und Pritam verteilte die wenige Kletterausrüstung, die wir dabeihatten. Ich selbst zog es vor, nichts zu sagen, sondern erst einmal abzuwarten.

Zurück im Zelt erklärte ich Kumar noch einmal, warum ich so überzeugt war, dass wir eine Route finden würden. »Es gibt in dieser Region nur zwei Gebirgszüge, die Nanda-Devi-Gruppe und das Panchulli-Massiv«, erläuterte ich und skizzierte ihre Lage auf einem Blatt Toilettenpapier. »Zwischen unserer Route und der Nanda-Devi-Gruppe liegt das Milam- oder Johar-Tal«, fuhr ich fort. »Das Panchulli-Massiv vor und südlich unserer Route ist mit der Tibetischen Hochebene durch Gebirgszüge verbunden, die in Nord-Süd-Richtung verlaufen und eine Höhe zwischen 5450 und 6060 Metern haben. Es wird uns sicher gelingen, eine Route zu finden, um diese Höhenzüge auf Pässen mit etwa 5500 Metern zu überqueren.

»Du hast schon Recht«, nickte Kumar. »Aber was ist, wenn die Berge sehr steil sind und Schneegrate oder Eiswände haben?«

»Dann steht unsere Findigkeit gegen den Willen Gottes.«

»Und was ist der Wille Gottes?«

Ich erwiderte nichts; woher sollte ich die Antwort auch kennen.

Dann schlüpfte ich in meinen klammen Schlafsack, versenkte mich in mein tägliches Gebet und stellte Zukunftsbetrachtungen an. »Die Wolken können aufreißen, die Sicht kann sich bessern, und wir entdecken vielleicht eine neue Route«, murmelte ich vor mich hin, und kurz darauf schlief ich ein.

Das Wetter am nächsten Tag war leider nicht so gut, wie ich gehofft hatte. Über dem einsamen Gletscher bauschten sich dicke Schneewolken, der kalte Wind drang mir bis auf die Knochen, und vor mir ragte bedrohlich ein Eisfall auf. Doch als ich so dastand und die Szenerie betrachtete, hatte ich ein Bild vor Augen, wie ich all diese Hindernisse überwinden würde – vielleicht eine Vorahnung, dass das Glück doch auf unserer Seite sein würde.

Intuition und logisches Denken erfüllen einen unterschiedlichen Zweck, doch wenn diese beiden Fähigkeiten zusammenspielen, können sie zu tief greifenden und überraschenden Erkenntnissen führen. Für mich war wichtig, meine Intuition mit Logik zu kombinieren, und ich entschloss mich, schrittweise vorzugehen: Als Erstes musste eine Route durch den Eisfall gefunden werden. War diese Aufgabe erfolgreich bewältigt, würde ich über den nächsten Schritt nachdenken.

Wir nahmen den Eisfall in Angriff, und Rai schlug mit einer Axt Trittstufen in das Eis. Da wir keine Eishaken dabeihatten, nützte uns auch das 30-Meter-Seil wenig: Es würde uns nicht halten, falls wir abstürzten. Unsere Steigeisen hatten wir von Malari aus zurückgeschickt, weil wir sehr erschöpft waren und uns nicht mit Dingen belasten wollten, die wir nur selten benützten. Jetzt hätten wir sie zwar gut brauchen können, doch wir litten lieber einen Tag, als die Eisen einen Monat lang mitzuschleppen.
Rai schlug weiter Stufen ins Eis, doch es dauerte nicht lange, dann nahmen uns tief hängende Wolken die Sicht. Bald schon wurde der Eisfall immer steiler und der weitere Anstieg ohne Steigeisen zu riskant. Das sagte uns die Intuition – der Verstand mischte sich hier nicht ein.
Eine zweite Gruppe bestehend aus Kumar, Kamal und Angchuk hatte sich aufgemacht, eine Route von Süden her zu erkunden. Auch sie stießen auf schwierige und gefährliche Passagen, und da keiner von ihnen Steigeisen, Jumars oder eine Eisaxt dabeihatte, ebenso wenig Seile und Haken, um die Route zu sichern, gestaltete sich ihre Erkundungstour mehr zu einem Umherirren.
Wir mussten eine weitere Nacht auf demselben Lagerplatz verbringen. Wir hatten einen ganzen Tag verloren, und das hieß, dass wir mit unserem Proviant besonders sparsam umgehen mussten. Ein zusätzlicher Tag konnte einen Tag Hunger bedeuten – falls wir nicht umkehrten. Doch solche Situationen stellen ihre eigenen Bedingungen.
»Was steht für morgen auf dem Programm?«, fragte Kumar, als wir beim Abendessen zusammensaßen.
»Es gibt ein Sprichwort, das geht ungefähr so …«, begann ich. »Pack den Stier bei den Hörnern, aber wenn er zu stark für dich ist, lass ihn einfach stehen und geh weiter.«
»Wie meinst du das?«, fragte Kumar weiter.
»Ganz einfach, wir werden den Eisfall umgehen.«
»Und wie? Du hast das Gelände heute doch gesehen. Das Tal ist rundum von steilen Wänden eingeschlossen.«
»Schon, aber einen möglichen Weg gibt es noch, und morgen Früh wirst du ihn sehen.«
»Hoffentlich!«, erwiderte Kumar kopfschüttelnd und hielt Rai seinen

Blechnapf hin. »Komm, gib uns eine Extraportion. Genießen wir unsere Henkersmahlzeit.«

Der nächste Morgen war frostklar, und die aufgehende Sonne spornte uns an, die nächste Aufgabe in Angriff zu nehmen. Während das Team die Zelte abbaute, begutachtete ich die vor uns liegende Strecke. Ich wählte eine schlüpfrige Passage entlang des Nordkamms als Ausweichroute zur Spitze des Eisfalls. Die Route verlief auf der ersten Hälfte über eine Gletscherterrasse oberhalb einer Felsstufe, auf der zweiten quer über einen Eisgrat oberhalb einer großen Randspalte. Die gesamte Strecke war sehr steil; selbst ein kleiner Fehltritt genügte, und wir würden über einen gewaltigen Überhang hinauskatapultiert oder in den gähnenden Abgrund stürzen. Trotzdem konnte es uns mit der gebotenen Vorsicht – und einer Menge Glück – gelingen, den Eisfall zu umgehen.

Wir beschlossen, noch einen allerletzten Versuch zu unternehmen. Mittlerweile waren wir unsere schweren Rucksäcke gewöhnt und fühlten uns auf den Skiern sehr sicher. Einen Steilhang auf den Kanten der Skier zu queren war inzwischen fast Routine. Wir waren überzeugt, die Natur wolle uns auf die Probe stellen, und diese Herausforderung nahmen wir mit Begeisterung an.

Wenn wir darauf achteten, keine Lawine auszulösen, und unser Gleichgewicht halten konnten, standen unsere Chancen recht gut. Also schlichen wir lautlos wie Diebe an einem Hindernis nach dem anderen vorbei. Nur das Geräusch unserer Skier, wie sie über den sulzigen Schnee glitten, war zu hören. Die Stunden vergingen, und wir kamen gut voran. Gefährlich werden konnte es um die Mittagszeit, wenn die Luft sich erwärmte, so dass der Schnee zu rutschen begann oder sich sogar Lawinen lösten. Selbst der kleinste Fehler konnte dann verhängnisvoll sein.

Die Katastrophe schien unabwendbar, als sich gegen ein Uhr der Hang unter Blons Skiern in Bewegung setzte. Zu Tode erschrocken, stieß Blon einen schrillen Schrei aus. Kamal, der unmittelbar hinter ihm ging, versuchte noch, ihn festzuhalten, verlor jedoch ebenfalls das Gleichgewicht. Beide stürzten den Überhang hinunter, der von oben fast wie eine Sprungschanze aussah, die auf die ersten Springer wartete. Zum Glück gelang es ihnen ein Stück weiter unten, sich mit den Händen in den

Schnee zu krallen, so dass sie kurz vor dem Rand des Überhangs liegen blieben. Eine dramatischere Situation habe ich selten erlebt.
Auf dem letzten Stück des Überhangs lag kein Schnee. Wenn sie noch weiter hinuntergerutscht wären, dann hätten sie die scharfkantigen Felsen, die dort lagen, wahrscheinlich tödlich verletzt. Wären sie stattdessen erst auf dem Gletscher unterhalb gelandet, hätten sie sich vermutlich in einer seiner vielen Spalten zu Tode gestürzt.
Als die beiden endlich liegen blieben, begann Blon am ganzen Körper zu zittern. Er weigerte sich sogar zu versuchen, ob er aufstehen konnte. Die Sonne brannte erbarmungslos herunter, und die Minuten des Wartens kamen uns vor wie Stunden. Jede Sekunde zählte. Während wir noch überlegten, was wir tun sollten, hatte Kamal sich offenbar wieder gefangen und stand auf. Das schien auch Blon die Angst zu nehmen. Doch die Gefahr war noch nicht vorüber. Sie befanden sich unmittelbar am Rand eines Überhangs, und eine falsche Bewegung konnte das Ende bedeuten.
Kumar und Pritam halfen Kamal, während Rai und ich Blon unter den Armen packten und ihn ein Stück weiterzogen. Dort waren wir zwar noch nicht in Sicherheit, aber immerhin weniger gefährdet als an der Stelle, wo wir zuvor gestanden hatten. Wieder setzte sich der Schnee in Bewegung, aber es gelang uns, weiter hochzusteigen, und nach 500 Metern hatten wir den Eisfall hinter uns gelassen. Von oben sahen wir, dass steile Ausläufer des Kwalgang Dhura und Bamba Dhura im Norden und Osten das Tal fast vollkommen abriegelten. Doch wir wählten einen mäßig ansteigenden Zugang über einen Gletscher, an dessen Ende wir eine Art Pass erkennen konnten.
Ein Stück unterhalb des Sattels teilte ein schmaler Felskeil den Gletscher. Wir folgten dem nördlichen Gletscherstrom, um zum Pass zu gelangen, der etwa 50 Meter breit war und im Süden vom 6335 Meter hohen Bamba Dhura und im Norden vom Kwalgang Dhura bewacht wurde. Die Passhöhe selbst war mit Felsbrocken übersät, die wahrscheinlich vom Kwalgang Dhura heruntergestürzt waren, doch weder auf noch in der Nähe des Passes war ein von Menschen errichteter Steinhaufen zu sehen. Unsere erste Entdeckung und ein Erfolg, der alle in Hochstimmung versetzte.
Jenseits des Passes erstreckte sich in östliche Richtung ein breiter, zerklüf-

teter Gletscher, der auf beiden Seiten von Steilhängen eingefasst war. Auf der Karte war er als Chhiring Tashi verzeichnet. An seinem Rand erhob sich ein kegelförmiger Berg; er schien höher zu sein als unser Pass, der meinem Höhenmesser zufolge 5552 Meter hoch war. Über dem Gipfel schwebte eine Federwolke, von den letzten Strahlen der untergehenden Sonne golden beleuchtet. Weit und breit kein Anzeichen von Leben, weder von Mensch noch Tier; auch hatten wir auf dem ganzen Weg hierher keinerlei Spuren entdeckt. Über dem Land lag eine magische Stille, und mich überflutete ein unbeschreibliches Glücksgefühl. Das Bild dieser wilden, unberührten Landschaft würde ich immer in meinem Herzen tragen.
Auf der Karte war der Pass nach unserer Schätzung um etwa 200 Meter zu hoch angegeben. Möglicherweise beruhte dieser Fehler darauf, dass die Angaben anhand von Luftaufnahmen und nicht durch Vermessungsarbeiten am Boden erstellt worden waren; vermutlich war das Gelände für solche Vermessungen zu schwierig. Alles sprach dafür, dass wir die Ersten waren, die den Pass zwischen dem Kwalgang und dem Bamba Dhura entdeckt hatten, auf dem wir nun standen. Das musste gefeiert werden, und das taten wir auf unsere Weise, nämlich indem wir auf dem Pass biwakierten.
Kumar befand, dass wir an diesem Abend stilvoll dinieren sollten. Eine offizielle Einladung wurde verfasst und von Angchuk in Schönschrift auf eine leere Tagebuchseite geschrieben. Die Sitzordnung klebten wir auf einen Rucksack, den wir vor das Zelt stellten. Auf feines Porzellan und Silberbesteck mussten wir umständehalber verzichten, doch die Garderobe sollte dem Anlass angemessen sein, weshalb auf der Einladung vermerkt war: »Untadelige Skibekleidung«.
Um 19.25 Uhr erschien Blon vor meinem Zelt. Man hatte ihn abkommandiert, den Leiter der Expedition zu eskortieren. Wir marschierten zum etwa zehn Schritte entfernten Festzelt, wo man uns jedoch den Zutritt verwehrte, weil wir nicht die vorgeschriebene Abendgarderobe trugen. Wir kehrten um, zogen rasch unsere Skijacken und Skistiefel an und verloren dadurch kostbare Minuten, ehe uns der stellvertretende Leiter schließlich einließ.
Rai und Pritam, die neuen Küchenchefs, hatten ein Vier-Gänge-Menü an-

gekündigt, und so kamen alle mit erwartungsvoll leuchtenden Augen. Doch als der erste Gang serviert wurde – eine kleine Portion Suppe, mit Eiswasser verlängert – gab es enttäuschte Gesichter.

»Der Schein mag trügen«, brummte Angchuk, verkniff sich aber weitere Bemerkungen, weil Kumar ihm einen scharfen Blick zuwarf.

Blon, dem von allen Anwesenden wahrscheinlich am meisten am Essen lag, blickte traurig drein, als der zweite Gang kam – ein Stück Makrele aus der Dose mit irgendeiner scharfen Sauce, nach Aussage der Köche ein Geheimrezept. Als ich mich über meine Portion hermachte, murmelte Blon: »Herr, gib mir mein täglich Brot!« Als wir das hörten, brüllten wir vor Lachen. Ich beugte mich zu ihm hinüber und fragte augenzwinkernd, ob er Gott nicht bitten könne, auch für die anderen ein paar Scheiben dazuzulegen. Der dritte Gang bestand aus vorgekochtem Huhn mit Reis und einer zweiten Portion Suppe, die als Bratensauce herhalten musste. Da wir einen Tag verloren hatten, war die Essensration allerdings nur halb so groß wie üblich. Als der vierte Gang über Gebühr auf sich warten ließ, beschwerte sich Blon.

»Ach, ja«, sagte Rai, »hier ist der Nachtisch«, und gab jedem einen Riegel Schokolade, den er vom Proviant für den nächsten Tag abgezweigt hatte. Wäre uns der Anlass für dieses Essen nicht so wichtig gewesen, ich glaube, wir wären ihm an die Kehle gegangen. Am Ende waren wir genauso hungrig wie jeden Abend. Doch es gab noch eine Überraschung. Rai teilte zum Schluss großzügige Portionen Kakao aus, und wir erhoben unsere Becher, um auf die Gesundheit des Präsidenten zu trinken.

Mittlerweile hatten wir kein Gramm Fett mehr am Körper, und die Knochen stachen durch die Haut. Wir waren hohlwangig, unsere Augen wirkten riesig wie bei Eulen. Schlafen war eine Qual. Wenn ich auf der Seite lag, schmerzte mir nach wenigen Minuten das untere Knie, weil das andere zu sehr drückte. Selbst wenn ich dicke Daunenhandschuhe als Polster dazwischenschob, musste ich meine Stellung während der Nacht ständig verändern. Den anderen ging es nicht besser.

Der 14. Mai war ein besonderer Tag. Als ich aufwachte, hing noch dunkler, dichter Nebel über dem Boden. Er löste sich jedoch rasch auf, als hinter dem kegelförmigen Berg die Sonne aufging. Im Südosten beherrschte die gewaltige Nanda Devi – der heiligste Berg in den Regionen Kumaon und Garhwal – das Panorama. Mittlerweile war der Himmel kristallklar, und der Nebel hatte den Blick auf den Haupt- und Nebengipfel der Nanda Devi mit dem beeindruckenden Sattel dazwischen freigegeben. Ein faszinierendes Bild. Noch nie hatte jemand die Nanda Devi aus dieser Richtung gesehen.

Für mich lag auf der Hand, den neu entdeckten Pass zum Zeichen meiner Hochachtung und Dankbarkeit meinen Teamgefährten zu widmen, ohne deren Mut und Entschlossenheit wir niemals so weit gekommen wären. Deshalb beschloss ich, ihn »Ski-Himalaya-Pass« zu nennen. Wir errichteten einen großen Steinhügel auf der Passhöhe, machten einige Fotos, und dann zogen wir weiter.

Der nächste Pass musste hinter dem kegelförmigen Berg liegen, und das bedeutete, dass wir den Chhiring-Tashi-Gletscher überqueren mussten. Über den Rand des Passes ragte eine mächtige Wechte hinaus, und darunter fiel das Gelände etwa 200 Meter steil ab. Als ich entlang des Nordhangs querte, hörte ich es plötzlich krachen, und der Eisüberhang über dem Bamba Dhura im Süden stürzte donnernd in die Tiefe. Ich wandte mich um und sah, wie riesige Fels- und Eisbrocken talwärts schossen. Selbst ein faustgroßer Stein, der vielleicht nicht mehr wiegt als 100 Gramm, kann schwere, sogar tödliche Verletzungen verursachen, wenn er aus solcher Höhe heruntergeschossen kommt.

Wir fuhren etwa zwei Kilometer weit talwärts und machten dann in der Gegend Halt, wo die Gletscher von Nordwesten und Südosten sich mit dem von unzähligen Spalten durchzogenen Hauptgletscher vereinten. Eine Route über einen Gletscher zu wählen ist immer eine schwierige Entscheidung, es sei denn, die Sicht ist ausgesprochen gut; trotzdem kann man niemals sicher sein. Wir beschlossen, den Gletscher am Fuß eines Bergrückens zu überschreiten, denn dort war das Gelände gut zum Skifahren geeignet. Schließlich erreichten wir den Fuß des kegelförmigen Berges, wo der Karte zufolge nördlich ein Gletscher liegen sollte. Doch wieder zeigte sich, dass die realen Verhältnisse anders waren, denn wir fanden nur einen schmalen, mit schwarzem, kohleähnlichem Schwemmsand gefüllten Bachlauf vor.

Ein Stück weiter, oberhalb des Bachlaufs, schlugen wir unsere Zelte auf – in gebührendem Abstand zu dem Bergrücken, von dem immer wieder Felsbrocken herunterpolterten. In der Nähe lag eine Schlucht, durch die wir uns zum nächsten Pass vorarbeiten wollten, doch bei einem Erkundungsgang stießen wir auf eine Eiswand, die ohne Steigeisen nicht zu bewältigen war. Deshalb beschlossen wir, sie zu umgehen.

Rai, Pritam und ich brachen in aller Frühe auf, um uns das Gelände anzusehen. Anhand der Karte eine Route festzulegen hatte keinen Sinn; dafür war sie viel zu ungenau. Wir verließen uns lieber auf unseren Kompass im Kopf, der uns immerhin die allgemeine Richtung angab. Weiter vorne ging es eine Schlucht hinauf, doch als wir uns ein Stück vom Tal entfernt hatten, standen wir plötzlich vor einem Kamin, der unser ganzes Können forderte.

Wir banden unsere Skier am Rucksack fest und versuchten uns im Felsklettern. Die Skier ragten mehr als einen Meter über unsere Köpfe hinaus, so dass die Spitzen den Vordermann ständig in den Hintern piksten, was erhebliche Irritationen bewirkte und durchaus einen Absturz hätte provozieren können. Einmal kam von oben ein Felsbrocken heruntergeschossen, den Blon losgetreten hatte. Zum Glück passierte nichts, weil wir uns eng an die Felswand pressten, aber Blon musste sich an diesem Tag noch manch bissige Bemerkung anhören.

Wir waren bereits seit vier Stunden unterwegs, als wir den Kamin endlich durchstiegen hatten und uns auf einem schmalen Sims oberhalb ausruhen konnten. Die Sicht war gut, und wir hatten einen schönen Blick auf den Ski-Himalaya-Pass, den Bamba Dhura, den 6153 Meter hohen Lala We, den Suli mit 6267 Metern und andere Gipfel, die noch keinen Namen tragen.

Wir folgten dem Schneegrat, bis wir zu einem zackigen Eisband kamen, das wir passieren mussten, um zu dem Sattel am Ende des Kars zu gelangen. Inzwischen war es Nachmittag und ziemlich warm, doch das Eis noch immer hart, so dass wir ein paar Mal die Kanten der Skier hineinstoßen mussten, um Halt zu finden.

Strahlendes Sonnenlicht lag über dem Sattel, der etwa 200 Meter lang, aber sehr schmal war, und wir mussten zuerst mit der Eisaxt einen Platz

für unsere Zelte schaffen. Es ging nur ein leichter Wind, und die Stelle eignete sich geradezu ideal für ein Biwak.
Jenseits des Steilhangs auf der anderen Seite erstreckte sich ein langer, breiter Gletscher mit einem See zur Rechten. Wir hatten einen ausgezeichneten Blick in das Lassar-Yankti- und das Dharma-Gad-Tal; Letzteres lag immerhin acht bis zehn Kilometer entfernt.
Im Süden schimmerten die unzähligen Gipfel der Zaskar-Kette im Licht der untergehenden Sonne. Die markantesten – Suli, Chhiring We und Bamba Dhura – waren besonders beeindruckend. Zwischen dem Kwalgang und dem Bamba Dhura konnte man den Ski-Himalaya-Pass noch sehr gut erkennen. Von unserem Standort aus wirkte die Wand Furcht erregend, und wir fragten uns, wie wir die 60 oder 70 Grad Gefälle überhaupt bewältigt hatten. Beide Täler boten ausgezeichnete Klettermöglichkeiten, und mir kam der Gedanke, dass diese Region einmal ein Paradies für Bergsteiger werden könnte. Wir errichteten einen großen Steinhaufen in der Mitte des Sattels, den man von unten vermutlich noch aus acht Kilometern Entfernung sehen konnte.
»Hier ist die Welt ganz weit weg«, sagte Angchuk und reichte mir einen Becher Tee.
»Das stimmt«, pflichtete ich ihm bei. »Genau das, was mir gefällt.«
Wir kletterten nämlich nicht deshalb in den Bergen herum, um möglichst viele Gipfel zu machen, um als Erste auf ihnen zu stehen, sondern weil wir die unberührte Natur suchen. Fern der Natur leide ich ähnlich wie an der Trennung von der Frau, die ich liebe.
Die letzten Tage waren extrem anstrengend gewesen, doch jeder Abend hatte eine grundlegende Erkenntnis gebracht, als wäre der Tag ein neues Kapitel aus dem »Lehrbuch des Lebens« gewesen. Alles, was wir unternahmen, waren gewissermaßen Experimente, und diese Experimente brachten uns Erkenntnisse über uns selbst, unsere Ziele und unser Leben.
»Mittelpunkt im religiösen Leben Indiens waren schon immer die Pilgerfahrten in den Himalaya.« An diese Worte unseres ermordeten Premierministers Rajiv Gandhi musste ich denken, als ich meine Augen schloss und zu schlafen versuchte. Er hatte einmal zu mir gesagt: »Ein Hindu pilgert in den Himalaya, um Erlösung aus dem ewigen Kreislauf von Tod

und Wiedergeburt zu finden, doch in Wahrheit sucht der Mensch dort Ursprünglichkeit, Wahrhaftigkeit und Zufriedenheit. Gehen Sie in die entlegensten Regionen des Himalaya, über die vielen Pässe, und wenn Sie dann in die unbekannte Welt jenseits blicken, werden Sie den wahren Sinn des Lebens erkennen. Gehen Sie zum Herzen des Himalaya.«

Unsere *Ski-Himalaya-Expedition* war tatsächlich eine Art Pilgerreise gewesen, auf der wir Abstand vom gewohnten Leben gewannen, einen Blick in eine andere Welt werfen und mehr vom Sinn des Lebens erfahren konnten. Es freute mich, dass wir Rajiv Gandhis Philosophie mit unserer Expedition in die Praxis umgesetzt hatten. Ich hatte viel von Rajiv Gandhi gelernt und fand, dass ich sein Leben am besten ehren konnte, wenn ich diesen Pass nach ihm benannte.

Als wir am nächsten Tag aufstanden, hingen am Himmel verstreut einige Wölkchen. Die Sonne schien hell, und es ging kaum Wind, als wir unseren großen Steinhügel errichteten. Obenauf stellten wir ein Bild von Rajiv Gandhi, das ich mitgenommen hatte.

Vom Pass aus fuhren wir diagonal in das Firnfeld hinein. Der steile Hang und der kompakte Schnee ermöglichten ein hohes Tempo, und wir genossen die Abfahrt sehr.

Erstaunlicherweise bot dieses breite Tal Skihänge in allen Schwierigkeitsgraden. Wir entdeckten auch zwei Areale, die sich hervorragend für Skihotels eigneten. Ich begann zu überlegen, welche Möglichkeiten es im Himalaya für Abenteuer-Skifahren gibt, auch wenn wir selbst damals nicht in der Lage waren, konkret etwas auf die Beine zu stellen.

Ein Unternehmer, der im Himalaya neue Skigebiete erschließen möchte, muss sich zuallererst darüber im Klaren sein, dass sich dafür nur die Nordhänge des Gebirges eignen. Die Südhänge sind nämlich unglaublich steil, die nach Norden ausgerichteten Hänge fallen dagegen sanfter ab, ähnlich wie in Tibet. Außerdem treten in den Quertälern bereits Mitte Februar warme, trockene Fallwinde auf, die den Schnee weich und gefährlich machen. Auf der Nordseite herrschen dank der natürlichen Barriere des Himalaya jedoch bis Ende April ideale Schneebedingungen. Der größte Nachteil ist natürlich die extreme Höhenlage. Je höher man hinaufsteigt, umso besser werden die Schneebedingungen – und umso schlech-

ter geht es dem Kopf. Am meisten Freude werden Skifahrer haben, die denselben Weg nehmen wie wir – längs der Gebirgszüge.
Dennoch dürfen wir der Natur nicht mehr zumuten, als sie verkraften kann, und sie nicht im Namen des Tourismus oder Abenteuerurlaubs kommerzialisieren. Wir sind während unserer Expedition auf Gletscher gestoßen, die stark zurückgehen; der Baumbestand nimmt ab, Erdrutsche werden häufiger. All dies sind Zeichen des verheerenden Eingriffs des Menschen in die Natur. Selbst der Siachen-Gletscher – der so genannte »dritte Pol« – hat unter den Folgen der Umweltverschmutzung in den letzten zehn Jahren mehr gelitten als unter den Umwelteinflüssen der vorangegangenen Jahrtausende insgesamt. Ich streife seit 30 Jahren durch den Himalaya, und die Region, die wir nun kennen lernen durften, war die einzige, wo ich die Natur noch in ihrem ursprünglichen Zustand erlebt habe.
Blon und Kamal fühlten sich nicht besonders gut, deshalb machten wir früh Halt, damit sie sich ausruhen konnten. Wir waren müde, hungrig und erschöpft. Die letzten Etappen einer Expedition sind immer kritisch, weil dann aus Unachtsamkeit leichter kleine Fehler passieren, die große Folgen haben können. Sobald wir die Zelte aufgebaut hatten, legten wir uns eine Weile schlafen, und die meisten von uns standen nicht einmal zum Essen auf – dazu musste man ja ins Küchenzelt gehen. Die Einzigen, die immer etwas aßen, egal was passierte, waren Blon und Kamal; für die anderen jedoch war das Abendessen eher eine Formsache.
Am nächsten Vormittag zogen wir durch das Dharma-Gad-Tal nach Dawe, einem verlassenen Polizeiposten am Eingang der Schlucht des Mangti-Nullah, durch die ich in das nächste Tal vorstoßen wollte. Gleichzeitig sollte es unser letzter Versuch sein, einen weiteren Pass zu entdecken. Als wir unsere Pläne in Milam änderten, hatten wir kurzfristig ein Proviantteam nach Dawe beordern müssen. Das Team war noch nicht eingetroffen, also mussten wir warten, denn ohne neue Essensvorräte konnten wir nicht weitergehen. Um den Tag nicht ungenutzt verstreichen zu lassen, schickte ich eine Gruppe unter Leitung von Pritam los, die die Route erkunden und, wenn möglich, zumindest aus der Ferne die Verhältnisse am nächsten Pass in Augenschein nehmen sollte.

Pritam brachte keine besonders ermutigenden Neuigkeiten mit, als er am Abend zurückkam. »Mangti Nullah ist blockiert«, sagte er und schüttelte den Kopf. Die anderen drängten sich um ihn, um mehr zu erfahren.

»Was heißt ›blockiert‹? Blockiert mit was?«, fragte Rai ziemlich gereizt.

»Blockiert durch Fels- und Eiswände, was sonst?«, gab Pritam heftig zurück.

»Immer mit der Ruhe!«, schaltete sich Kumar ein und hielt ihm einen Becher Tee hin, um ihn zu besänftigen. »Jetzt erzähl uns mal genau, was du gesehen hast.«

»Also, wenn man in das Tal hineinkommt, liegt rechter Hand ein kleiner See; ein Stück weiter folgt ein mit Spalten durchzogener Gletscher. Um ihn zu passieren, bräuchten wir Steigeisen, Seile und Haken. Der Bergrücken auf der rechten Seite hat einen Schneegrat mit Hängegletschern. Links sind die Gesteinsschichten höchst instabil; man muss also jederzeit mit heftigem Steinschlag rechnen. Im Übrigen«, schloss er, »gibt es keinen anderen Weg.«

Am nächsten Morgen traf das Proviantteam ein, und wir machten uns sofort daran, unsere Rucksäcke neu zu packen. Als Ersatz für Blon, dem der Schreck von seinem Absturz noch in den Knochen saß, stieß der stets gut gelaunte Ranjit wieder zu uns. Es war der 17. Mai; vor drei Monaten waren wir am Karakorum-Pass aufgebrochen, und trotzdem wagten wir uns in ein unbekanntes Gebiet. Ehe wir Dawe verließen, ging Rai noch zu der ausgebrannten Hütte in der Nähe, um irgendetwas aufzutreiben, das wir als Haken verwenden konnten. Er kam mit fünf verrosteten, 20 Zentimeter langen Eisenklammern zurück, die uns später eine große Hilfe sein sollten.

Wir kamen nur langsam voran, und ich verfluchte den Rasttag, der mich lustlos und faul gemacht hatte. Jedes Mal musste ich mich in den ersten Stunden nach einem solchen Tag der Ruhe wieder motivieren, um richtig in Gang zu kommen. Nach einstündigem Anstieg erreichten wir einen Bergsee mit Namen Parvati. Weiter als bis zu diesem Punkt war noch keiner von unserer Gruppe oder sonst jemand gekommen. Niemand hatte einen Vorstoß in dieses unbekannte Gebiet gewagt, und das lag sicherlich an den Schwierigkeiten des Geländes.

Aus irgendeinem Grund war ich an diesem Tag ziemlich langsam. Während ich mich Schritt für Schritt vorarbeitete, nahm ich aus den Augenwinkeln wahr, wie Kumar Angchuk und Om Prakash Anweisungen gab; sie stiegen die enge Rinne im Norden, links von uns, hinauf. Ich beschleunigte etwas und blieb auf halbem Weg stehen, um Atem zu schöpfen. Ranjit hatte gerade seinen Rucksack auf dem Boden abgestellt, um das Seil herauszuholen, als eine Geröllawine herunterkam. Angchuk und Om Prakash pressten sich an den Fels, Kumar und Ranjit duckten sich wie Mungos im Winterschlaf unter ihren Rucksäcken zusammen. Direkt vor Ranjit prallte ein großer Felsbrocken auf und zerbarst mit lautem Knall in tausend Stücke. Ein anderer landete nicht weit von Kumar. Als der Steinschlag aufhörte, herrschte eine gespenstische Stille. Niemand bewegte sich. Diese Ruhe verhieß nichts Gutes, und ich wagte plötzlich kaum mehr zu atmen.

»Offenbar ist jemand verletzt«, bemerkte Pritam, der direkt hinter mir stand.

»Jemand verletzt?«, rief Rai, so laut er konnte.

Angchuk und Om Prakash winkten, und Kumar hob seinen Skistock, doch Ranjit lag noch immer unter seinem Rucksack und bewegte sich nicht. Wir eilten zu ihm hin, rissen den Rucksack weg und sahen in seine Augen. Sie blickten uns starr entgegen. Rai schüttelte ihn kräftig, aber es kam keine Reaktion. Dann, endlich, blinzelte er und fragte mit schwachem Lächeln: »Lebe ich noch?«

Immer wieder kamen Steine und Felsbrocken herunter, doch eine weitere Geröllawine blieb uns zum Glück erspart. Wir hatten nicht zum ersten Mal das Gefühl, dass uns jemand oder etwas beschützte, der oder das unsere Expedition von Anfang an begleitete. Vielleicht Sultan Said Khan, der Herr von Kashgar, der sein Versprechen hielt, oder irgendeine höhere Macht? Ich konnte es mir durchaus vorstellen.

Die Rinne war sehr gefährlich, aber einen anderen Weg gab es nicht. Wenn es sicherere Routen in dem Gebiet gab, hätten wir in jedem Fall eine umfangreiche Ausrüstung gebraucht – Steigeisenbindungen, mehrere Eisäxte, Seile und Haken –, aber wir hatten nur das Allernotwendigste mitgenommen. Wir würden also auf dieselbe Weise weiterkommen müs-

sen wie unsere Vorfahren vor Hunderten oder sogar Tausenden von Jahren – keine geringe Herausforderung.
Immerhin konnten wir die fünf Eisenklammern verwenden, die Rai entdeckt hatte. Die Rinne war etwa 150 Meter lang und sehr steil. Mit Hilfe dieser einfachen Haken, die einmal Holzplanken für den Bau eines Hauses zusammengehalten hatten, sicherten wir nun den steilsten Abschnitt im oberen Bereich der Rinne mit einem Seil. Damit war der Tag gerettet. Dazwischen wählten wir sichere Stellen als Stützpunkte aus. Es wurde immer nur einer hinaufgeschickt, der Rest des Teams passte unten auf, ob Geröll herunterkam. Als Ranjit zu klettern begann, löste sich ein faustgroßer Felsbrocken aus der Seitenwand. Die anderen hatten gesehen, dass er ein ganzes Stück von Ranjit entfernt heruntergestürzt war, und unternahmen deshalb nichts. Doch Ranjit geriet in Panik und rannte, »Fels, Fels, Fels« schreiend, den Hang hinunter, bis unser Schlussmann Kumar ihn aufhielt und wieder nach oben schickte, obwohl ihm noch die Knie zitterten.
Als wir schließlich die Rinne hinter uns gebracht hatten, gelangten wir zu einem Eisfeld, an dessen Ende wir einen Pass ausmachen konnten. Dorthin zu kommen würde nicht einfach sein. Während wir auf einem Felsblock saßen und unseren Mittagsproviant verzehrten, begutachteten wir das Gelände und konzentrierten uns darauf, eine sichere Route zum Pass zu finden. Links von uns lag ein Schneegrat, auf der rechten Seite erstreckte sich ein Felsband und oberhalb eine Gletscherterrasse. Die Hängegletscher wirkten bedrohlich, aber diese Route war trotzdem weniger gefährlich als alle anderen, die in Frage kamen.
Vor allem Pritam war froh, dass wir den Pass am Nachmittag überqueren würden. Wir teilten unseren Proviant, nicht um zu feiern, wie sonst meistens, sondern in Vorfreude darauf, was wir noch entdecken würden. Das Ziel schien so nah und doch so fern. Die Route war schwierig, doch in jedem von uns steckte ein neugieriger Lausejunge, ein kleiner Dennis.
Mittlerweile hatte sich der Himmel zugezogen, es ging ein leichter Wind, und die Temperatur war auf –8 °C gefallen. Es war bereits zwei Uhr Nachmittag, als wir beschlossen, über das Felsband aufzusteigen und dann die

Gletscherterrasse zum Pass zu queren. Einmal verloren Ranjit und Kamal den Halt und rutschten aus – uns blieb fast das Herz stehen –, doch zum Glück fingen sie sich schnell wieder.
Wir brauchten über eine Stunde, um die Gletscherterrasse zu queren, dann hatten wir den Pass, einen messerscharfen Grat, erreicht. Er fiel derart extrem ab, dass nicht einmal zwei Leute nebeneinander Platz fanden. Als Kumar und ich uns für ein Foto aufstellten, war sein Kopf 30 Zentimeter tiefer als meine Schulter.
Der Steilhang jenseits des Passes endete an einem weiten Gletscher mit tiefen Spalten, und die hochgewölbten Flächen zwischen ihnen sahen wie die Rippen eines menschlichen Körpers aus. Auf dem Pass lag sehr viel Schnee, und es blies ein starker Wind. Allein das Erlebnis, dort zu stehen, berührte uns tief. Wir fühlten uns geläutert und empfanden unser Dasein intensiv wie nie zuvor.
Auf dem Pass gab es keine Steine, mit denen wir den üblichen Chörten hätten bauen können, ebenso wenig Platz für ein Biwak; man konnte ja nicht einmal nebeneinander stehen. Also mussten wir auf der anderen Seite nach einer geeigneten Stelle suchen. Wir überquerten den Pass mit der gebotenen Vorsicht und hielten dann auf einen östlich gelegenen Felsausläufer zu, in dessen Schutz wir unsere Zelte aufbauen wollten.
Plötzlich knackte das Eis unter Pritams Skiern, und er verschwand vor unseren Augen. Dichte Wolken umgaben uns, so dass wir kaum etwas sahen. Dann entdeckten wir ihn. Zum Glück war die Gletscherspalte nicht tief, er war gegen die Seitenwand geprallt und mit den Füßen voran auf einem Vorsprung gelandet. Der Aufprall musste für Knie und Knöchel sehr schmerzhaft gewesen sein, denn es dauerte eine ganze Weile, bis er auf unsere verzweifelten Rufe reagierte, doch mit so schwacher Stimme, dass wir ihn kaum hörten. Bald darauf hatten wir ihn herausgezogen, und dann bauten wir in der Nähe unsere Zelte auf.
Am Abend fragte mich Pritam: »Warum hast du damals in Milam eigentlich beschlossen, nicht die leichtere Route nach Lipu Lekh zu nehmen, sondern die schwierigere?«
»Warum fragst du? Bist du sauer deswegen?«
»Im Gegenteil. Ich möchte einfach wissen, warum. Wann geht dir mal die

Kraft aus? Was treibt dich an? Auch dann noch, wenn du dich schon 90 Tage lang gequält hast?«

Ich musste lachen, denn ich wusste, worauf er hinauswollte. Diese Frage sollte jeder Abenteurer für sich beantworten, zumindest einmal im Leben. Doch die Antwort ist nicht einfach: Eine Begründung für die Wahl des Ortes lässt sich leicht finden, aber warum man dorthin will …

Für mich ist Abenteuer Ausdruck meines Selbst, Ausdruck meiner Vitalität. Im Einklang mit der Natur kann ich meine Ambitionen und Alltagsverpflichtungen vergessen und in einen meditativen Zustand eintreten, durch den ich mich am Ende vielleicht aus dem endlosen Kreislauf von Tod und Wiedergeburt befreien und ins Nirvana eingehen kann.

Die physische Reise ist nur Ausdruck der metaphysischen Reise. In der realen Welt ist die Natur mir überlegen. Ich kann sie nicht besiegen, und ich will es auch nicht. Vielmehr begebe ich mich demütig in die Natur, um von ihr zu lernen, denn ich weiß, dass ich mich durch ihre Lehren von einer Raupe in einen Schmetterling verwandeln kann. Sie können mir helfen, meine inneren Kämpfe zu bestehen, und mich so auf die Kämpfe im Alltagsleben vorbereiten.

Meine Abenteuerlust mag zu einem großen Teil daher kommen, dass ich in gewisser Weise ein bisschen verrückt bin, an derselben »Krankheit« leide wie Dr. William Moorcroft, Maurice Wilson, Sven Hedin und all die anderen Abenteurer. Ich persönlich nenne sie das »Dennis-the-Menace-Syndrom«. Es ist dieser kleine Dennis in mir, der mich antreibt, der mich dazu bringt, dass ich losgehe und einfach aus Freude an der Sache etwas tue. Ich glaube, in jedem von uns steckt ein solcher Dennis; bei jungen Menschen zeigt er sich sehr deutlich – es ist geradezu der Inbegriff des Jungseins –, bei älteren hält er sich meistens versteckt. Wie jeder Mann ein Stück Weiblichkeit in sich trägt und jede Frau ein Stück Männlichkeit, so trägt auch jedes Kind den Erwachsenen in sich, und der Erwachsene bleibt zu einem Teil immer Kind. Man muss ein wenig Abstand zu sich selbst bekommen, um es zu erkennen. An dem Tag, an dem »Dennis« mich nicht mehr zu Abenteuern lockt, werde ich mich vermutlich hinlegen und sterben.

Dieser Pass, den wir nun entdeckt hatten, stand für das, was ich war und was ich bin. Er ist Sinnbild für die Freude, die ich aus allem gewinne, was ich tue – also auch aus meinen Abenteuern und meinen Reisen. Mein Leben ist glücklich gewesen, und es war glücklich, weil ich es so leicht genommen habe, wie ich konnte. Vielleicht bin ich niemals erwachsen geworden, und wenn dem so sein sollte, will ich es auch nicht mehr werden. Ich möchte weiterhin so leben, wie ich bisher gelebt habe, mit der gleichen Freude und dem kleinen Dennis in mir. Und so entschied ich ganz allein, wie der Pass heißen sollte. Ich nannte ihn Dennis-the-Menace-Pass.

Als wir am Morgen jenseits des Schneekessels den Pass und die steile Hauptwand sahen, bekamen wir einen Schock. »Mann, ist das steil!«, bemerkte Rai mit einem langen Pfiff. Das Kar war von einem Gletscher gebildet worden, der sich von der Basis bei Pkt. 5995 Meter im Norden (wie auf der Karte vermerkt) bis zum Pass im Westen bei Pkt. 5860 Meter und im Süden bis Pkt. 6110 Meter erstreckte. Es war eines der größten Kare im Himalaya, die ich je gesehen habe, und der Gletscher unterhalb war ebenso groß. Es wunderte mich, dass dieses Kar noch keinen Namen hatte. Allein seiner gewaltigen Ausmaße wegen hätte es einen markanten, würdigen Namen verdient.

Über den rippigen Firn zu fahren war nicht viel anders, als in Delhi mit dem Fahrrad über eine Straße voller Schlaglöcher zu holpern. Wir hatten den Gletscher etwa zur Hälfte überquert, als wir die Orientierung verloren und die Route nur unter großen Schwierigkeiten wieder fanden. Besser wäre es gewesen, wir hätten ihn am oberen Ende gequert und wären dann an der Südseite entlang weitergefahren.

Unterhalb der Gletscherzunge trat ein strudelnder Bach zu Tage – auf der Karte als Kuthi Yankti eingetragen –, dem wir eine Weile folgten. Vor uns öffnete sich im Nordosten ein Tal; es führte zum Mangsha Dhura. Der Karte nach sollte es entlang unserer Route große Seen geben, doch tatsächlich waren es nur trockene Felsmulden voller Geröll und Kiesel. Einige von ihnen hatten eine Fläche von zwei oder drei Quadratkilometern. Es muss ein herrlicher Anblick gewesen sein, als es hier noch Seen gab.

Der erste, inzwischen verlandete See an unserer Route war der etwa einen Kilometer lange New-Wishya-See. Kurz darauf versperrten uns riesige Felsblöcke, die vom Berg herabgestürzt waren, den Weg. Das ständige

Hinauf- und Hinunterklettern kostete enorm viel Kraft. Man konnte nur schwer erkennen, in welche Richtung man sich vorarbeiten sollte, und oft fanden wir, ein gutes Stück über dem Boden, kaum Halt auf den schwankenden Felsklötzen. Es war sehr anstrengend. Außerdem begann es zu schneien, und so beschlossen wir, als wir dieses steinerne Labyrinth hinter uns gelassen hatten, unmittelbar neben einer Quelle zu biwakieren.
Der Morgen des 19. Mai war kalt, doch der Himmel klar, nachdem es in der letzten Nacht heftig geschneit hatte. Angchuk und Ranjit hatten angekündigt, dass sie das Frühstück schon um fünf Uhr servieren würden. Ich vermutete, dass sie möglichst schnell nach Kuthi kommen wollten. Kumar und ich waren spät aufgewacht, deshalb zogen wir uns in aller Eile an, um rechtzeitig zur Stelle zu sein, doch von den beiden war weit und breit nichts zu sehen. Das Rätsel klärte sich bald auf. Ihr Zelt war in der Nacht zusammengebrochen, und als sie hinausgingen, um es wieder aufzubauen, hatte der Wind Schnee hineingeweht, und alles war nass geworden, so dass sie nicht mehr hatten schlafen können. Deshalb waren sie wach geblieben und bei Sonnenaufgang auf den nächsten Bergrücken geklettert, um sich von den ersten warmen Strahlen trocknen zu lassen.
Vor uns lag ein sanft abfallender Hang, auf dem wir angenehm hinuntergleiten konnten. Das weite Tal bot ein großartiges Panorama. Als wir um eine Biegung kamen, erblickten wir einen Berg, der wie eine kleinere Ausgabe des Kailash aussah. Ein faszinierender Anblick. Unweit des Berges gab es sogar einen großen See – wie der Manasarowar-See südlich des Kailash –, der Einzige im ganzen Tal, der noch nicht ausgetrocknet war. Später erfuhren wir, dass dieser Berg als Chhota – kleiner Kailash – verehrt wird. Der echte Kailash oder Meru, der in der hinduistischen und tibetischen Mythologie als Mittelpunkt der Welt gilt, von dem Wasser in alle Richtungen fließt, liegt jedoch jenseits dieses Gebirgszuges im Nordosten.
Buddhisten und Hindus waren zu allen Zeiten bestrebt, eine Pilgerreise zu ihrem »Himmel« zu unternehmen, und folgten dabei einem Weg, der in den heiligen Schriften präzise niedergelegt ist. Die Pilgerreise, heißt es dort, soll in Tanakpur (an der Westgrenze Nepals) beginnen und direkt nach Norden führen, nach Champawat, der alten Hauptstadt von Kuma-

on. Auch die Stellen, an denen der Pilger ein Bad nehmen und seine Gebete verrichten soll, werden genannt, zum Beispiel bei Kalapani, den Quellen, die als der Ursprung des Flusses Kali betrachtet werden und deshalb besonders heilig sind. Schließlich hatte er den Lipu-Lekh-Pass zu überqueren, um zum Kloster von Khojatnath zu gelangen, und dann ging die Reise weiter zum heiligen Manasarowar-See.

Ein nahe gelegener Tempel war dem Chhota Kailash geweiht. Dorthin gehen die Einheimischen am Tag nach *Janmashtami* (Fest zur Feier der Geburt Krishnas), wie man mir erzählte, um zu beten, und zwar einen Tag und eine Nacht. Sie bringen Zelte mit, Essen, Kochgeschirr und reichlich Feuerholz.

Hinter Jolingkong verengte sich das Tal; es erinnerte uns sehr an Lapthal. Wir folgten dem Fluss am Westufer. Er führte so viel Wasser, dass wir ihn nicht hätten überqueren können, wäre da nicht eine große Schneebrücke gewesen.

Auf der anderen Seite lag ein interessantes Bhotia-Dorf mit Namen Kuthi, ebenfalls ein wichtiger Ort in der hinduistischen Mythologie. Es heißt, die Pandava-Brüder hätten sich hier aufgehalten, und deshalb bekam die Gegend den Namen Kuthi, was so viel wie »Hütte« bedeutet. Oberhalb des Dorfes, erzählte man mir, könne man noch Spuren früherer landwirtschaftlicher Nutzung sehen.

Auf einer Anhöhe im Tal waren einige verfallene Hütten und eine inzwischen eingefallene Backsteinmauer zu sehen, Reste einer alten, von den Pandavas erbauten Festungsanlage. Der Weg zur nächsten Wasserstelle war weit, doch die Festung war praktisch uneinnehmbar, und man konnte von dort die ganze Umgebung beobachten.

Heute stehen etwa hundert Häuser in Kuthi, doch nur etwa 30 Bhotia-Familien halten sich hier während des kurzen Sommers auf. Von dem wenigen Ertrag, den der Boden abwirft, könnten sie nicht das ganze Jahr leben. Der Handel mit Tibet ist schon vor vielen Jahren zum Erliegen gekommen, so dass die Menschen ins Tiefland gehen müssen, um ihre Erzeugnisse einzutauschen und so viel zu verdienen, dass sie sich die notwendigsten Dinge kaufen können. Das traditionelle Leben in ursprünglicher Natur ist nur noch ein Traum.

Die alten Holzschnitzereien an den Fenstern und Türen der Häuser gefielen mir ganz besonders. Heute werden solche Arbeiten kaum mehr gemacht. Offenbar stammten sie von nepalesischen Kunsthandwerkern, denn sie zeigten häufig hinduistische Gottheiten wie den elefantenköpfigen Ganesh.

Irgendwann in der Nacht weckte mich ein lauter Knall. Es klang mehr nach dem ersten Donnerschlag eines Gewitters als nach einer Lawine, und obwohl wir uns hier vor solchen Gefahren sicher geglaubt hatten, kam es mir vor, als würde das ganze Dorf im nächsten Augenblick fortgerissen. Ich wartete. Das Grummeln wurde lauter, kam näher. Draußen war stockdunkle Nacht. Während ich noch nach meiner Taschenlampe tastete, hatte Kumar die seine bereits angeknipst. Wir sahen uns beunruhigt an, denn mittlerweile herrschte ein derartiges Getöse, dass wir meinten, unsere letzte Stunde habe geschlagen. Doch plötzlich, als wäre ein Zug vorbeigebraust, hörte der Lärm auf, und es war wieder vollkommen still.

Kumar schaltete seine Taschenlampe aus, und ich ließ meinen Kopf wieder auf den Holzboden sinken und starrte in die Dunkelheit. So war nun mal das Leben, das wir uns ausgesucht hatten. Es gab keine Sicherheit. Alles Mögliche konnte passieren, Schmerz und Tod bringen. Wir hatten einen weiten Weg zurückgelegt, und ich fand, das Schicksal hatte es gut mit uns gemeint. Es hatte keine schweren Unfälle gegeben, doch vor allem während der letzten Tage hatte ich mir große Sorgen gemacht. Ich wünschte mir im Augenblick nur noch, dass wir alle gemeinsam und bei guter Gesundheit unser Ziel erreichen würden.

Der nächste Tag war klar und sonnig. Als Erstes wollten wir natürlich wissen, was in der Nacht geschehen war, als uns der Lärm aus dem Schlaf gerissen hatte. Es stellte sich heraus, dass die Schneebrücke, die wir tags zuvor überquert hatten, zusammengebrochen und in den Fluss gestürzt war. Als hätte sie nur darauf gewartet, dass wir noch sicher auf die andere Seite kamen.

Wir folgten der Schlucht des Kuhti Yankti, der inzwischen zu einem großen Fluss angeschwollen war. Das Tal wurde allmählich breiter, und erste Baumgruppen tauchten auf. Auf halbem Weg, in der Nähe eines Dorfes, in dem wir mittags Rast machten, stand eine Steinsäule. Die Legende erzählt, dass dort einmal eine Familie mit neun Töchtern wohnte, die jeden Tag einen weiten Weg zurücklegen mussten, um Trinkwasser zu holen. Eines Nachts hörte der Vater die Götter im Traum sagen, sie würden dem Dorf einen Wasserlauf schenken, wenn er ihnen dafür seine neun Töchter gebe. »Alle anderen Menschen sterben«, sagten die Götter, »doch deine Töchter werden in diesem Bach ewig lebendig sein.« Am nächsten Tag erzählte der Mann den Traum seiner Frau – und die jüngste Tochter hörte jedes Wort, ohne dass er es wusste. Überzeugt, er vollbringe damit eine edle Tat, bat der Vater seine Töchter, mit ihm zu dem See oberhalb des Dorfes zu gehen, an dem sie tagtäglich Wasser holten. Auch die jüngste Tochter willigte ein mitzukommen, doch bevor sie ging, stellte sie in den Feldern eine Steinsäule auf und belegte das Dorf mit einem Fluch, und seit jener Zeit hat keine Frau dort jemals mehr als neun Kinder bekommen. Der Ort trägt den Namen »Nabi«, und das bedeutet »neun«.

Die Steinsäule war etwa zwei Meter hoch und viereckig. Die Dorfbewohner hatten einmal versucht, sie zu entfernen, wurde uns erzählt, doch sie steckte so tief in der Erde, dass es ihnen nicht gelang. Und so steht sie noch heute dort.

Der Archäologe Tucci berichtet, dass in Tibet an vielen Orten große Steine in den Boden gesetzt sind, einzeln oder zu mehreren. Über den Zweck könne man nur mutmaßen: »Sind es Grabsteine, oder sollen sie aus irgendeinem anderen Grund bestimmte Stellen kennzeichnen? Oder erfüllen sie möglicherweise beide Funktionen?«[1]

Tucci beschreibt ausführlich die Form solcher Steine in Westtibet und den angrenzenden Regionen einschließlich Pu, doch eine Form, wie wir sie sahen, erwähnt er nicht. Er entwickelt zwar verschiedene Theorien über ihren Ursprung, kommt jedoch zu keinem eindeutigen Schluss. Es wäre eine Anmaßung gewesen, hätten wir das getan.

Am Abend erreichten wir Gunji, ein großes Dorf, dessen Bewohner in traditionellen weißen Baumwollgewändern zahlreich erschienen, um uns beim Trommelklang einer *nagada* willkommen zu heißen. Sie hatten

1 Giuseppe Tucci, *Secrets of Tibet*, S. 51

reichlich Alkoholisches mitgebracht, vermutlich in der Absicht, uns so lange zum Trinken zu nötigen, bis wir vollkommen betrunken wären; das verlangte nun einmal die Gastfreundschaft. Bei unserer Ankunft hatte ich jedoch mit Erleichterung festgestellt, dass sie selbst nicht mehr in bester Verfassung waren, denn wir kamen spät, und sie hatten unterdessen bereits die Flaschen kreisen lassen.

Nach einem Rasttag in Gunji machten wir uns Richtung Kalapani auf den Weg. Hinter Gunji verlief unsere Route über eine Hochebene, auf der ein Tempel stand, der dem großen indischen Weisen Vyasa geweiht war. Der Legende nach verfasste er die *Bhagavad-Gita*, eine Episode des großen indischen Epos *Mahabarata*. Von dort aus führt ein Tal in Richtung Lipu Lekh, das den Namen »Vyas-Tal« trägt. Von Gunji aus ging es etwa acht Kilometer den Fluss Kali entlang. Die Landschaft war herrlich, denn die Vegetation nahm langsam zu. Allerdings lag kein Schnee mehr, so dass wir unsere Skier bis zum Fuß des Lipu-Lekh-Passes tragen mussten.

In Kalapani entspringt eine Quelle mit kristallklarem Wasser, das sich in den schlammigen Fluss unten im Tal ergießt. Es soll die Quelle der Kali sein und gilt deshalb als besonders heilig; inzwischen hat man über ihr einen Tempel errichtet. Sie sprudelt nur etwa sechs Monate im Jahr, wurde mir erzählt, und ihr Wasser beginnt ziemlich genau an demselben Tag zu fließen, an dem die Tore des Badrinath-Tempels geöffnet werden. Eigenartigerweise beginnt sie ganz plötzlich zu sprudeln, und ebenso unvermittelt versiegt sie wieder. Eine Erklärung dafür könnte sein, dass es sich bei dieser Quelle um den Überlauf eines unterirdischen Sees oder Wasserreservoirs handelt. Würde sie von schmelzendem Schnee oder Gletschereis aus den Bergen gespeist, würde sie langsam und unregelmäßig fließen.

Jenseits der Kali erhob sich ein hoher, steiler Bergrücken mit einer unzugänglich erscheinenden Höhle, doch erst als sich das Auge auf die Entfernung eingestellt hatte, konnten wir erfassen, wie groß sie tatsächlich war. Zwei mutige Männer der indischen Grenzpolizei, die dort stationiert waren, erzählten mir, sie seien einmal hinaufgestiegen, um sich die Höhle anzusehen. »Die Höhle ist sehr geräumig, und ein Mensch kann bequem darin leben. Wir haben dort auch ein paar alte Tontöpfe gefunden«, berichteten sie. In dieser Höhle soll der große Weise Vyasa gelebt haben, deshalb wird sie Vyas Gufa genannt.

Hinter Kalapani führt der schmale Pfad mit mäßiger Steigung zum Lipu-Lekh-Pass hinauf und von dort weiter zum heiligen Berg Kailash. Die Chinesen hatten den Pass vor mehr als zwei Jahrzehnten gesperrt, doch seit September 1981 ist er wieder offen, so dass nach langer Zeit die ersten indischen Pilger zum Kailash und Manasarowar-See ziehen konnten. Heute pilgern im Sommer viele Menschen auf diesem Weg zu den heiligen Orten.

Wir überquerten den Pankha Gad über eine Brücke; in ihn mündete ein Stück weiter, von links kommend, ein Fluss namens Garphu Gad. Wir folgten dem Lipu Gad bis nach Nabi Dhang, einem weiten, offenen Lagerplatz. Von hier zweigten zwei Täler ab: das breite Lallinti-Tal nach Osten, und ein anderes, wesentlich schmaleres, das nach Lipu Lekh führte.

Am liebsten hätten wir erst einen Freudentanz aufgeführt, ehe wir uns in Nabi Dhang in die Schlafsäcke verkrochen; schließlich hatten wir einiges durchgemacht. Wir näherten uns dem letzten Pass, er war nur noch acht Kilometer entfernt. Die Steigung war gering. Und da Pilger beiderlei Geschlechts und jeden Alters diesen Weg gingen, konnte er körperlich nicht besonders anstrengend sein. Nach den Herausforderungen, die wir auf unserer Expedition bestanden hatten, würde es für uns ein Spaziergang werden.

Eines habe ich gelernt: Wenn ein Mensch ein Ziel erreicht, das zu erreichen andere für unmöglich gehalten haben, wird er stärker; er entdeckt Energiereserven in sich, von denen er nichts wusste, und kann zukünftigen, noch größeren Herausforderungen besser begegnen. Welches Potenzial in einem steckt, erfährt man nur, wenn man an seine Grenzen geht.

In Gunji waren das Unterstützer- und das Proviantteam zu uns gestoßen, so dass wir nun alle wieder zusammen waren. Wir redeten stundenlang, bis in die Nacht hinein, und fanden kaum Schlaf, deshalb waren wir um vier Uhr morgens schon wieder auf den Beinen und abmarschbereit. Wir wollten unbedingt noch in der Morgendämmerung zum Pass hinauf, um zu erleben, wie die ersten Sonnenstrahlen den Gurla Mandhata in magisches Licht tauchen. Man hatte uns gesagt, dass wir ihn vom Pass aus sehen könnten.

Das Tal vor uns lag tief verschneit, es ging gemächlich bergauf und wurde erst am Fuß des Passes steil. Rechter Hand erkannten wir einen auffälligen Sattel. Es war der neue Lipu-Lekh-Pass, über den inzwischen eine Straße nach Taklakot in Tibet führt. Wir beschlossen, über einen Ausläufer zu unserer Linken zum alten Pass aufzusteigen, der mittlerweile kaum noch benützt wird.

Der Himmel begann zu glühen, und ich machte Tempo, um aus den Wolken herauszukommen. Hauptmann Rao, unser Arzt aus Gunji, der uns auf diesem letzten Stück hatte begleiten wollen, schleppte sich mühsam voran. Für ihn war es der Höhepunkt seines Lebens, den Lipu-Lekh-Pass zu besteigen, denn er hatte noch nie auf einem so hoch gelegenen Pass gestanden. Auf halbem Weg ließ er sich erschöpft zu Boden fallen, schüttelte seine Hände, die immer kälter wurden, und bewegte seine taub gewordenen Zehen. Die Höhe machte ihn schwindelig, die Kälte ängstigte ihn, aber er wollte auf keinen Fall aufgeben. Pritam und Om Prakash setzten sich neben ihn und redeten ihm gut zu. »Zehn Schritte«, lockte ihn Pritam, »nur noch zehn Schritte, und du stehst oben.« Als er das hörte, erhellte sich Raos Gesicht, und er stand auf, um seine zehn Schritte zu tun, sank jedoch nach zwei Schritten erneut zu Boden. Wieder sprach ihm Pritam mit denselben Worten Mut zu, und wieder stand Rao auf und ging weiter. Rai und ich beobachteten von weitem, wie sich diese Szene noch mehrmals wiederholte. Dann, endlich, hatte er es geschafft. Alle Schmerzen, alle Erschöpfung waren vergessen, als er auf dem Lipu-Lekh-Pass stand, und er war so bewegt, dass ihm die Tränen herunterliefen.

Jenseits des Lipu Lekh lag die Tibetische Hochebene, zwischen 3939 und 4545 Metern hoch, und in der Mitte ragte deutlich sichtbar der Gurla Mandhata empor. Noch ein Stück weiter entfernt, links von ihm, ein weiterer Berg, der meiner Vorstellung nach der Kailash gewesen sein könnte. Die Tibeter nennen den 6621 Meter hohen Berg Tise. Der einzige Berg, der ihm seine beherrschende Position streitig macht, ist der 7681 Meter hohe Gurla Mandhata – für die Tibeter Memo oder Memo-Nam-Nyimri –, einer der höchsten Berge Tibets. Zwischen diesen beiden Bergen liegen die Seen Rakas Tal und Manasarowar, beide mehr als 4500 Meter über Meeresniveau. Hindus wie tibetische Buddhisten kennen keinen heiligeren Ort als diese Region, umarmt von diesen Bergen, auf die wir nun aus der Ferne blickten.

Der Manasarowar-See soll aus dem Geist Brahmas entstanden sein und wird als Heimstatt der Götter betrachtet.

Wessen Körper die Erde des Manasarowar berührt, wer in diesem See badet, wird in den Brahma-Himmel eingehen, und wer von seinem Wasser trinkt, wird in den Shiva-Himmel eingehen und von den Sünden von hundert Wiedergeburten befreit werden, und selbst das Tier, das den Namen Manasarowar trägt, wird in den Brahma-Himmel eingehen.[2]

Von der Passhöhe aus konnten wir auch das obere Tal des Karnali sehen, des »Pfauen-Flusses«, so genannt wegen der Schönheit der Frauen, die in dieser Region leben. Der Karnali, einer der Quellflüsse des Ganges, entspringt nördlich des Himalaya, durchbricht ihn, fließt durch Nepal, und später dann, östlich von Lucknow, in den Gagra, bis er sich schließlich mit dem Ganges vereint.

Das Unterstützerteam und das Proviantteam jubelten, doch diejenigen, die all die Strapazen der Expedition durchgestanden hatten, standen da wie erstarrt und wussten nicht, was sie tun sollten. Wir hatten unser großes Erfolgserlebnis schon gehabt, nämlich die Entdeckung der drei Pässe. Der Lipu Lekh war gewissermaßen nur noch Formsache, wie die standesamtliche Trauung, nachdem die Hochzeitsgäste auf das junge Paar angestoßen haben. Es war ein Anlass zu Freude, und gleichzeitig spürte ich Trauer. Ähnlich mag sich die Mutter einer Braut fühlen, die glücklich ist, ihre Tochter verheiratet zu sehen, und gleichzeitig traurig, weil sie ihre vertraute Nähe verliert. Wir waren über drei Monate zusammen gewesen, doch sie kamen uns wie Jahre vor. Wir hatten vergessen, dass eines Tages jeder wieder seiner eigenen Wege würde gehen müssen. Dieser Tag war nun gekommen. Für uns ging ein wichtiger Lebensabschnitt zu Ende, und ein neuer begann.

2 Charles Allen, *A Mountain in Tibet*, S. 26

Mit einem Mal zogen dichte Wolken auf, die uns jede Sicht nahmen, und es fing an zu schneien. Der Wetterumschwung kam so unvermittelt, dass wir überhaupt nichts bemerkt hatten. Zum ersten Mal, seit ich ihn kannte, klagte Kumar über Kopfschmerzen und Übelkeit; ich vermute, es war eine Folge allgemeiner Erschöpfung. Nachdem er so lange Zeit in so großer Höhe unterwegs gewesen war, ging es ihm plötzlich derart schlecht, dass wir ihm helfen mussten, wieder hinunterzukommen. Die Kälte drang bis auf die Haut, so dass wir trotz unserer dicken Kleidung froren. Ich bereute schon, dass ich den Lipu Lekh einen »Pass für Frauen« genannt hatte. Im Himalaya kann eine Route, so leicht sie auch erscheinen mag, im Handumdrehen teuflisch unangenehm werden.

In gewisser Weise erschien es uns durchaus angebracht, dass der Große König Himalaya uns zum Abschied noch einmal zeigte, wie mächtig er war. Wir hatten um sein Wohlwollen gebeten, eine Audienz bekommen und ihm Treue geschworen. Er hatte uns erlaubt, durch sein Reich zu ziehen. Immer wieder hatte sein Siegel auf unserem Passierschein uns die Reise erleichtert, uns vor Katastrophen bewahrt. Manchmal hatten wir uns so weit vergessen, dass wir uns unverwundbar glaubten und meinten, seiner wohlwollenden Unterstützung nicht zu bedürfen. Manchmal hatten wir sogar seine Autorität in Frage gestellt. Dann hatte der Himalaya uns herausgefordert, uns ermahnt oder uns eine Prüfung geschickt, um uns eine Lektion zu erteilen.
Die ganze Zeit über hatte uns der Himalaya beschützt und inspiriert, hatte uns unsere kleinen Erfolgserlebnisse gegönnt und uns doch niemals vergessen lassen, wer in seinem Reich herrschte. Und nun, als wir zu Füßen seines Throns standen, bedachte er uns mit einem letzten großzügigen Geschenk, Symbol seiner glorreichen Herrschaft: Der Große König entrollte für uns einen Regenbogen.

ANHANG

Anhang 1

Abenteuer und Führung

Was kennzeichnet den Abenteurer? Allen Abenteurern gemeinsam ist eine Eigenschaft, gewissermaßen eine Kombination aus Vorstellungskraft, klarer Auffassung von der Welt und des eigenen Platzes in ihr sowie Hunger nach neuen Erfahrungen. Man könnte diese Eigenschaft auch Bewusstheit nennen.

> Es ist das Merkmal, das sie von allen anderen Menschen unterscheidet, der innere Drang, der sie vor allem drei Zielen nachjagen lässt: der physischen Herausforderung, dem Reiz des Neuen, unterwegs zu sein … So gesehen ist Abenteuer eine Berufung, eine selbst gewählte Aufgabe und niemals etwas, das dem Betreffenden aufgezwungen wird – wie in Kriegszeiten oder bei zufälligen Ereignissen. Der Abenteurer sucht das Abenteuer nicht in erster Linie seiner Begleiterscheinungen wegen, sondern um des Abenteuers selbst willen.[1]

Was kennzeichnet die Führungspersönlichkeit? Es sind besondere Menschen mit einem starken Wunsch, sich für eine Sache einzusetzen, die den Bedürfnissen dieser Gesellschaft entspricht. Andererseits können Führer auch ausgewählt und zu solchen ausgebildet werden, wie bei den Streitkräften. Ethisch ist an diesem Vorgehen nichts auszusetzen, und es kann sich als durchaus sinnvoll erweisen. In dem Wort »ausgewählt« stecken sowohl das Wort »gewählt« wie auch seine Bedeutung. Beiden gemeinsam ist das Prinzip der Wahl auf Grund von Leistung.

Schwierigkeiten kann es allerdings geben, wenn ein Führer weder ausgewählt noch gewählt, sondern ernannt wird – wie es häufig bei Expeditionen der Streitkräfte der Fall ist.

In Indien, wo die meisten Expeditionen von den Streitkräften bzw. paramilitärischen Einheiten organisiert werden, ist dies seit vielen Jahren zu beobachten. Es hat bei solchen Expeditionen schon häufig Schwierigkei-

1 Ingrid Cranfield, *The Challengers: British and Commonwealth Adventure since 1945,* S. 4

ten gegeben, angefangen von Problemen zwischen den einzelnen Teammitgliedern, weil das Streben nach persönlichem Ruhm und Belobigungen wichtiger genommen wurde als das gemeinsame Expeditionsziel, bis hin zu vermeidbaren Unglücksfällen, bei denen manchmal auch Tote zu beklagen waren.

Ein ernannter Expeditionsleiter neigt dazu, den »Erfolg um jeden Preis« erzwingen zu wollen – es wird sogar von ihm erwartet. Vom Erfolg hängt ab, ob er Ruhm und Ehre erwirbt. Oft verhält sich ein solcher Expeditionsleiter, als hinge sein Leben davon ab.

Meiner Ansicht nach muss ein Expeditionsleiter eine echte Passion für das von ihm gewählte Abenteuer haben und darf es nicht als eine von außen aufgezwungene Aufgabe betrachten, sondern als Antwort auf ein inneres Bedürfnis. Jedes Abenteuer sollte eine von ihm selbst entwickelte Idee sein, ein persönliches Ziel, Ausdruck eines Forschergeistes. Als Richtschnur sollte gelten: nicht eine Idee entwickeln und dann nach einem Führer suchen, sondern eine Idee fördern, die von einem Menschen kommt, und sie wachsen lassen.

Führerschaft ist grundsätzlich wesensbedingt. Sie ist eine Qualität, die man schärfen, steuern, polieren und greifbarer machen kann, doch man kann sie weder herbeizaubern noch jemandem aufzwingen. Die echte Führungspersönlichkeit pflückt man nicht vom Baum. Dieser Mensch plant die Expedition aus innerer Passion und setzt sein Konzept in die Tat um, weil es, für ihn, gar keine andere Möglichkeit gibt. Jene, die sich ihm anschließen, folgen ihm, weil er sie mit seiner Begeisterung ansteckt und mit seinem Engagement motiviert.

Für mich ist die entscheidende Qualität eines Expeditionsleiters die Fähigkeit, das gesamte Team motivieren und begeistern zu können.

Doch auch die persönliche Motivation und die innere Haltung spielen eine Rolle. Bei den Streitkräften trägt ein Führer die letzte Verantwortung für Motivation und Kampfgeist seiner Truppe. Bei einer Expedition hingegen kann der Leiter zwar dazu beitragen, doch jedes Teammitglied trägt für sich selbst die Verantwortung. Er oder sie nimmt freiwillig an der Expedition teil und weiß vorher um die damit verbundenen Strapazen.

Während der Leiter sich bemühen muss, in jeder Hinsicht ein Vorbild zu sein, müssen seine oder ihre Teammitglieder vor allem über eine Eigenschaft verfügen: Loyalität – dem Team, dem Leiter und sich selbst gegenüber. Leider ist Loyalität nicht unbedingt vorauszusetzen, wie Phillip Law feststellt: »Manche Männer sind von ihrem Wesen her loyal, andere provokant, unloyal und nicht kompromissbereit.«[2]

In den Streitkräften muss mancher unter einem Vorgesetzten dienen, dessen Ansichten und Grundsätze nicht mit den seinen übereinstimmen, und dennoch muss er sich ihm gegenüber loyal zeigen. Bei einer Expedition hingegen, zu der man sich freiwillig entschließt, hat der Einzelne die Möglichkeit, sich gegen eine Teilnahme zu entscheiden. Hat er sich jedoch einmal entschieden, daran teilzunehmen, muss er die Strapazen bis zum Schluss hinnehmen.

Das Erfolgsgeheimnis liegt in der Beziehung zwischen Leiter und Team. Sie funktioniert, wenn beide Seiten ihre Aufgaben als auf ein gemeinsames Ziel gerichtet begreifen. Man könnte nun argumentieren, es sei leichter, disziplinierte und motivierte Menschen zu führen, doch charakterstarke Menschen sind meistens sehr eigenwillig und haben oft ihre ganz persönlichen Ziele. Der Erfolg einer Expedition wird also vor allem davon abhängen, wie der Leiter das Team auswählt. Er oder sie muss Personen wählen, die bereit sind, sich führen zu lassen, die sowohl dem Leiter wie der Sache gegenüber loyal sind.

Kompetente Menschen ordnen sich ungern unter, es sei denn, sie anerkennen, dass der Leiter eine noch größere Kompetenz besitzt als sie selbst. Probleme bereiten in erster Linie die inkompetenten Menschen, besonders wenn sie die größere Kompetenz des Leiters nicht anerkennen. Diese Haltung kann sich sehr störend auswirken.

Bei der *Ski-Himalaya-Expedition* funktionierte das Zusammenspiel ausgezeichnet. Es gab keine Grüppchen, keine Konkurrenz untereinander; es gab nur ein Ziel, das wir gemeinsam erreichen wollten. Normalerweise wollen die Menschen Spannung, Zuneigung und gutes Essen. Von mir bekamen sie auf dieser Expedition stattdessen dünne Luft und Instant-

2 Dr. Phillip Law in: *Mind Over Matter* von Ranulph Fiennes, S. 231

Nudeln. Dennoch war die Stimmung im Team immer gut, weil Körper und Geist im Einklang waren und das, was wir taten, zielorientiert und befriedigend war.

In der Armee lernen Offiziere, aus dem Hintergrund zu führen; ich hingegen habe immer von der Spitze aus geführt, und dazu gehört auch, dass ich die Route und ein vernünftiges Tempo vorgebe. Diesem Prinzip bin ich auch bei der *Ski-Himalaya-Expedition* gefolgt. Doch ein Tempo vorzugeben ist weder einfach noch möglich, wenn man das Team und seine Fähigkeiten nicht sehr genau kennt.

Ein bestimmtes Tempo beizubehalten und damit eine gewisse Effizienz zu gewährleisten war eine Aufgabe, die Krishan Kumar und ich gemeinsam bewältigten. Kumar kümmerte sich als Schlussmann um die Leute am Ende der Gruppe; ich gab an der Spitze das Tempo an, und dazwischen gingen in engem Abstand die anderen Teammitglieder. Was unsere Leistungsfähigkeit vor allem beeinträchtigte, waren die Faktoren Kälte, Höhe und Erschöpfung.

Unser größter Feind war die Erschöpfung. Bei langen Strecken hätten wir allenfalls Gepäck tragen dürfen, das 40 Prozent unseres Körpergewichts entsprach, doch unsere Rucksäcke wogen 36 Kilogramm, das heißt mehr als 50 Prozent unseres Körpergewichts.

Um nicht so schnell müde zu werden, machten wir jede Stunde eine kurze Rast von anfangs fünf Minuten, doch diese Pausen wurden im Laufe des Vormittags immer länger. Entscheidend war das Tempo am Nachmittag. Wenn wir ein zu hohes Tempo vorlegten, ermüdeten wir zu schnell; gingen wir zu langsam, hätten wir unser Etappenziel nicht erreicht. Deshalb achteten wir auf ein gleichmäßiges Tempo, das lange durchzuhalten war. Auf den letzten Etappen wurde es nachmittags zu heiß; das kostete uns viel Energie. Nicht weniger anstrengend waren Schneestürme, die uns die Sicht nahmen. Das Beste war, so früh wie möglich aufzubrechen, um das klare, kalte Wetter am Vormittag zu nutzen. Eine Durchquerung des Himalaya ist sehr abwechslungsreich. Von jedem Bergrücken aus boten sich neue Ausblicke, und man bekam Lust, mehr zu sehen und kennen zu lernen. Im Gegensatz dazu muss man bei der Besteigung eines

Berges oft vorgegebenen Routen folgen, was häufig nichts anderes bedeutet, als sich mitsamt Gepäck tagelang nur zum Gipfel hochzuquälen.
Als ich in die Eiswüste des Himalaya aufbrach, geschah das mit der Absicht, alle Routine zu vergessen, zu tun, was ich wollte, der Eintönigkeit zu entkommen. Dennoch schlich sich auch bei unserer Expedition mit der Zeit eine gewisse Routine ein. Nach einigen Stunden, wenn die Motivation nachließ, klagten die Leute regelmäßig über Müdigkeit, obwohl dieser »Tiefpunkt« von echter Erschöpfung noch weit entfernt war.
Deshalb beschloss ich, diese Tiefpunkte gezielt hinauszuzögern. Ich schob die Rastpausen ein wenig hinaus oder gab bewusst jeden Tag eine andere »Arbeitszeit« vor; manchmal machte ich so früh Schluss, dass alle überrascht waren, manchmal ließ ich den Marschtag so spät enden, dass der Tiefpunkt keine Rolle mehr spielte. Mit der Zeit, als das Team spürte, dass sie mehr leisten konnten, ohne übermäßig zu ermüden oder sich zu überfordern, gewöhnten wir uns sehr gut an längere »Arbeitsstunden«. Auf diese Weise schafften wir es, Tag um Tag unser Ziel zu erreichen, wenn auch manchmal mit zusammengebissenen Zähnen, und wir brauchten nicht mehr Ruhepausen als ein Spaziergänger.

Anhang 2

Die Ski-Himalaya-Expedition

Das Team

Harish Kohli, VSM. . . . . Leiter . . . . alle Etappen
Krishan Kumar . . . . Stellvertr. Leiter . . . . alle Etappen

1. Vom Karakorum-Pass bis zum Tsomo-Riri-See (393 km)
Sagar Rai . . . . evakuiert in Daulat Beg Oldi
Purna Bahadur Gurung
Nar Pratap Pun
Angchuk
Som Karan Blon . . . . evakuiert in Daulat Beg Oldi
Shanti Prasad

2. Vom Tsomo-Riri-See bis Chitkul (828 km)
Dhan Singh
Nar Pratap Pun
Karma Bahadur Thapa
Ranjit Singh
Tashi

3. Von Chitkul bis Mana (301 km)
Ratna Mani Rai
Pritam Singh
Om Prakash
Karna Bahadur Subba
Til Bahadur Burathoki
Hira Singh
Jonathan Fox . . . . US-Armee . . . . bis Harsil
Fredrick Poirier . . . . US-Armee . . . . bis Harsil

Michael Kilcullan . . . . Australische Armee . . . . . . bis Harsil
Tom Foster. . . . . Australische Armee . . . . . . bis Harsil
Colin Gent . . . . Britische Armee
Clive Poultney . . . . Britische Armee
James Green . . . . Britische Armee

4. Von Mana bis Malari (169 km)
Ratna Mani Rai
Pritam Singh
Om Prakash
Til Bahadur Burathoki
Kamal Singh
Gulab Singh
Colin Gent . . . . Britische Armee
Clive Poultney . . . . Britische Armee
James Green . . . . Britische Armee

5. Von Malari bis Milam (124 km)
Ratna Mani Rai
Pritam Singh
Dil Prakash Shrestha
Som Karan Blon
Kamal Singh
Gulab Singh

6. Von Milam bis Lipu Lekh (261 km)
Ratna Mani Rai
Pritam Singh
Om Prakash
Angchuk
Ranjit Singh
Til Bahadur Burathoki

Unterstützungsteam:
Mukesh Kumar Joshi . . . . . Verwaltungsoffizier
Kundan Singh . . . . Offiziersanwärter in der Verwaltung
Manzoor Ahmed. . . . . zuständig für Ausrüstung
Anar Singh . . . . zuständig für Proviant
Hari Nandan. . . . . zuständig für Bekleidung

Sponsoren

Folgende Sponsoren haben das Zustandekommen der Ski-Himalaya-Expedition *ermöglicht:*

Indische Armee
Infanterie-Direktorat . . . . . Oberst S.S. Sangwan
. . . . Oberst Pattar
Air India & Indian Airlines . . Russi Modi
. . . . P.J. Crasta
Videsh Sanchar Nigam
Limited (VSNL) . . . . K.K. Kheterpaul
MELTRON. . . . . Generalmajor K.P.S. Kirpekar
Adventure Cell. . . . . Oberst K.M. Singh
. . . . Oberst Arun Chadha
Future Vision (P) Ltd . . . . . Prahabjot Singh
. . . . Gulshan Kumar

Logistische Unterstützung:
Hauptquartier Kommando Nord
Dritte Infanteriedivision
Hubschrauberstaffel in Leh
Lufttransportgeschwader in Leh
Lufttransportgeschwader in Bareilly
Hauptquartier Kommando West

Hauptquartier für die Bereiche Himachal Pradesh und Uttar Pradesh
Ladakh Scouts
Indische Grenzpolizei

Unterstützung durch Privatpersonen:
Hank Ketcham
Angi Tempo
Tsering Dolkar

Verpflegung, Ausrüstung, Kleidung, Route

Verpflegung und Proviantstationen
Auf einer Ski-Expedition sollte die Verpflegung möglichst wenig Gewicht ausmachen. Man hat zwei Möglichkeiten: Entweder beschränken sich die Teilnehmer auf die minimale Nahrungszufuhr, die zur Erhaltung der Leistungsfähigkeit notwendig ist, oder man erhöht die Energiedichte der Rationen. Da noch niemand eine derartige Expedition durch den Himalaya unternommen hatte, konnten wir hinsichtlich des Energiebedarfs nicht auf Erfahrungswerte zurückgreifen. Wir schätzten den Bedarf ähnlich wie beim Bergsteigen ein, nämlich auf etwa 5000 Kalorien pro Tag. Schließlich entschieden wir uns, eine Energiezufuhr von mindestens 4500 Kalorien pro Tag anzusetzen, damit wir nicht mehr als 10 Kilogramm abnahmen, denn das hätte uns zu sehr geschwächt. Eine solch hohe Kalorienzufuhr bei begrenztem Gewicht ließ sich nur mit gefriergetrockneten Lebensmitteln erreichen. Diese Lebensmittel werden in Indien jedoch weder hergestellt noch verkauft.
Deshalb sind indische Expeditionsteams meistens auf Trockennahrung angewiesen, die nicht nur viel wiegt, sondern in großer Höhe auch schlecht zu garen ist. Da wir einerseits keine gefriergetrockneten Nahrungsmittel bekamen und andererseits nicht mehr tragen konnten als ohnehin schon, war die Verpflegung der größte Schwachpunkt bei unserem Vorhaben. Andere Expeditionen haben damit ebenso zu kämpfen.
Während meiner Recherchen stellte ich fest, dass in Indien noch keine

einzige Studie über den Energieverbrauch bzw. -bedarf bei hoher körperlicher Belastung durchgeführt worden ist. Bislang haben Expeditionen ihre Tagesrationen auf der Basis von Kalorien zusammengestellt, doch neueste Forschungsergebnisse in anderen Ländern belegen, dass dieses Vorgehen unzweckmäßig ist. Noch weiß man nicht genug über die Auswirkungen hoher Dauerbelastung. Bis vor kurzem dachten die meisten Menschen, dass eine intensive sportliche Betätigung eine hohe Eiweißzufuhr verlangt, doch diese Annahme wird inzwischen als unzutreffend angesehen. Es hat sich gezeigt, dass bei hoher Belastung vielmehr eine hohe Zufuhr an Kohlenhydraten die Verfügbarkeit von Glukose/Glykogen für die arbeitenden Muskeln optimiert. Zudem weisen einige Erkenntnisse darauf hin, dass der menschliche Körper auch eine erhöhte Fettzufuhr sinnvoll nutzen kann. Teilnehmer von Antarktis-Expeditionen haben in den letzten Jahren eine ungewöhnliche Ernährungsform ausprobiert, bei der 57 Prozent der Energie aus Fett bezogen wurden. Es scheint, dass der Körper Fett aus dem Darm aufnehmen und als Brennstoff in das Blut abgeben kann – eine erstaunliche Erkenntnis, die erst vor kurzem nachgewiesen wurde. Andererseits verloren diese Männer während der rund 90 Tage dauernden Expedition durch die Antarktis bis zu 20 Kilogramm an Gewicht.

Auch wir verloren bei der *Ski-Himalaya-Expedition* zwischen 15 und 20 Kilogramm. Allein dieser Umstand zeigt, dass wir Schwerarbeit leisteten, und das über einen Zeitraum von drei Monaten. Da wir nur eine begrenzte Last tragen konnten, sollten Instant-Nudeln die Grundlage unsere Ernährung bilden, ergänzt durch kalorienreiche Nahrungsmittel. Am Ende beschlossen wir, nur das Allernotwendigste mitzunehmen; alles andere würde das Unterstützerteam zu den Proviantstationen bringen.

Auf unserem Speiseplan standen hauptsächlich Kohlenhydrate und Eiweiß, wie in der guten alten Zeit. Es gab nur eine richtige Mahlzeit am Tag. Das frugale Frühstück bestand aus Reismehl mit Milch oder Tee. Unser Proviantpaket zu Mittag enthielt ein Päckchen Kekse, Trockenobst und Karamellbonbons, dazu zwei Riegel Schokolade. Das Abendessen – ein Berg Instant-Nudeln oder Eintopf mit Reis – war einfach, aber sättigend.

Wir haben keine Statistik zu Ernährung oder Energiezufuhr und -verbrauch geführt, aber künftige Untersuchungen auf diesem Gebiet könnten hilfreiche Erkenntnisse, auch für die praktische Umsetzung, zum Thema Energiebilanz liefern. Solche Informationen über den Energiebedarf von Menschen, die über längere Zeit unter extremen äußeren Bedingungen Schwerarbeit leisten, könnten insbesondere für Expeditionen in Polargebiete und Höhenbergsteiger nützlich sein.

Da wir nicht unsere gesamte Verpflegung selbst transportieren konnten, richteten wir entlang der Route Proviantstationen ein, die nach sorgfältigem Studium der Karte und Erkundung vor Ort ausgewählt wurden. Dorthin wurden vor allem Dinge gebracht, die schwerer waren und viele Kalorien lieferten. Das Problem war, dass nicht alle Proviantstationen mit Fahrzeugen erreichbar waren. Deshalb statteten wir die Proviantstationen in den besonders schwer zugänglichen Regionen mit Vorratslagern aus. Diese Voraussicht machte sich bezahlt, denn dadurch hatten wir immer ausreichend Proviant – bis auf einmal in Ladakh, als wir uns verirrten.
Vor Beginn der Expedition teilten wir das Team in vier Gruppen auf, und jede Gruppe bekam die Aufgabe, in der ihr zugeteilten Region Erkundungen durchzuführen. Wo notwendig, richtete sie auch Vorratslager ein oder vertraute den Proviant uns bekannten, zuverlässigen Personen in den Dörfern an. Diese Erkundungstouren hatten den Vorteil, dass die Teammitglieder ihre körperliche Leistungsfähigkeit verbessern und sich mit der Region vertraut machen konnten, was ihnen auch mehr Selbstvertrauen für die eigentliche Expedition gab.
Die Mitglieder der Erkundungsteams schlossen sich später entweder der Expedition auf der betreffenden Etappe an, oder sie unterstützten uns in dieser Region. Einen Großteil der Route kannten die Mitglieder des Teams also schon vor Beginn der Expedition.

An folgenden Orten bestanden Proviantstationen:

a) Tangtse (Ladakh) . . . . . . per Fahrzeug . . . . Gruppe 1
b) Mahe (Ladakh) . . . . Lager . . . . Gruppe 1
c) Kibber (Himachal). . . . . . Lager . . . . Gruppe 2

d) Pooh (Himachal)	per Fahrzeug	Gruppe 2
e) Chitkul (Himachal)	Lager	Gruppe 2
f) Harsil (Garhwal)	per Fahrzeug	Gruppe 3
g) Mana (Garhwal)	per Fahrzeug	Gruppe 3
h) Malari (Garhwal)	per Fahrzeug	Gruppe 3
j) Milam (Kumaon)	per Träger	Gruppe 4
k) Gunji (Kumaon)	per Träger	Gruppe 4
l) Dawe (Kumaon)	per Träger	Gruppe 4

Ausrüstung und Kleidung

Skitouren durch den Himalaya mitten im Winter sind kein Spaziergang. Damit alle heil am Ziel ankommen, sollten sie möglichst warme Kleidung haben und möglichst wenig Ausrüstung mitnehmen. Sie meinen, das lässt sich schwer vereinbaren? Stimmt!

Stellen Sie sich vor, Sie wollen eine Expedition machen. Erste Regel: Alle Luxusgüter – z.B. Laptop, Filofax und Handy – bleiben zu Hause. Erstellen Sie eine Liste aller Sachen, die Sie mitnehmen möchten, und fangen Sie an, Ihren Rucksack zu packen. Wenn nicht alles hineinpasst, sortieren Sie die weniger wichtigen Dinge aus, und versuchen Sie es noch einmal. Ist es immer noch zu viel, wiederholen Sie diese Prozedur, bis Gewicht und Volumen für Sie genau stimmen. Ich weiß, es ist schwieriger, als es sich anhört.

Ehe Sie ins Flugzeug steigen, gibt es noch zwei wichtige Punkte zu beachten. Erstens: Je älter Sie sind, umso leichter frieren Sie. Draufgängertum ist unangebracht; es könnte tödlich enden. Zweitens: Schleppen Sie keine Apotheke mit. Packen Sie Medikamente für Beschwerden ein, mit denen Sie auch rechnen müssen, wie zum Beispiel Durchfall, Krämpfe oder Muskelschmerzen. Am häufigsten sind Kopfschmerzen, Magenprobleme, Rücken- und Halsschmerzen.

Latzhosen: Statt der üblichen Skihosen trugen wir Latzhosen von The North Face aus dreilagigem Taslan Gore-Tex. Dieses Material erwies sich als äußerst haltbar, atmungsaktiv und besonders leicht. Die Hosen hatten ein Innenfutter und Gummizug am Fuß, so dass wir selbst bei Tiefschnee keine zusätzlichen Gamaschen brauchten. Das warme Innenfutter verwendeten wir bei extremer Kälte, an warmen Nachmittagen öffneten wir die Reißverschlüsse seitlich an den Beinen und hinten über dem Gesäß, so dass die Luft zirkulieren konnte. Vorne gab es zwei Brusttaschen, an die wir auch mit umgeschnalltem Rucksack leicht herankamen. Dort verwahrten wir Notrationen, Batterien, ein zusätzliches Paar Handschuhe und andere kleine Dinge für Notfälle.

Wasserdichte Jacken: Am besten kauft man Hose und Jacke vom selben Hersteller. Unsere Jacken waren aus demselben Material wie die Latzhosen und hatten verstärkte Ellbogen, Schultern und Ärmelbündchen.

Fleecejacke: Wir zogen zusätzlich eine Fleecejacke unter, wenn die Temperatur unter –20 °C fiel. Das ist im Allgemeinen am frühen Morgen und späten Abend der Fall. Tagsüber, bei der »Arbeit«, war uns Kleidung aus Fleece zu warm. Unsere Fleecejacken waren aus Polartec 300 mit einer Taslan-Nylon-Beschichtung an besonders beanspruchten Stellen oder als zusätzlicher Windschutz, wenn wir die Außenjacke nicht ganz schlossen. Die meisten von uns trugen diese Jacken nachts zum Schlafen.

Thermo-Unterwäsche: Die Hosen bestanden aus Polartec 100M, einem dünnen Mikrofasermaterial, das die Feuchtigkeit von der Haut ableitet. In Kombination mit der Latzhose erwies sich diese Unterwäsche als ideale Lösung, um einerseits vor der Morgenkälte zu schützen, andererseits tagsüber den Schweiß aufzusaugen. Wir trugen sie fast während der gesamten Expedition. Die Hemden hatten lange Ärmel und einen Stehkragen mit Reißverschluss.

Daunenjacke: Sie kam kaum zum Einsatz. Erstens behinderte sie beim Skifahren, und zweitens wurde uns durch die Anstrengung tagsüber so warm, dass wir sie nicht brauchten. Im Biwak reichte eine Fleecejacke vollkommen aus; außerdem verkrochen wir uns ohnehin immer ziemlich schnell in den Schlafsäcken. Ich hatte das schon vorausgesehen und nur vier Daunenjacken für acht Mann mitgenommen, und selbst diese schickten wir an der zweiten Proviantstation zurück. Zudem wog jede Daunenjacke 880 Gramm, eine Menge Gewicht bei dem geringen Nutzen.

Kletterstrümpfe: Die Kletterstrümpfe von Thor-Lo erwiesen sich als ideal bei Skistiefeln aus Kunststoff. Wir trugen zwei Paar – eins knielang, eins knöchelhoch –, und hatten noch ein Extrapaar dabei. Dadurch hatten wir immer trockene Socken in Reserve, was wir vor allem zum Schlafen sehr

schätzten. Sie waren an Ferse, Ballen, Knöchel und Rist gepolstert und bestanden im Zehenbereich, der besonders warm bleiben soll, aus 100 Prozent Wolle. Die Socken waren sehr angenehm zu tragen.
Gore-Tex Socken: Atmungsaktive, wasserdichte Socken, über die Trekkingsocken zu ziehen. Da sie aus Gore-Tex Stretchmaterial waren, lagen sie gut an, doch wir fühlten uns nie so recht wohl darin und benutzten sie kaum.
Handschuhe: Jeder von uns hatte drei verschiedene Paar Handschuhe dabei, die wir manchmal übereinander trugen. Die Innenhandschuhe bestanden aus Polartex 300, trugen sich gut und hielten warm, so dass wir sie fast nie auszogen. Wir konnten damit Filmrollen auswechseln, die Skibindung schließen oder die Rucksackgurte festziehen, ohne dass wir Metallteile berühren mussten und Erfrierungen riskierten.
Das zweite Paar Handschuhe von Dachstein war aus 100 Prozent Wolle und sehr warm. Diese Handschuhe sind am wichtigsten. Das dritte Paar bestand aus Gore-Tex. Sagar Rai erlitt schlimmste Erfrierungen an sieben Fingern, als er am ersten Tag unserer Expedition dieses zweite Paar Handschuhe auszog.
Sturmhaube: Ich entschied mich für das Fabrikat Phoenix Windstopper von Gore-Tex. Sie schützte gut und war angenehm zu tragen. Bei Schneesturm zogen wir die Sturmhaube herunter und nutzten sie als Halswärmer. Sie saugen den Schweiß auf, schützen vor Wind und halten warm, deshalb trugen wir sie fast ständig.
Schlafsack: Äußerst wichtiger Bestandteil der Ausrüstung. Vom Schlafsack kann es abhängen, ob Sie nachts gut schlafen oder leiden. Dabei muss ein Mittelweg zwischen möglichst geringem Gewicht und möglichst viel Wärme gefunden werden. Ich entschied mich für einen Schlafsack mit einer Füllung aus 90 Prozent Gänsedaune, der rund 1700 Gramm wog.
Isoliermatte: Wir verwendeten selbst aufblasbare Isoliermatten aus EVA-Schaum von Karrimor.
Rucksack: Einer der wichtigsten Ausrüstungsgegenstände. Bei der Auswahl unter den vielfältigen Modellen sind folgende Faktoren zu berücksichtigen: Gewicht, Geländeart, Entfernung, Dauer und spezieller Verwendungszweck, wie z.B. Felsklettern, Bergsteigen oder Skifahren.

Ich entschied mich für den Rucksack Snow Leopard II von The North Face mit einem Volumen von 70 Liter und einem Deckelfach mit weiteren 15 Liter Fassungsvermögen. Gepolsterte Hüft- und Brustgurte verhinderten, dass der Rucksack hin und her schwankte; in den eingearbeiteten Taschen ließen sich Kleinigkeiten verwahren. Um die Mitte war der Rucksack etwas schmaler, wodurch die Arme beim Skifahren mehr Bewegungsfreiheit hatten. Trotz schwerer und sperriger Lasten konnten wir gut das Gleichgewicht halten.

Zelt: Wir hatten ein Zweimann-Zelt dabei, das 3,6 Kilogramm wog und nur eine Höhe von 95 Zentimetern hatte. Man bekam Platzangst, vor allem wenn man sich längere Zeit darin aufhielt. Besser wäre ein geodätisches 4-Bogen-Zelt für 3 Personen gewesen, das nicht mehr als 5 Kilogramm wiegt.

Nach halber Strecke tauschte ich dieses Zelt gegen ein altes »Eureka« Dreimann-Zelt mit großer Innenhöhe aus, das zwar im Vergleich zum Zweimann-Zelt schwerer, aber auch wesentlich bequemer war.

Skibrille: Unsere Brillen hatten einen 100 Prozent UV-Schutz und eine Spezialbeschichtung gegen Beschlagen, außerdem etwas größere Gläser, ein zusätzliches Seitenpolster, das den Druck auf die Schläfen vermindert, Doppelscheiben und einen atmungsaktiven Schaumstoffrahmen für eine verminderte Bildung von Kondenswasser.

Kocher: Wir hatten einen MSR-Kocher dabei, der wenig wiegt, kompakt und leicht zu handhaben ist. Vermutlich der einzige Kocher, der in extremer Höhe funktioniert. Die besten Brennstoffe sind Reinbenzin oder Kerosin; beides ist jedoch in Indien nicht erhältlich. Da in den Grenzregionen die Versorgung größtenteils von Helikoptern durchgeführt wird, war es für uns einfacher, Flugzeugkraftstoff zu verwenden. Allerdings bekamen wir oft sehr alten Brennstoff, der uns viele Probleme bereitete. Soweit möglich, sollte man Reinbenzin verwenden.

Höhenmesser: Es gibt eine große Auswahl an Geräten auf dem Markt. Bei extremer Kälte am besten geeignet ist ein Höhenmesser ohne Batterien. Für die Wettervorhersage im Gebirge ist ein Gerät, das die Luftdruckentwicklung anzeigt, äußerst nützlich.

Stirnlampe: Auch hier ist das Angebot vielfältig. Zu empfehlen sind Mo-

delle mit einer separaten Batterietasche, damit die Batterien sicher und kältegeschützt verwahrt werden können.
Skier: Mit dem Modell Vertical Extreme der Firma Dynastar hatten wir wirklich eine gute Wahl getroffen.
Kletterausrüstung: Dass wir bei der *Ski-Himalaya-Expedition* selbst die Route einrichten mussten, war die Ausnahme. Wir benötigten also nur so viel Ausrüstung, wie zur sicheren Bewältigung schwieriger Passagen notwendig war. Wir installierten keine Fixseile und ließen keine Ausrüstungsgegenstände zurück. Wir hatten zwei Eisäxte dabei, um Trittstufen zu schlagen, einen Stellplatz für unsere Zelte zu schaffen, Eis für Schmelzwasser zu hacken, Gletscherspalten aufzuspüren etc. Wir entschieden uns für das Modell Pulsar Multishaft von Charlet Moser, weil der Griff je nach Einsatzbereich ausgewechselt werden kann.
Wir hatten auch ein 30 Meter langes Seil dabei, das wir immer dann zum Sichern einsetzten, wenn wir mit Felsstürzen oder Lawinen rechnen mussten oder eine Gefahrenzone zu durchqueren war. Jeweils acht Haken für Fels und Eis reichen aus.
Global Positioning System: Zur Navigation verwendeten wir einen kleinen handlichen GPS-Empfänger von Magellan, ein äußerst genaues Gerät zur weltweiten Standortbestimmung, das rund um die Uhr funktioniert. Das Gerät empfängt Daten von 20 GPS-Satelliten und ermittelt daraus extrem schnell – in weniger als einer Minute – den gegenwärtigen Standort, die Höhe, Geschwindigkeit und Navigationsdaten; die Daten werden im Sekundentakt aktualisiert. Das GPS-System wurde zwar für die US-Armee und in erster Linie für militärische Zwecke entwickelt, steht jedoch weltweit auch Privatpersonen zur Verfügung.
Unser GPS-Gerät hatte eine Genauigkeit von unter 10 Metern, und dank seiner Zuverlässigkeit konnten wir insbesondere auch bei Schneesturm große Entfernungen zurücklegen. Die Ausstattung wurde uns von Maharashtra Electronic (MELTRON) zur Verfügung gestellt.
INMARSAT: International Maritime Satellite (INMARSAT) ist ein ortsunabhängiges Satellitensystem für Telefon, Fax, Telex, Datenaustausch und Fotos, das überall dort – auf See, in der Luft und zu Lande – benützt werden kann, wo Ortsnetze oder erdgebundene Kommunikation nicht ver-

fügbar oder unzuverlässig sind. Als wir die Expedition durchführten, gab es zwei Varianten: INMARSAT-A mit einem Gewicht von rund 50 Kilogramm, und INMARSAT-M, eine Weiterentwicklung, die geostationäre Satelliten nutzt. Es kann überall installiert werden – im Auto, in der Aktentasche, im Rucksack.

Wir hatten eine ältere Version des Modells INMARSAT-M dabei, die etwa 12 Kilogramm wiegt. Ein ganz schönes Gewicht, wenn man auf 5500 Metern unterwegs ist, doch es hatte auch viele Vorteile, wie wir feststellen konnten. Als zusätzliches Plus verfügt dieses System über einen speziellen Alarmmechanismus für Notfälle. Man muss nur einen einzigen Knopf drücken, und es wird automatisch per Telefon oder Fax ein Kontakt zu einer Rettungsleitstelle hergestellt. Der Nachteil ist, wie bei allen batteriebetriebenen Kommunikationssystemen, dass die Batterien bei tiefen Temperaturen sehr schnell leer sind. Wir haben festgestellt, dass die Batterien nur 10 Prozent der tatsächlichen Leistung brachten.

Komplette Ausrüstung für acht Personen:

Zelte	(3 × 4 kg)	12,00 kg
MSR-Kocher	(3 × 440 g)	1,32 kg
MSR-Ersatzteile		0,20 kg
INMARSAT (altes Modell)		12,00 kg
INMARSAT-Batterie		1,20 kg
Thermosflaschen aus Edelstahl	(3 × 1 kg)	3,00 kg
Karten, Kompass, Höhenmesser		1,10 kg
Magellan- und AA-Batterien (Armee-Version)		1,50 kg
Reparaturset für Skier		0,45 kg
Seil, 30 m		2,90 kg
Schneeschaufeln, Aluminium	(2 × 900 g)	1,80 kg
Kletterausrüstung: Felshaken (8), Eisschrauben 4" (8), Karabiner (8), Eisäxte (2), Jumars (1 Paar)		5,50 kg
Sony Videokamera Hi-8		0,86 kg
Canon EOS-Kamera mit 35–80-mm-Objektiv		0,80 kg

An jeder Proviantstation nach zehn bis zwölf Tagen ergänzte Artikel:

Videobänder	(6 × 85 g)	0,51 kg
Videobatterien	(10 × 300 g)	3,00 kg
Kodachrome-Filme	(20 × 35 g)	0,70 kg
Brennstoff-Flaschen	(10 × 1 kg)	10,00 kg
Verpflegung für 10 Tage plus 2 Tage Reserve (1 kg pro Person/Tag)		96,00 kg
Medikamente und Erste-Hilfe-Material		2,00 kg
		156,84 kg
Anteilige Traglast pro Person		ca. 20,00 kg

Persönliche Ausrüstung:

Skier und Felle	4,50 kg
Skistöcke	1,00 kg
Bergstiefel	2,30 kg
Steigeisenbindungen	0,40 kg
Schlafsack	1,70 kg
Isoliermatte	0,50 kg
Rucksack	2,50 kg
Private Tasche mit: Schweizer Armeemesser, Reparaturkleber,Tagebuch, Schnur, Kugelschreiber, Bleistift, Stirnlampe, Batterien, Gasfeuerzeug, Kompass, Reservesocken und -handschuhe, Medikamente, Kamera und Filme	3,50 kg
Gesamtgewicht der persönlichen Ausrüstung	16,40 kg
Anteilige Traglast Expeditionsausrüstung (siehe oben)	20,00 kg
Gewicht insgesamt	36,40 kg

Anhang 3

Route der Expedition und andere Daten

Route

Gesamte Distanz (in km)	Tag	Ort	Temp. (in °C)	Höhenmeter	Entfernung zwischen Orten (km) Karte	Gelände
0	01	*Karakorum-Pass	–48	5575	0	0
23	02	Daulat Beg Oldi	–42	5120	18	23
36		*Depsang La	–38	5462	9	13
41	03	Quazi Langar	k. A.	k. A.	4	5
56	04	Burtse Gongma	–26	4929	10	15
93		Murgo	k. A.	k. A.	35	37
100	05–06	Chungtash	–18	4808	5	7
107		Murgo	k. A.	k. A.	5	7
126	07	Sultan Chushku	–21	4488	13	19
140		*Kataklik La	–20	4659	10	14
175	08	Galwan Nullah	–14	4214	28	35
192	09	Yurgulak	–14	4134	13	17
203		*Kalkatra La	k. A.	4092	8	11
221	10	Charbag	–10	4043	12	18
245	11	Dong Yailak	–14	3983	17	24
280	12	Chong Jungal	–16	3832	28	35
299	13	Shirshak	–18	3651	13	19
313		Shyok (Dorf)	–18	3520	10	14
335		Darbuk	k. A.	3923	15	22
351	14–15	Tangtse	–23	4023	12	16
393	16	Lukung	–22	4267	35	42

* Pass, der von der *Ski-Himalaya-Expedition* überquert wurde..

429	17	Merek	–23	4305	30	36
464	18	Chushul	–14	4389	29	35
506		*Chaga La	–22	4662	34	42
515	19	Tsaka	–18	4389	7	9
558	20	Loma (Anlegeplatz)	–12	4164	32	43
586		*Kitch	k. A.	4212	21	28
615	21	Mahe	–10	4225	20	29
Indus						
652	22	*Namshang La	–20	4873	25	37
665		*Pilang La	k. A.	4828	10	13
670		*Jule La	k. A.	4748	3	5
692	23–24	Korzok	–18	4627	16	22
713	25	Camp 1 Tsomo Riri	–20	4556	18	21
743	26	Camp Schneeleopard	–26	4637	24	30
759	27	Camp Steinbock	–23	4888	12	16
805	28	Camp 2 Tsomo Riri	–20	4566	36	46
819		Norbu Sumdo	k. A.	4546	10	14
840	29	Phalung Phara	–18	4577	14	21
859	30	Kangmoche	–10	4707	14	19
884	31	Kharsa Kongma	–12	5210	17	25
899		*Parang La	k. A.	5602	8	15
903	32	Camp Parang	–20	5230	2	4
927	33–34	Kibbar	–12	4184	16	24
952	35	Kaza	–10	3621	17	25
986	36	Schizling	–07	3414	25	34
1013	37	Tabo	–07	3048	20	27
1060	38	Chango	–04	4325	38	47
1102	39	Puh	–10	2804	34	42
Sutlej						
1147	40	Morang	–07	2558	35	45
1190	41	Charang	–14	4305	32	43
1211		*Chitkul-Pass	k. A.	5240	14	21
1221	42–43	Chitkul	–14	3520	7	10

1235	44	Rani Kunda	–10	3742	10	14
1244	45	Hilap Thach	–14	3903	6	9
1271	46–47	Nithal Thach	–14	4204	18	27
1289	48	Lamkhaga Basis	–18	4768	12	18
1298		*Lamkhaga-Pass	k. A.	5311	5	9
1306	49	Lamkhaga (Biwak)	–28	4602	4	8
1351	50–51	Harsil	+06	2655	30	45
Bhagirathi						
1387	52	Gangotri	–04	3039	24	36
1411	53–54	Bhojabas	–10	3822	16	24
1426	55	Nandanban	–16	4506	9	15
1441	56	Vasuki Tal (See)	–10	5150	8	15
1456	57	Camp1	–14	5271	8	15
1474		*Kalandani Khal	k. A.	6003	9	18
1479	58	Kalandani Khal (Biwak)	–18	5633	3	5
1500	59	Ghastoli	–14	3983	14	21
1522	60–62	Mana	–12	3219	14	22
1554	63	Govind Ghat	+08	1810	22	32
Alaknanada						
1581	64	Ghagaria	–06	3078	18	27
1593	65–66	Tipra Kharak	–10	3566	8	12
1602	67	Camp Eisfall	–20	4224	6	9
1616	68	*Bhyundar-Pass	–22	5090	7	14
1634	69	Kosa Kharak	–20	4481	12	18
1655	70	Ghamsali	–05	3322	14	21
1664		Niti u. zurück	+04	3048	6	9
1673	71	Ghamsali	–05	3322	6	9
1691	72–73	Malari	k. A.	k. A.	12	18
1713	74	Sumna	–04	3581	15	22
1728	75	Lapthal	–08	4506	10	15
1740	76	Chyadung	–12	4389	8	12
1752		*Khingru Dhura	k. A.	5275	8	12

1766	77	Topidunga	–10	4420	7	14
1776		*Unta Dhura	k. A.	5394	7	10
1788	78	Pari Tal	–10	4816	6	12
1815	79–80	Milam	+08	3414	18	27
1824		Samagaon	k. A.	k. A.	6	9
1839	81	Camp 1	–12	4267	10	15
1844	82–83	Camp 2	–08	4420	3	5
1849	84	*Ski-Himalaya-Pass	–12	5552	3	5
1873	85	Camp Ski-Himalaya	–08	4572	16	24
1885	86	*Rajiv-Gandhi-Pass	–14	5421	8	12
1906	87	Camp Rajiv	–18	4627	14	21
1921	88–89	Dawe	–04	4466	10	15
1939		*Dennis-the-Menace-Pass	k. A.	5693	10	18
1944	90	Camp Dennis	–10	5181	3	5
1971	91	Jamati	–07	4633	18	27
1993	92	Jolingkong	k. A.	4325	15	22
2014	93	Kuthi	–04	3661	14	21
2042	94–95	Gunji	+10	3299	20	28
2055	96	Kalapani	–05	3597	9	13
2076	97	*Lipu Lekh	–26	5090	14	21

Überquerte Pässe

Pass	Höhenmeter	Datum	Bemerkungen
Ladakh			
1. Karakorum-Pass	5575	17. Februar 95	
2. Depsang La	5462	20. Februar 95	
3. Sultan-Chusku La	4484	23. Februar 95	
4. Kataklik La	4659	24. Februar 95	
5. Kalkatra La	4092	27. Februar 95	
6. Chaga La	4662	07. März 95	

7. Kitche La	4212	08. März 95	
8. Namshang La	4873	10. März95	
9. Pilang La	4828	10. März 95	
10. Jule La	4748	10. März 95	
Himachal Pradesh			
10. Parang La	5602	20. März 95	
11. Chitkul La	5240	27. März 95	
12. Lamkhaga La	5311	06. April 95	
Garhwal			
13. Kalandani Khal	6003	15. April 95	
14. Bhyundar Khal	5090	25. April 95	
15. Khingru Dhura	5275	03. Mai 95	
16. Unta Dhura	5394	04. Mai 95	
Kumaon			
17. Ski-Himalaya-Pass	5552	11. Mai 95	Entdeckt durch die *Ski-Himalaya-Expedition*
18. Rajiv-Ghandi-Pass	5421	13. Mai 95	
19. Dennis-Pass	5693	07. Mai 95	
20. Lipu Lekh	5090	24. Mai 95	

Allgemeine Informationen

Kalorienverbrauch bei sportlicher Betätigung
Wie viele Kalorien verbraucht werden, ist abhängig vom Grad der Belastung, von Geschlecht, Alter und Gewicht. Hier einige Durchschnittswerte:

Gehen	5,2 kcal/Min. bei einem durchschnittlichen Tempo von 5,6 bis 6,4 km/h
Radfahren	8,2 kcal/Min.
Heimtrainer	5,0 kcal/Min. bei einer 50 kg schweren Person bei 15 km/h

	5,9 kcal/Min. bei einer 59 kg schweren Person bei 15 km/h
Joggen/Gehen (abwechselnd)	10 kcal/Min.
Schwimmen	11,2 kcal/Min. beim durchschnittlichen Schwimmer
Skifahren (Abfahrt)	8 kcal/Min.
Skifahren (Langlauf)	12 kcal/Min.

Bei der *Ski-Himalaya-Expedition* dürfte der Energieverbrauch meiner Schätzung nach bei 14 kcal/Min. gelegen haben.

Wind-Kälte-Faktor

Lufttemperatur (°C)	Windgeschwindigkeit (km/h)				
	Null	2,5	5	10	20
0	19	0	-7	-12	-18
-5	16	-6	-13	-19	-26
-10	13,4	-11	-19	-26	-33
-20	9	-21	-31	-40	-48
-30	4,5	-31	-43	-54	-63
-40	0	-41	-55	-68	-78

Bibliografie

Allen, Charles, *A Mountain in Tibet,* Futura Macdonald & Co., London und Sydney, 1983.

Bellew, H.W., *Kashmir and Kashgar: A Narrative of the Embassy to Kashgar in 1873–74,* Trubner & Co., London, 1875. Neuauflage bei Asian Educational Services, New Delhi und Madras, 1989.

Boring, Edwin G., *Psychology for the Armed Sevices.*

Cranfield, Ingrid, *The Challengers: British and Commonwealth Adventure since 1945,* Weidenfield & Nicolson, London, 1976.

Fairley, Jean, *The Lion River,* Allen Lane and Penguin Books, London, 1975.

Fiennes, Ranulph, *Mind Over Matter,* Sinclair-Stevenson, London, 1993.

Filippi, Filippo De (Hrsg.), *An Account of Tibet: The Travels of Ippolito Desideri 1712–1727,* George Routledge & Sons, London. Neuauflage bei Asian Educational Services, New Delhi und Madras, 1995.

Hedin, Sven, *Trans-Himalaya,* Heinrich Albert Verlag in der Edition Erdmann, 2000.

Himachal Pradesh Government, *Tabo Monastery* (Broschüre).

Holdich, T.H., *Gates of India,* Macmillan, London, 1910.

Hopkirk, Peter, *Foreign Devils on the Silk Route,* John Murray, London, 1980. Neuauflage bei Oxford University Press, Oxford, 1986.

Hopkirk, Peter, *Trespassers on the Roof of the World,* John Murray, London, 1982. Neuauflage bei Oxford University Press, Oxford, 1986.

Huntford, Roland, *The Last Place on Earth,* Hodder and Stoughton Ltd., London, 1979. Überarbeitete Neuausgabe unter dem Titel *Scott and Amundsen* bei Pan Books, London und Sydney, 1985.

Keay, John, *When Men and Mountains Meet: The Explorers of the Western Himalayas 1820–1875,* John Murray, London, 1977.

Khosla, Gopal Das, *Himalayan Circuit,* Macmillan, London, 1956.

Moorcroft, William und George Trebeck, *Travels in Hindustan,* John Murray, London, 1841.

Sherring, Charles A., *Western Tibet and the British Borderland: The Sacred Country of Hindus and Buddhists,* Edward Arnold, London, 1906.

Neuauflage bei Asian Educational Services, New Delhi und Madras, 1993.

Smythe, Frank S., *The Valley of Flowers*, Natraj Publishers, Dehradun.

»The Great Trigonometrical Survey of India«: Microsoft Encarta 99 Encyclopedia Deluxe Edition.

The Travels of Marco Polo nach dem Text von L.F. Benedetto ins Englische übersetzt von Professor Aldo Ricci. George Routledge & Sons, London. Neuauflage bei Asian Educational Services, New Delhi und Madras, 1994.

Tucci, Giuseppe und E. Ghersi, *Secrets of Tibet*, Blackie & Son, London, 1935.

Universität Wien: »Frühe indo-tibetische buddhistische Klosterkunst im westlichen Himalaya, 10.–13. Jh.«, ein Projektbericht, 1980.

Waddell, Austin, *Buddhism & Lamaism*, W.H. Allen & Co., London, 1895.

Younghusband, Francis, *The Heart of a Continent*, John Murray, London, 1896. Neuauflage bei Oxford University Press, Hong Kong, 1984.

Dank

Herzlichen Dank allen Menschen, die mir geholfen haben:

Meinen Brüdern, Schwestern und Nichten für ihre Zuneigung und ihren aufmunternden Zuspruch und dafür, dass sie meine Abenteuerlust geweckt haben.
General Shankar Roychowdhury, Chef der Armeeverwaltung, und Generalleutnant S.K. Kapur, Generaldirektor der Infanterie, die unsere *Ski-Himalaya-Expedition* genehmigt haben.
Unseren Sponsoren Air India, Indian Airlines, Videsh Sanchar Nigam Limited (VSNL) und MELTRON.
Hank Ketcham, dem Vater der Comicfigur Dennis the Menace, für sein Interesse und seine Unterstützung.
Sir Ranulph Fiennes für seine hilfreichen Ratschläge.
Oberstleutnant S.C. Sharma, der mir Mut zugesprochen und mich mit Major (heute Oberstleutnant) Krishan Kumar bekannt gemacht hat.
Brigadier S.K. Issar, der mein Manuskript gelesen und mich in Armeeangelegenheiten beraten hat.
Madan Kohli und Oberst K.N. Sati für das Lesen des Manuskripts.
Angi Tempo für die Unterstützung bei Pressearbeit und organisatorischen Dingen.
Tsering Dolkar für Recherchen und Einblicke in den Buddhismus.
Ingrid Cranfield, meiner Lektorin, die die Originalausgabe dieses Buchs bis zu seiner Veröffentlichung fachkundig begleitet hat.
Und allen Mitgliedern der Expedition, den Proviant- und Unterstützerteams und den Menschen, die uns auf unserem Weg geholfen haben.